Unternehmensorganisation

Carsten Brehm · Stefan Huf

Unternehmensorganisation

Struktur- und Verhaltensdimension der Organisationsgestaltung

 Springer Gabler

Carsten Brehm
DHBW Ravensburg
Ravensburg, Deutschland

Stefan Huf
DHBW Stuttgart
Stuttgart, Deutschland

ISBN 978-3-658-45521-7   ISBN 978-3-658-45522-4 (eBook)
https://doi.org/10.1007/978-3-658-45522-4

Die Deutsche Nationalbibliothek verzeichnet diese Publikation in der Deutschen Nationalbibliografie; detaillierte bibliografische Daten sind im Internet über https://portal.dnb.de abrufbar.

Planung/Lektorat: Ulrike Loercher
Springer Gabler ist ein Imprint der eingetragenen Gesellschaft Springer Fachmedien Wiesbaden GmbH und ist ein Teil von Springer Nature.
Die Anschrift der Gesellschaft ist: Abraham-Lincoln-Str. 46, 65189 Wiesbaden, Germany

Wenn Sie dieses Produkt entsorgen, geben Sie das Papier bitte zum Recycling.

Vorwort

Die Beschäftigung mit der Strukturdimension einerseits und der Verhaltensdimension der Unternehmensorganisation andererseits erfolgt im deutschsprachigen Raum traditionell in unterschiedlichen wissenschaftlichen Disziplinen. Während sich die Betriebswirtschaftslehre insbesondere der Strukturdimension („Organizational Design") annimmt, mithin das Stellengefüge (Aufbauorganisation) und die Aktivitätenfolgen (Ablauf- bzw. Prozessorganisation) sowie den organisatorischen Wandel ins Zentrum der Betrachtung rückt, widmet sich die Organisationspsychologie vor allem der Verhaltensdimension („Organizational Behavior"). Die Betriebswirtschaftslehre sieht die Organisation von Unternehmen vorrangig als Instrument der Unternehmensführung zur Erreichung der Unternehmensziele und analysiert diese als ein von Personen unabhängiges Ordnungs- oder Regelsystem. Die Organisationspsychologie erachtet die Unternehmensorganisation hingegen als wirkmächtigen Einflussfaktor hinsichtlich der Einstellungen und des Verhaltens der Mitarbeiter als Organisationsmitglieder. Dieses Lehrbuch erhebt den Anspruch beide Aspekte, die Struktur- und Verhaltensdimension der Unternehmensorganisation, in den Blick zu nehmen und unterscheidet sich dadurch von hergebrachten betriebswirtschaftlichen Organisationslehrbüchern und einführenden organisationspsychologischen Lehrbüchern. Auch wenn man analytisch beide Dimensionen unterscheiden kann, in der betrieblichen Realität ist die Organisation von Unternehmen immer beides zugleich: Strukturgeber und Verhaltensdeterminante. Daher werden beide Dimensionen in diesem Lehrbuch behandelt.

Es scheint eine historische Konstante zu sein, dass Zeitzeugen ihre jeweilige Lebensepoche als eine Zeit großer Veränderungen und Umbrüche erleben. Stets wird die eigene Epoche als besonders unübersichtlich und turbulent erlebt. Daher ist es auch nicht verwunderlich, dass regelmäßig neue Organisationskonzepte propagiert werden, die als Antwort auf (vermeintlich) veränderte wirtschaftliche, technologische, rechtliche, politische, soziale und ökologische Rahmenbedingungen von Unternehmen konzipiert werden. Nicht selten stellen sich diese „neuen" Organisationskonzepte als flüchtige Managementmoden mit nur geringer Verweildauer in Wissenschaft und Praxis heraus. Die Mottenkiste zeitweise als en vogue gegoltener Organisationskonzepte ist gut gefüllt. Wir möchten daher nicht über jedes Stöckchen springen, dass uns im kurzatmigen Managementdiskurs hingehalten wird. Und zugleich erheben wir den Anspruch, uns auf der Höhe der Zeit zu bewegen und aktuellen Entwicklungen Rechnung zu tragen.

Das Lehrbuch ist an Studierende wirtschaftsbezogener Bachelorstudiengänge adressiert und die der Strukturdimension gewidmeten Kapitel basieren auf dem, ebenfalls im Springer Gabler Verlag erschienenen, Lehrbuch „Organisation" von Norbert Bach, Carsten Brehm, Wolfgang Buchholz und Thorsten Petry, welches nach der 2017 erschienen 2. Auflage nicht mehr weitergeführt wird. Unser Dank gilt insbesondere Sandra, die die verhaltenswissenschaftlichen Kapitel korrekturgelesen hat, den Kapiteln der Strukturdimension haben sich Enno und Luis dankenswerterweise angenommen. Ferner danken wir Frau Lörcher für die verlagsseitige Betreuung.

Obwohl wir große Sympathie für genderinklusive Sprache hegen, verwenden wir aus Gründen der besseren Lesbarkeit in diesem Lehrbuch die hergebrachte Sprachform des generischen Maskulin und verzichten weitgehend auf eine gendergerechte Sprache. Soweit personenbezogene Bezeichnungen nur in männlicher Form erfolgen (z. B. der Mitarbeiter oder der Vorgesetzte), beziehen sich diese selbstverständlich auf sämtliche Geschlechter in gleicher Weise.

Ravensburg/Stuttgart   Carsten Brehm
März 2024   Stefan Huf

Inhaltsverzeichnis

Unternehmen als Organisation

1

1.1 Organisation als Instrument der Unternehmensführung

1.1.1 Organisation als Struktur

Ein grundsätzliches Ziel unternehmerischer Tätigkeit aus einer betriebswirtschaftlichen Perspektive ist die Leistungserstellung und -verwertung (auch Wertschöpfung genannt, vgl. Gutenberg 1951). Diese lässt sich als Schaffen von Mehrwert durch Transformation definieren und beschreibt die Eigenleistung des betrachteten Wirtschaftssubjekts durch die betrieblichen Sachfunktionen der Leistungserstellung wie Beschaffung, Produktion, Handel, Vertrieb und/oder Dienstleistung etc. Am Ende sollen die auf dem Markt erlösten Preise für die Leistungen größer als der Marktpreis der Rohstoffe und Vorleistungen sein, dann wird Mehrwert geschaffen (vgl. Haller 2002, Sp. 2131 ff.). Die Schöpfung von Wert ist daher ein konstitutives Merkmal von Unternehmen und für die Erhaltung und erfolgreiche Weiterentwicklung unabdingbar. Damit und daraus leiten sich aus Sicht der **Unternehmensführung** weitere ökonomische, soziale, technische und ökologische Ziele des Unternehmens ab.

Um diesen Leistungserstellungs- und -verwertungsprozess möglichst effektiv und effizient zu gestalten bzw. zu organisieren, wird dieser in einzelne **Aufgaben oder Aktivitäten** untergliedert, welche **arbeitsteilig** von den Mitarbeitern erbracht werden (vgl. grundlegend Porter 1980; Bach et al. 2017, vgl. Abschn. 3.1.3). Da die Erbringung einer komplexen Leistung bzw. die Herstellung eines komplexen Gutes für eine einzelne Person(engruppe) relativ schwierig ist und durch spezialisierte Arbeitsteilung Effizienzsteigerungen erzielt werden können, schließen sich unterschiedliche Personen oder Gruppen in einem Unternehmen zusammen. Damit Unternehmen bzw. die Mitglieder der Organisation die arbeitsteilige Leistungserstellung erbringen und somit Unternehmensziele erreichen können, müssen sie hinsichtlich der Zielerreichung **koordiniert** werden. Organisationsgestaltung bzw. konkre-

C. Brehm, S. Huf, *Unternehmensorganisation*, https://doi.org/10.1007/978-3-658-45522-4_1

Abb. 1.1 Abgrenzung Sachfunktionen und Führungsfunktionen. (Bach et al. 2017, S. 6)

ter die Schaffung organisatorischer Voraussetzungen zur Zielerreichung wird also neben dem Setzen von Zielen selbst, dem Planen von Maßnahmen, dem Bereitstellen von Ressourcen und dem Einsetzen und Führen von Personal als Teil der Unternehmensführung gesehen. Diese Führungsfunktionen liegen quer zu den betrieblichen Sachfunktionen (vgl. Abb. 1.1). Die Organisation und Steuerung des Unternehmens hat schon Gutenberg als sekundäre Wertschöpfung bezeichnet und so den Bezug zur Unternehmensführung bekräftigt.

Mit Blick auf die in diesem Lehrbuch vorgesehene Verbindung von Struktur- und Verhaltensdimension der Organisation kann man von einem sozio-strukturellen System sprechen. Wenn also mehrere Akteure mit ihren spezifischen Verhaltensweisen – hier in einem Unternehmen – ein gemeinsames Ziel erreichen wollen und dafür verschiedene Aufgaben untereinander aufteilen, dann braucht es dafür eine **bewusst durch Regeln geschaffene Ordnung**. Im Mittelpunkt von **Organisation** steht die Aufteilung der Unternehmensaufgabe(n) in verschiedene Teilaufgaben bzw. Aktivitäten, die Verteilung auf verschiedene Personen und die Abstimmung der verschiedenen, arbeitsteilig erbrachten Aktivitäten zur bestmöglichen Erfüllung der Aufgabe. Es geht einerseits immer um **Arbeitsteilung** und daraus folgend andererseits um **Koordination** (vgl. Bach et al. 2017, S. 73–83; grundlegender Grochla 1982; Kosiol 1976).

Um sich der Begrifflichkeit der Organisation zu nähern, wird zwischen dem **Prozess** des Organisierens und der Organisation als **Ergebnis** unterschieden:

> „Als Organisation wird sowohl die Tätigkeit im Sinne des Organisierens als auch das Ergebnis dieser Bemühungen, das in Zuständen und Institutionen zutage tritt, bezeichnet." (Kosiol 1976, S. 15)

Prozess des Organisierens: Regelungen zur Arbeitsteilung und Koordination werden von Führungskräften bewusst in einem Gestaltungsprozess entwickelt, den man auch als Führungstätigkeit bezeichnet. Dieser ist keinesfalls zu verwechseln mit den zu organisierenden Geschäfts- oder Unternehmensprozessen selbst, welche in Kap. 5 behandelt werden.

▶ Organisieren als **Prozess** ist eine planerische Tätigkeit, die die präsituative Formulierung organisatorischer Regelungen für einen definierten Geltungsbereich zur zielgerichteten Beeinflussung der handelnden Organisationsmitglieder umfasst: Stellen und Strukturen schaffen, Beziehungen gestalten, Geschäftsprozesse definieren, Koordination sicherstellen etc.

Insgesamt kann man aus Sicht der Führungstätigkeit im Sinne einer „anwendungsorientierten Organisationslehre" bzw. des Organisationsmanagements die folgenden drei Merkmale zusammenfassen (vgl. Picot et al. 2020, S. 55–56):

- **Aktives Gestalten:** Organisationen müssen gestaltbar und veränderbar sein. Entscheider und Mitarbeiter können die Organisation gestalten und ihre Struktur verändern. Dafür müssen sie im jeweiligen Gestaltungsbereich über Entscheidungs- bzw. Handlungsspielräume verfügen.
- **Effizienz** und **Effektivität** als Kriterien: Organisationen bzw. Alternativen können in ihrer Eignung oder Vorteilhaftigkeit zur Zielerreichung beurteilt werden. Bei zwei alternativen Strukturen kann beurteilt werden, ob eine davon die Ziele des Unternehmens besser bzw. wirtschaftlicher erreicht als die andere (Abschn. 1.1.3).
- **Umweltbezug und situative Stimmigkeit** („Fit"): Organisationsarbeit findet unter spezifischen und veränderlichen Umwelt- und Unternehmensbedingungen statt (zum sogenannten situativen Ansatz vgl. Kieser und Ebers 2019, S. 168–196). Diese formen einen umgebenden Rahmen für die konkrete Organisationarbeit, d. h. am Ende sind die Handlungs- und Entscheidungsspielräume nicht beliebig groß oder stets eingeschränkt.

Organisation als Ergebnis: In diesem Lehrbuch wird dem griechischen Ursprung des Wortes „organon" folgend, welches Werkzeug oder Instrument bedeutet, ein instrumentelles Organisationsverständnis vertreten (zur weiteren Abgrenzung des funktionalen und institutionellen Organisationsbegriffs vgl. z. B. Bea und Göbel 2019, S. 25–29; Nicolai 2023, S. 2–5; Träger 2018, S. 3; Klimmer 2020, S. 3). Das heißt, **Organisation** wird als Instrument der Unternehmführung verstanden, sie ist kein Selbstzweck. Ein Unternehmen **hat** eine Organisation, es ist keine Organisation.

▶ **Definition**   Eine Organisation als **Ergebnis** ist ein in unternehmerischen Prozessen und Strukturen dokumentiertes System aufeinander abgestimmter **Regeln**, welches das arbeitsteilige Leistungsverhalten der handelnden Akteure koordiniert und auf die Erreichung definierter Ziele ausrichtet.

Anders ausgedrückt: Organisation ist die Gesamtheit der aufeinander abgestimmten Regeln in einem Unternehmen, die zwei oder mehr Personen auf ein oder mehrere gemeinsame/s Ziel/e hin ausrichten, um diese durch eine effektive und effiziente Aufgabenverteilung und deren Koordination zu erreichen.

Mit dieser Begrifflichkeit ist die Formalstruktur als **strukturelle Ordnung** der „Kästchen" und „Linien" beschrieben, die den Organisationsmitgliedern Orientierung gibt. Diese im Vorhinein formulierten formalen Regeln schaffen Vorhersehbarkeit, Sicherheit und Zuverlässigkeit. Im Sinne Max Webers ist damit die „Regelhaftigkeit" der Organisation angesprochen (Weber 1922). Die formale Struktur als klare Ordnung von oben und unten, links und rechts und den entsprechenden Beziehungen untereinander macht die Organisation am Ende von Personen unabhängig und berechenbar.

Zur Vervollständigung des Bildes gehört aber auch: Die Organisation als solche wird von Menschen getragen, die in dieser arbeiten und diese auch gestalten (vgl. Abschn. 1.2). Sie ist also auch ein soziales Arrangement und somit eine **soziale Ordnung**. Sie „lebt" durch soziale Interaktionen. Ordnung in diesem Sinne bedeutet, dass Verhaltensmuster vorhersehbar sind, dass man (vermeintlich oder wahrscheinlich) richtige Erwartungen bezüglich der Handlungen von anderen Personen ausbilden kann (Bea und Göbel 2019, S. 25). Soziale Interaktion bedeutet auch, dass Macht, Konflikte, Vertrauen, Verpflichtungen, Zufriedenheit und vieles mehr auch für die Zielerreichung relevant sind. Struktur- und Verhaltensdimension mit zu berücksichtigen, ist eine der Besonderheiten des vorliegenden Lehrbuchs.

Zusammenfassend lassen sich die wesentlichen Merkmale des **instrumentellen Organisationsverständnisses** ableiten (vgl. Bach et al. 2017, S. 27; Nicolai 2023, S. 5; Vahs 2023, S. 11; Breisig 2021, S. 3):

Abgestimmtheit: Eine Vielzahl von einzelnen Regelungen schafft noch keine Struktur, sondern Struktur entsteht erst durch die insgesamt abgestimmte Verbindung (Integration) der Regelungen in einem formalisierten Regelsystem.

Zielorientierung: Organisation richtet als Führungsinstrument die individuellen Handlungen der Akteure bzw. das konkrete Verhalten der Mitarbeiter durch einen geordneten Leistungserstellungs- und -verwertungsprozess auf die übergeordneten Unternehmensziele aus.

Festlegung im Vorhinein: Organisation meint eine bewusst geplante Regelung, bevor die eigentliche Handlungssituation eintritt (präsituativ). Demgegenüber werden situative, fallweise Regelungen als Improvisation für vorläufige oder vorübergehende Regelungen oder auch als Disposition für einmalige bzw. Einzelregelungen bezeichnet.

Dauerhaftigkeit: Nicht zuletzt aus wirtschaftlichen Gründen sollten generelle Regelungen immer nur dann formuliert werden, wenn die zu erwartenden Vorteile bezüglich der Zielerreichung sich durch regelmäßige Anwendung auch über eine gewisse Zeit auswirken. Dies schließt nicht aus, dass bei veränderter Situation die Regeln angepasst werden, um die Zielorientierung der Organisation zu sichern.

Personenunabhängigkeit: Die Bündelung von Aufgaben bzw. Aktivitäten oder die Standardisierung von Prozessfolgen erfolgt in der Regel unabhängig von Personen. Es erfolgt ein Denken in „Kästchen" und „Linien" als Beziehungen zwischen den Kästchen (vgl. Abschn. 2.1.1). Damit wird Organisation generalisierbar und andere Personen können „das Kästchen", also die Stelle, übernehmen. Bestimmte Weisungs- und Entscheidungsrechte sind an die Stelle gebunden, nicht an den Stelleninhaber.

„Strukturierbar und damit organisierbar sind aber nur Wiederholungsvorgänge, deren Ablauf durch die Strukturierung ein für allemal einheitlich geregelt wird, und Dauerzustände, die dem Ablauf sich wiederholender Vorgänge dienen." (Kosiol 1976, S. 31)

Stellenwert von Organisation bei Volkswagen

(Stand März 2023, Pressemitteilung)

Im März 2023 wurde die Leitung des Stabsbereiches „**Organisationsentwicklung und Transformation** im Volkswagen Konzern" neu besetzt. Diese berichtet direkt an die Vorständin für „**Organisation und IT**", Hauke Stars, welche die Personalie wie folgt kommentiert: „Der Volkswagen Konzern befindet sich in einer entscheidenden Phase der Transformation. Es gilt nun, die **Organisation** weltweit auf nachhaltigen **Erfolg** auszurichten. **Effektive Strukturen**, **Prozesse** und Systeme sind die Voraussetzung für mehr **Agilität**, mehr **Tempo** und mehr **Geschäftswert**. Ich freue mich, dass wir … eine ausgewiesene Transformationsexpertin aus der Technologiebranche für Volkswagen gewinnen konnten." (Hervorhebungen durch den Verfasser) Mit diesem Beispiel wird der Stellenwert der **Führungsaufgabe Organisation** – hier auf Vorstandsebene – nochmal bekräftigt. ◀

1.1.2 Kernelemente von Organisationen

Eine zentrale Frage ist: Welches sind die Kernelemente, die die Organisation als solche eigentlich ausmachen? Im Zentrum steht die zu erledigende **Gesamtaufgabe** (vgl. Kosiol 1976, S. 41–44: „Autos herstellen", „Gäste beherbergen"), welche in Teilaufgaben zerlegt und als Aufgabenbündel in Form von **Stellen** von **Aufgabenträgern** (Stelleninhabern) erledigt wird. Um die notwendige Ordnung und Abstimmung bei der Erfüllung einer Vielzahl von Aufgaben durch viele Aufgabenträger zu erreichen, braucht es **Regelungen**. Diese betreffen die sachlogische, zeitliche und räumliche Reihenfolge von Teilaufgaben bzw. Aktivitäten (**Prozesse**) und die Zuordnung dieser Teilaufgaben bzw. Aktivitäten zu Organisationseinheiten (**Strukturen**). Obwohl im Kern das Verhalten der Mitarbeiter im Unternehmen durch Handlungsbeschränkungen auf die Unternehmensziele ausgerichtet werden soll, sind es die Prozesse und Strukturen, die geregelt werden (Bach et al. 2017, S. 32–33). Die Gesamtheit der Regelungen wird mithin sichtbar in organisatorischen **Strukturen** (vgl. Abschn. 2.1) und **Prozessen** (vgl. Kap. 3).

Werden Stellen zur zielorientierten Aufgabenerfüllung in Beziehung zueinander gebracht, entsteht ein System aus Stellen und **Stellenmehrheiten**. Dieses System ist gekennzeichnet durch Über- und Unterordnungsbeziehungen, die **Organisationshierarchie** (Abschn. 2.1.1.4). So entsteht das typische Bild der Organisationspyramide mit Führungsstellen (synonym: Instanzen) an der Spitze und Ausführungsstellen an der Basis (vgl. Abb. 1.2).

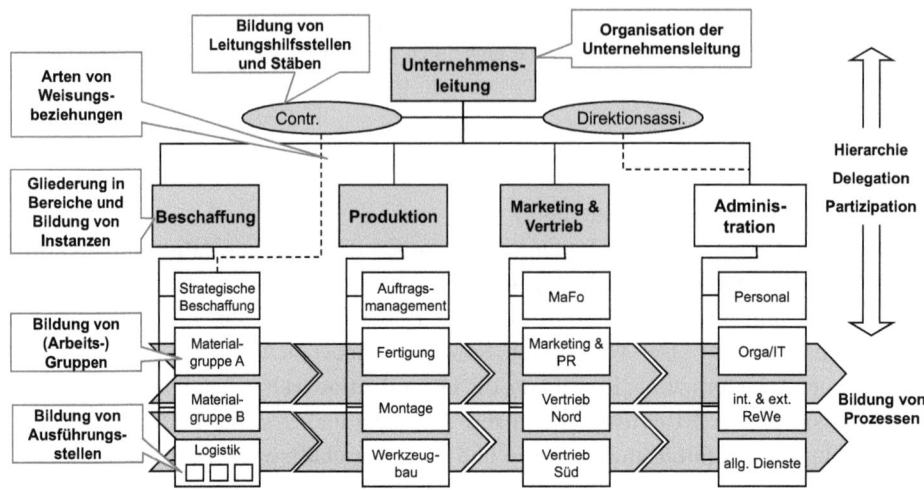

Abb. 1.2 Überblick über Bereiche der Organisationsgestaltung. (In Anlehnung an Träger 2018, S. 21)

Organisatorisches Handeln entsteht dadurch, dass **Aufgaben** (was, wie, woran?) von Menschen als **Aufgabenträgern** (wer?) auf Basis der ihnen zur Verfügung stehenden **Informationen** (wann, wo?) mit bereitgestellten **Hilfsmitteln** (womit?) erledigt werden, um die Unternehmensziele zu erreichen.

▶ Die **Aufgabe** steht im Mittelpunkt des Organisierens. Sie ist die dauerhaft geltende Verpflichtung, Verrichtungen an Arbeitsobjekten durchzuführen.

Aufgaben sind auch dadurch charakterisiert, dass sie als Routineaufgaben permanent und repetitiv vorzunehmen sind. Das heißt, dass die Arbeitsaufgabe nach ihrer Erfüllung unaufgefordert dauerhaft wieder neu zu beginnen und zu erfüllen ist. Beim Aufstellen organisatorischer Regelungen sind die **wechselseitigen Abhängigkeiten** zwischen Aufgaben, Hilfsmitteln und Aufgabenträgern zu berücksichtigen, ebenso wie die zur zielorientierten Aufgabenerfüllung benötigten Informationen, z. B. Kundenanforderungen, Termine, Materialeigenschaften, Verarbeitungsbedingungen, Stücklisten, Lieferzeiten etc. (vgl. Bach et al. 2017, S. 28).

Organisatorische Regelungen stellen Beziehungen zwischen der zur Zielerreichung zu erfüllenden Aufgabe („Cocktail mixen"), dem Aufgabenträger (Barkeeper), den zu verwendenden Hilfsmitteln (u. a. Shaker) und den zur Aufgabenerfüllung benötigten Informationen (Rezept) her. Sie dienen der sinnvollen Teilung von Aufgaben und Aktivitäten (bei der Prozess- bzw. Strukturgestaltung) und der Abstimmung der zielorientierten Aufgabenerfüllung (Koordination).

▶ **Regelungen** sind Handlungsbeschränkungen in dem relevanten Gestaltungsbereich für einen bestimmten Personenkreis.

Die Handlungen der Mitarbeiter werden dadurch beschränkt oder ermöglicht, dass geregelt ist, was, wann, wo, wer, womit und wie zu erledigen hat. Regeln beeinflussen damit auch mittelbar die Verhaltensdimension: Sie determinieren regelabweichendes Verhalten, sie fördern und reduzieren Motivation, sie legitimieren oder begrenzen Macht oder erzeugen Stress. Je nach Regelungscharakteristika unterscheiden sich die strukturelle und die verhaltensorientierte Dimension.

Regelungscharakteristika
Jede organisatorische Regelung ist gekennzeichnet durch die drei Merkmale **Regelungskompetenz**, **Regelungszeitpunkt** und **Regelungsart** (vgl. Abb. 1.3, vgl. nachfolgend Bach et al. 2017, S. 29–31).

Die Formulierung organisatorischer Regelungen übernimmt typischerweise die für den Gestaltungsbereich verantwortliche Führungskraft. Damit handelt es sich um eine bewusste Entscheidung der Führungskraft. Nutzt die Führungskraft ihre Regelungsmöglichkeiten, so entstehen die für Organisation maßgeblichen **präsituativen**, **formalen Fremd**regelungen. Im Sinne der Mitarbeiterorientierung und Führungseffizienz sowie für die Entwicklung des Unternehmens ist es aber nicht wünschenswert, dass alles auch tatsächlich geregelt wird. Alternativ kann die Entscheidung auch lauten, bewusst auf (Detail-)Regelungen zu verzichten und organisatorische Freiräume zuzulassen bzw. bewusst zu schaffen (häufig „Slack" genannt, Cyert und March 1963, S. 36), um damit den Besonderheiten der Umwelt- und Unternehmenssituation Rechnung zu tragen. Bezüglich der drei Regelungscharakteristika ergeben sich solche Freiräume durch **Selbst**regelung, **situative** und **informale** Regelungen.

Der hier im Sinne des Freiraums verwendete Begriff der **Selbstregelung** bedeutet nicht, dass keine Regelungen existieren, sondern dass die davon in ihren Handlungen beschränkten Organisationsmitglieder selbst darüber entscheiden dürfen oder müssen. Der Rahmen, in dem der Freiraum gestaltet wird, entsteht durch **Fremdregelung**. Zum Beispiel soll das Telefon im Hotel Allgäuer Hof rund um die Uhr besetzt sein. Wie die Angestellten sich z. B. bezüglich ihrer Pausenregelungen abstimmen, bleibt ihnen jedoch selbst überlassen.

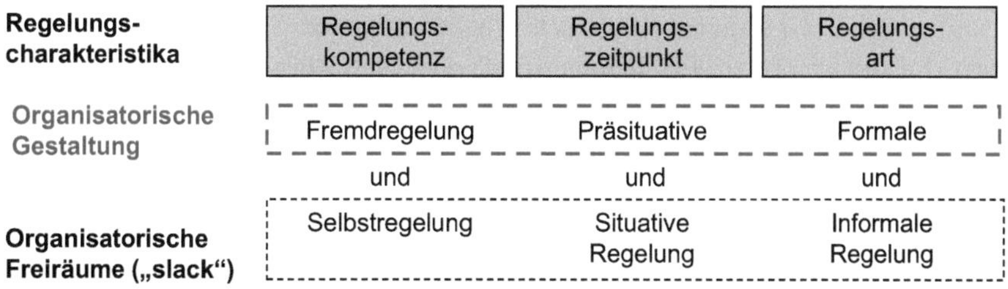

Regelungs- charakteristika	Regelungs- kompetenz	Regelungs- zeitpunkt	Regelungs- art
Organisatorische Gestaltung	Fremdregelung	Präsituative	Formale
	und	und	und
Organisatorische Freiräume („slack")	Selbstregelung	Situative Regelung	Informale Regelung

Abb. 1.3 Regelungscharakteristika. (In Anlehnung an Krüger und Bach 2006, S. 12; Bach et al. 2017, S. 27–31)

Im Fall von **situativen Regelungen** werden die Einzelheiten der Aufgabenverteilung und -erfüllung erst bei Handlungsbeginn bestimmt. Der Begriff **Improvisation** für oftmals notwendige, aus der Situation heraus getroffene Regelungen, sagt nichts über die Qualität der getroffenen Regelung aus. Häufig bewähren sich Improvisationsregelungen und entwickeln sich anschließend zu einer allgemeinen, einheitlichen Vorgehensweise. Dann wird daraus eine vor Handlungsbeginn gültige **präsituative Regelung**. Zum Beispiel im Fußballspiel können für Standardsituationen oder Spielsysteme die Aufgaben im Vorhinein festgelegt werden, die Festlegung des Spielers für den schnell auszuführenden Einwurf kann aber situativ (und selbstgeregelt) erfolgen. Improvisation im Sport und Musik zeigen auch, dass nicht alles abgestimmte Verhalten präsituativ geplant werden kann, sondern dadurch gerade eine besondere Kreativität und Flexibilität entsteht bzw. ermöglicht wird.

Neben den auf der Gleichbehandlung bzw. Personenunabhängigkeit abstellenden **formalen Regelungen** gibt es in jedem Unternehmen auch eine Reihe **informaler Regelungen**, die auf persönlichen Einstellungen und Motiven sowie personenabhängig auf Sympathie und fachlicher Nähe beruhen. Ein typisches Beispiel ist der oft zitierte „kurze Dienstweg", auf dem Regelungsbedarfe vorab geklärt werden können, bevor ein oftmals aufwändiger formaler Prozess angestoßen wird. Diese Wege sind nicht schriftlich dokumentiert, sondern individuell bedürfnisgeleitet. Formale Regeln sind dadurch gekennzeichnet, dass sie bewusst gestaltet, personenunabhängig gelten, schriftlich dokumentiert und allgemein bekannt sind.

Einerseits können Selbst-, situative und informale Regelungen eine sehr effiziente Ergänzung anderer Regelungen sein („… wenn alle hier Dienst nach Vorschrift machen würden, würde nichts vorangehen."). Andererseits sind sie auch eine Abwehrreaktion auf unzeitgemäße oder ineffiziente Regelungen und auch damit sehr funktional. Beispiele sind organisatorische „Trampelpfade" bei der Abstimmung der Urlaubswünsche, die Nutzung von Ermessensspielräumen bei ungeliebten Richtlinien oder der geduldete Gebrauch von Medien während der Arbeit.

Mit dem Soziologen Kühl (2023, S. 13) gesprochen, ergibt sich bzgl. der Verhaltensdimension: „Das Leben in „Organisationen" ist viel unkalkulierbarer, als es der Blick auf das schriftlich niedergelegte Regelwerk und die mündlich kommunizierten formalen Anweisungen (…) nahelegen." Es gibt immer organisationsweite **informale Kommunikation** (Kaffeeküche), **Gruppen** mit unterschiedlichem sozialem Status (Firmenlaufgruppe), **Normen** (Leistungsnormen, Erscheinungsbild) oder **Netzwerke**, die für die Verbreitung von Informationen mindestens genauso wichtig, wenn nicht wichtiger, sind. Und dann werden eben Entscheidungen oder Regeln dort nicht mehr mit Verweis auf diese selbst durchgesetzt, sondern durch soziale Prozesse wie Mobbing, Informationsbeschränkung, Nichtbeachtung usw. In Organisationen entwickelt sich ein „Unterleben", wenn Mitarbeitende Mittel und Wege finden, ihre als Dilettanten wahrgenommen Chefs zu „unterwachen" (vgl. Kühl 2023, S. 13 f.). Kurz: Formale und informale Organisation bilden zusammen die „**eigene**" **Organisation** eines Unternehmens (vgl. Nicolai 2023, S. 266 mit weiteren Nachweisen).

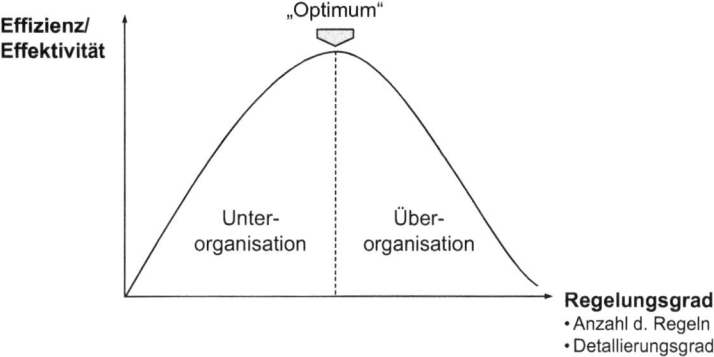

Abb. 1.4 Optimaler Regelungsgrad. (Vgl. Krüger und Bach 2006, S. 6)

Etabliert sich über mehrere Organisationsmitglieder hinweg im Zeitablauf ein gemeinsames Verständnis über die Art und Weise der geregelten Zusammenarbeit, basieren diese häufig auf geteilten Werten und Normen und lassen sich als sehr verhaltenswirksame **kulturellen Regelungen** bezeichnen (gemeinsame Frühstückspause, der Geburtstagskaffee oder die Weihnachtsfeier, vgl. Abschn. 2.2.2.2).

Bezüglich der Schaffung organisatorischer Regelungen ist grundsätzlich eine effizienzorientierte Abwägung sinnvoll: Ist der durch geregelte Prozesse und Strukturen zu erwartende Vorteil in der Aufgabenerfüllung größer als der Aufwand der Erstellung und der Kontrolle organisatorischer Regelungen (Governancekosten)? Wenn auch im Grunde nicht zu ermitteln, liegt ein „optimaler" Organisationsgrad vor, wenn das Ausmaß, der durch organisatorische Gestaltung geschaffenen Regelungen im Verhältnis zum bewusst regelungsfrei gelassenen Raum angemessen ist. Das betrifft die Anzahl und Detaillierung der Regelungen im Verhältnis zu ihrem Einfluss auf die Effektivität und Effizienz der Organisation (Abb. 1.4).

1.1.3 Arbeitsteilung und Koordination als organisatorische Kernfragen

Das Kernproblem der Organisationslehre ist schon immer das von **Teilung** und **Einung**:

> „Unter den verschiedenen Merkmalen des Lebens hebt sich ein konstitutiver Tatbestand hervor, der das Wesen des Organisatorischen am besten beschreibt: Alles Lebendige ist Ganzheit. (…) Eine Ganzheit stellt ein Gefügesystem, daß heißt, eine gegliederte Einheit dar, deren Glieder nur im Rahmen des Ganzen ihre Eigenheit behalten. Eine solche Gliederung (…) teilt das Ganze fortschreitend in Untereinheiten auf, die wiederum Ganzheiten sind. Ein derartige gefügehafte Ordnung der Glieder eines Ganzen wird als Struktur bezeichnet." (Kosiol 1976, S. 19)

Daraus ergibt sich mit Vahs (2023, S. 78) das Basisproblem der organisatorischen Gestaltung: „Arbeitsteilung und -vereinung sind untrennbar miteinander verbunden, denn je stärker eine Gesamtaufgabe differenziert wird, umso mehr Anstrengungen müssen unternommen werden, um die Einzelaktivitäten wieder sinnvoll zusammenzufassen."

Die zwei resultierenden Gestaltungsfragen der Organisation sind die **Arbeitsteilung** und die **Koordination**. In jedem größeren Unternehmen erfordert die Komplexität der Gesamtaufgabe in der Regel mehrere Aufgabenträger. Einzelne Aufgabenträger übernehmen einzelne Prozessschritte und teilen sich die Arbeit. Die Gesamtaufgabe wird in Teilaufgaben zerlegt und hinsichtlich der Aufgabenausführung auf unterschiedliche Aufgabenträger verteilt, so ergibt sich die **Arbeitsteilung**.

Grundlage der Arbeitsteilung ist die von Kosiol (1976, S. 42–62) entwickelte Organisationsmethodik der **Aufgabenanalyse** und -**synthese** (vgl Abb. 1.5). Ziel der **Aufgabenanalyse** ist es, gleiche oder ähnliche Aufgaben zusammenzufassen und unterschiedliche Aufgaben eindeutig voneinander abzugrenzen. Die Analyse der Gesamtaufgabe kann auf folgenden Kriterien basieren (vgl. Kosiol 1976, S. 49):

- Verrichtung: eine Tätigkeit oder die Art einer Leistung: beschaffen, lackieren, zuschneiden, abrechnen
- Objekt: Art eines Gegenstands der Verrichtung: Getränk, Karosserie, Stuhl, Kleid. Objekte können aber auch Regionen, Kunden oder Produkte sein
- Rang: Gliederung nach Entscheidungs- und Ausführungsaufgaben
- Phasen: Differenzierung nach Planungs-, Realisations-, Kontrollaufgaben
- Zweckbeziehung: Bezug zum Betriebszweck anhand primärer Aufgaben der Leistungserstellung (z. B. Beschaffung, Produktion, Vertrieb) und sekundärer, unterstützender Aufgaben (z. B. Rechnungswesen, Personalwirtschaft)

Die Aufgabenanalyse führt zu verteilungsfähigen Teilaufgaben. Diese sind zunächst aber noch ungeordnet. Daher werden in der **Aufgabensynthese** als zweitem Schritt die

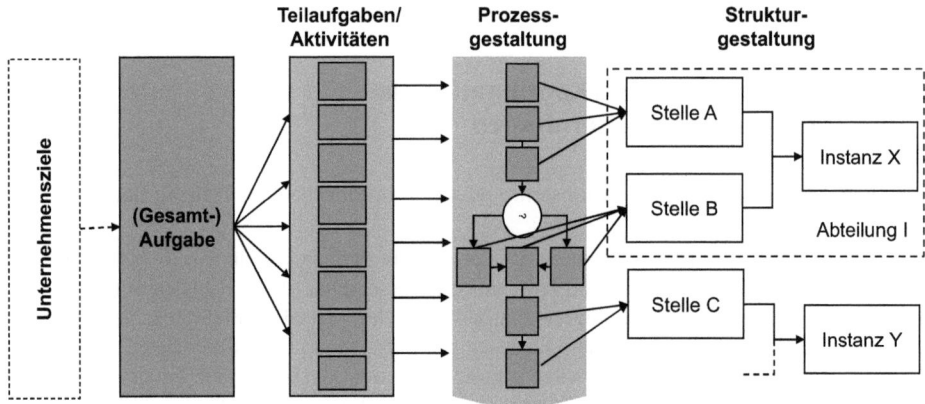

Abb. 1.5 Organisatorische Gestaltung von Prozessen und Strukturen. (Petry und Konz 2021, S. 52)

analysierten Teilaufgaben in eine logische oder zeitliche Reihenfolge gebracht, um einen Prozess zu organisieren und/oder die Teilaufgaben als Aufgabenbündel einzelnen Stellen zuzuordnen und hierarchische Weisungsbefugnisse zu vergeben. Bei der Zuordnung der Aufgabenbündel entsteht Arbeitsteilung, die in **horizontale** und **vertikale Arbeitsteilung** unterschieden wird (Abschn. 2.2.1.1).

Bei einer Verteilung auf mehrere Aufgabenträger resultiert aus der Arbeitsteilung ein **Abstimmungsbedarf**. Dieser erfordert **Koordination** der Aufgabenerfüllung. Dies gilt z. B. bei der Montage eines Fahrrades ebenso wie bei der Bewirtung einer größeren Zahl von Gästen. Die Ursachen für den Abstimmungsbedarf liegen dabei normalerweise in sachlogischen und zeitlichen Abhängigkeiten zwischen den zu erfüllenden Teilaufgaben oder unter Umständen opportunistischen Interessen der Aufgabenträger (vgl. Abb. 1.6).

Ein wesentlicher Nachteil dieses Vorgehens aus heutiger Sicht ist die starke **Fokussierung auf einzelne Aufgaben** in der Analyse (vgl. Brehm 2003, S. 27). Die Aufgabe war und ist in den klassischen Organisationsansätzen durch die Mengen- und Spezialisierungsvorteile der Arbeitsteilung wichtigster Ausgangspunkt. Entwicklungen wie Job Crafting (vgl. Abschn. 2.1.2.4) oder organisatorische Rollenkonzepte (Abschn. 5.2.5) erfordern jedoch einen anderen Blick. Denn dabei wird gerade keine unveränderliche, abschließbare Aufgabe unterstellt. Die Unterschiedlichkeit der Bedingungen der Aufgaben und ihrer Erfüllung im Zeitablauf lässt eine frühere Generalisierung auf Aufgabenebene nicht mehr im erforderlichen Umfang zu (zu dieser Kritik Schreyögg und Geiger 2024, S. 32 f.). Weitere Einschränkungen sind z. B. die Neuartigkeit von Aufgaben oder die Abhängigkeiten von Aufgaben untereinander. Damit verliert die Aufgabe als isolierte Untersuchungseinheit an Bedeutung. Für die organisatorische Gestaltung werden eher umfassendere **generalisierbare Aufgabenbündel** oder **komplexere Teilprozesse** zum Gestaltungsgegenstand (vgl. z. B. Abschn. 5.2.5).

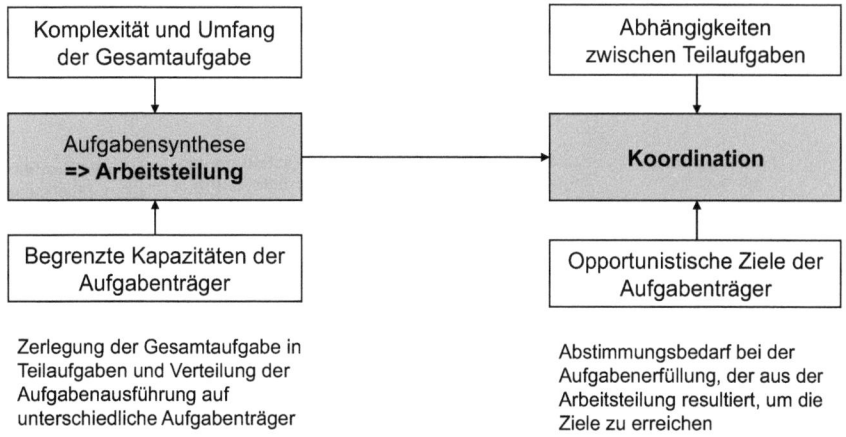

Abb. 1.6 Arbeitsteilung und Koordination. (Ergänzt nach Bach et al. 2017, S. 74)

1.1.4   Ziele als Effizienzkriterien der Organisationsgestaltung

Als Instrument der Unternehmensführung soll die Organisation durch eine sinnvolle Gestaltung von Prozessen und Strukturen sicherstellen, dass die Unternehmensziele erreicht werden. Auf die Unterscheidung zwischen Effektivität und Effizienz wird auch im Kontext von Organisation zurückgegriffen, um die Zielwirksamkeit zu überprüfen. Bereits vorhandene organisatorische Regelungen sollen überarbeitet oder durch wirksamere ersetzt werden. Hinsichtlich der Zielwirksamkeit der Regelungen werden folglich alternative Prozesse und Strukturen miteinander verglichen. Damit sind die Gestaltungsziele gleichzeitig auch Effektivitäts- und Effizienzkriterien bei der Alternativenauswahl (hierzu und im Folgenden unter vielen anderen mit Theoriebezug Bach et al. 2017, S. 67; Wenger und Thom 2021, S. 14 und 33; Krüger 1994, S. 13–16; Schmidt und Konz 2019, S. 45; ökonomisch Picot et al. 2020, S. 31; Abb. 1.7).

Die Eignung einer Regelung oder Gestaltungsalternative zur Zielerreichung wird als **Effektivität** bezeichnet („die richtigen Dinge tun."). Im Kontext der Organisation bedeutet dies: Prozesse und Strukturen ermöglichen es, Strategien zu realisieren, Kundennutzen zu stiften, Leistungserstellung zu ermöglichen.

Die Abwägung des Ressourceneinsatzes oder die Wirtschaftlichkeit bei der Erreichung eines Ziels wird als **Effizienz** bezeichnet („die Dinge richtig tun."). Da Ressourcen (z. B. Zeit, Geld, Mitarbeiter) gewöhnlich begrenzt sind und es verschiedene Wege der Zielerreichung gibt, sollte die Organisationsalternative gewählt werden, die mit dem geringsten Ressourceneinsatz zum Ziel führt oder mit den gegebenen Ressourcen am nächsten ans Ziel heranführt. Dies ist deutlich schwieriger zu operationalisieren. Im Folgenden werden dazu die zwei Zielkategorien in sechs Gestaltungsziele heruntergebrochen.

Liegen bereits alternative Gestaltungslösungen vor, können die nachfolgend erläuterten Merkmale als Bewertungskriterien genutzt werden, um eine Entscheidung für eine Alternative zu begründen (Krüger 1994; Bach et al. 2017; z. T. in Anlehnung an Petry und Konz 2021, S. 50):

Gestaltungsziele mit **Fokus auf Effektivität**

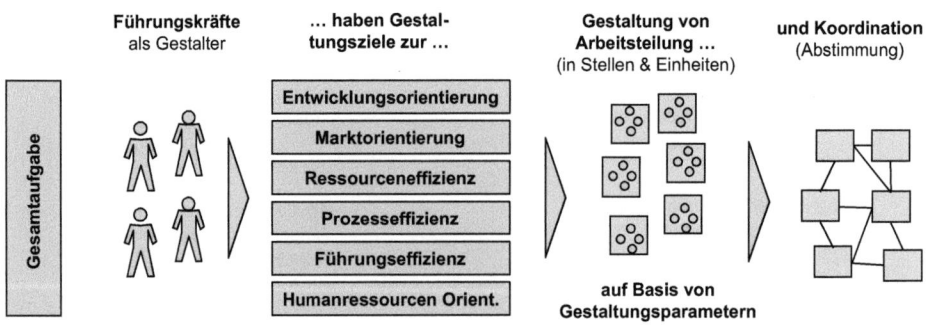

Abb. 1.7 Stellung der Ziele im Prozess des Organisierens. (Eigene Darstellung)

- **Anpassungs- und Entwicklungsorientierung**: Die Möglichkeit zu haben, auf Mengenänderungen bzw. neue Kundenbedürfnisse oder Änderungen in der Entwicklung des Unternehmens oder der Leistungserstellung flexibel reagieren zu können.
  - eher kleinere Organisationseinheiten mit ganzheitlich integriertem Aufgabenfeld (Modularisierung)
  - Regelungen für Stellen und Einheiten, die eher mehr Handlungs- und Entscheidungsspielraum lassen
  - Dezentralisierung von Entscheidungen
- **Markt- und Kundenorientierung**: Nur durch Strukturen und Prozesse, die einen „Kontakt" zu den bedienten Märkten des Unternehmens haben, können einerseits Marktinformationen sowie Kundenbedürfnisse aufgenommen und andererseits Entscheidungen am Kunden realisiert werden.
  - Einheiten mit Verantwortung und Entscheidungskompetenz für Produkte/Regionen/ Kundengruppen (Absatzmarkt z. B. Geschäftskundenbereich),
  - Dezentralisation von Entscheidungen an den Vertriebs- oder Kundenkontaktstellen (Point of Sale)
  - Kunden-/Marktverantwortung durchzieht alle Hierarchieebenen (Privatkundenvorstand)

Gestaltungsziele mit **Fokus auf Effizienz**

- **Ressourcenorientierung**: Wirtschaftliche Nutzung von Kapazitäten, Stellen und i. w. S. auch Finanzen in einem angemessenen Verhältnis zur Zielerreichung.
  - Nutzung von Effizienzvorteilen der Arbeitsteilung und Spezialisierung
  - Vermeidung von Doppelarbeit/-strukturen oder übermäßiger Formalisierung bzw. ressourcenunfreundlicher Bürokratisierung
  - Bündelung und Zentralisierung von Aufgaben in speziellen Service- oder Zentralbereichen (s. u. wie z. B. Corporate/Shared Services bzw. Corporate Functions)
- **Prozessorientierung**: Sicherstellung von reibungs- und schnittstellenarmen wirksamen Aufgaben- und Aktivtätenfolgen.
  - Reduzierung von Abteilungs- oder Funktionsschnittstellen
  - Standardisierung/Vereinheitlichung/Automatisierung von Prozessen
  - Erweiterte Weisungsbefugnisse für Prozessverantwortliche

Effizienzvorteile unter Berücksichtigung von Personal und Führung bei der Organisationsgestaltung

- **Führungseffizienz**: Regelungen, die eine schnelle, kostengünstige und fundierte Planung, Steuerung und Kontrolle erlauben bzw. den Koordinationsbedarf reduzieren.
  - angemessene/passende ggf. geringere Leitungstiefe und -spanne
  - Klarheit und Transparenz in den Verantwortlichkeiten und Entscheidungskompetenzen (Governance)

- angemessene Abwägung von De-/Zentralisation von Entscheidungen
- Unterstützung von Führungskräften durch Stäbe oder Zentralbereiche
- **Mitarbeiterorientierung**: Berücksichtigung von Qualifikation und Motivation der Mitarbeiter hinsichtlich Nutzung und Weiterentwicklung, Förderung selbstständigen unternehmerischen Handelns, Beachtung sozialer Bedürfnisse.
  - passende Handlungsspielräume und Partizipationsmöglichkeiten
  - fähigkeiten- und verhaltensadäquater Personaleinsatz
  - eindeutige Aufgaben-/Stellenbeschreibungen und -abgrenzung

Da es sich um sechs Gestaltungsziele handelt, liegt es auf der Hand, dass diese nicht alle in gleichem Maße berücksichtigt werden können und auch nicht gleichgewichtig sind. Durch die entsprechende Anzahl von Zielbeziehungen können verschiedene Ziele auch in einem **konfliktären Verhältnis** stehen. Zum Beispiel steht Prozesseffizienz im Konflikt zur Führungseffizienz oder bei sehr hoher Arbeitsteilung die Mitarbeiterorientierung zur Ressourceneffizienz. Mehrere Ziele erfordern dann von den Führungskräften eine **Priorisierung** in Form einer spezifischen **Gewichtung** als Beurteilungs- oder Entscheidungskriterium. Im Zweifel geht **Effektivität vor Effizienz**, denn eine organisatorische Alternative, die der Zielerreichung nicht zuträglich ist, kann so effizient sein wie sie will (vgl. Bach et al. 2017, S. 72 f.; Wenger und Thom 2021, S. 16 ff.).

1.2 Verhaltenswissenschaftliche Implikationen der Organisationsgestaltung

1.2.1 Organisation als Verhaltensdeterminante

Organisationen werden einerseits von Menschen geschaffen und ausgestaltet, andererseits beeinflussen sie zugleich immer auch das Verhalten der Organisationsmitglieder. Durch Organisation erhalten Unternehmen nicht nur eine Struktur, sondern als Organisation werden Unternehmen auch zum Verhaltensraum der Mitarbeiter. Versteht man eine Organisation als ein Regelsystem (Abschn. 1.1) wird hierdurch nicht nur das Stellengefüge, mithin die Struktur, und die Tätigkeitsabfolgen, mithin die Prozesse, festgelegt, sondern zugleich wirken organisatorische Regelungen immer auch als Normen, die zum Ausdruck bringen, was im Unternehmen zu tun und zu lassen ist. M.a.W.: Welches **Verhalten** seitens der Mitarbeiter **erwünscht** und welches **unerwünscht** ist. Mögen Organigramme und Prozessmodellierungen auch suggerieren, Organisationen bestünden maßgeblich aus „Kästchen" und „Pfeilen", so darf nicht übersehen werden, dass Organisationen stets auch den Kontext für mitarbeiterseitiges Verhalten bilden. In der betrieblichen Organisationslehre geht es daher nicht nur um die Aufbau- und Ablaufstruktur von Unternehmen („Organizational Design"), sondern auch um die Implikationen der Unternehmensstruktur und -kultur auf das Verhalten der Organisationsmitglieder („Organizational Behavior") (Robbins und Judge 2022; Bratton 2021; Cross und Carbery 2021; Zacher und Lehmann-Willenbrock 2023).

Vergegenwärtigt man sich, dass ein und derselbe Mensch sich in unterschiedlichen organisatorischen Settings höchst unterschiedlich verhält, wird offensichtlich, um welch wirkmächtige Verhaltensdeterminante es sich hierbei handelt. So beeinflussen die „organisatorischen Umstände" nicht nur Einstellungen, Motivation und Produktivität der Mitarbeiter, sondern beispielsweise auch ihr Lern- und Konfliktverhalten. Mögen die einen ihre Organisation als einengend und belastend erleben, stellt sie für andere eher einen Chancen- und Möglichkeitsraum dar. Organisationale Bedingungen ermöglichen und begrenzen zugleich also das Verhalten der Organisationsmitglieder.

Der Organisationsalltag zeigt, dass Mitarbeiter nicht ausschließlich als rational-eigennutzoptimierende Subjekte agieren, sondern unberechenbarer und höchst individuell handeln. Menschen sind eigenwillige und eigensinnige Akteure, deren Verhalten von vielen Einflussgrößen bestimmt wird und schwerlich vorhergesagt werden kann. Das Verhalten der Organisationsmitglieder wird nämlich von internen und externen Faktoren beeinflusst. Mit internen Faktoren sind hierbei Einflussgrößen gemeint, die in der Person liegen (z. B. Gesundheit, Intelligenz oder Persönlichkeit des Mitarbeiters), während externe Faktoren von außen situativ auf die Person einwirkende Parameter umfassen (wie beispielsweise Arbeitsumgebung, Vorgesetzte oder Kollegen). Daher sollte der Einfluss organisationaler Gegebenheiten auf das Mitarbeiterverhalten weder über- noch unterschätzt werden. Es handelt sich zweifellos um einen relevanten Faktor, der aber zugleich alleine nicht imstande ist, das Verhalten der Organisationsmitglieder zu erklären. Hinzu kommt: Auf dieselben organisationalen Gegebenheiten reagieren unterschiedliche Mitarbeiter höchst unterschiedlich. Auf dem Gebiet des „Organisational Behavior" ist daher nicht mit linearen, deterministischen Gesetzmäßigkeiten, die für alle Organisationsmitglieder Gültigkeit beanspruchen, zu rechnen. Vielmehr gilt: „Two people often act very differently in the same situation, and the same person's behavior changes in different situations" (Robbins und Judge 2022, S. 48).

1.2.2   Organisationales Commitment

Während die einen ganz selbstverständlich im mit dem Firmenlogo ihres Arbeitgebers bedruckten T-Shirt den heimischen Rasen mähen, in öffentlichen Verkehrsmitteln stolz ihren Mitarbeiterausweis sichtbar zur Schau stellen und bei privaten Zusammentreffen, nicht selten ungefragt, den Namen ihres Arbeitgebers kundtun, fühlen sich andere deutlich weniger mit ihrem Arbeitgeber verbunden.

Je stärker sich die Organisationsmitglieder mit „ihrer" Organisation verbunden fühlen, desto eher sind sie bereit, sich für die Erreichung der Organisationsziele zu engagieren. Es ist daher aus Unternehmenssicht erstrebenswert, dass sich die Mitarbeiter möglichst stark und umfassend mit dem Unternehmen identifizieren. Das Ausmaß der erlebten Verbundenheit und Identifikation mit der Organisation wird als „organisationales Commitment" bezeichnet. Hierbei gelingt es Unternehmen in höchst unterschiedlichem Ausmaß, die Mitarbeiter für sich zu gewinnen und an sich binden.

▶ Die Urheber des Konstrukts definieren organisationales **Commitment** als das Ausmaß der Identifikation mit und der Einbindung in eine Organisation. Es handelt sich demnach um eine aktive Beziehung, in der die Mitglieder bereit sind, zum Unternehmenserfolg beizutragen (Mowday et al. 1982, S. 27).

Während es sich bei Arbeitszufriedenheit (Abschn. 2.1.2.1) um eine Einstellung der Mitarbeiter gegenüber ihrer beruflichen Tätigkeit, ihrem Job, handelt, bringt **organisationales Commitment** die Einstellung gegenüber der Organisation als Ganzes zum Ausdruck (Schleicher et al. 2011). Referenziert Arbeitszufriedenheit auf die Stelle, die man in einer Organisation einnimmt, ist das Einstellungsobjekt des organisationalen Commitments die gesamthafte Organisation. Im Rahmen der Arbeitszufriedenheit erfolgt eine Bewertung der eigenen Arbeit und sie bezeichnet das Ausmaß, in dem Menschen ihre Arbeit mögen (Zufriedenheit) oder nicht mögen (Unzufriedenheit) (Spector 2022). Hierbei können Mitarbeiter zwar zufrieden mit ihrem Job sein und sich zugleich wenig verbunden mit ihrem Arbeitgeber fühlen. Andererseits können Mitarbeiter aber auch stolz sein, einer bestimmten prestigeträchtigen Organisation anzugehören und zugleich ihre Arbeit hierin als wenig zufriedenstellend erleben. Und schließlich können selbstverständlich sowohl Arbeitszufriedenheit als auch Commitment gleichermaßen als hoch oder auch als niedrig ausgeprägt empfunden werden.

Zur Ermittlung des Ausmaßes des organisationalen Commitments haben Mowday et al. das „**Organizational Commitment Questionnarie**" (OCQ) als Messinstrument entwickelt, welches aus 15 Items besteht (Mowday und Steers 1979, S. 228):

1. I am willing to put in a great deal of effort beyond that normally expected in order to help this organization be successful.
2. I talk up this organization to my friends as a great organization to work for.
3. I feel very little loyalty to this organization. [revers codiert]
4. I would accept almost any type of job assignment in order to keep working for this organization.
5. I find that my values and the organization's values are very similar.
6. I am proud to tell others that I am part of this organization.
7. I could just as well be working for a different organization as long as the type of work was similar. [revers codiert]
8. This organization really inspires the very best in me in the way of job performance.
9. It would take very little change in my present circumstances to cause me to leave this organization. [revers codiert]
10. I am extremely glad that I chose this organization to work for over others I was considering at the time I joined.
11. There's not too much to be gained by sticking with this organization indefinitely. [revers codiert]
12. Often. I find it difficult to agree with this organization's policies on important matters relating to its employees. [revers codiert]
13. I really care about the fate of this organization.
14. For me this is the best of all possible organizations for which to work.
15. Deciding to work for this organization was a definite mistake on my part. [revers codiert]

Arten des Commitments
Versteht man organisationales Commitment als psychologisches Band zwischen Mitarbeitern und Unternehmen, stellt sich die Frage, woraus dieses Band geknüpft sein kann.

Drei potenzielle Anknüpfungspunkte lassen sich diesbezüglich ausmachen: **Werte**, **Gefühle** und/oder **Interessen** der Organisationsmitglieder (Gmür und Thommen 2019, S. 261). Mithin können drei Arten des Commitments unterschieden werden: Normatives, affektives und kalkulatives Commitment.

Erleben Mitarbeiter eine hohe Übereinstimmung zwischen ihren persönlichen Werthaltungen (z. B. Loyalität, Fairness, Tradition oder Nachhaltigkeit) und den Werten, für die das Unternehmen einsteht, liegt ein **normatives Commitment** vor. Werte bringen hierbei zum Ausdruck, was man als richtig, wichtig und erstrebenswert erachtet. Es handelt sich um handlungsleitende Konzeptionen des Wünschenswerten. Kennzeichnend für ein normatives Commitment ist also eine hohe Wertekongruenz zwischen Mitarbeiter und Unternehmen.

Verbinden Mitarbeiter mit dem Unternehmen positive Gefühle (z. B. Freude, Stolz oder Dankbarkeit) liegt hingegen **affektives Commitment** vor. Positive Gefühle können beispielsweise durch eine hohe Identifikation mit den Produkten des Unternehmens oder durch hochwertige soziale Beziehungen im Unternehmen (z. B. zu Vorgesetzten, Kollegen oder Kunden) und das Erleben von Gemeinschaft ausgelöst werden.

Und sind schließlich Mitarbeiter davon überzeugt, dass ihre persönlichen Interessen (bspw. nach Einkommen, Arbeitsplatzsicherheit, Karrieremöglichkeiten oder Work-Life-Balance) im Unternehmen zur Geltung kommen, also ein positives Anreiz-Beitrags-Verhältnis vorliegt, kann von **kalkulativem Commitment** gesprochen werden.

Welche Konsequenzen zeigt ein hohes organisationales Commitment hinsichtlich des Mitarbeiterverhaltens? Hohes organisationales Commitment wirkt sich positiv auf die Anstrengungsbereitschaft und das Leistungsverhalten der Mitarbeiter aus. Ferner erhöht sich die Wahrscheinlichkeit von Extra-Rollenverhalten (Abschn. 1.2.3) und zugleich wird organisationsschädigendes Verhalten (Abschn. 1.2.4) unwahrscheinlicher. Und schließlich tritt mitarbeiterseitiges Rückzugsverhalten (z. B. in Form von Absentismus, Bummelei oder Aufkündigung des Arbeitsverhältnisses) seltener auf, wenn ein starkes psychologisches Band besteht.

1.2.3 Organisationsdienliches Verhalten

Als Regelsysteme richten Organisationen stets Verhaltenserwartungen an ihre Mitglieder. Als Organisationsmitglied übernimmt man eine soziale Position in der organisationalen Konfiguration und damit immer auch eine Rolle.

▶ Eine **Rolle** umfasst ein an den Inhaber einer sozialen Position gerichtetes Bündel von Verhaltenserwartungen.

Übernimmt man beispielsweise die Position eines Teamleiters, ist man vielgestaltigen Verhaltenserwartungen seitens der unterstellten Mitarbeiter, des Vorgesetzten, von Kunden oder des Betriebsrats ausgesetzt. Diese Verhaltenserwartungen konstituieren die Rolle „Teamleiter".

Aus dem Arbeitsvertag ergeben sich hierbei Verhaltenserwartungen (z. B. sorgsamer Umgang mit betrieblichen Ressourcen, Pünktlichkeit, Anerkennung des Weisungsrechts von Vorgesetzten, Nichtverbreitung von vertraulichen Informationen), deren Einhaltung arbeitgeberseitig eingefordert werden und bei Nichteinhaltung negativ sanktioniert werden kann (beispielsweise durch eine Ermahnung oder Abmahnung). Der Arbeitgeber kann also diesbezüglich rollenkonformes Verhalten einfordern und rollenabweichendes Verhalten negativ sanktionieren.

Aus Unternehmenssicht ist es jedoch wünschenswert, dass Mitarbeiter sich nicht lediglich rollenkonform verhalten, also ihren einforderbaren, arbeitsvertraglichen Pflichten nachkommen (mithin „Dienst nach Vorschrift" leisten), sondern sich zudem freiwillig, über das Erwart- und Einforderbare hinaus, für das Wohlergehen und den Erfolg der Organisation engagieren, also **Extra-Rollenverhalten** zeigen. Kennzeichnend für Extra-Rollenverhalten ist hierbei, dass es freiwillig erfolgt und nicht negativ sanktioniert werden kann, wenn es unterbleibt. Es kann also nicht legitimerweise eingefordert werden: „To go beyond the call of duty" (Schermerhorn et al. 2012, S. 67).

Fachwissenschaftlich wird dieses Extra-Rollenverhalten, mit Organ (1988), auch als **organisationsbürgerliches Verhalten** („Organizational Citizenship Behavior" (OCB)) bezeichnet. Die Begriffsbildung ist hierbei der Politikwissenschaft entlehnt: Auch die Mitgliedschaft in einem Staatsgebilde kann als Rolle verstanden werden und der Staat kann von seinen Bürgern bestimmte Verhaltensweisen erwarten (z. B. Zahlung von Steuern, Ableisten eines Wehrdienstes, Befolgung gesetzlicher Vorschriften). Kommen Staatsangehörige diesen Bürgerpflichten nicht nach, vermögen die Staatsorgane diese Verhaltensweisen einzufordern und rollenabweichendes Verhalten zu ahnden. Zugleich liegt es jedoch auch im Interesse des Staates, dass die Bürger nicht nur das tun, was von ihnen rechtlich verlangt werden kann, sondern sich darüber hinaus positiv in das Gemeinwesen einbringen und freiwilliges, bürgerschaftliches Engagement zeigen, indem sie sich beispielsweise sozial oder kulturell in Vereinen ehrenamtlich engagieren oder Spenden für gemeinnützige Vorhaben leisten. Auch dieses gemeinwohlsteigernde, bürgerschaftliche Verhalten kann nicht staatlicherseits eingefordert und negativ sanktioniert werden, wenn es unterbleibt. Dem bürgerschaftlichen Engagement auf der Ebene des Staates entspricht also organisationsbürgerliches Verhalten auf der Ebene von Organisationen (Smith et al. 1983).

▶ **Organisationsbürgerliches Verhalten** („Organizational Citizenship Behavior") umfasst freiwillig gezeigte, organisationsdienliche Verhaltensweisen außerhalb von Rollenerwartungen.

Kennzeichen organisationsbürgerlichen Verhaltens

Es handelt sich also um Verhaltensweisen von Mitarbeitern, die erstens außerhalb von Rollenerwartungen, also **freiwillig** erfolgen, zweitens **organisationsdienlich**, also aus Organisationssicht wünschenswert sind, da sie zur Erreichung der Unternehmensziele beitragen und für die, drittens, **keine Belohnung** arbeitsvertraglich festgelegt ist. Diese Verhaltensweisen muss man nicht zeigen, können nicht eingefordert werden und werden auch nicht unmittelbar belohnt, sind aber zugleich im Interesse der Organisation. Bereits Katz (1964) hat darauf hingewiesen, dass es für das Überleben von Organisationen essenziell ist, dass die Mitglieder mehr tun, als lediglich formale Regeln einzuhalten: „An organization which depends solely upon its blue-prints of prescribed behavior is a very fragile social system" (Katz 1964, S. 132).

Hierbei zeigt sich, dass Mitarbeiter, die ein hohes organisationales Commitment (Abschn. 1.2.2) aufweisen, eher organisationsbürgerliches Verhalten an den Tag legen als Kollegen mit geringem organisationalem Commitment, weil ihnen das Wohlergehen und der Erfolg der Organisation eher am Herzen liegen. Ein Grund mehr, weshalb Unternehmen an einem hohen Commitment ihrer Mitarbeiter interessiert sind: Es macht wünschenswertes, aber nicht einforderbares, Extra-Rollenverhalten wahrscheinlicher.

Arten von organisationsbürgerlichem Verhalten
Unterschiedliche Systematisierungen der Arten von organisationsbürgerlichem Verhalten wurden vorgenommen (Podsakoff et al. 2000). Folgt man dem begrifflichen Urheber der Kategorie, können fünf Verhaltensweisen hierunter subsumiert werden (Organ 1988, S. 7–13): Hilfsbereitschaft, Gewissenhaftigkeit, Höflichkeit, Unkompliziertheit und Eigeninitiative. **Hilfsbereitschaft** manifestiert sich in selbstlosem, uneigennützigem Verhalten (Altruismus), z. B. wenn man ohne Erwartung auf Gegenseitigkeit neuen oder überlasteten Kollegen freiwillig Unterstützung anbietet. **Gewissenhaftigkeit** praktizieren Mitarbeiter, wenn sie ein außerordentliches, nicht einforderbares Maß an Pflichtbewusstsein an den Tag legen oder die Organisation schützende Verhaltensweisen zeigen. Wenn Mitarbeiter umsichtig und rücksichtsvoll im kollegialen Umgang sind, frühzeitige Absprachen treffen und konfliktvorbeugendes Verhalten an den Tag legen, dokumentieren sie **Höflichkeit**. **Unkompliziertheit** zeigt sich hingegen beispielsweise in Großzügigkeit oder einer hohen Toleranz gegenüber Ärgernissen und Unannehmlichkeiten. Und schließlich manifestiert sich **Eigeninitiative** in einer aktiven Teilnahme am Organisationsleben (z. B. im Rahmen von Gemeinschaftsanlässen wie Betriebsfeiern) und der freiwilligen Übernahme von Verantwortung.

1.2.4 Organisationsschädigendes Verhalten

Nicht alle Mitarbeiter meinen es gut mit ihrem Unternehmen. Einige legen es sogar darauf an, Schaden anzurichten: Sie machen absichtlich Fehler, verüben Sabotage, verhalten sich unanständig und unhöflich gegenüber Kollegen, Kunden oder Lieferanten, beschäftigen sich während der Arbeitszeit mit privaten Angelegenheiten oder bestehlen ihren Arbeitgeber. Dieses normabweichende und die Organisation schädigende Verhalten wird als kontraproduktives Arbeitsverhalten (Counterproductive Work Behavior) bezeichnet (Nerdinger et al. 2019, S. 500–509).

Kontraproduktives Arbeitsverhalten ist ein Containerbegriff, der eine große Vielfalt an Normabweichungen umfasst – sowohl weniger gravierende, gering schädigende Verhaltensweisen, wie das Streuen von Gerüchten, Bummelei oder das Überziehen von Pausenzeiten, als auch gravierende, stark schädigende Verhaltensweisen wie sexuelle Belästigung, Diebstahl, gesundheitliche Gefährdung von Kollegen, Sabotage oder Bestechung. Zudem können die kontraproduktiven Verhaltensweisen an einzelne Personen (z. B. Kollegen, Kunden, Lieferanten) oder das Unternehmen als Ganzes gerichtet sein (Robinson und Bennett 1995). Das Streuen von Gerüchten über Kollegen, das Bestehlen von Kollegen oder auch Mobbing sind personenbezogene, während Arbeitszeitbetrug, absichtliche Minderleistung oder Sabotage beispielsweise organisationsbezogene kontraproduktive Verhaltensweisen sind (Abb. 1.8).

Gemeinsam ist all diesen Verhaltensweisen, dass sie gegen organisationsinterne Normen verstoßen und Organisationsinteressen schaden.

▶ **Kontraproduktives Arbeitsverhalten** (Counterproductive Work Behavior) ist absichtliches Verhalten von Organisationsmitgliedern, welches dem Unternehmen oder seinen Stakeholdern (z. B. Mitarbeitern, Kunden, Lieferanten) Schaden zufügt bzw. Schaden zufügen soll.

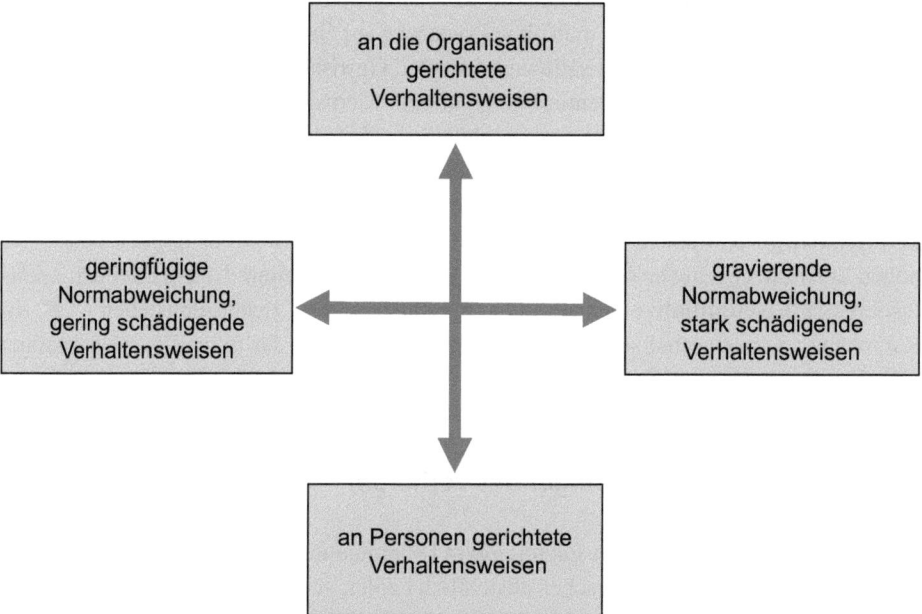

Abb. 1.8 Typologie kontraproduktiver Verhaltensweisen. (In Anlehnung an Robinson und Bennett 1995, S. 565)

Tab. 1.1 Arten kontraproduktiven Arbeitsverhaltens

Art des Verhaltens	Beispiel
Diebstahl	Bestehlen von Kollegen oder des Unternehmens
Beschädigung von Firmeneigentum	Sabotage
Informationsmissbrauch	Weitergabe vertraulicher Informationen an Unberechtigte
Missbrauch von Arbeitszeit und Unternehmensressourcen	Nutzung von Betriebsmitteln für private Zwecke
Andere gefährdendes Verhalten	Gesundheit von Kollegen gefährden
Unbegründete Abwesenheit	Unerlaubtes Fernbleiben von der Arbeit
Absichtliche Fehler	Nichteinhalten von Kundenterminen
Unangemessene Sprache	Diskriminierende Begriffe verwenden
Drogenmissbrauch	Konsum oder Verkauf von Drogen
Unangemessenes physisches Verhalten	Gewalt

[in Anlehnung an Gruys und Sackett 2003]

Entscheidend hierbei ist, dass es die Herbeiführung eines Schadens **intentional** erfolgt. Verhaltensweisen, die unbeabsichtigt Schäden herbeiführen, wie beispielsweise unbeabsichtigte Fehler aufgrund von Unachtsamkeit oder Schlechtleistungen aufgrund mangelnder Fähigkeit oder Erfahrung, werden hierbei nicht der Kategorie des kontraproduktiven Arbeitsverhalten zugerechnet.

In Anlehnung an Gruys und Sackett (2003) können zehn unterschiedliche Arten kontraproduktiven Arbeitsverhaltens unterschieden werden (Tab. 1.1).

Ursachen von kontraproduktivem Verhalten

Eine Vielzahl von Ursachen führen zu kontraproduktivem Verhalten (Pletzer und Lehmann-Willenbrock 2023, S. 151–154). Häufig zeigen Mitarbeiter dieses normabweichende, schädigende Verhalten, weil sie sich ungerecht behandelt fühlen (z. B. weil ihnen eine, ihrer Meinung nach, zustehende Entgelterhöhung nicht gewährt wurde, eine zugesagte Fortbildung nicht bewilligt wurde, die Arbeitsbelastung als äußerst ungleich im Team verteilt erlebt wird oder die versprochene Verlängerung des befristeten Arbeitsvertrags nicht erfolgte). Neben der Wahrnehmung organisationsinterner Ungerechtigkeit kann auch eine erlebte Ausgrenzung oder erlebte Feindseligkeit durch andere Organisationsmitglieder (z. B. durch den Vorgesetzten oder durch Kollegen) eine Ursache für kontraproduktives Verhalten sein. Persönlichkeitsmerkmale wie geringe Gewissenhaftigkeit und geringe Verträglichkeit können zudem ebenso Faktoren sein, die das Auftreten kontraproduktiven Verhaltens begünstigen, ebenso wie auch mangelnde Integrität. Und schließlich kann ein Mangel an Selbstkontrolle ein förderlicher Faktor sein, weil Mitarbeiter dann nicht ausreichend über die Fähigkeit verfügen, Handlungen zu vermeiden, deren negativen Langfristfolgen die kurzfristigen Vorteile übersteigen.

Praxisbeispiel: Bestechlichkeit im Einkauf

Im März 2023 kam es zu einer Razzia im Sindelfinger Werk von Mercedes Benz, da die Staatsanwaltschaft zwei Einkaufsmitarbeiter verdächtigte, über Jahre Bestechungsgelder in Millionenhöhe von Lieferanten angenommen zu haben. Das Unternehmen selbst hatte den Fall zur Anzeige gebracht.

(Quelle: Stuttgarter Zeitung vom 23.03.2023, S. 11) ◄

1.3   Zusammenfassung und Lernkontrolle (Wiederholungsfragen und Reflexionsfragen)

Wenn mehrere Akteure ein gemeinsames Ziel erreichen wollen und dafür verschiedene Aufgaben untereinander aufteilen, dann braucht es dafür eine **bewusst durch Regeln geschaffene Ordnung**. Im Mittelpunkt von **Organisation** steht die Aufteilung in verschiedene Teilaufgaben bzw. Aktivitäten, die Verteilung auf verschiedene Personen und die Abstimmung der verschiedenen arbeitsteilig erbrachten Aktivitäten, zur bestmöglichen Erfüllung der Aufgabe. Es geht einerseits immer um **Arbeitsteilung** und daraus folgend andererseits um **Koordination** (Abschn. 1.1.3).

Eine Organisation als **Ergebnis** ist ein in unternehmerischen Prozessen und Strukturen dokumentiertes System aufeinander abgestimmter **Regeln**, welches das arbeitsteilige Leistungsverhalten der handelnden Akteure koordiniert und auf die Erreichung definierter Ziele ausrichtet.

Kernelemente sind neben den Regeln auch **Aufgaben**, die gebündelt dann zu **Stellen** werden. Solche Aufgabenbündel sind von **Stelleninhabern** zu erfüllen. Werden wiederum Stellen zusammengefasst, so spricht man von **Stellenmehrheiten** (Abschn. 2.1.1).

Hinsichtlich der Zielwirksamkeit der Regelungen werden folglich alternative Prozesse und Strukturen miteinander verglichen. Dazu sind die auf **Effektivitäts- und Effizienzkriterien** basierenden sechs **Gestaltungsziele** bei der Alternativenauswahl maßgeblich bzw. der jeweilige Zielerreichungsgrad (Abschn. 1.1.4).

Organisationen sind nicht nur als unpersönliche Regelsysteme zu verstehen, sondern beeinflussen zugleich immer auch das **Verhalten der Organisationsmitglieder**. Durch Organisation erhalten Unternehmen nicht nur eine Struktur, sondern als Organisation werden Unternehmen auch zum Verhaltensraum der Mitarbeiter. Und zugleich benötigen Unternehmen stets Mitarbeiter als Organisationsmitglieder, um die Unternehmensziele zu erreichen (Abschn. 1.1.1).

Je stärker sich die Organisationsmitglieder mit „ihrem" Unternehmen verbunden fühlen, desto eher sind sie bereit, sich für die Erreichung der Unternehmensziele zu engagieren. Das Ausmaß der erlebten Verbundenheit und Identifikation mit der Organisation wird als „**organisationales Commitment**" bezeichnet (Abschn. 1.2.2).

Unternehmen sind nicht nur daran interessiert, dass die Organisationsmitglieder ihren arbeitsvertraglichen Pflichten nachkommen, sich also rollenkonform verhalten, sondern sich zudem freiwillig, über das Erwart- und Einforderbare hinaus, für das Wohlergehen und den Erfolg der Organisation engagieren, also **Extra-Rollenverhalten** zeigen (Abschn. 1.2.3).

Aber nicht alle Mitarbeiter meinen es gut mit ihrem Unternehmen. Einige legen es sogar darauf an, Schaden anzurichten: Sie machen absichtlich Fehler, verüben Sabotage, verhalten sich unanständig und unhöflich gegenüber Kollegen, Kunden oder Lieferanten, beschäftigen sich während der Arbeitszeit mit privaten Angelegenheiten oder bestehlen ihren Arbeitgeber. Absichtliches Verhalten von Organisationsmitgliedern, welches dem Unternehmen oder seinen Stakeholdern (z. B. Mitarbeitern, Kunden, Lieferanten) Schaden zufügt bzw. Schaden zufügen soll, wird als **kontraproduktives Arbeitsverhalten** bezeichnet (Abschn. 1.2.4).

Wiederholungsfragen

1. Worin unterscheidet sich Organisation als Prozess und als Ergebnis?
2. Erläutern Sie das instrumentelle Organisationsverständnis bzw. warum kann man Organisation als Führungsfunktion charakterisieren?
3. Erläutern Sie die Kernelemente der Organisation in ihrem jeweiligen Zusammenhang.
4. Erläutern Sie die Ziele bei der Gestaltung von Organisation. Was ist unter Effektivität und Effizienz von Organisationen (nicht Unternehmen) zu verstehen?
5. Inwiefern unterscheidet sich organisationales Commitment von Arbeitszufriedenheit?
6. Was ist charakteristisch für organisationsbürgerliches Verhalten (Organizational Citizenship Behavior)?
7. Welche Arten kontraproduktiven Arbeitsverhaltens können unterschieden werden?

Reflexionsfragen

1. Erläutern Sie an einem Beispiel den Zusammenhang bzw. die Wechselwirkung zwischen Arbeitsteilung und Koordination.
2. Wo hat organisatorische Gestaltung im engeren Sinne ihre Grenzen?
3. Welche Zielkonflikte sehen Sie zwischen den verschiedenen Gestaltungszielen und wie lassen sich diese in der Praxis auflösen?
4. Mit welchen konkreten Gestaltungsvorschlägen lassen sich die Ziele erreichen?
5. Wie können Unternehmen das normative, affektive und kalkulative Commitment ihrer Mitarbeiter erhöhen?
6. Inwiefern ist organisationsbürgerliches Verhalten mit organisationalem Commitment verknüpft?
7. Wie können Unternehmen die Gefahr reduzieren, dass die Mitarbeiter kontraproduktives Arbeitsverhalten an den Tag legen?

Literatur

Bach N, Brehm C, Buchholz W, Petry T (2017) Organisation: Gestaltung wertschöpfungsorientierter Architekturen, Prozesse und Strukturen, 2. Aufl. Gabler, Wiesbaden

Bea FX, Göbel E (2019) Organisation. Theorie und Gestaltung, 5. Aufl. UVK, München

Bratton J (2021) Work and organizational behavior, 4. Aufl. Red Globe Press, London

Brehm C (2003) Organisatorische Flexibilität der Unternehmung. Bausteine eines erfolgreichen Wandels, Gabler, Wiesbaden

Breisig T (2021) Betriebliche Organisation: organisatorische Grundlagen und Managementkonzepte, 3. Aufl. NWB, Herne

Cross C, Carbery R (2021) Organisational behaviour. An introduction, 2. Aufl. Red Globe Press, London

Cyert R, March J (1963) A behavioral theory of the firm. Prentice-Hall, Englewood Cliffs

Gmür M, Thommen JP (2019) Human resource management, 5. Aufl. Versus, Zürich

Grochla E (1982) Grundlagen der organisatorischen Gestaltung. Poeschel, Stuttgart

Gruys ML, Sackett PR (2003) Investigating the dimensionality of counterproductive work behavior. Int J Select Assess 11(1):30–42

Haller A (2002) Wertschöpfung. In: Küpper H-U, Wagenhofer A (Hrsg) Handwörterbuch Unternehmensrechnung und Controlling, 4. Aufl. Schäffer-Poeschel, Stuttgart, Sp. 2131–2142

Katz D (1964) The motivational basis of organizational behavior. Behavioral Sci 9(2):131–146

Kieser A, Ebers M (Hrsg) (2019) Organisationstheorien, 8. Aufl. Kohlhammer, Stuttgart

Klimmer M (2020) Unternehmensorganisation: eine kompakte und praxisnahe Einführung mit Online-Training, 5. Aufl. NWB, Herne

Kosiol E (1976) Organisation der Unternehmung, 2. Aufl. Gabler, Wiesbaden

Krüger W (1994) Organisation der Unternehmung, 3. Aufl. Kohlhammer, Stuttgart

Krüger W, Bach N (2006) Charakteristik organisatorischer Regelungen. In: Franz O (Hrsg) RKW: Handbuch Führungstechnik und Organisation. Schmidt, Berlin, S 1–16

Kühl S (2023) Der ganz formale Wahnsinn. Vahlen, München

Mowday RT, Porter LW, Steers RM (1982) Employee organization linkages: the psychology of commitment, absenteeism, and turnover. Academic Press, New York

Mowday RT, Steers RM (1979) The measurement of organizational commitment. J Vocation Behav 14:224–247

Nerdinger FW, Blickle G, Schaper N (2019) Arbeits- und Organisationspsychologie, 4. Aufl. Springer, Berlin

Nicolai C (2023) Betriebliche Organisation. 4. Aufl. UVK, München

Organ DW (1988) Organizational citizenship behavior. The good soldier syndrome. Lexington, Lexington Books

Petry T, Konz C (2021) Agile Organisation. Systematischer Überblick des Themenkomplexes. In: Petry T, Konz C (Hrsg) Agile organisation. Dr. Götz Schmidt, Gießen, S 25–220

Picot A, Dietl H, Franck H, Fiedler M, Royer S (2020) Organisation. Theorie und Praxis aus ökonomischer Sicht, 8. Aufl. Schäffer-Poeschel, Stuttgart

Pletzer JL, Lehmann-Willenbrock N (2023) Counterproductive work behavior. In: Zacher H, Lehmann-Willenbrock N (Hrsg) Work, organizational, and business psychology. Kohlhammer, Stuttgart, S 146–164

Podsakoff PM et al (2000) Organizational citizenship behaviors: a critical review of the theoretical and empirical literature and suggestions for future research. J Manag 26(3):513–563

Porter ME (1980) Competitive strategy. Free Press, New York

Robbins SP, Judge TA (2022) Organizational behavior, 19. Aufl. Pearson, New York

Robinson SL, Bennett RJ (1995) A typology of deviant workplace behaviors: a multidimensional scaling study. Acad Manage J 38(2):555–572

Schermerhorn JR et al (2012) Organizational behavior, 12. Aufl. Wiley, Hoboken

Schleicher DJ, Hansen SD, Fox KE (2011) Job attitudes and work values. In: Zedeck S (Hrsg) APA handbook of industrial and organizational psychology, Bd 3. American Psychological Association, Washington, S 137–190

Schmidt G, Konz C (2019) Organisation gestalte: Stabile und dynamische Unternehmensstrukturen, 6. Aufl. Dr. Götz Schmidt, Gießen

Schreyögg G, Geiger D (2024) Organisation: Grundlagen moderner Organisationsgestaltung, 7. Aufl. Springer Gabler, Wiesbaden

Smith CA, Organ DW, Near JP (1983) Organizational citizenship behavior: its nature and antecedents. J Appl Psychol 68(4):653–666

Spector PE (2022) Job satisfaction: from assessment to intervention. Routledge, New York

Träger T (2018) Organisation: Grundlagen der Organisationslehre mit Beispielen, Übungsaufgaben und Musterlösungen. Vahlen, München

Vahs D (2023) Organisation. Ein Lehr- und Managementbuch, 11. Aufl. Schäffer-Poeschel, Stuttgart

Weber M (1922) Wirtschaft und Gesellschaft, 5. Aufl. Mohr, Tübingen

Wenger A, Thom N (2021) Die optimale Organisationsform. Grundlagen und Handlungsanleitung, 2. Aufl. Springer Gabler, Wiesbaden

Zacher H, Lehmann-Willenbrock (Hrsg) (2023) Work, Organizational, and Business Psychology. Kohlhammer, Stuttgart

Strukturelle Ausgestaltung der Unternehmensorganisation

2.1 Organisationseinheiten als Strukturelemente

2.1.1 Stellen als Organisationseinheiten

2.1.1.1 Stellen und ihre Merkmale

Die durch die Methode der Aufgabenanalyse und -synthese gewonnenen Aufgabenbündel werden zur tatsächlichen Ausführung auf gedachte Personen in Organisationseinheiten zugeordnet (Abschn. 1.1.3). Es geht um die Beantwortung der Frage, „Wer macht was?" – so entstehen einzelne Stellen und durch deren Zusammenfassung weiterhin Stellenmehrheiten (z. B. Arbeitsgruppe, Abteilung), die alle Elemente der Organisationsstruktur sind.

▶ Die **Organisationsstruktur** bezeichnet alle dauerhaften Regelungen, die Organisationseinheiten Aufgaben, Kompetenzen und Verantwortung zuweisen und sie in einem geordneten, verbundenen Gefüge zusammenfassen (auch Aufbauorganisation genannt Abschn. 2.2.1.2).

Organisationseinheiten bezeichnen auf Stellen oder Stellenmehrheiten zugeordnete Bündel von Aufgaben oder Aktivitäten sowie deren Zuordnung auf gedachte Personen. Die unterschiedlichen Strukturelemente (Stellenarten sowie -mehrheiten) sowie deren Bildung (Stellenbildung und Kongruenzprinzip) werden im Folgenden vorgestellt werden (vgl. hierzu Krüger 1994, S. 45–52; Krüger 2005).

▶ **Stellen** sind eine personenbezogene Aufgaben- bzw. Aktivitätenbündelung, die vom Personenwechsel unabhängig ist (vgl. Kosiol 1962, S. 89).

Die Stelle wird als das kleinste Element der Organisation verstanden. Aus dieser Definition lassen sich vier Begriffsmerkmale ableiten (vgl. u. a. Krüger 1994, S. 45 f.; Bach et al. 2017, S. 261):

- **Aufgaben- bzw. Aktivitätenbündelung**: Verteilungsfähige Teilaufgaben oder Aktivitäten werden dauerhaft zu einem Aufgabenbündel zusammengefasst und damit der Stelle übertragen.
- **Personenbezug**: Die Aufgabenbündelung orientiert sich in Bezug auf Umfang und Anspruchsniveau an der quantitativen und qualitativen Kapazität einer Person (Stelleninhaber oder Vollzeitäquivalent mit z. B. 32 h Wochenarbeitszeit).
- **Versachlichung**: Grundsätzlich erfolgt die Stellenbildung versachlicht, also durch Orientierung an einer gedachten Person mit Normaleignung (z. B. Köchin oder Industriekaufmann). Berufstypische Aufgaben und Anforderungen bilden dabei wesentliche Orientierungshilfen, was die Stelle vom Personenwechsel unabhängig macht.
- **Kompetenz und Verantwortung**: Personen sind als Stelleninhaber auch immer Träger von Kompetenz im Sinne der Befugnis etwas zu „dürfen" und Verantwortung im Sinne der Pflicht, Rechenschaft abzulegen (siehe zum AKV Prinzip unten).

Vom Regelfall, dass eine Person als Stelleninhaber eine nach sachlichen Kriterien gebildete Stelle innehat, gibt es zwei Abweichungsfälle. Der erste Fall bezieht sich auf die **Stellenbesetzung**. Hat eine Person mehrere Stellen inne, wird diese Vereinigung auf einer Person **Personalunion** genannt. Sie findet sich häufiger in höheren Hierarchieebenen z. B. eine Führungskraft ist gleichzeitig Vorstand und Bereichsleitung. Teilen sich mehrere Personen eine Stelle, wird dies **Job Sharing** oder in Führungspositionen **Top Sharing** genannt. Ein Spezialfall liegt vor, wenn eine Stelle z. B. im **Schichtdienst** zeitlich aufeinanderfolgend zwei- oder dreimal besetzt ist. Dies sind dann in der Regel mehrere Stellen und Personen, die **einen Arbeitsplatz** aufeinanderfolgend besetzen.

Der zweite Abweichungsfall bezieht sich auf die **Stellenbildung**. Der Normalfall der Bildung einer Stelle ist durch eine objektive und versachlichte Zuordnung von Aufgabenbündeln (ad rem) gegeben. Diese Idee berücksichtigt aber weder individuelle Motivations- noch Qualifikationsunterschiede. Werden Teilaufgaben z. B. in Sinne der individuellen Karriereentwicklung auf **einen konkreten Aufgabenträger** zugeschnitten, so spricht man von personenbezogener Stellenbildung (ad personam). Sind mit der Aufgabe in Verbindung stehende **Sachmittel** (Gabelstapler, IT-Labor) von besonderer Bedeutung, kann eine entsprechende Orientierung bei der Stellenbildung daran sinnvoll sein (ad instrumentum), z. B. die Staplerfahrerin oder die Labor-Ingenieurin. Werden Stellen auf Basis rechtlicher Vorgaben oder Gesetze gebildet (ad legis), kommen dann hauptamtliche oder nebenamtliche Stellen als Vorstand, Geschäftsführerin, Ersthelfer oder Datenschutzbeauftragte in Frage.

Kongruenzprinzip bei der Stellenbildung

Der Stellenbildung liegt das **Kongruenzprinzip** zugrunde (Abb. 2.1). Dieses besagt, dass Aufgaben, Kompetenzen und Verantwortung möglichst deckungsgleich sein bzw. sich

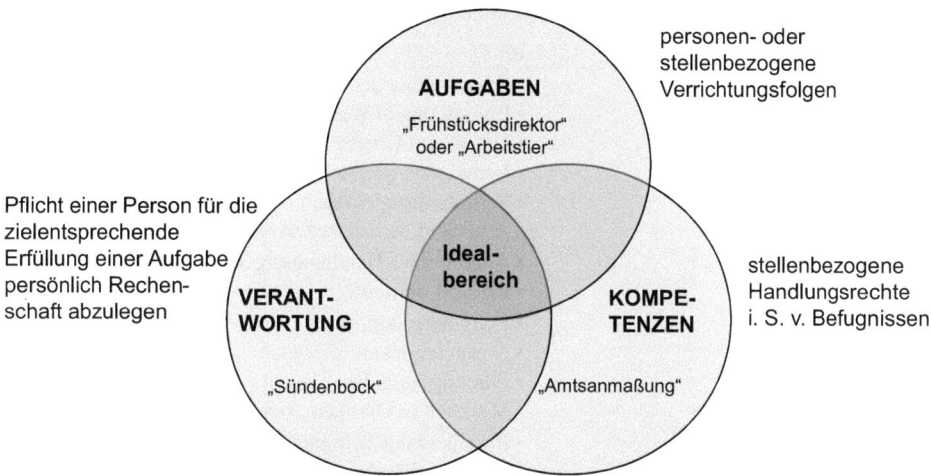

Abb. 2.1 Kongruenzprinzip Aufgabe, Kompetenz, Verantwortung. (Vgl. Krüger 2005, S. 156)

wechselseitig entsprechen sollen. Die Kernidee ist: Nur wer für die Erfüllung seiner Aufgaben auch mit den notwendigen Kompetenzen ausgestattet ist, kann für die Ergebnisse seiner Entscheidungen und Handlungen einstehen (vgl. Krüger 1994, S. 47; Hamel 1978, S. 103 ff.).

Die Bewältigung von **Aufgabenkomplexen** setzt stellenbezogene Handlungs- und/oder Entscheidungsrechte voraus, auch **Kompetenzen** oder **Befugnisse** genannt. Dieser organisatorische Kompetenzbegriff ist von dem auch weit verbreiteten personenbezogenen Kompetenzbegriff zu unterscheiden, der sich auf persönliche Fähigkeiten bezieht (vgl. Picot 2005, S. 62). Schließlich bedarf es auch einer entsprechenden **Verantwortung**. Diese beschreibt „die Pflicht einer Person …, für die zielentsprechende Erfüllung einer Aufgabe persönlich Rechenschaft abzulegen" (Hauschildt 1969, Sp. 1693).

Bezüglich der Ausgestaltung von Stellen lassen sich aber im Hinblick auf posttraditionelle Organisationsmodelle erhebliche Änderungen beobachten (vgl. Abschn. 5.3). Am Ende geht es immer darum, wer bei Entscheidungen „Vorfahrt hat" und genau das ändert sich in Bezug auf „New Work" derzeit umfassend. Neuere Ansätze propagieren zwar die weitreichende Partizipation und Beteiligung der Mitarbeiter, im besten Sinne dürfen alle mitreden, aber keiner möchte die alleinige Verantwortung dafür übernehmen. Dies steht dann in einem erheblichen Widerspruch zu den immer strengeren Governance- und Complianceregelungen, die auf Nachvollziehbarkeit, Rechenschaft und damit klare Verantwortung abzielen. Die Rechenschaftspflicht kann eben in der Regel formal nur schlecht über ein Team gewährleistet werden. (Ausnahme bildet hier das Aktiengesetz (§ 76–78) bzgl. Vorstandes im Kollegialprinzip, wo dies zumeist über eine ergänzende Geschäftsordnung geregelt wird.)

Die inhaltliche Ausgestaltung einer Stelle wird in **Stellenbeschreibungen** konzipiert und dokumentiert. Darunter ist eine verbindliche Darstellung der vom Stelleninhaber im

Tab. 2.1 Mögliche Inhalte einer Stellenbeschreibung

Themenbereich	Inhalt
Organisatorische Einordnung	• Bezeichnung der Stelle • Einordnung in Wertschöpfungsstruktur/Organigramm • Unter- und Überstellung • Funktionen und Anzahl der Mitarbeiter • Vertretungsregelungen • Arbeitsort, Arbeitszeit, Arbeitsinstrumente
Ziele der Stelle	• Angestrebtes Handlungsergebnis • Erfolgskriterien
Aufgaben	• Hauptaufgaben • Nebenaufgaben • Führungsaufgaben • Mitarbeit in Gremien, Ausschüssen etc.
Befugnisse (i. S. v. Handlungskompetenzen/-rechten)	• Entscheidungsbefugnisse • Zeichnungsbefugnisse
Verantwortung	• Handlungsverantwortung • Ergebnisverantwortung • Führungsverantwortung
Kommunikation und Zusammenarbeit	• Unmittelbar kooperierende bzw. vor- und nachgelagerte Stellen und Einheiten • Berichtswege • Erwartungen an Kommunikation und Zusammenarbeit
Stellentypische Voraussetzungen	• Berufliche Ausbildung/Qualifikationen • Berufserfahrung • Besondere Voraussetzungen (Führerschein o. ä.)

[eigene Darstellung]

Vorhinein absehbar zu übernehmenden Aufgaben und der dafür erforderlichen Kompetenzen bzw. Befugnisse und Voraussetzungen zu verstehen. Häufig wird für eine Stelle eine entsprechende Stellenbewertung errechnet, die die Wertigkeit einer Stelle in Punkten oder Stufen abbildet und dann zumeist als Basis für die Vergütungshöhe im Vergleich zu anderen Stellen dient. Die Beschreibung der Stelle dient dann als wesentlicher Ansatzpunkt für die Aktivitäten im Personalmanagement (z. B. Personalbeschaffung, -beurteilung und -entwicklung). Auf diese Art und Weise stellt die Stellenbeschreibung ein Bindeglied zwischen Organisation und Personalmanagement dar (vgl. Wilk 2022; Schmidt und Konz 2019, S. 122–130). Tab. 2.1 gibt wesentliche Inhalte einer Stellenbeschreibung wieder.

2.1.1.2 Stellenarten

Stellen verschiedener Art sind die kleinste Einheit im organisatorischen Baukasten. Sie sind Aufgabenbündel mit spezifizierten Kompetenzen und entsprechender Verantwortung. Im Sinne der vertikalen Arbeitsteilung lassen sich **Linienstellen** unterscheiden. Davon abgegrenzt werden **unterstützende Stellen** unterschiedlicher Art (Abb. 2.2, hierzu und im Folgenden u. a. Krüger 1994, S. 48–60; Bach et al. 2017, S. 263–267; Nicolai 2023, S. 58–72; Vahs 2023, S. 83–87). In neueren bzw. posttraditionellen Organisationsmodellen

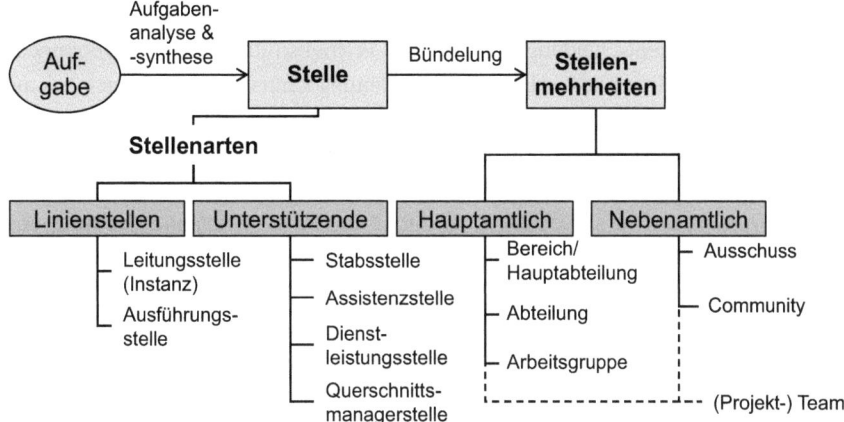

Abb. 2.2 Stellenarten im Überblick. (Vgl. Bach et al. 2017, S. 264)

werden im Gegensatz eher die **Rollen** der Mitarbeitenden zum Gegenstand der Überlegungen gemacht (vgl. Schmidt und Konz 2019, S. 69; Abschn. 5.2.5).

Instanzen und Ausführungsstellen sind Linienstellen und bilden die sogenannte **Linienorganisation**. „Linie" steht hier für die vertikale Weisungsbeziehung, die von der Unternehmensleitung als oberste Instanz über verschiedene Führungsebenen mit Instanzen auf
unterschiedlichen Hierarchieebenen bis zu der untersten Hierarchieebene mit den Ausführungsstellen reicht.

Leitungsstelle (Instanz)

▶ Eine **Instanz** (auch Leitungs- bzw. Führungsstelle) ist eine Stelle, die dauerhaft überwiegend oder ausschließlich Leitungs- bzw. Führungsaufgaben in einer und für eine
Organisationseinheit wahrnimmt.

Sie ist von der Ausführungsstelle durch drei Merkmale abzugrenzen (Krüger 1994,
S. 49; Schmidt und Konz 2019, S. 82):

- **Fremdentscheidung**: Leitungsbeziehungen entstehen durch vertikale Trennung von
  Entscheidung und Ausführung. Eine Instanz steckt durch ihre Entscheidungen die
  Handlungsspielräume für andere Stellen soweit wie erforderlich ab. Leiten heißt also,
  (Fremd-)Entscheidungen auf Basis festgelegter Kompetenzen für andere treffen.
- **Anordnung und Koordination**: Zur Durchsetzung der Entscheidungen dient das der
  Instanz übertragene Recht, nachgelagerten Stellen Weisungen zu erteilen und die ziel-
  orientierte Abstimmung sicherzustellen.
- **Fremdkontrolle**: Die Instanz ist verpflichtet, sich von der regelgerechten Ausführung
  zu überzeugen. Dazu wird ihr das Recht eingeräumt, andere zu kontrollieren (Fremd-
  kontrolle). Die kontrollierten Stelleninhaber haben sich vor der Instanz zu verantworten
  (Rechenschaftspflicht).

Eine Instanz kann eine Person sein (Singularinstanz), z. B. eine Vertriebsleiterin, die die wesentlichen Vertriebsentscheidungen trifft, den Vertriebsmitarbeitern Anordnungen gibt und diese kontrolliert. Im Falle der Unternehmensleitung kann eine Instanz auch aus mehreren Personen bestehen (Pluralinstanz), die dann in einem sogenannten Geschäftsverteilungsplan die Aufgaben und Verantwortung unter den Instanzmitgliedern regeln. Die Gesamtheit der Instanzen und deren Leitungsbeziehungen macht das **Leitungssystem** aus. In der Praxis werden die Instanzen über verschiedene Ebenen hinweg in sogenannte **Leitungsebenen** oder **Führungskreise** eingeteilt (vgl. auch das Volkswagen-Beispiel in Abschn. 2.1.1.4).

Ausführungsstelle

Als Gegenstück zu einer Instanz bildet die Ausführungsstelle (z. B. die Vertriebsmitarbeiterin) in der Regel die unterste Ebene der Hierarchie, was aber keine Rückschlüsse auf die Qualifikation zulässt. Ihr fehlen somit die Merkmale einer Instanz. Ihr sind ausschließlich Ausführungsaufgaben zugeordnet, mit einer entsprechenden Ausführungskompetenz ggf. auch mit Verfügungskompetenz (z. B. Verfügung über Budgets). Die Ausführungsstelle hat in jedem Fall Handlungs- zum Teil auch Ergebnisverantwortung.

▶ Eine **Ausführungsstelle** ist eine Stelle, die dauerhaft überwiegend oder ausschließlich Ausführungsaufgaben als Teil einer Organisationseinheit wahrnimmt.

Eindeutig zu den Ausführungsstellen zählt die unterste Ebene der Hierarchie. Zu dieser gehören beispielsweise Sachbearbeiter und Produktionsmitarbeiter. Die Bandbreite der Aufgaben und Anforderungen von Ausführungsstellen ist erheblich. Sie kann auch hoch spezialisierte Experten umfassen, die einfach ohne jedwede Führungs- oder Koordinationsaufgaben ihren Beitrag leisten möchten.

Stellenbezeichnungen bei *Apple* und *Trumpf*

So kann die Ausführungsstelle eine erschöpfende, qualifizierte Tätigkeit sein. Auch wenn Sachbearbeiter ggf. etwas altmodisch klingt, so hat es eben doch seine Berechtigung.

Bei der **Firma Apple** heißen solche Stellen in der Softwareentwicklung auch „**Individual Contributor**", wie der folgende Ausschnitt einer Stellenbeschreibung zeigt (gekürzt, Quelle: https://jobs.apple.com, abgerufen am 15.03.2024): „We are looking for a Senior Embedded software Engineer. In this role, you will be an **individual contributor** developing embedded software solutions for our current and future products. At Apple, extraordinary ideas have a way of becoming excellent products, services, and customer experiences very quickly! We bring passion and dedication to your job and there's no telling what you could accomplish."

Bei der dem schwäbischen **Spezialisten Trumpf** für Werkzeugmaschinen und Lasern in der industriellen Fertigung heißen diese Ausführungsstellen „**Task Specialist**", z. B. als „Specialist Customer Operations" oder „Customer Order Management Specialist" (Quelle: https://trumpf.wd3.myworkdayjobs.com/de, vom 15.03.2024). ◀

Instanzen und Ausführungsstellen (**Linienorganisation**) werden ergänzt bzw. **unterstützt** von Stabs-, Assistenz-, Dienstleistungs- und Querschnittsmanagerstellen. Auch diese erfüllen unbefristete Daueraufgaben und gehören dementsprechend zur Primärorganisation.

Stabsstelle

▶ Eine **Stabsstelle** ist eine spezialisierte Leitungshilfsstelle ohne Entscheidungs- und Weisungsbefugnis. Sie dient der Unterstützung von Instanzen bei der Vorbereitung und Ausführung ihrer Leitungsaufgaben.

Stabsstellen werden grundsätzlich eingesetzt, um die Führungseffizienz der Instanzen zu verbessern. Sie bieten eine Antwort auf die häufige Klage von Führungskräften, zu sehr mit Analyse-, Verwaltungs- und Entscheidungsvorbereitungsaufgaben beschäftigt zu sein. Stabsstellen haben gerade aufgrund ihrer Nähe zu den Instanzen zumeist eine hohe Relevanz (s. u.). Ihre Aufgaben lassen sich so beschreiben (vgl. Bach et al. 2017, S. 265; Krüger 1994, S. 50; Vahs 2023, S. 105):

- Beschaffung und Verteilung von Informationen über Funktionen und Ebenen hinweg (z. B. Zentral Controller)
- Analyse- und Beratungsaufgaben bei der Entscheidungsvorbereitung (z. B. strategischer Planer, IT-Stab bei IT-Richtlinien)
- Koordination verschiedener Prozesse (z. B. Planungsstab)
- Kontrollaufgaben (z. B. Interner Revisor)

Stäbe vergrößern die Problemlösungskapazität der Instanz in quantitativer und zum Teil auch in qualitativer Hinsicht (quasi als „Intelligenzverstärker"). Der Einsatz von Stabsstellen ist aber nicht auf die oberste Hierarchieebene begrenzt. Vielmehr können auch zur Entlastung der Führung verschiedener Ebenen, Funktionsbereiche oder Geschäftseinheiten Stabsstellen eingesetzt werden.

Die **Beziehung zwischen Stabsstellen und Linienorganisation** ist in der Praxis häufig nicht unproblematisch (vgl. bei Neuwirth 2004, Sp. 1349 ff.). Auf der einen Seite haben Stäbe formal keine Befugnisse oder direkte hierarchische Kompetenzen und Verantwortung. Auf der anderen Seite sind Stabsstellen häufig mit sehr gut ausgebildeten Fachkräften oder Experten besetzt, fungieren als Informationsdrehscheibe und wirken oft entscheidend an der Entscheidungsfindung der Instanz mit. Daher verfügen sie über deutlich mehr Einfluss als die Stelle ihnen offiziell zuschreibt. Da sie aber gleichzeitig relativ weit vom operativen Geschäft entfernt sind und keine Verantwortung für die Umsetzung tragen, werden Stabsstellen von der Linie häufig als „Theoretiker mit zu wenig Fronterfahrung", „Drahtzieher" oder „Erbseninnenausleuchter" bezeichnet. Trotz dieser Kritik gilt aber, dass die für die Entscheidungsfindung notwendige Expertise wirtschaftlich kaum andersartig vorgehalten werden kann. In einem Organigramm werden Stäbe häufig aufgrund nur fachlicher Weisungsbefugnisse durch eine gestrichelte Linie („dotted line") mit anderen Einheiten verbunden.

Assistenzstelle

▶ Eine **Assistenzstelle** ist eine umfassende, generalisierte Leitungshilfsstelle ohne Entscheidungs- und Weisungsbefugnis zur Entlastung einer oder mehrerer Instanzen.

Im Gegensatz zu einer Stabsstelle ist die Assistenzstelle nicht auf bestimmte Aufgaben spezialisiert, sondern entlastet die zugeordnete(n) Instanz(en) umfassend und generell in allen anfallenden Themen. Eine Assistenzstelle ist einem einzelnen Aufgabenträger (z. B. persönliche Referentin eines Vorstandsmitgliedes) oder einem Gremium (z. B. Geschäftsführungsassistent, Vorstandsassistent) zugeordnet. Sie trägt durch Koordinations- und Entscheidungsvorbereitungsaufgaben zur umfassenden Entlastung dieser Instanz(en) bei, von einfachen Sekretariats- über die Erstellung von Präsentationen bis hin zu komplexen Problemlösungstätigkeiten oder der Berechnung spezieller Investitionsfälle („Business Cases"). Diese Aufgaben sind zumeist häufig wechselnde und verschiedenartige Detailaufgaben.

Dienstleistungsstelle (bzw. Unterstützungs- oder Servicestelle)

▶ Eine **Dienstleistungsstelle** (bzw. Unterstützungs- oder Servicestelle) erbringt dauerhaft spezifizierte Dienstleistungen für andere in der Regel operativ tätige Einheiten (Geschäfts- und/oder Funktionsbereiche).

Der Unterschied zur Stabsstelle besteht darin, dass in der Regel keine direkte Mitwirkung an Entscheidungen erfolgt und dass die Aufgabenerfüllung meistens nicht nur für eine Instanz, sondern für mehrere eher operative Organisationseinheiten stattfindet. Es wird eine Leistung als Dienst erbracht. Damit einher gehen u. U. fachliche Befugnisse. Gegebenenfalls arbeitet eine Dienstleistungsstelle für das gesamte Unternehmen zur Verbesserung der Ressourcen- und Prozesseffizienz. Ein Beispiel ist die Stelle einer IT-Servicekraft, die alle Mitarbeiter bei IT-Problemen unterstützt. Oder eine Fuhrparkmanagerin, die für alle anderen Abteilungen die Fahrzeugflotte organisiert und koordiniert.
Stabs- und Dienstleistungstätigkeiten lassen sich zwar auf diese Weise analytisch klar abgrenzen, die Aufgabenbündelung in einzelnen Stellen kann aber in der Praxis nicht immer so eindeutig erfolgen. Beispielsweise existieren aufgrund von Auslastungsgesichtspunkten nicht wenige Stellen oder Stellenmehrheiten, in denen sich Stabs- und Dienstleistungsfunktionen mischen (**Multifunktionalität**). Sie sind nicht nur Stabs- oder Dienstleistungsstelle, sondern vereinigen mehrere Funktionen mit je unterschiedlichen Kompetenzen in sich (vgl. Zeiss 2006, S. 151 f.).

Multifunktionalität von Stellen

Als Beispiel für die Multifunktionalität von Stellen kann eine Controllingstelle in einem Kleinunternehmen genannt werden, die primär als spezialisierte Leitungshilfsstelle fungiert und die Geschäftsführung bei der Entscheidungsfindung methodisch unterstützt (Stabsfunktion), gleichzeitig aber auch auf Anfrage Informationen für andere Organisationseinheiten zur Verfügung stellt (Dienstleistungsfunktion). ◀

Querschnittsmanagerstelle

Eine weitere zu unterscheidende Stellenart ist der Querschnittsmanager (vgl. Abschn. 2.3.1.1). Dieser hat die Aufgabe, die sich auf ein Objekt oder einen Prozess beziehenden, aber in getrennten Funktionen stattfindenden Aktivitäten zu koordinieren.

▶ Eine **Querschnittsmanagerstelle** ist eine Stelle, welche die Aufgaben für einen Prozess bzw. ein Objekt funktions- und/oder bereichsübergreifend koordiniert. Querschnittsmanager haben zwar umfassende Informationsrechte hinsichtlich der ihnen zugeordneten Prozesse bzw. Objekte, aber (im Gegensatz zur Instanz) keine bzw. kaum Entscheidungskompetenzen sowie Ressourcen- und Ergebnisverantwortung.

Es gibt unterschiedliche Ausprägungen des Querschnittsmanagers, die in der Regel aber alle der Marktorientierung und der Ressourceneffizienz dienen:

- Handelt es sich bei dem Objekt um ein Produkt oder eine Produktgruppe, wird von einem **Produktmanager** gesprochen (vgl. Buell 1975; Keite 2022).
- Bei einer Fokussierung auf einen Kunden oder eine Kundengruppe handelt es sich um einen **Key-Account-Manager** (vgl. Homburg et al. 2000), und
- bei einer regionalen Fokussierung passt die Bezeichnung des **Regionalmanagers**.
- **Prozessmanager** schließlich sind für die Koordination eines in mehreren funktionalen Abteilungen ablaufenden Prozesses zuständig (vgl. Clark und Fujimoto 1991; Schmidt und Konz 2019, S. 199).

Ein Anwendungsfall von Querschnittsmanagern ist die Funktionale Organisation (FO), in der die Instanzen jeweils für eine Funktion verantwortlich sind (Abschn. 2.2.1.2). Die Querschnittsmanager sollen die dadurch entstehenden Nachteile ausgleichen. Ihre Aufgabe ist es, die funktionsübergreifende Sicht auf Prozesse bzw. Objekte in die Entscheidungen der funktionsverantwortlichen Instanzen einzubringen. Aufgrund der fehlenden Entscheidungskompetenzen sind Querschnittsmanager von der Kooperationsbereitschaft der Instanzen und von ihrer eigenen Überzeugungskraft abhängig (vgl. ausführlich Abschn. 2.3).

2.1.1.3 Stellenmehrheiten

Einzelne Stellen werden im nächsten Schritt zumeist nach dem Prinzip der Homogenität und Beherrschbarkeit zu Stellenmehrheiten gebündelt. Stellen stehen eben nicht unverbunden nebeneinander, sondern bedürfen der Führung und Koordination. In der Praxis werden Aufgaben einer Personenmehrheit übergeben, die dann als Gruppe die Aufgabe erfüllt (vgl. Vahs 2023, S. 109–125). Stellenmehrheiten lassen sich mit wiederholenden spezifischen Kriterien beschreiben (vgl. ähnlich auch Bleicher 1991, S. 102–108):

- hierarchische oder (fast) hierarchiefreie Struktur
- bereichsbezogene oder bereichsübergreifende („traversierende") Stellenmehrheiten

- Bündelung von Daueraufgaben oder temporäre Aufgaben bzw. Spezialaufgaben
- ständige Zusammenarbeit oder nicht-ständige Zusammenarbeit der Stellen/-inhaber

Abteilung
Die Grundform unter den Stellenmehrheiten ist die Abteilung. Sie besteht aus einer Instanz, in der Regel der Abteilungsleiterin, und den ihr zugeordneten Ausführungsstellen (z. B. Sachbearbeiter), d. h. mehrere Stellen werden einer Leitung unterstellt. Die klassische Abteilung ist in der Regel in die operative Leistungserstellung (Fertigungsabteilung) oder Leistungsverwertung (Marketingabteilung) eingebunden bzw. übernimmt diese. Als Grundform kann sie dann weiter aufgebrochen oder untergliedert werden in **Unterabteilungen** oder mehrere Abteilungen zusammengefasst werden zu einer **Hauptabteilung** oder weiter zu einem **Bereich** (s.u.). Bei der Abteilungsbildung sind zwei Prinzipien zu beachten: Zum einen sollten solche Stellen gebündelt werden, deren Aufgaben eine hohe Zusammengehörigkeit aufweisen. Zum anderen sind nur so viele Stellen zu bündeln, dass die Abteilung für die Instanz noch koordinierbar ist (vgl. Klimmer 2020, S. 45).

▶ Eine **Abteilung** ist eine hierarchisch gegliederte Stellenmehrheit (aus mindestens einer Leitungsstelle und sonstigen Stellen) zur arbeitsteiligen Erfüllung von bereichsbezogenen Daueraufgaben in ständiger Zusammenarbeit.

Neben den dezentralen, operativ tätigen Abteilungen gibt es zur Unterstützung der Führung oder der operativen Abteilungen weitere Abteilungen.

- Diese werden häufig auch übergreifend als **Zentralabteilungen** oder -bereiche bezeichnet (vgl. Bea und Göbel 2019, S. 259), obwohl sie sehr unterschiedliche Aufgaben oder Stellen vereinen. Diese können mit oder ohne fachliche Weisungsbefugnisse gegenüber den dezentralen Einheiten ausgestattet sein. Zentral können also auch Stabs- oder Dienstleistungsabteilungen sein.
- Durch die Bündelung mehrerer oben beschriebener Stabsstellen entsteht eine **Stabsabteilung**. Eine Stabsabteilung kann durch eine (Zwischen-)Instanz geleitet werden. Stabsabteilungen erfüllen zwar zum Teil auch befristete Spezialaufgaben, gehören grundsätzlich aber zur Primärorganisation (vgl. zur Abgrenzung Abschn. 2.3.1.1) und sind bereichsbezogen und -übergreifend tätig.
- Werden mehrere Dienstleistungsstellen unter einer Instanz gebündelt, so entsteht eine **Dienstleistungsabteilung** bzw. Service- oder Unterstützungsabteilung. Diese gehört auch zur Primärorganisation und ist meist bereichsübergreifend tätig. Fachwissenschaftlich ausgedrückt handelt es sich eher um eine Konzentration an einem Ort (und keine Zentralisation im Sinne von „an der Unternehmensspitze").

Bereich oder Hauptabteilung
Die Grundform der Abteilung lässt sich „nach oben" erweitern. Werden in großen Unternehmen mit vielen Abteilungen diese zu größeren Struktureinheiten zusammengefasst, wird die organisatorische Bündelung meist als **Bereich** oder **Hauptabteilung** bezeichnet

(Kosiol 1976, S. 175). Beispielsweise kann der Vertriebsbereich oder die Hauptabteilung „Markt" aus einer Vertriebsinnendienst-, einer Vertriebsaußendienst- und einer Marketing-abteilung bestehen.

▶ Ein **Bereich** oder eine **Hauptabteilung** ist die dauerhafte Bündelung mehrerer Abteilungen in einer hierarchischen Organisationseinheit mit einer abteilungsübergeordneten Leitung (Instanz).

Insgesamt wird mit solchen Zwischeneinheiten versucht, die Führungseffizienz der Organisation zu verbessern, in dem die Entscheidungs- und Koordinationsaufgaben auf eine angemessene Anzahl an hierarchischen Einheiten verteilt werden. Diese nehmen tendenziell mit Unternehmensgröße zu.

Arbeits-/Gruppe, Team
Unterhalb der Abteilung gibt es je nach Anzahl der Mitglieder weitere Untereinheiten, die hier vereinfacht und zusammengefasst als Unterabteilung, Arbeitsgruppen, Gruppen oder Teams bezeichnet werden.

▶ Eine **Arbeits-/Gruppe** erfüllt überwiegend routinehafte, bereichsbezogene Daueraufgaben in ständiger Zusammenarbeit. Sie ist eigenverantwortlich und verfügt über Entscheidungs- und Kontrollkompetenzen (vgl. Mathieu et al. 2008).

In der Literatur und in der Praxis existieren hier verschiedene Abgrenzungen. Am Ende meint man mit Gruppe oder Team aber immer die kleinste organisatorische Mehrpersoneneinheit in der Mitarbeitende mit ihren Kollegen das Tagesgeschäft erledigen.

In einer Arbeitsgruppe können wiederum eine Instanz (z. B. Gruppenleiterin) und zugehörige Ausführungsstellen vorhanden sein (d. h. im Sinne einer Unterabteilung). Wird die Steuerungsaufgabe auf die Gruppe selbst übertragen, führt dies zu einer **teilautonomen Arbeitsgruppe.** Im Vordergrund der Selbststeuerung bzw. Autonomie stehen Fragen der Binnenstruktur der Gruppe (Rollen und Führung) sowie der Arbeitsorganisation (Aufgabenverteilung, Reihenfolgen, Zeiten). Die Gruppe entscheidet im Rahmen gegebener Ziele über die Maßnahmen der Zielerreichung. Dies ist eine besondere Form des **Job Enrichment**, d. h. der Erweiterung des Aufgabenbündels um Leitungs- und Führungsaufgaben. Häufig anzutreffen sind **teilautonome Arbeitsgruppen** in industriellen Montageprozessen. Ziel ist es, die negativen Auswirkungen der Massenproduktion zu überwinden und durch Motivations- und Humanisierungsaspekte Effizienzsteigerungen zu erreichen. Mit den steigenden Entfaltungsmöglichkeiten wachsen aber natürlich auch die Qualifikationsanforderungen an die Gruppenmitglieder.

Die bisher dargestellten Stellenmehrheiten finden sich in der Regel im Organigramm des Unternehmens wieder. Daneben gibt es aber auch noch Stellenmehrheiten, die wegen der Übersichtlichkeit typischerweise nicht im Unternehmensorganigramm abgebildet werden. Zu nennen sind Projektteams, Ausschüsse und Arbeitskreise als Elemente der Sekundärorganisation (vgl. zur Abgrenzung Abschn. 2.3.1.1).

Projektteam

Projektteams sind Stellenmehrheiten für befristete Spezialaufgaben. Dementsprechend sind sie in der Regel ein Element der Sekundärorganisation (vgl. Abschn. 2.3.1.4).

▶ Ein **Projektteam** ist eine zeitlich befristete Mehrpersoneneinheit zur Erfüllung von innovativen, zeitlich befristeten Spezialaufgaben in ständiger oder nicht-ständiger Zusammenarbeit.

Die Befristung und die Innovationsorientierung unterscheiden vor allem Projektteams von Arbeitsgruppen. Einsatzgebiete von Projektteams sind komplexe, neuartige Spezialaufgaben, die meist das Zusammenwirken von Spezialisten aus verschiedenen Bereichen erfordern (**interdisziplinär**, z. B. für Bauvorhaben, Neuproduktentwicklungen, Reorganisation). Aber auch innovationsträchtige Aufgaben einzelner Bereiche werden teilweise in projektartig erarbeitet (**disziplinär**, z. B. F&E-Vorhaben, Produktionsoptimierungsprojekte).

Die Projektmitglieder werden normalerweise für die Dauer ihrer Tätigkeit in einem Projekt von ihrem Hauptamt (in der Primärorganisation) vollständig oder teilweise freigestellt. Für das Projektteam ist eine weitgehende Hierarchiearmut vorgesehen: Der Leiter agiert im Innenverhältnis eher als Moderator und im Außenverhältnis als Sprecher und Vertreter. Die Anbindung an die Primärorganisation des Tagesgeschäftes kann über eine Instanz, einen Stab oder auch weitere Gremien, wie z. B. einem Lenkungsausschuss gewährleistet werden (vgl. Abschn. 2.3.1.4).

Ausschüsse

In einem Ausschuss kommen Personen aus unterschiedlichen Unternehmensbereichen oder -funktionen zusammen, um abteilungs- oder bereichsübergreifend Aufgaben zu erfüllen bzw. Probleme zu lösen. Im Gegensatz zur Arbeitsgruppe findet keine ständige Zusammenarbeit statt, sondern die Ausschussarbeit konzentriert sich auf Sitzungstermine.

▶ Ein **Ausschuss (Gremien)** ist eine Mehrpersoneneinheit zur Erfüllung übergreifender Daueraufgaben oder Spezialaufgaben durch nicht ständige Zusammenarbeit.

Der Ausschuss ist eine temporär oder dauerhaft eingerichtete Form der Zusammenarbeit (Bea und Göbel 2019 S. 260; Mag 1992, Sp. 252; Abschn. 2.3.1.1). Dementsprechend sind sie in der Regel ein Element der Sekundärorganisation (Abschn. 2.3.1.4). Auf Dauer eingerichtet wäre z. B. ein Investitionsausschuss, der dem Vorstand in allen Investitionsfragen zuarbeitet oder ein Marketingausschuss. Sind Ausschüsse zeitlich befristet, geht es eher darum, Spezialthemen zu bearbeiten („Untersuchungsausschuss"). Der Begriff des Ausschusses wird in der Praxis häufig nur auf höheren Hierarchieebenen verwendet. Alternativ auch unter der Bezeichnung Arbeitskreis oder Task Force. Auf niedrigeren Ebenen wird stattdessen von Problemlösungsgruppen (z. B. Qualitätszirkel, Lernstatt) gesprochen.

Inhaltlich eignen sich Ausschüsse sehr gut für die Koordination bei abteilungs- bzw. bereichsübergreifenden Fragen sowie die Entscheidungsvorbereitung (Beratungs- bzw. Planungs- und Entscheidungsausschüsse). Für komplexe und neuartige Vorhaben mit Zeitdruck ist die konventionelle Ausschussarbeit zu starr, zu langsam und zu wenig kreativ. In solchen Fällen sind Projektteams zu bevorzugen.

2.1.1.4 Stellenhierarchie

Die Vielzahl von in Unternehmen vorkommenden organisatorischen Einheiten und Stellenmehrheiten erfordern zur Erfüllung der vorgesehenen Aufgaben eine Abstimmung bzw. sollten sinnvoll in Beziehung zueinander gebracht werden. Dazu zählt auch die **hierarchische Strukturierung** von Aufgaben sowie Kompetenzen und Verantwortlichkeiten als Konsequenz einer **vertikalen Arbeitsteilung**. Man könnte auch von einer Spezialisierung nach Rang sprechen, da Entscheidungs- und Ausführungsaufgaben voneinander abgegrenzt werden. Hierarchische Strukturen lassen sich auch in anderen Systemen beobachten, in welchen sie nicht durch menschliche Eingriffe entstanden sind, z. B. im Sonnensystem, biologischen Zellstrukturen, Tierwelt oder anderen Ökosystemen. Insofern sind Hierarchien universelle Ordnungsmuster in komplexen Systemen, so auch in Unternehmen als gestaltete Beziehung zwischen „oben und unten".

▶ Die **Hierarchie** beschreibt das Ausmaß der vertikalen Arbeitsteilung durch die Anzahl der Leitungsebenen in Form von Über- und Unterordnungsbeziehungen in einem Leitungssystem.

Die wesentliche Funktion der Hierarchie ist **Koordination** zur Verbesserung der Führungseffizienz (Abschn. 1.1.3, Grochla 1982, S. 100). Zum einen ist die Hierarchie selbst ein Koordinationsinstrument, welches durch die Über- und Unterordnung die angesprochene Abstimmung und Entscheidungsprozesse sicherstellt („Governance"). Und zum anderen weist sie den jeweiligen Führungsstellen (Instanzen) ihren Koordinationsbereich und die damit verbundenen Aufgaben zu. Die weisungsbefugte Instanz hat die Aufgabe, Abstimmungsbedarf zwischen den verschiedenen ausführenden Einheiten bei der Ausführung zu kennen und entsprechend koordinierend einzugreifen. In gleicher Weise ist ein Bereichsleiter mehreren Abteilungsleitern übergeordnet und muss die verschiedenen Abteilungen koordinieren (vgl. Bach et al. 2017, S. 271).

Die Gestaltungsmöglichkeiten der Hierarchie sind vielfältig. Es ist zweckmäßig zwischen der **Konfiguration** genannten äußeren Form und der **inhaltlichen Ausgestaltung** zu unterscheiden (Grochla 1982, S. 108–110; Krüger 1994; Kieser und Walgenbach 2010, S. 127; Bach et al. 2017, anders aber Mintzberg 1983 oder Bea und Göbel 2019, S. 296 f.). Die Konfiguration wird in der Regel im **Organigramm** als grafisches Abbild der Organisation sichtbar. Sie wird als äußere Form der Hierarchie durch Leitungsspanne, Leitungstiefe und die Weisungsbeziehungen dargestellt (Abschn. 2.2.1.1). Im Folgenden werden in vereinfachter Abgrenzung die drei typischen Hierarchieebenen mit ihren Aufgaben beschrieben:

Die **oberste Leitungsebene** (Top Management) trifft generell alle konstitutiven und sonstigen weitreichenden Entscheidungen. Dies geschieht in der Regel in Abstimmung mit den jeweils relevanten Anspruchsgruppen und umfasst z. B. die Festlegung der Unternehmensziele, die strategische Planung und Ausrichtung inkl. der dafür erforderlichen Ressourcenzuweisung, die organisatorische Gestaltung (Governance), die Positionen von Führungskräften und vieles mehr (Beispiele sind Vorstand, Geschäftsführung/-leitung, Direktion, Eigentümer).

Führungsebenen in einem Konzern

Im **Volkswagen-Konzern** besteht die obere und mittlere Leitungsebene aus ca. 20.000 Führungskräften für insgesamt 670.000 Beschäftige, die sich unter dem Vorstand nochmal in drei „Ebenen" unterteilen: in den „Top Management Kreis" (TMK mit ca. 400 Führungskräften), den „Oberen Management Kreis" (OMK mit ca. 6000) und den „Management Kreis" mit (MK ca. 13.000). ◄

Die **mittlere Leitungsebene** konkretisiert die Ziele, Pläne und Maßnahmen für den jeweiligen Verantwortungsbereich, veranlasst die Durchführung und überwacht eigenständig deren Umsetzung. Das mittlere Management hat auch eine wichtige Funktion als Kommunikationskanal und Informationsdrehscheibe und -verteiler, sowohl von oben nach unten als auch anders herum. Das klingt zunächst mal nicht sehr produktiv, ist aber dennoch notwendig. Nicht zuletzt so werden auf dieser Ebene Veränderungen und Verbesserung der Leistungsprozesse initiiert und realisiert (Beispiele sind je nach Unternehmensgröße z. B. Bereichs-, Abteilungs-, Werks- oder Regionalleitung bzw. deren Mitglieder).

Die **untere Leitungsebene** ist im Wesentlichen mit der operativen Umsetzung befasst, kommuniziert die Maßnahmen an die Ausführungsebene bzw. ordnet die Umsetzung an und überwacht diese wiederum. Zum Teil ist die untere Leitungsebene auch in die ordnungsgemäße, häufig routinehafte Erbringung von Leistungsprozessen mit eingebunden. Im besten Sinne werden hier bei entsprechender Kompetenzausstattung die täglichen Probleme gelöst (Beispiele sind Gruppen/-Teamleiterin, Shopfloormanager, Schichtleiterin, Meister, Filialleiter, Stationsleiterin).

Hierarchien in einem Großunternehmen

Ein typisches Beispiel wie ein **Hierarchieabbau** in der Praxis kommuniziert und angegangen wird, bietet der Pharmakonzern Bayer. Mitte September 2023 haben auch ohne offizielle Pressemitteilung verschiedene Wirtschaftszeitungen über einen Hierarchieabbau berichtet: „Bayer Chef plant Stellenabbau im Management" (ManagerMagazin 14.09.2023, ähnlich Handelsblatt 15.09.2023, auch FAS 10.03.2024, S. 19). Dem Bayer-Chef Bill Anderson wird nachgesagt, dass er Bürokratie, Hierarchien und traditionelle Prozesse ablehnt. Mit einem „Effizienzprogramm" soll Bayer umstrukturiert werden: Weniger Bürokratie, Manager aus der oberen und mittleren Führungsebene sollen den Konzern verlassen, die Organisation soll insgesamt „gestrafft" werden. Die Verschlankung der Planungs- und Entscheidungsprozesse macht viele Positionen überflüssig. ◄

Insofern kann man an der Schnittstelle zum Verhalten der Führungskräfte noch die Frage der **inhaltlichen Ausgestaltung** der Hierarchie diskutieren (vgl. im Folgenden Krüger 1994, S. 66–68; Bach et al. 2017, S. 274). Bei gleicher äußerer formaler Konfiguration kann die inhaltliche Ausgestaltung durch die Abstimmung und Zusammenarbeit zwischen zwei Ebenen über die **Delegation** und **Partizipation** sehr unterschiedlich sein:

- Werden von oben nach unten in einem Leitungsstrang auch Planungs- und Entscheidungsaufgaben, Kompetenzen und (Teil-)Verantwortung an die nachgelagerte Ebene abgetreten, bezeichnet dies **Delegation**. Damit wird die vertikale Autonomie von untergeordneten Stellen zu ihren Vorgesetzten angesprochen. Im Gegensatz zu dem alltäglichen Vorgang der Auftragserteilung handelt es sich bei der Delegation um eine dauerhafte Änderung der Aufgabenverteilung. Eine hierarchieweite Entscheidungsdelegation über mehrere Ebenen führt tendenziell zur Entscheidungsdezentralisation.
- **Partizipation** ist die freiwillige, gesetzlich nicht vorgeschriebene Beteiligung der Mitarbeiter an der Willensbildung einer hierarchisch höheren Ebene. Dies bedeutet, dass Mitarbeiter von ihrem Vorgesetzten bezüglich ihrer Meinung, eigener Vorschläge und unter Umständen Mitwirkung zu anstehenden Entscheidungen eingebunden werden. Dies bedeutet aber nicht zwingend, dass die Entscheidung auch entsprechend der Partizipation ausfallen muss.

Eine Hierarchie ist im Grunde weder gut noch schlecht, auch wenn sie umgangssprachlich eher negativ belegt ist. Wesentliche Vorteile einer funktionierenden Hierarchie sind generell, dass soziale Systeme dadurch überhaupt erst beherrschbar werden (vgl. Schmidt und Konz 2019, S. 148 f.; Kühl 2023, S. 104 f.; Klimmer 2020; S. 64; Krüger 1994, S. 62–66). Bei aller Abwägung kann aber davon ausgegangen werden, dass vollständig hierarchiefreie, zielorientierte, soziale Systeme schwer vorstellbar sind (Tab. 2.2).

Das Thema Hierarchie hat in den letzten Jahren durch die „**Agilisierung**" der Organisationen und Einflüsse des so genannten „New Work"-Ansatzes (vgl. Petry und Konz 2021; Abschn. 5.3.2, Schermuly 2021) wieder deutlich an Relevanz in der Diskussion ge-

Tab. 2.2 Vor- und Nachteile der Hierarchie

+ generell die Führungseffizienz, durch u. a. vertikale Arbeitsteilung und bessere Koordination	- mangelnder Informationsfluss
+ bessere Abstimmung	- Status- und Machtdenken
+ klare Kommunikationswege	- „Aufwärtsdelegation": fehlende Verantwortungsbereitschaft auf unteren Ebenen
+ einfachere Kontrolle	- Entscheidungszentralisation
+ Klärung von Konflikten	- Bürokratisierung durch zu viele Führungspositionen und Unterstützungsstellen
+ Beherrschbarkeit, insb. in Krisensituationen	

[eigene Darstellung]

wonnen (exemplarisch Hamel 2011; Schuhmacher und Wimmer 2015; Moser 2017). Tendenziell geht es immer darum, mit weniger Hierarchieebenen auszukommen. Die Rolle der Führungskräfte wird dann auf allen Ebenen völlig neu gedacht, sie werden zu Administratoren sozialer Netzwerke im Unternehmen (vgl. Schermuly 2021, S. 133). Zunächst ging der grundsätzliche Trend davon aus, dass insbesondere die mittleren Leitungsebenen entbehrlich sind (wahlweise als Lähm- oder Lehmschicht bezeichnet), da sie nur Informationsumverteiler sind. Dies ist aber nicht unumstritten.

Kühl fasst es mit Hinweis auf eine paradoxe Situation so zusammen: „Gerade eine konsequente Abflachung von Hierarchien führt nicht selten zu einer Zentralisierung von Entscheidungen" (Kühl 2023, S. 105). Dass aber andererseits dem mittleren Management wieder eine größere Bedeutung zukommt, zeigen Field et al. (2023). Sie sehen das mittlere und untere Management nicht nur als Kostenfaktor, sondern glauben, dass der Abbau ein teurer Fehler sein kann. Richtig eingesetzt und befreit von unnötiger Reporting-/Bürokratie hilft das mittlere Management massiv, der eigentlichen Arbeit des Unternehmens Bedeutung zu verleihen, weil dort Ziele mit Leben gefüllt werden, Veränderungsprozesse umgesetzt werden oder auch z. B. Bewerbern die Relevanz ihrer Arbeit tatsächlich verdeutlicht werden kann.

2.1.2 Verhaltenswissenschaftliche Implikationen der Stellengestaltung

2.1.2.1 Arbeitszufriedenheit

Wie und welche Aufgaben zu Stellen gebündelt werden, hat auch Einfluss auf die Arbeitszufriedenheit der Stelleninhaber. Hierbei handelt es sich bei Arbeitszufriedenheit um eine individuelle Einstellung von Mitarbeitern gegenüber ihrer Arbeit und bringt zum Ausdruck, wie Mitarbeiter ihre berufliche Tätigkeit erleben. Im Falle hoher Arbeitszufriedenheit befinden sich Mitarbeiter in einem angenehmen Zustand, aufgrund einer positiven Bewertung ihrer Arbeit. „Zufriedenheit ist die vorteilhafte oder unvorteilhafte Bewertung der eigenen Arbeit auf einem Kontinuum" (Kluge 2021, S. 325).

▶ **Arbeitszufriedenheit** bezeichnet das Ausmaß, in dem Mitarbeiter die ihnen übertragene Arbeit mögen.

Während es sich bei organisationalem Commitment um eine Einstellung gegenüber der Organisation als Ganzes handelt (Abschn. 1.2.2), bezieht sich Arbeitszufriedenheit auf die Stelle, die Mitarbeiter in der Organisation einnehmen. „It is the extent to which people like (satisfaction) or dislike (dissatisfaction) their jobs" (Spector 2022, S. 2).

Organisationen profitieren von zufriedenen Mitarbeitern, da hohe Zufriedenheit mit einem hohen Maß an organisationsdienlichem Extra-Rollenverhalten (Abschn. 1.2.3), einem niedrigen Ausmaß an kontraproduktivem Verhalten (Abschn. 1.2.4) und einem niedrigen Ausmaß an Rückzugsverhalten (z. B. Absentismus oder Eigenkündigungen) der Mitarbeiter einhergeht. Und auch wenn ein hohes Maß an Arbeitszufriedenheit sicherlich nicht eine hohe Arbeitsleistung garantiert, so wirkt sie sich zumindest moderat positiv auf die Leistungsbereitschaft der Mitarbeiter aus (Levy 2020). Insgesamt zeitigt eine hohe Arbeitszufriedenheit also ausschließlich positive Konsequenzen für Organisationen (Spector 2022, S. 100–117).

Ursachen der Arbeitszufriedenheit
Fragt man nach den Ursachen von Arbeitszufriedenheit kann eine **bedürfnistheoretische** und eine **anreiztheoretische Erklärung** unterschieden werden.

Nach dem **bedürfnistheoretischen Verständnis** sind Mitarbeiter dann zufrieden, wenn grundlegende, arbeitsbezogene Bedürfnisse befriedigt werden (z. B. nach einer angemessenen Vergütung, guter Führung, Möglichkeiten der Partizipation oder hochwertigen sozialen Beziehungen). Die Befriedigung von Bedürfnissen macht demnach zufrieden (Ulich et al. 1973, S. 94–106). Die **Theorie der Bedürfnishierarchie** nach Maslow unternimmt beispielsweise den Versuch, sämtliche menschlichen Bedürfnisse fünf Bedürfnisgruppen zuzuordnen (Maslow 1943, 1954). Demzufolge sollte sich Zufriedenheit einstellen, wenn physiologische Bedürfnisse, Sicherheitsbedürfnisse, Kontaktbedürfnisse, Anerkennungsbedürfnisse und schließlich das Bedürfnis nach Selbstverwirklichung befriedigt sind. Problematisch ist hierbei die Annahme, dass alle Menschen über dieselben Bedürfnisse verfügen und diese gleichermaßen priorisieren. Zudem darf davon ausgegangen werden, dass die Bewertung, ab wann ein Bedürfnis als erfüllt erlebt wird, hochgradig individuell ausfällt.

Auch Herzbergs populäre **Zwei-Faktoren-Theorie** ist eine traditionelle Bedürfnistheorie. Auch hier wird davon ausgegangen, dass Menschen bestimmte Bedürfnisse haben, die sie zu befriedigen suchen. Im Rahmen seiner legendären „Pittsburgh-Studie" ist Herzberg zu dem Schluss gelangt, dass Zufriedenheit und Unzufriedenheit nicht die Endpunkte eines Kontinuums sind, sondern Faktoren, die Arbeitszufriedenheit hervorrufen, andere sind, als die Faktoren, die zu Unzufriedenheit führen (Herzberg et al. 1959). Erstere werden als „Motivatoren" und letztere als „Hygienefaktoren" bezeichnet. Hygienefaktoren beziehen sich auf den Arbeitskontext, also die Rahmenbedingungen der Arbeit (z. B. Arbeitsbedingungen, Höhe des Entgelts, Beziehung zu Kollegen oder Führungsstil des Vorgesetzten) und verhindern allenfalls Unzufriedenheit, vermögen aber nicht für Zufriedenheit zu sorgen. Motivatoren hingegen beziehen sich auf die Arbeitsinhalte (z. B. interessante Aufgaben, Entfaltungsmöglichkeiten, Anerkennung) und sorgen, sofern die Hygienefaktoren gegeben sind, für Zufriedenheit. Auch in dieser bedürfnistheoretischen Betrachtung wird von einer hohen interpersonalen Gleichheit der Bedürfnisse sowie der Wirkungen von Hygienefaktoren und Motivatoren ausgegangen.

Auch das in empirischen Untersuchungen zur Arbeitszufriedenheit häufig verwendete, von Smith et al. (1969) entwickelte, Messinstrument **„Job Descriptive Index"** (JDI) weist eine bedürfnistheoretische Basis auf, weil es davon ausgeht, dass fünf Determinanten für das Ausmaß der Arbeitszufriedenheit der Mitarbeiter verantwortlich sind: Erstens die **Arbeitsinhalte**, zweitens die Qualität der **Führung** durch den Vorgesetzen, drittens die Qualität der **Beziehung zu Kollegen**, viertens die **Karriereperspektive** und fünftens die Höhe der **Vergütung** (Kinicki et al. 2002).

Im Unterschied zur bedürfnistheoretischen Perspektive basiert die **anreiztheoretische Perspektive** nicht auf der Prämisse der interpersonalen Bedürfnisgleichheit, sondern geht davon aus, dass Mitarbeiter das Arbeitsverhältnis aus Austauschbeziehung deuten, in dessen Rahmen sie Beiträge leisten müssen und im Gegenzug Anreize erhalten (Barnard 1938; March und Simon 1958). Was sie hierbei jedoch als Anreiz und was sie als Beitrag erachten, fällt sehr individuell aus. Mögen beispielsweise einige Mitarbeiter vor allem das Entgelt als relevanten, vom Unternehmen gewährten, Anreiz erachten, sind für andere auch immaterielle Anreize, wie Arbeitsplatzsicherheit, Karriereperspektiven oder interessante Arbeitsinhalte, nicht minder bedeutsam. Oder mit Blick auf die Beiträge werden Wochenendarbeit oder Schichtdienste sicherlich nicht von allen als hoher Beitrag gewertet. Und Dienstreisen, Fortbildungen oder die Arbeit im Homeoffice werden möglicherweise von den einen als Anreiz und von anderen sogar als Beitrag wahrgenommen. Auch die **Anspruchsniveaus** hinsichtlich der als angemessen erachteten Höhe der Anreize und Beiträge fallen interpersonell unterschiedlich aus. Mag der eine ein Jahresentgelt in Höhe von 65.000 € für seine Stelle als angemessen erachten und angesichts der Höhe der Vergütung auch widrige Arbeitsbedingungen tolerieren, sieht ein Kollege mit denselben Aufgaben und denselben Arbeitsbedingungen dies möglicherweise durchaus anders. Entscheidend sind mithin die individuell vorgenommenen Bewertungen der **subjektiv wahrgenommenen Anreize** und **Beiträge**. Oder plakativ formuliert: Was die einen beglückt, macht längst nicht alle anderen zufrieden. Mitarbeiterzufriedenheit lässt sich somit nicht mit dem „Gießkannenprinzip" in der Belegschaft herstellen. Gemäß der Anreiz-Beitrags-Theorie liegt Arbeitszufriedenheit vielmehr dann vor, wenn in der subjektiven Wahrnehmung der Mitarbeiter, die unternehmensseitig gewährten Anreize mindestens so hoch sind, wie die arbeitgeberseitig geforderten Beiträge.

2.1.2.2 Stress

Arbeit vermag nicht nur Zufriedenheit zu stiften, Sinn zu vermitteln, sozialen Status zuzuweisen, Quelle für soziale Anerkennung zu sein und den Alltag zu strukturieren, sondern kann zugleich auch Quelle von **Stress** sein und sich negativ auf das Wohlbefinden auswirken. Hierbei handelt es sich bei Stress um eine als aversiv erlebte, von **negativen Emotionen begleitete Beanspruchung**, die als Bedrohung des eigenen Wohlbefindens erlebt wird (Zapf und Semmer 2004, S. 1010).

Nicht wenige empfinden ihren Arbeitsalltag in Organisationen als Stress. Hierbei handelt es sich um ein Phänomen, welches negative Konsequenzen sowohl für die Mitarbeiter (z. B. gesundheitliche Beeinträchtigungen wie Bluthochdruck, Suchterkrankungen oder Burn-out) als auch für Unternehmen (z. B. durch eine geringere Produktivität, höhere

Fehlzeiten und höhere Fluktuation der Mitarbeiter) zeitigt. Gemäß der im Rahmen des Mikrozensus durchgeführten Arbeitskräfteerhebung gaben 2020 25 % der Erwerbstätigen an, psychischen Belastungen bei der Arbeit ausgesetzt zu sein, wobei Zeitdruck und Arbeitsüberlastung die Rangliste der Belastungen, die am stärksten das psychische Wohlbefinden beeinflussen, klar anführen (www.destatis.de).

▶ **Stress** ist ein stark unangenehm erlebter Spannungszustand, der aus der wahrgenommenen Befürchtung resultiert, dass eine länger anhaltende Situation nicht vollständig kontrollierbar sein wird (in Anlehnung an Schaper 2019, S. 575).

Stressauslöser, also Belastungsfaktoren, die das Risiko von Stresszuständen erhöhen, auch **Stressoren** genannt, sind Bedingungen oder Ereignisse die man als schwierig oder bedrohlich erlebt, wie beispielsweise Zeit- und Termindruck, Lärm, Hitze, Kälte, Konflikte, fehlende Unterstützung, widersprüchliche Anforderungen, eintönige Aufgaben, großer Aufgabenumfang, große Aufgabenkomplexität, Informationsfülle, Mobbing, Arbeitsplatzunsicherheit oder Isolation.

Im Ergebnis wird Stress als Beanspruchung erlebt und schlägt sich in **physiologischen Konsequenzen** (z. B. erhöhter Blutdruck, Kopfschmerzen, Müdigkeit) und **psychologischen Folgen** (z. B. Arbeitsunzufriedenheit, Gereiztheit und Erleben von Angst) sowie **Verhaltenskonsequenzen** (z. B. geringere Produktivität und höhere Fehlzeiten) nieder.

Bewältigungsstrategien
Mitarbeiter sind nicht lediglich passive Opfer von Stressoren, sondern können versuchen, diesen zu begegnen. Menschen unterscheiden sich hierbei in der Art und Weise, wie sie in Stresssituationen reagieren. In der Stressforschung werden Versuche der **Stressbewältigung** als „Coping" bezeichnet. Insbesondere zwei Bewältigungsstrategien (Coping-Stile) können diesbezüglich unterschieden werden, nämlich **problembezogenes Coping** einerseits und **emotionsbezogenes Coping** andererseits (Schaper 2019, S. 583). Im Rahmen der problembezogenen (instrumentellen) Bewältigungsstrategie werden lösungsorientiert Verhaltensweisen ergriffen, um die aktuelle Bedrohung abzuwenden. Beispielhafte Verhaltensweisen sind eine Veränderung der eigenen Arbeitsweise, die Beschaffung zusätzlicher Informationen, die Umstellung von Routinen oder das Austragen von Konflikten. Emotionsbezogenes (palliatives) Coping umfasst keine lösungsorientierten Handlungen, sondern es wird vielmehr versucht, die eigenen Emotionen und affektiven Reaktionen zu regulieren (z. B. durch Bagatellisierung, Ablenkung, Umdeutung, Alkoholkonsum oder Einnahme von Psychopharmaka).

Hierbei sind erhebliche individuelle Unterschiede zu konstatieren, was als Stressor erlebt und welche Copingstrategie angewendet wird. Ein Stressor löst nicht bei allen Menschen, und bei derselben Person auch nicht unter allen Umständen, Stress aus. Vielmehr ist das Erleben von Stress und der Umgang durch individuelle Unterschiede bedingt.

Ressourcenorientierte Stresstheorien

Gemäß dem **Arbeitsanforderungen-Arbeitsressourcen-Modell** („JD-R"-Modell) nach Bakker und Demerouti erleben Mitarbeiter sämtliche Arbeitsbedingungen ihres Arbeitsalltags entweder als Anforderungen oder als Ressourcen. Mitarbeiter sind nämlich bei der Arbeit stets einerseits körperlichen, geistigen und emotionalen Anforderungen ausgesetzt (z. B. durch Zeit- und Leistungsdruck, Schwierigkeitsgrad der Aufgaben, Kundenwünsche oder Konflikte am Arbeitsplatz) und andererseits werden ihnen Ressourcen zur Verfügung gestellt (z. B. Betriebsmittel, Budgets, kollegiale Unterstützung oder Lernmöglichkeiten). Wenn nun, in der subjektiven Wahrnehmung der Mitarbeiter, die Anforderungen die zur Verfügung stehenden Ressourcen übersteigen, empfinden Mitarbeiter die Anforderungen als Beanspruchung – und mithin als Stress (Demerouti et al. 2001; Bakker und Demerouti 2007). Entscheidend ist also nicht die Höhe der Anforderungen per se, sondern die Anforderungs-Ressourcen-Relation. Auch ein hoher Workload muss demnach nicht zwangsläufig zu Stress führen. Denn fühlt man sich den Anforderungen der Arbeit gewappnet, erlebt man keinen Stress. Und auf der anderen Seite kann auch ein geringer Workload Stress verursachen, wenn die zur Verfügung stehenden Ressourcen als hierfür nicht ausreichend erlebt werden. Stress kann demnach also nicht alleine durch den objektiv gegebenen Workload erklärt werden.

Auch das **Ressourcenerhaltungsmodell** (Conservation of Resources Theory) nach Hobfoll erklärt das Stresserleben ressourcentheoretisch. Demnach streben Menschen nämlich grundsätzlich danach, für sie wertvolle Ressourcen zu akkumulieren und zu bewahren. Die Ursache hierfür liegt darin begründet, dass sie sich durch Ressourcen in der Lage fühlen, Herausforderungen und Belastungen zu meistern. Ressourcen können hierbei Objekte (z. B. Technologien, Betriebsmittel), aber auch Beziehungen, Fähigkeiten, Erfahrungen, finanzielle Mittel u. v. m. sein. Stress wird gemäß Hobfoll erlebt, wenn *erstens,* wichtige Ressourcen verloren gehen, oder, *zweitens*, die Gefahr besteht, dass wichtige Ressourcen verloren gehen, oder schließlich es, *drittens*, nicht gelingt, trotz intensiver Anstrengung, zentrale Ressourcen zu erhalten (Hobfoll 1989, 2018).

2.1.2.3 Motivationsfördernde Stellengestaltung

Welche und wie Aufgaben zu Stellen gebündelt werden, hat auch Konsequenzen für die **Mitarbeitermotivation**. Wenn Mitarbeiter monoton und repetitiv, anspruchslosen, inhaltlich verarmten Tätigkeiten nachgehen und dabei strikt nach Vorgaben ihre Aufgaben erfüllen müssen, ist die Wahrscheinlichkeit gering, dass sie sich umfassend physisch, kognitiv und emotional in die Arbeit einbringen und somit ein hohes Arbeitsengagement an den Tag legen. Die Verhaltensbereitschaft von Mitarbeitern hängt nämlich nicht nur von internen Dispositionen (z. B. ihrer Persönlichkeit, ihren Ambitionen, ihrer intellektuellen Kapazität oder ihrem Gesundheitszustand), sondern auch von den Aufgaben ab, die ihnen übertragen werden. Die Arbeitsmotivation hängt auch von der Art und Weise der Arbeitsgestaltung ab.

Im Zentrum des traditionsreichen Forschungsgebietes der Arbeits- und Stellengestaltung (work design bzw. job design) (Parker et al. 2017; Oldham und Fried 2016) steht die Frage, wie Arbeit motivationsförderlich und leistungssteigernd ausgestaltet werden kann. Den größten Widerhall hat hierbei das „**Job-Characteristics-Modell**" von Hackman und Oldham (1976) gefunden.

Arbeitsmotivation kann hierbei als Kraft verstanden werden, die die Leistungsbereitschaft der Mitarbeiter im Rahmen ihrer beruflichen Tätigkeit mobilisiert und lenkt.

▶ **Motivation** ist die aktivierte Verhaltensbereitschaft eines Individuums zur Erreichung bestimmter Ziele.

Sie bezeichnet die Anstrengungsbereitschaft, das „Wollen", von Menschen und umfasst die intrapsychischen Beweggründe, die die Qualität, Richtung, Intensität und Dauer von Handlungen beeinflussen.

Das Job-Characteristics-Modell von Hackman und Oldham postuliert, dass das Ausmaß der intrinsischen Motivation der Mitarbeiter von der Ausgestaltung ihrer Stelle abhängt. M.a.W.: Die Charakteristika der Stelle beeinflussen das Ausmaß der intrinsischen Motivation der Mitarbeiter.

Intrinsische Motivation liegt vor, wenn Mitarbeiter eine Tätigkeit um ihrer selbst willen ausüben. Dies ist der Fall, wenn sie Freude an einer Tätigkeit haben und das Tun als inhärent interessant, angenehm und befriedigend empfinden. Das Verhalten ist dann nicht Mittel zum Zweck, sondern hat Selbstzweckcharakter (Gagné und Deci 2005, S. 331). „The activity is gratifying in itself" (Katz 1964, S. 134). Im Falle **extrinsischer Motivation** ist die Arbeit hingegen Mittel zum Zweck. Die erlebte Befriedigung und der Antrieb für weitere Anstrengungen kommt dann nicht von der Tätigkeit selbst, sondern von den Konsequenzen, die sich aus dem Tun ergeben (z. B. Lob, Bonus, Beförderung oder eine Entfristung des Arbeitsverhältnisses). Nicht die Arbeitsinhalte motivieren dann, sondern die Belohnungen, die für die Arbeitsergebnisse gewährt bzw. in Aussicht gestellt werden (Gagné und Deci 2005, S. 331). Während intrinsische Motivation aus dem Spaß an der Sache entsteht, resultiert extrinsische Motivation aus dem Spaß an der Belohnung.

Intrinsische Motivation fördernde Stellenmerkmale

Folgende Merkmale sind gemäß dem Job-Characteristics-Modell entscheidend hinsichtlich des intrinsischen Motivationspotenzials von Stellen: **Anforderungsvielfalt**, **Ganzheitlichkeit** der Aufgaben, **Bedeutungsgehalt** der Aufgaben, **Autonomie** bei der Aufgabendurchführung und stelleninhärentes **Feedback** (Tab. 2.3).

Stellen sollten Mitarbeiter mithin nicht einseitig beanspruchen und nicht primär aus hochgradig spezialisierten Teilaufgaben bestehen, deren Relevanz zudem auch noch unklar ist. Ferner sollte die Arbeitsdurchführung nicht exakt vorgegeben sein und die Mitarbeiter nicht im Unklaren hinsichtlich der Güte der erbrachten Arbeitsleistung lassen.

Will man das Motivationspotenzial von Stellen erhöhen, sollten vielmehr Möglichkeiten eruiert werden, wie Aufgabengebiete vielfältiger und abwechslungsreicher gestaltet werden können. Zudem sollte die Arbeitsteilung und die Spezialisierung zurückgenommen werden und Arbeitsvorgänge sollten von Anfang bis Ende übertragen werden. Weiterhin

Tab. 2.3   Zentrale Stellenmerkmale gemäß Job-Characteristics-Modell

Anforderungsvielfalt (skill variety)	Ausmaß der Vielfalt von Aufgaben einer Stelle, die verschiedene Fähigkeiten (z. B. motorische, geistige und soziale) vom Stelleninhaber fordern.
Ganzheitlichkeit der Aufgaben (task identity)	Ausmaß, indem ein Produkt oder eine Dienstleistung von einem Mitarbeiter gesamthaft erstellt wird.
Bedeutungsgehalt der Aufgaben (task significance)	Ausmaß der Relevanz, die die Aufgabenerfüllung für andere innerhalb (z. B. Kollegen) oder außerhalb (z. B. Kunden) der Organisation hat.
Autonomie bei der Aufgabendurchführung (autonomy)	Ausmaß, in dem Mitarbeiter eigenverantwortlich und selbstbestimmt die Aufgaben durchführen können.
stelleninhärentes Feedback (feedback)	Ausmaß der unmittelbar aus dem Tätigkeitsvollzug resultierenden Rückmeldung hinsichtlich der Güte der geleisteten Arbeit.

[in Anlehnung an Hackman und Oldham 1976, S. 257–258]

sollten Stelleninhaber ermächtigt werden, tätigkeitsbezogene Entscheidungen selbst zu treffen und die Verrichtung der Tätigkeit sollte sogleich die Rückmeldung hinsichtlich der Güte der erbrachten Leistung inkludieren.

Praxisbeispiel: Intrinsische Motivierung bei *dm*

In einem Interview mit der Stuttgarter Zeitung führte der damalige Vorsitzende der Geschäftsführung der Drogeriemarktkette „dm", Erich Harsch, aus: „Man muss sich davon lösen, dass man Mitarbeiter motivieren kann. Es ist falsch mit Lock- und Anreizsystemen die eigene Motivation der Mitarbeiter zu ersetzen nach dem Motto: „Ich hänge Dir eine Wurst hin, damit du höher springst." So etwas machen wir nicht. Bei uns dürfen Mitarbeiter gestalten und haben Eigenverantwortung, damit ihnen die Arbeit mehr Freude macht. Und dann machen sie ihre Arbeit gut."
(Quelle: Stuttgarter Zeitung vom 12.04.2019, S. 12) ◄

2.1.2.4 Mitarbeiter als aktive Stellengestalter

Mitarbeiter übernehmen nicht einfach nur die vom Unternehmen gebildeten Stellen, sondern nehmen eigenmächtig Veränderungen am Stellenprofil vor. Sie sind nicht nur passive Stelleninhaber oder eingesetzte Aufgabenträger, sondern formen vielmehr Stellen eigeninitiativ selbst aus: Sie betreiben „Job Crafting" (Wrzesniewski und Dutton 2001). Durch diese **proaktive Gestaltung kreieren Mitarbeiter mithin Stellenprofile** innerhalb des unternehmensseitig vordefinierten Stellenkontexts, damit die Stelle besser zu ihnen passt. Als Form proaktiven Verhaltens ist Job Crafting also dadurch gekennzeichnet, dass die Initiative hierfür vom Mitarbeiter ausgeht.

▶ **Job Crafting** umfasst sämtliche Veränderungen am Stellenprofil, die Mitarbeiter eigeninitiativ vornehmen, um die ihnen übertragene Stelle für sich selbst attraktiver zu machen.

Job Crafter können daher auch als „Job Entrepreneure" bezeichnet werden (Wrzes-niewski et al. 2010, S. 115), wobei offenbleibt, ob diese eigenmächtig vorgenommenen Veränderungen im Aufgabengebiet immer auch im Interesse des Unternehmens sind. Wenn Mitarbeiter beispielsweise wichtige Aufgaben oder Beziehungen zu zentralen Stake-holdern vernachlässigen, ist dies aus Unternehmenssicht dysfunktional (Huf 2020).

Arten des Job Craftings
Innerhalb der fachwissenschaftlichen Diskussion haben sich zwei konkurrierende theore-tische Perspektiven auf das Job Crafting etabliert: Die **rollenbasierte Perspektive** zum einen und die **ressourcenbasierte Perspektive** zum anderen (Bruning und Campion 2018).

Die **rollentheoretische Perspektive**, vertreten insbesondere durch Wrzesniewski/ Dutton (2001), konzeptualisiert Job Crafting als Veränderung der mitarbeiterseitigen Rollenwahrnehmung. Da eine soziale Rolle als Summe der an den Inhaber einer sozia-len Position gerichteten Verhaltenserwartungen verstanden werden kann (Abschn. 5.2.5), legen Mitarbeiter im Rahmen des Job Craftings eigenständig fest, welchen Erwartungen (z. B. von Vorgesetzten, Kollegen oder Kunden) sie, in welchem Umfang gerecht wer-den. Sie entwickeln also ein individuelles Selbstverständnis der ihnen zugewiesenen Stelle. Hierbei unterscheidet der rollentheoretische Zugang drei Arten des Job Craftings (Tab. 2.4): Zum einen die selbstinitiierte Veränderung der Aufgabenstruktur (**aufgaben-bezogene Veränderungen**, „task crafting"), die eigenmächtige Ausgestaltung der mit der Aufgabendurchführung verbundenen sozialen Beziehungen (**beziehungsorientierte Veränderungen**, „relational crafting") zum anderen und schließlich die individuelle Interpretation des Bedeutungsgehalts der Stelle (**kognitive Veränderungen**, „cognitive crafting").

Da es sich bei Stellen stets um Aufgabenbündel handelt (Abschn. 2.1.1.1), legen die Mit-arbeiter im Rahmen des **aufgabenbezogenen Job Craftings** („task crafting") fest, welchen Aufgaben sie mit welcher Intensität nachgehen. Es wäre demnach naiv, davon auszugehen, dass Mitarbeiter sich ausschließlich und vollständig den in Stellenbeschreibungen ge-nannten Aufgaben widmen. Vielmehr nehmen sie sich möglicherweise auch Aufgaben an, die in ihrer Stellenbeschreibung keinerlei Erwähnung finden, blenden andererseits dort auf-geführte Aufgaben gänzlich aus und interpretieren weiterhin dort genannte Aufgaben hin-sichtlich Bearbeitungsbreite und -tiefe in höchst eigenwilliger Weise. Job Crafting kann also zu einer Expansion oder Reduktion der Arbeitsrolle führen.

Tab. 2.4 Formen des Job Craftings

rollentheoretische Perspektive	ressourcentheoretische Perspektive
aufgabenbezogen Veränderungen	Erhöhung der Ressourcen
beziehungsorientierte Veränderungen	Senkung hinderlicher Anforderungen
kognitive Veränderungen	Erhöhung herausfordernder Anforderungen

[eigene Darstellung]

Die Erfüllung der Arbeitsaufgaben bringt zudem unweigerlich wiederkehrende Interaktionen (z. B. mit Kollegen, Kunden oder Lieferanten) mit sich, woraus soziale Beziehungen resultieren. Daher wird in der rollentheoretischen Perspektive das **beziehungsorientierte Job Crafting** vom aufgabenbezogenen unterschieden. Mitarbeiter nehmen demnach nicht nur eine eigenwillige Interpretation ihres Aufgabengebietes vor, sondern pflegen bzw. vernachlässigen auch nicht minder eigensinnig soziale Beziehungen im Rahmen ihrer beruflichen Betätigung. Mitarbeiter pflegen Beziehungen im Beruf nicht nur in dem Maße, wie es für die Erfüllung der Aufgaben erforderlich ist, sondern immer auch nach persönlichen Vorlieben. Dem Mitarbeiter sympathische Kunden werden beispielsweise anders behandelt als ihm weniger sympathische Kunden – unabhängig von der Bedeutung der Kunden für den Unternehmenserfolg.

Und schließlich nehmen Mitarbeiter in der Perspektive des rollentheoretischen Ansatzes auch ein **kognitives Job Crafting** vor. Eine kognitive Umgestaltung findet statt, wenn die Art und Weise den eigenen Job zu sehen verändert wird. Kognitives Job Crafting lässt die eigene Stelle in einem neuen Licht erscheinen, da sich die wahrgenommene Bedeutung der eigenen Arbeit ändert. Die Mitarbeiter entwickeln hierbei ein positives Selbstbild ihres Aufgabengebietes und bescheinigen ihrer Tätigkeit eine hohe Sinnhaftigkeit sowie einen hohen Bedeutungsgehalt. Sie interpretieren den Zweck ihrer Arbeit neu und bewerten in veränderter Weise, was sie durch ihre Arbeit bewirken. Bei dieser dritten Form des Job Crafting geht es also um die individuell vorgenommene kognitive Rahmung der eigenen Stelle, was zu einer veränderten Arbeitsidentität führt.

Einen alternativen Zugang zum Phänomen des Job Craftings bietet die **ressourcentheoretische Perspektive**, die von Tims und Bakker (2010) eingebracht wurde. Basierend auf dem in der Stressforschung entwickelten Arbeitsanforderungen-Arbeitsressourcen-Modell (JD-R Modell) (Bakker und Demerouti 2007) (Abschn. 2.1.2.2), wird davon ausgegangen, dass Mitarbeiter bei der Arbeit stets einerseits körperlichen, geistigen und emotionalen Anforderungen ausgesetzt sind (z. B. durch Zeit- und Leistungsdruck, Schwierigkeitsgrad der Aufgaben, Kundenwünsche oder Konflikte am Arbeitsplatz) und ihnen andererseits Ressourcen zur Verfügung gestellt werden (z. B. Betriebsmittel, Budgets, kollegiale Unterstützung oder Lernmöglichkeiten). Sämtliche Arbeitsbedingungen werden nach dem JD-R Modell mithin vom Mitarbeiter entweder als Anforderungen oder als Ressourcen erlebt.

Aus diesem Modell leiten Tims/Bakker (2010) drei mögliche Arten des Job Craftings ab (Tab. 2.4): Mitarbeiter versuchen demnach erstens, die ihnen zur Verfügung stehenden **Ressourcen** zu **erhöhen** (z. B. durch Fortbildungen oder durch das Einholen kollegialer Unterstützung), zweitens **herausfordernde**, und mithin motivierende, **Arbeitsanforderungen** zu **erhöhen** (z. B. durch die Übernahme zusätzlicher Aufgaben) oder drittens stressfördernde, und somit **hinderliche**, **Arbeitsanforderungen** zu **senken** (z. B. indem man unangenehmen Kunden ausweicht).

Job Crafting umfasst demnach alle Veränderungen, die Mitarbeiter eigeninitiativ vornehmen, um die stellenbezogenen Anforderungen und Ressourcen den eigenen Fähigkeiten und Bedürfnissen anzupassen.

Ursachen und Konsequenzen des Job Crafting

Eine Vielzahl von Gründen ist dafür verantwortlich, dass Mitarbeiter eigeninitiative Stellengestaltung betreiben. Nimmt man eine Clusterung vor, können **individuelle**, **soziale** und **strukturelle** Antezedenzien unterschieden werden.

Individuelle Ursachen können in der Person des Mitarbeiters verortet werden, wie beispielsweise seiner Persönlichkeit, seinen Bedürfnissen, seinen Einstellungen oder seiner Intelligenz. Für Wrzesniewski/Dutton ist beispielsweise das mitarbeiterseitige Bedürfnis nach sozialer Bindung und Zugehörigkeit ursächlich für das beziehungsorientierte Job Crafting, das Bedürfnis nach Sinn in der Arbeit und einem positiven Selbstbild ursächlich für das kognitive Job Crafting und das Bedürfnis nach Kontrolle über die eigene Arbeit veranlasst die Mitarbeiter zu aufgabenbezogenem Job Crafting (Wrzesniewski und Dutton 2001, S. 182).

Soziale Faktoren, die das Ausmaß des Job Craftings beeinflussen, sind beispielsweise der Führungsstil des Vorgesetzten, insbesondere das Ausmaß der ausgeübten Kontrolle (Wrzesniewski und Dutton 2001) und das kollegiale Gefüge (Tims et al. 2015), wie bspw. die Zusammensetzung der Kollegen sowie Art und Intensität der Zusammenarbeit.

Strukturelle Faktoren, die Einfluss darauf haben, ob und in welchem Umfang, Job Crafting möglich ist, sind beispielsweise die Autonomie, die organisationsseitig bei der Aufgabendurchführung gewährt wird, das Ausmaß, in dem die eigene Tätigkeit unabhängig von kollegialem Input durchgeführt werden kann sowie das Ausmaß, in dem Kollegen auf die Arbeitsergebnisse angewiesen sind (Aufgabeninterdependenz) (Niessen et al. 2016).

Da Mitarbeiter Job Crafting betreiben, um die Stelle höchstmöglich ihren Fähigkeiten und Interessen anzupassen (Erhöhung der Person-Job-Passung), ist es hinsichtlich der **Konsequenzen** nicht verwunderlich, dass durch Job Crafting die Arbeitszufriedenheit (Abschn. 2.1.2.1), das Wohlbefinden, die intrinsische Motivation (Abschn. 2.1.2.3) und das Arbeitsengagement der Mitarbeiter erhöht wird (Lee und Lee 2018). Auch die Bereitschaft zu Extra-Rollenverhalten (Abschn. 1.2.3) wird gesteigert, während das Stresserleben (Abschn. 2.1.2.2) und die Fluktuationsneigung abnimmt (Rudolph 2017). Und nicht zuletzt ist Job Crafting ein probates Mittel, um erlebter Langeweile bei der Arbeit zu begegnen. Für den Mitarbeiter selbst sind mithin ausschließlich positive Konsequenzen zu konstatieren.

Ambivalenter sind die Konsequenzen für die Kollegen zu beurteilen. Job Crafter nehmen möglicherweise Kollegen Arbeiten ab, was diese als Entlastung erleben, aber Job Crafting kann zugleich auch zu einer höheren Arbeitsbelastung bei den Kollegen führen und Konflikte in der Arbeitsgruppe schüren (Tims et al. 2015).

Ebenso ambivalent sind die Konsequenzen auf organisationaler Ebene: Wenn Mitarbeiter sich Aufgaben mit größerem Engagement zuwenden und dadurch die Arbeitsleistung gesteigert wird, ist dies zweifellos im Interesse des Unternehmens. Aber zugleich kann Job Crafting auch dazu führen, dass wichtige Aufgaben vom Mitarbeiter eigenmächtig vernachlässigt werden – zumal Job Crafting häufig von Vorgesetzten gar nicht bemerkt wird. Job Crafting kann also aus Unternehmenssicht sowohl funktional als auch dysfunktional sein. Job Crafting „serves the employee, but is not inherently good or bad for organizations" (Wrzesniewski und Dutton 2001, S. 186) – „not all job crafting is beneficial" (Wrzesniewski et al. 2010, S. 117).

2.1.2.5 Karrieren als Stellenfolgen

Im Laufe des Erwerbslebens nehmen Arbeitnehmer üblicherweise nicht nur eine, sondern mehrere Stellen ein. Diese Stellenfolge wird als Karriere bezeichnet. Der berufliche Positionenwechsel kann hierbei mit einem Aufstieg verbunden sein (z. B. Beförderung vom Gruppen- zum Abteilungsleiter), aber auch einen Abstieg darstellen oder schließlich in Form eines horizontalen Wechsels, also innerhalb einer hierarchischen Ebene, stattfinden (z. B. Wechsel vom Referenten in der Logistik zum Referenten im Controlling). Zudem kann sich der Stellenwechsel innerhalb einer Organisation vollziehen oder mit einem Wechsel des Arbeitgebers verbunden sein.

▶ Die berufliche **Karriere** eines Mitarbeiters konstituiert sich aus der Anzahl, Dauer und Abfolge der beruflichen Positionen über das Erwerbsleben hinweg. Sie bezeichnet die individuelle berufliche Stellenfolge.

Praxisbeispiel: Karriereleitern

Die Stellenfolge in einer Kaffeehauskette mag beispielsweise vorsehen, dass man als Barista einsteigt, sodann zum Schichtführer aufsteigt und als weitere Positionen die stellvertretende Filialleitung, die Filialleitung, die Bezirks- und schließlich die Regionalleitung als Positionen erreichbar sind.

In einer Unternehmensberatung besteht die Karriereleiter hingegen möglicherweise aus folgenden Positionen: Fellow, Associate, Senior Associate, Project Manager, Junior Partner, Partner und schließlich Senior Partner.

Und in einem Industrieunternehmen folgt möglicherweise auf die Sachbearbeitungs-, die Referentenposition, sodann die Team-, Abteilungs- und Bereichsleitung sowie schließlich die Mitgliedschaft in der Unternehmensleitung. ◀

Karrieren als Ergebnis von Aushandlungsprozessen

Weder können Organisationen ihre Mitglieder zu einem Stellenwechsel und mithin einer beruflichen Postionenfolge zwingen, noch können Mitarbeiter alleine entscheiden, ob und wann sie eine neue Stelle in einer Organisation einnehmen. Weder Unternehmen noch Mitarbeiter können Karrieren „machen", sondern es bedarf stets der Zustimmung sowohl des Arbeitgebers als auch des Arbeitnehmers, damit es zu einer Veränderung der beruflichen Position kommt. Mitarbeiter können stets nur die Positionen einnehmen, die ihnen unternehmensseitig geboten werden und Unternehmen können Stellen nur mit denjenigen Mitarbeitern besetzen, die auch bereit sind, diese zu übernehmen.

Hierbei ist es nicht unüblich, dass beide Seiten, Arbeitgeber und Arbeitnehmer, unterschiedliche Präferenzen und Interessen hinsichtlich Zeitpunkt und Art des Stellenwechsels haben. Mitarbeiter betrachten ihre Karriere vorrangig aus der Perspektive ihrer persönlichen Neigungen und Interessen, die nicht mit den Vorstellungen und Zielen des Unternehmens übereinstimmen müssen.

Ob und welcher Stellenwechsel von Mitarbeitern gewünscht wird, hängt beispielsweise auch von ihrer privaten Lebenssituation ab. Zudem suchen sie möglicherweise mehr Verantwortung, streben nach einem höheren Entgelt oder größeren Einflussmöglichkeiten. Bestimmte Funktionsbereiche finden ihr Interesse, während sie andere zu vermeiden trachten. Ein geografischer Wechsel wird von einigen gesucht, von anderen hingegen gescheut. Gemäß dem Modell der „**kaleidoskopischen Karriereorientierung**" (Mainiero und Sullivan 2005) ist bei Mitarbeitern beispielsweise je nach Lebensphase eine von insgesamt drei Karriereorientierungen vorrangig: **Authentizität**, **Balance** oder **Herausforderung**. Geht es Mitarbeitern primär darum, einer beruflichen Tätigkeit nachzugehen, in der man sich höchstmöglich treu bleiben kann, ist das Karrieremotiv der **Authentizität** vorherrschend. Geht es primär darum, neben den beruflichen Aufgaben, auch den außerberuflichen Rollen (z. B. der Elternrolle) gerecht zu werden, steht **Balance** als Karriereorientierung an erster Stelle. Und sucht man vor allem neue berufliche Anregungen und möchte sich neuen Anforderungen stellen, ist die **Herausforderung** zentral.

Ob sich hierbei die mitarbeiterseitigen Karriereinteressen mit den Unternehmensinteressen decken, ist nicht per se sichergestellt. Denn unternehmensseitig geht es vorrangig um die Besetzung vakanter Positionen, unabhängig von den mitarbeiterseitigen Lebensplänen. Und zudem haben Unternehmen nicht selten Vorstellungen darüber, welche Art von Karrieren unterstützt und welche Stellenfolgen vermieden werden sollen. So mögen Arbeitgeber beispielsweise Karrieren innerhalb eines Funktionsbereichs, sogenannte „Kaminaufstiege", für unangemessen erachten und möglichst verhindern. Zudem mag arbeitgeberseitig ein Auslandsaufenthalt oder eine Karrierestation in der Unternehmenszentrale ebenso wünschenswert sein wie auch Funktionsbereichs- oder Geschäftsbereichswechsel. Diese unternehmensseitigen Vorstellungen hinsichtlich einer gelungenen Karriere machen das „**betriebliche Karrieresystem**" (Sonnenfeld und Peiperl 1988) aus.

Aufgrund der Divergenz der mitarbeiter- und unternehmensseitigen Karriereinteressen sind Konflikte eher die Regel als die Ausnahme und im Ergebnis entstehen Karrieren als Resultat von Aushandlungsprozessen zwischen Mitarbeitern und Unternehmen (Inkson und King 2011). In regelmäßigen Abständen treffen die mitarbeiter- und arbeitgeberseitigen Karriereinteressen aufeinander und die konkrete Stellenfolge ist sodann das Ergebnis von Aushandlungsprozessen. „Careers (…) result from deals negotiated between individual career actors and the organizations in which they work over their working lives" (Inkson und King 2011, S. 37).

Das betriebliche Karrieresystem enthält implizite oder explizite unternehmensseitige Karriereleitlinien hinsichtlich **Bewegungshäufigkeit**, **Bewegungsrichtungen** und **Laufbahnformen**. **Bewegungshäufigkeit** meint die Frequenz des Stellenwechsels und bringt damit zum Ausdruck, was unternehmensseitig als angemessene Dauer einer Stellenbesetzung erachtet wird. Unternehmen mögen beispielsweise der Ansicht sein, dass Stellen mindestens drei Jahre von Mitarbeitern einzunehmen sind, bevor ein Stellenwechsel sinnvoll ist. Ob neben dem vertikalen Aufstieg auch der horizontale Wechsel zwischen Funktionsbereichen (z. B. zwischen Einkauf und Vertrieb) und der radiale Wechsel von eher peripheren in eher zentrale Unternehmenseinheiten seitens des Unternehmens gewünscht und unterstützt wird, kommt in der **Bewegungsrichtung** als zweitem Element des betrieblichen Karrieresystems zum Ausdruck. Und schließlich bieten Unternehmen im Rahmen ihres betrieblichen Karrieresystems auch alternative **Laufbahnformen** an. Diese machen das dritte Element betrieblicher Karrieresysteme aus. Neben der klassischen Führungslaufbahn, bei der die Positionenfolge stets mit größerer Budget- und Personalverantwortung verbunden ist (z. B. dem Aufstieg von der Gruppen-, zur Abteilungs-, zur Bereichs- und schließlich zur Geschäftsleitung), werden die Fach- und/oder Projektlaufbahn als Alternativen angeboten. Während in der Fachlaufbahn (Expertenlaufbahn) eine zunehmende fachliche Spezialisierung erfolgt, ist die Stellenfolge in der Projektlaufbahn mit der Übernahme umfangreicher werdender Projektleitungen verbunden.

Veränderte Karriereverläufe als Zeitdiagnose: Proteische und entgrenzte Karriere
In der Karriereforschung zeigt man sich davon überzeugt, dass Unternehmen immer weniger in der Lage sind, die Karrieren ihrer Mitarbeiter deterministisch zu planen, da diese zunehmend eine **entgrenzte** bzw. **proteische Karriereorientierung** aufweisen.

Nach dem Konzept der „**proteischen Karriereorientierung**" (Hall 2002, 2004) nehmen Mitarbeiter immer stärker ihre Karriere selbst in die Hand und sind immer weniger bereit, den unternehmensseitig angebotenen Karrierepfaden blindlings zu folgen. Mit der Begriffsbildung verweist Hall auf „Proteus", einem Meeresgott der griechischen Mythologie, der die Gabe der Verwandlung besitzt und die Form jeder beliebigen Gestalt anzunehmen vermag. Während die traditionelle Karriere eher unternehmensseitig determiniert war, sind proteische Karrieren demnach stärker vom Mitarbeiter bestimmt: „A career that is driven by the person, not the organization" (Hall 1996, S. 8). Und ferner machen die Mitarbeiter den Karriereerfolg hierbei eher an subjektiven Kriterien (z. B. Arbeitszufriedenheit, Sinnerleben, Anerkennung, persönliche Reifung) fest, während der Erfolg traditioneller Karrieren demnach eher anhand von objektiven Kriterien erfolgte (z. B. Höhe des Entgelts, Hierarchiestufe, Anzahl an Beförderungen).

Auch nach dem Konzept der „**entgrenzten Karriere**" (Arthur 2014) fühlen sich Mitarbeiter mit Blick auf ihre Karriere immer weniger an ihren Arbeitgeber gebunden, sondern es steigt die Bereitschaft, den Arbeitgeber zu wechseln, um persönliche Karriereziele zu erreichen. Beide Ansätze rücken somit die aktive, selbstverantwortliche Gestaltung der beruflichen Laufbahn durch die Mitarbeiter ins Zentrum der Betrachtung.

2.1.2.6 Macht in Hierarchien

Organisationen sind immer auch hierarchische Gebilde, also ein Gefüge der Über- und Unterordnung. Auch wenn in der betrieblichen Praxis seit Jahrzehnten das Bestreben zu beobachten ist, Hierarchien durch eine Vergrößerung der Leitungsspannen abzuflachen, bleiben Machtungleichheiten im Inneren bestehen: Auch flache Hierarchien sind Hierarchien.

Hierbei ist im Stellengefüge der Organisation die Stellenart der „Instanz" dadurch gekennzeichnet, dass sie leitungs- und weisungsbefugt ist (Abschn. 2.1.1.4). Mithin dürfen Instanzen Entscheidungen für andere treffen und verfügen über das Recht, nachgelagerten Stellen Weisungen zu erteilen. Und nicht zuletzt dürfen sie die Arbeitsdurchführung der unterstellten Stellen kontrollieren. M.a.W.: Sie verfügen über **Macht**. In Anlehnung an die klassische Begriffsbildung von Max Weber verfügt man dann über Macht, wenn man andere zu Verhaltensweisen veranlassen kann, die diese aus freien Stücken nicht an den Tag legen würden – wenn man seinen eigenen Willen, auch gegen Widerstand, durchzusetzen vermag. „The essence of power is control over the behavior of others" (Schermerhorn et al. 2012, S. 264). Oder in den Worten Dahls: „A has power over B to the extent that he can get B to do something that B would not otherwise do" (Dahl 1957, S. 202 f.).

▶ „**Macht** bedeutet jede Chance, innerhalb einer sozialen Beziehung den eigenen Willen auch gegen Widerstreben durchzusetzen, gleichviel worauf diese Chance beruht" (Weber 1972, S. 28)

Nicht die Ausübung ist also konstitutiv für das Machtphänomen, sondern die *Möglichkeit* der Verhaltensbeeinflussung ist zentral. „Power is latent in the actor even when not being exercised" (Wrong 2017, S. 2). Zudem vollzieht sich Macht demnach in sozialen Beziehungen, kennzeichnet also das Verhältnis zwischen Menschen. Der Begriffsbildung liegt also ein relationaler Machtbegriff zugrunde. Ferner ist Widerstand seitens des Machtunterlegenen stets möglich, aber keine Bedingung für das Vorliegen von Macht. Und schließlich verweist Weber darauf, dass Macht auf verschiedenen Grundlagen basieren kann.

Machtbasen

Es ist insbesondere das Verdienst von French und Raven, die möglichen Grundlagen von Macht in Organisationen systematisiert zu haben. Demnach können sechs Machtbasen unterschieden werden (French und Raven 1959; Raven 1965):

1. Macht durch Belohnung *(reward power)*
2. Macht durch Bestrafung (coercive power)
3. Macht durch formale Legitimation *(legitimate power)*
4. Macht durch Identifikation (Vorbildhaftigkeit) *(referent power)*
5. Macht durch Sachkenntnis *(expert power)*
6. Macht durch Information *(informational power)*

Im Falle der **Macht durch Belohnung** erfolgt Gefolgschaft, weil der Machtüberlegene diese positiv zu sanktionieren vermag (z. B. durch eine Entgelterhöhung oder eine Beförderung), während Gefolgschaft bei **Macht durch Bestrafung** erfolgt, weil der Machtunterlegene anderenfalls negative Sanktionen zu befürchten hat (z. B. Nichtverlängerung des befristeten Vertrags, Zuweisung unattraktiver Tätigkeiten, Abmahnung). **Formale Legitimation** ist die von der Organisation verliehene Positionsmacht. Hierbei akzeptieren Mitarbeiter mit Abschluss des Arbeitsvertrags die Weisungsbefugnis von seitens des Unternehmens eingesetzten Führungskräften, da sie sich zur „zur Leistung weisungsgebundener, fremdbestimmter Arbeit in persönlicher Abhängigkeit verpflichtet" (§ 611 a BGB) haben. Eine weitere Machtbasis kann darin bestehen, dass Personen als besonders vorbildlich wahrgenommen werden und ihnen deshalb Gefolgschaft zuteil wird (**Macht durch Identifikation**). Auch große Fachkenntnis kann eine Machtquelle sein: Weil man dem Gegenüber eine **hohe Sachkenntnis** (z. B. aufgrund von fachlicher Qualifikation oder Erfahrung) attestiert, wird Gefolgschaft geleistet. Und schließlich kann ein **Informationsvorsprung** ein Machtfundament sein: Entscheidungen finden dann Gefolgschaft, weil man davon ausgeht, dass der Entscheider über mehr Informationen verfügt.

Machtmissbrauch in Organisationen: Destruktive Führung

Die Vorgesetzten-Mitarbeiter-Beziehung ist eine hierarchische, asymmetrische Beziehung. Es handelt sich um ein Über- bzw. Unterordnungsverhältnis. Unweigerlich impliziert die Führung von Mitarbeitern daher die Ausübung von Macht. Ob Führungskräfte wollen oder nicht: Sie verfügen stets über die Möglichkeit der Machtausübung. Macht ist mithin ein konstitutiver Bestandteil von Führung.

Hierbei setzen Führungskräfte ihre Macht nicht stets zum Wohlergehen der Organisation und der unterstellten Mitarbeiter ein, sondern es kommt ebenfalls vor, dass diese ihre Macht missbrauchen. Es kommt zu destruktiver Führung, die auch unethische, missbräuchliche, tyrannische oder despotische Führung genannt wird (Krasikova et al. 2013).

Zwei Formen destruktiver Führung können unterschieden werden: **Destruktive Ziele der Führungskraft** einerseits und ein **destruktiver Führungsstil** andererseits. In beiden Fällen erfolgt hierbei die missbräuchliche Einflussnahme auf die Mitarbeiter absichtsvoll. Während ineffektive Führung unbeabsichtigt schädlich ist, ist destruktive Führung hingegen absichtsvoll schädigend.

Führungskräfte führen zum einen dann destruktiv, wenn die von ihnen verfolgten Ziele nicht mit den Unternehmenszielen übereinstimmen und sie die unterstellten Mitarbeiter für die Erreichung dieser persönlichen Ziele einsetzen. Den Mitarbeitern werden also **destruktive Ziele** gesetzt. Dies ist beispielsweise der Fall, wenn ein Bauleiter eines Bauunternehmens, die ihm unterstellten Mitarbeiter nicht auf Baustellen des Unternehmens einsetzt, sondern zur Renovierung seines Privathauses.

Zum anderen manifestiert sich destruktive Führung auch darin, dass Führungskräfte ein Verhalten an den Tag legen, dass die Mitarbeiter schädigt bzw. zumindest zu schädigen vermag (**destruktiver Führungsstil**). Die Führungskräfte nutzen also destruktive Methoden der Einflussnahme. Dies ist beispielsweise der Fall, wenn Mitarbeiter von ihrem Vorgesetzten schikaniert, unter Druck gesetzt, beleidigt oder sexuell belästigt werden.

Destruktiv geführte Mitarbeiter weisen, wenig überraschend, häufig eine geringe Arbeitszufriedenheit (Abschn. 2.1.2.1) und eine geringe Verbundenheit mit der Organisation (Abschn. 1.2.2) sowie eine geringe Arbeitsleistung und eine hohe Kündigungsabsicht auf. Ferner verursacht destruktive Führung nicht selten Stress bei den Mitarbeitern (Abschn. 2.1.2.2) und lässt sie mitunter selbst ebenfalls zu kontraproduktiven Verhaltensweisen (Abschn. 1.2.4) greifen (Schyns und Schilling 2013).

Da destruktive Führungskräfte erheblichen Schaden anrichten können, sind Organisationen nicht gut beraten, wenn organisationsintern weggeschaut oder das Phänomen tabuisiert wird. Vielmehr sollten betroffene Mitarbeiter die Möglichkeit haben, auf Missstände hinzuweisen. Zudem sollte destruktive Führung, wenn sie bekannt wird, nicht toleriert und betreffende Führungskräfte umgehend sanktioniert werden. Organisationale Bedingungen, die förderlich für destruktive Führung sind und diese begünstigen, gilt es ferner zu eliminieren. Nicht zuletzt ist bereits bei der Führungskräfteauswahl darauf zu achten, dass keinen Mitarbeitern Personalverantwortung übertragen wird, bei denen ein destruktives Führungsverhalten befürchtet werden muss (z. B. bei narzisstischen, amoralischen oder nicht empathiefähigen Persönlichkeiten).

2.2 Ausgestaltung der Primärorganisation

2.2.1 Konzepte der Primärorganisation

2.2.1.1 Gestaltungsparameter der Primärorganisation

Die am Ende als Ergebnis des organisatorischen Gestaltungsprozesses resultierende Organisationsform wird jeweils durch eine spezifische Kombination von vier sogenannten Gestaltungsparametern bestimmt (Abb. 2.3). Das Vorgehen, mit Hilfe solcher „Bausteine" Organisationsmodelle zu erstellen oder nur zu beschreiben, hat eine große Verbreitung in der betriebswirtschaftlichen Organisationslehre (vgl. Krüger 1994, S. 95; Wenger und

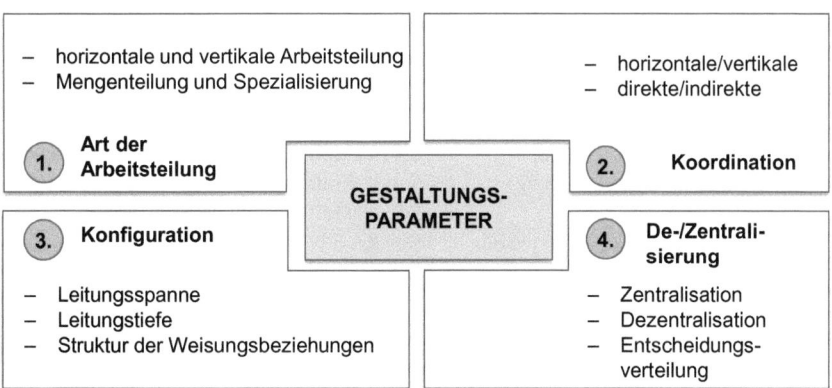

Abb. 2.3 Gestaltungsparameter der Primärorganisation. (Eigene Darstellung)

Thom 2021, S. 27; Nicolai 2023, S. 45; Bea und Göbel 2019, S. 277; Schreyögg 2016, S. 28). Thom und Wenger sprechen in diesem Zusammenhang von Dimensionen und treffend von der „Klaviatur der Organisierenden":

> „Sie sind die Klaviatur der Organisierenden: Mit ihnen wird eine zielorientierte Steuerung von Verhalten und Funktionieren der Aktionsträger ... möglich. Jede organisatorische Handlung führt zur Neudefinition oder Veränderung mindestens einer der ... Dimensionen. Und jede Organisationsstruktur besteht aus einer ganz bestimmten Ausprägung der ... Dimensionen." (Wenger und Thom 2021, S. 27)

(1) Art der Arbeitsteilung

Der Begriff **horizontale Arbeitsteilung** umfasst die Arbeitsteilung (Abschn. 1.1.3) auf einer Hierarchieebene. Aufgabenträger führen in diesem Fall unterschiedliche Verrichtungen aus oder bearbeiten unterschiedliche Objekte, haben aber einen vergleichbaren Entscheidungsspielraum. Durch die Zuordnung von Aufgaben auf einen oder mehrere Aufgabenträger (also Stellen oder Stellenmehrheiten) ist eine Spezialisierung möglich. Eines der zentralen Argumente für die Arbeitsteilung ist also die damit einhergehende Aufgabenspezialisierung, da man so die gewünschten Effizienzvorteile realisieren kann. Grundsätzlich sollten dabei die Art und das Ausmaß der Spezialisierung betrachtet werden (vgl. Bea und Göbel 2019, S. 278). Vier Formen der Spezialisierung werden unterschieden (vgl. Tab. 2.5):

- Der in der Praxis häufigste Fall ist die **Artteilung** in Form einer Spezialisierung auf eine **Verrichtung** oder eine Funktion, wie z. B. Einkauf, Vertrieb oder Buchführung
- Bei der sogenannten **Mengenteilung** oder mengenmäßigen Arbeitsteilung erfolgt keine Spezialisierung. Hier werden Objekte vielmehr aus kapazitativen Gründen auf Aufgabenträger verteilt, wie z. B. Kunden nach Alphabet, Vertriebspartner nach PLZ-Gebieten oder Tische auf Servicekräfte.

Tab. 2.5 Arbeitsteilung am Beispiel des Hotels Allgäuer Hof

Form der Arbeitsteilung	Beispiel
Mengenmäßige Arbeitsteilung (Mengenteilung)	Servicekraft A bedient an den Tischen 1–6 und Servicekraft B ist für die Tische 7–12 zuständig
Spezialisierung nach Verrichtungen, funktionale Arbeitsteilung (Artteilung)	Servicekraft C poliert und deckt die Tische ein, Servicekraft D serviert Speisen und Getränke, Servicekraft E räumt ab und kassiert.
Spezialisierung nach Objekten, die jeweils andere Verrichtungen erfordern	Der Koch F bereitet die Suppen zu, sein Kollege G bereitet die Nachspeisen.
Spezialisierung nach Prozessen, die jeweils andere Objekte bearbeiten und andere Werkzeuge/Instrumente erfordern	Die Rezeption ist zuständig für den Prozess von Anfrage bis zur Zimmerbuchung, das Facility Management für Instandhaltungsprozesse von der Schadenmeldung bis zur Behebung.

[eigene Darstellung]

- Eine Spezialisierung nach **Objekten**, die jeweils spezifische Verrichtungen bzw. entsprechende Spezialkenntnis erfordern, können auch Effizienzvorteile ermöglichen: In der Medizin z. B. Herz- oder Lungenspezialisten usw.
- Eine **Spezialisierung auf (Teil-)Prozesse** erfolgt ggf., wenn Aufgabenfolgen schon so verknüpft sind, dass es keinen Sinn macht, sie zu trennen, da sie jeweils andere Objekte bearbeiten und andere Hilfsmittel erfordern, wie z. B. ein Prüfungsprozess eines Bauteils oder ein Beschaffungsprozess.

Die Effizienzvorteile der **Spezialisierung** hängen von deren Grad oder dem Ausmaß ab (Bea und Göbel 2019, S. 278; Klimmer 2020, S. 153 f.). Eine hochgradige Spezialisierung führt zu einem sehr eng umrissenen Tätigkeitsfeld respektive einer sehr kleinen Teilaufgabe (ein einzelner Handgriff oder eine Verrichtung in einem fließenden Produktionsprozess). Im sogenannte Taylorismus (Taylor 1977 oder auch in dem berühmten Stecknadel-Beispiel von Smith 1776) wurden schon die wesentlichen Vorteile erkannt: Lern- und Erfahrungseffekte, Wegfall von Umrüstzeiten, kurze Anlernzeiten, zumeist geringere Qualifikationsanforderungen und damit geringere Arbeitskosten, geringere Fehler, Möglichkeit des Einsatzes von Maschinen. Dem entgegen stehen die Nachteile aus zahlreichen Schnittstellen zwischen Arbeitsschritten, erhöhtem Abstimmungsbedarf, Monotonie und geringe Motivation und Gleichgültigkeit bzgl. des Gesamtergebnisses. Im Sinne einer humaneren Arbeitsgestaltung unter Beachtung der Qualifikation und Motivation der Mitarbeitenden sind ohnehin eher umfangreichere, komplexere Aufgabenbündel vorzusehen, die dann zu Eigeninitiative, höherer Zufriedenheit, mehr Flexibilität und Abwechslung führen sollen.

Ebenfalls auf Taylor geht die **vertikale Arbeitsteilung** zurück, d. h. die Abgrenzung von „Hand- und Kopfarbeit" bzw. Führungs- und Ausführungsaufgaben. Diese ist eine notwendige Voraussetzung für das Aufstellen einer Organisationshierarchie (Abschn. 2.1.1.4). Diese wird auch als Konfiguration beschrieben und im Folgenden unter (3) vertieft. Mit der vertikalen Arbeitsteilung einer geht unmittelbar die Möglichkeit der Koordination durch Weisung oder auch strukturelle Koordination.

(2) Koordination

Ohne Arbeitsteilung, d. h. bei Ausführung einer Aufgabe durch eine Einzelperson, werden alle inhaltlichen, sachlogischen und zeitlichen Entscheidungen bezüglich der Aufgabenausführung von dieser Person alleine getroffen. Die Arbeitsteilung führt zu vielen Aufgabenträgern, die mehrere (Teil-)Aufgaben durchführen. Die sich ergebende Komplexität erfordert es, die Aufgaben und Aktivitäten im Hinblick auf das Gesamtziel wiederum zusammenzuführen und aufeinander abzustimmen (vgl. Kieser und Walgenbach 2010, S. 93–127). **Koordination** verbindet die Teilaufgaben zielorientiert und kann im Vorhinein (präsituativ) geregelt werden (vgl. Grochla 1978, S. 36). Dies gilt z. B. bei einer größeren Feier in einem Restaurant, bei der Küche und Servicepersonal sich abstimmen müssen (oder sie werden von der Restaurantleitung durch hierarchische Weisung angewiesen), damit alle Gäste an einem Tisch gleichzeitig ihr Essen serviert bekommen. Die Ursachen für den Abstimmungsbedarf liegen dabei in sachlogischen und zeitlichen Abhängigkeiten zwischen den zur Erreichung eines Ziels zu erfüllenden Teilaufgaben.

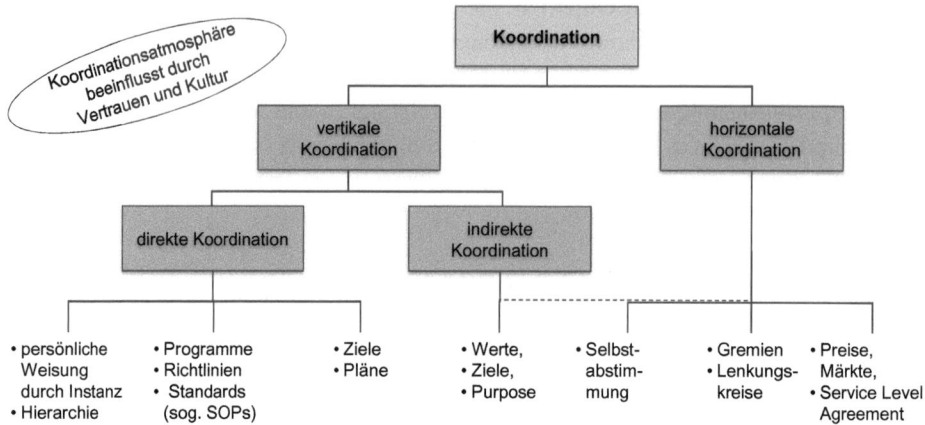

Abb. 2.4 Überblick über Koordinationsinstrumente. (In Anlehnung an Klimmer 2020, S. 48)

▶ **Koordination** ist die zielorientierte Abstimmung von (Teil-)Aufgaben, Aktivitäten, Stellen oder Stellenmehrheiten im Hinblick auf die Erfüllung der Gesamtaufgabe. Koordination kann präsituativ oder auch situativ erfolgen

Für diese situativen oder präsituativen Regelungen lassen sich verschiedene Koordinationsinstrumente unterscheiden, die wieder in horizontal sowie vertikal unterschieden werden (Abb. 2.4). Im Hinblick auf den Grad der Einwirkung wird in indirekt bzw. direkt unterteilt.

Die vertikale Koordination umschließt die zielorientierte Abstimmung zwischen Stellen/-mehrheiten zwischen unterschiedlichen Ebenen, in der Regel die Koordination der nachgelagerten, unteren Hierarchieebenen auf die Ziele der oberen Ebene. Die Abstimmung auf einer Ebene untereinander ist horizontale Koordination (vgl. im Folgenden Bach et al. 2017, S. 80–84; Bea und Göbel 2019, S. 284–296; Klimmer 2020; S. 46–56, Nicolai 2023, S. 86–103; Grundei 2024; S. 187–213).

In direktem Zugriff als persönliche Koordination kann der Stelleninhaber einer Leitungsstelle (Instanz) durch **persönliche Weisung** die Abstimmung seiner unterstellten Stellen sichern. Dies geschieht durch schriftliche oder mündliche Kommunikation, häufig auch situativ. Somit ist dieses Instrument zwar unmittelbar wirksam und flexibel, aber bei zunehmendem Koordinationsbedarf nur eingeschränkt effizient. Die Gesamtheit der im Vorhinein festgelegten Führungsstellen als **Hierarchie** zeigt als **strukturelle Koordination** auf (Grundei 2024, S. 267–269, im Original schon Williamson 1985), wer für welchen Koordinationsbereich zuständig ist und welche Stelle eigentlich wohin gehört. Alleine schon diese transparente Über- und Unterordnungsbeziehung erzeugt Abstimmung. Strukturelle Koordination basiert darauf, dass sich Mitarbeiter im Arbeitsvertrag dem Weisungsrecht des Arbeitgebers unterwerfen. Die zugehörige Stellenbeschreibung regelt die Stelleneinordnung in die Organisationshierarchie. Durch vertikale

Arbeitsteilung werden so präsituativ die Voraussetzungen dafür geschaffen, dass Instanzen Abstimmungsbedarfe zwischen den ausführenden Stellen regeln.

Geht man von einem repetitiven, gleichartigen Regelungs- bzw. Koordinationsbedarf aus, der für die Aufgabenerfüllung nötig ist, dann erscheint eine vorab festgelegte **Verhaltensstandardisierung** sinnvoll (standardisation of work). Hierbei geht es um Vorschriften zum Verhalten oder dem Einhalten einer Reihenfolge:

- Hier kann auch von **Programmen** gesprochen werden. Sie beschreiben die detaillierte Vorgabe der einzelnen Ausführungsschritte nach Art und Menge, sind also objektivierte Handlungsinstruktionen, die zeigen, wie die Tätigkeiten verbindlich auszuführen sind.
- Besonders deutlich wird dies in Großunternehmen, die dafür standort- und oder betriebsübergreifend sogenannte **Standard Operating Procedures** (SOP, Standardarbeitsprozeduren) einsetzen. In mittleren Unternehmen sind diese eher schriftlich fixiert in Verfahrensrichtlinien, Prozess-/Handbüchern, „Function Sheets", Laufzetteln oder Checklisten.

Diese Instrumente führen bei Beachtung zu sicherer und einheitlicher Bearbeitung und entlasten die Leitungsstellen von persönlicher Koordination, andererseits nimmt aber ggf. die Bürokratisierung zu bei sinkender Flexibilität oder Eigeninitiative.

Der logische Gegensatz, der nicht das Verhalten beschreibt, sondern das **Ergebnis** (standardisation of outcome) sind **Ziele**, hier verstanden als angestrebte Ergebnisse. Möglichst konkret formulierte Ziele geben Stellen und deren Inhabern Aufschluss über den Zweck ihres Handelns und schaffen Orientierung auf das Ergebnis. Je konkreter Ziele aufeinander abgestimmt formuliert sind, desto mehr können sie das Verhalten mehrerer Stellen steuern. Die koordinierende Wirkung von (evtl. aus Zielen abgeleiteten) **Plänen** kennen z. B. Studierende von ihren Vorlesungsplänen, die Zeitfenster, Räume, Kursgruppen, Dozierende zum Teil lange im Voraus fixieren, d.h. aufeinander abstimmen. Sowohl die Studierenden als auch die Lehrenden können nur dann arbeitsteilig die mit dem Studium verbundenen Lernziele erreichen, wenn sie der Koordination durch Pläne folgen. Ähnlich funktionieren aber Ausbildungs- oder Dienstpläne im Personalbereich, Absatz- sowie Umsatzpläne im Vertrieb. Ihre Koordinationswirkung entfalten diese Instrumente jedoch nur, wenn sie durch Leitungsstellen beschlossen, per Weisung angeordnet werden und ihre Einhaltung sanktioniert wird. Dann aber schaffen sie Handlungsspielräume für eine zielorientierte Abstimmung in der definierten Zeitperiode.

Werden die in Plänen und Programmen enthaltenen Regeln, Verfahren und Anweisungen schriftlich fixiert und den Organisationsmitgliedern bekannt gemacht, spricht man von **Formalisierung**. Sie ist ein typisches Merkmal der Bürokratisierung (vgl. Vahs 2023, S. 147–148). Die Formalisierung ist eine Möglichkeit, mit dem sich das Verhalten der Organisationsmitglieder besser steuern und kontrollieren lässt. Bei repetitiven, gleichartigen Aufgaben sichert sie die Personenunabhängigkeit der Organisation.

Im Falle **geplanter Abstimmungsprozesse** zwischen Stellen oder -mehrheiten erfolgt diese durch die Organisationsmitglieder, die von der Regelung dann in ihrem Bereich selbst betroffen sind und an einer koordinierten Aufgabenerfüllung selbst Interesse haben. Voraussetzung ist aber, dass durch Fremdregelung festgelegt wird, ob ein koordinations-bedürftiges Problem vorliegt und welche Themen selbst koordiniert werden sollen (themenspezifische **Selbstabstimmung**). Die Selbstabstimmung wird beim Auftreten be-stimmter Koordinationsbedarfe zur verbindlichen Regelung. Erfolgt die Abstimmung in dafür vorgesehenen Stellenmehrheiten, die sich dafür in mehr oder weniger fester Zu-sammensetzung regelmäßig oder fallweise treffen, so spricht man von **Koordinations-gremien** (Ausschuss, wöchentliche Abteilungsleitertreffen, Kollegien).

Eine Koordination durch **Selbstabstimmung** entlastet die Instanz durch weniger persönliche Anweisungen (vgl. Kieser und Walgenbach 2010, S. 107). Sie reduziert vor allem auch die vertikale Kommunikation (Führungseffizienz). Darüber hinaus trägt Selbst-abstimmung zur Motivation der Organisationsmitglieder bei (Humanressourceneffizienz). Beide Vorteile können zu einer Erhöhung der Entwicklungsorientierung bzw. Flexibilität der Organisation führen. Als Nachteil dieser Koordinationsform wird oft der hohe Zeit-bedarf der Gruppenarbeit genannt und die Qualifikations- und Informationsanforderungen. Auch müssen Interessenkonflikte zwischen z. B. eigenem Bereich und Gesamtunter-nehmen berücksichtigt werden.

Eine weitere Form der Koordination erfolgt, wenn ein und dieselbe Person in Instanzen oder **Abstimmungsgremien** verschiedener Organisationseinheiten vertreten ist. Während die personenunabhängige Strukturgestaltung von unabhängigen und nicht mit der über-geordneten Zielsetzung vertrauten Stelleninhabern ausgeht, können durch Besetzung der Stellen mit der gleichen Person häufig Informationsasymmetrien überbrückt und Interessenkonflikte geregelt werden. Die Organisationslehre spricht für diese Form der personellen Koordination vom sogenannten „**Linking Pin**" (Likert 1967).

Während zum Teil in manchen Quellen **Unternehmenskultur** (Abschn. 2.2.2.2) und **Vertrauen** (Abschn. 5.2.2) koordinierende Wirkung zugesprochen wird, wird hier davon ausgegangen, dass die Kultur und auch das herrschende (Miss-)Vertrauen als Einfluss-größe insgesamt die „Koordinationsatmosphäre" beeinflussen. Beispielsweise kann eine Anweisung und ihre Akzeptanz je nach zu grundeliegendem Wertesystem sehr unter-schiedlich sein.

Die Koordinationsinstrumente wirken nie isoliert und praktisch ist es in der Regel eine spezifische Zusammenstellung. Im Folgenden dient noch ein Beispiel der Veranschau-lichung der zahlreichen Kombinationsmöglichkeiten der Instrumente (Tab. 2.6).

(3) Konfiguration

Die Gestaltungsmöglichkeiten der Hierarchie sind vielfältig. So ist es zweckmäßig, zwi-schen der **Konfiguration** gennanten äußeren Form und der **inhaltlichen Ausgestaltung** zu unterscheiden (Grochla 1982, S. 108–110; Krüger 1994; Kieser und Walgenbach 2010, S. 127; Bach et al. 2017, anders aber z. B. Mintzberg 1983). Bei der **Konfiguration** kön-nen hier Leitungsspanne, Leitungstiefe und die Weisungsbeziehungen betrachtet werden.

Tab. 2.6 Koordinationsinstrumente einer Veranstaltungs- oder Bankettleiterin

Weisung	Briefing der Servicemitarbeiter 30 Min. vor Beginn der Veranstaltung
Programme	Veranstaltungsprogramm vom Empfang bis zur Verabschiedung, Menüfolge, Function Sheet
Pläne	Dienstplan, Raum- und Tischplan, Function Sheet
Verhaltensrichtlinien	Höflichkeitsformeln, Servierstandards für Speisen und Getränke, insb. Wein
Selbstabstimmung	Aufteilung der Tische unter Servicekräften in einer Service-Station, Raucherpausen
Gremien	Bankettmeeting mit Küche, Service, Haustechnik, evtl. Diensteistern

[eigene Darstellung]

Die Anzahl der einer Instanz bzw. Leitungsstelle direkt ungeordneten Stellen wird allgemein als **Leitungsspanne** oder **-breite** bezeichnet, unabhängig davon, ob es sich um Unterinstanzen, Stäbe oder Ausführungsstellen handelt. Ein idealer Wert für die Leitungsspanne kann nicht angegeben werden, sie wird durch viele Größen beeinflusst (vgl. im Überblick bei Vahs 2023, S. 131, schon Grochla 1982, S. 183): Die Qualifikation der Beteiligten, die Aufgabencharakteristika, die mögliche IT-Unterstützung und das Ausmaß kultureller Regelungen. In einem gut überwachbaren und hochstandardisierten Aufgabenbereich kann die Leitungsspanne z. B. 30 direkt weisungsgebundene Stellen bei guter Führungseffizienz betragen. Bei komplexen Forschungs- und Entwicklungsaufgaben kann Führungseffizienz bereits bei fünf bis sieben untergeordneten Stellen erreicht sein. Je nach Aufgabenbereich sind aber innerhalb einer Konfiguration unterschiedliche Ausprägungen möglich und sinnvoll.

Die **Leitungstiefe** wird bestimmt durch die Anzahl der Hierarchieebenen unterhalb der obersten Leitung und steht in einem Abhängigkeitsverhältnis zur Leitungsspanne. Bei einer gegebenen Anzahl an notwendigen Ausführungsstellen gilt: Je größer die Leitungsbreite, desto geringer ist die Leitungstiefe. Es ergibt eine steile oder flache Konfiguration (vgl. Abb. 2.5), die jeweils spezifische Vorteile haben (vgl. Nicolai 2023, S. 108). In der Regel werden zur Vereinfachung drei Hierarchieebenen unterschieden (vgl. z. B. Klimmer 2020, S. 58–61; Nicolai 2023, S. 62). Der Umfang der reinen Führungsaufgaben nimmt von oben nach unten ab. Die untere Leitungsebene ist z. T. auch noch ins operative Geschäft eingebunden (Abb. 2.6).

Weisungsbeziehungen bestimmen die von außen erkennbare Form des Stellengefüges (Konfiguration) durch erkennbare Anbindung untergeordneter Stellen an hierarchisch höherstehende Stellen. So genannte Weisungslinien können grundsätzlich Ausdruck einer fachlichen und/oder disziplinarischen Unterstellung bzw. **Weisungsbefugnis** sein. Die **disziplinarische** Weisungsbefugnis umfasst das Recht der übergeordneten Stelle, personalpolitische bzw. sanktionierende Maßnahmen zu ergreifen (Anwesenheit oder Urlaub, Abmahnung, Beförderungen, Entlassung etc.). Die **fachlichen** Weisungsbefugnisse beziehen sich auf die unmittelbare Handlungsanweisung zur Aufgabenerfüllung (Verfahren, Menge oder Qualität). Beide Arten der Weisungsbefugnis liegen in der Regel in einer Hand, müssen aber nicht.

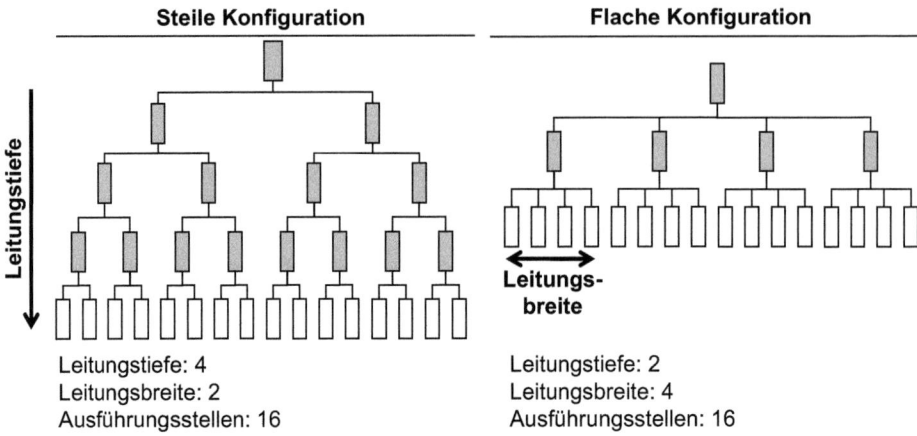

Abb. 2.5 Flache vs. steile Hierarchie. (Vgl. Bach et al. 2017, S. 272; Klimmer 2020, S. 63)

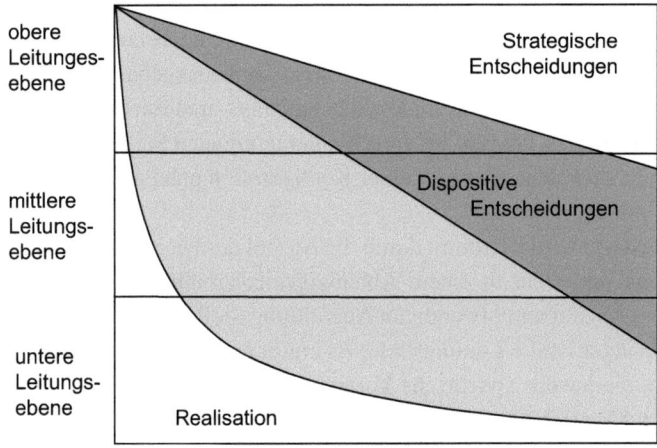

Abb. 2.6 Entscheidungsaufgaben auf unterschiedlichen Hierarchieebenen. (Grochla 1972, S. 62)

Das Grundprinzip der Weisungsbeziehungen ist das auf Fayol (1916) zurückgehende Prinzip der „Einheit der Auftragserteilung" oder des Auftragsempfangs. Dieses wird als **Einliniensystem** bezeichnet, d. h., der Mitarbeiter bekommt Weisungen nur von einem Vorgesetzten (auch Grochla 1972). So entsteht ein einliniger „Dienstweg". Ein Überspringen einer Stelle respektive Ebene ist nicht vorgesehen. Eine Aufteilung der Weisungsbefugnisse zwischen verschiedenen Leitungsstellen hingegen führt zu einem **Mehrliniensystem**. Diese Idee wurde von Taylor entwickelt, der zur Verbesserung der Effizienz auch auf der Meisterebene eine weitgehende Spezialisierung vorschlug (1911, „Funktionsmeistersystem"). Dabei erhalten die untergeordneten Mitarbeiter von mehreren direkt übergeordneten Leitungsstellen (in der Regel eher Fachvorgesetzte weniger disziplinarische Vorgesetzte) Weisungen (vgl. Abb. 2.7) und können sich wiederum an diese wenden.

Einliniensystem	Mehrliniensystem
Skizze 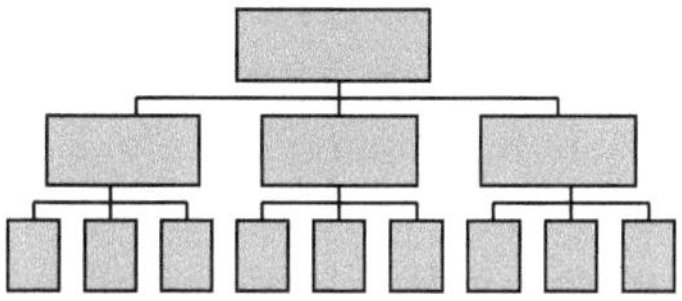 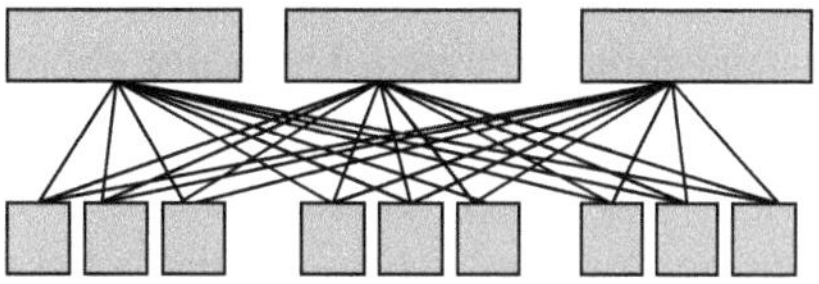	

	Einliniensystem	Mehrliniensystem
Vorteile	▪ Klare Kommunikationsbeziehungen ▪ Klare Abgrenzung von Kompetenz und Verantwortung ▪ Reibungslose Koordination	▪ Spezialisierungseffekte auf beiden Ebenen ▪ Motivationseffekte ▪ Übereinstimmung von Fach- und Entscheidungskompetenz
Nachteile	▪ Starrheit ▪ Länge und Umständlichkeit der Dienstwege ▪ Starke Belastung der Zwischeninstanzen	▪ Aufgabenüberschneidungen ▪ Kompetenz- und Verantwortlichkeitskonflikte ▪ Keine einheitliche Leitung und Zuordnung der Gesamtverantwortung

Abb. 2.7 Einlinien- und Mehrliniensysteme. (Bach et al. 2017, S. 273)

Weisungsbeziehungen bei *Yello*

Das Mehrliniensystem der Firma Yello ist gekennzeichnet durch eine andere Aufteilung als in einer traditionellen Hierarchie: Die Verantwortung ist auf mehrere Schultern verteilt. Dies meint eine Trennung zwischen Personalführung und Businessverantwortung in einem Führungsduo: der Business Lead trägt die unternehmerische, geschäftliche Verantwortung, der People Lead verantwortet die Entwicklung der Mitarbeitenden. Dies hält man bei Yello deshalb für sinnvoll, weil die Führung von Business und Personal unterschiedliche Fähigkeiten und damit auch eine klare Fokussierung erfordert. Der Preis dafür ist die intensivere Abstimmung zwischen den beiden „Co-Leads". ◄

Wird das Einliniensystem zur Entlastung der Spitze und damit Verbesserung der Führungseffizienz durch einen spezialisierten Stab unterstützt (Abschn. 2.1.1.2), so entsteht ein **Stab-Linien-System** als Mischform. Damit sollen sowohl klare Zuordnung und reibungslose Kommunikation ermöglicht werden als auch qualifizierte (Spezial-)Entscheidungen durch die Stäbe insbesondere in der Vorbereitung. Ein Mehrliniensystem i. e. S. entsteht dadurch aber nicht (vgl. Nicolai 2023, S. 112 f.).

(4) (Entscheidungs-)Zentralisation und -Dezentralisation
Grundsätzlich beschreibt der Begriff **Zentralisation** die organisatorische Gestaltungsmöglichkeit, eine Zusammenfassung von artgleichen oder sehr ähnlichen Aufgaben (objekt- oder verrichtungsorientiert), Stellen oder Abteilungen an einem Ort, einem Bereich oder in einer Funktion vorzunehmen (vgl. Bleicher 1991, S. 48–52; Schmidt und Konz 2019, S 76). Man denke an die Bündelung aller Stellen der Personalaufgaben in einer zen-

tralen Personalabteilung. Dabei geht es dann um eine bessere Ressourceneffizienz und Bündelung von Spezialfähigkeiten. Die **Dezentralisation** ist im Gegenteil die Verteilung artgleicher oder ähnlicher Aufgaben oder Stellen auf verschiedene Stellen oder verteilte Organisationseinheiten. Um beim obigen Beispiel zu bleiben, wären dies standort- oder betriebszugeordnete Personalstellen/-abteilungen (Referentenmodell). In Unternehmen bezieht sich Dezentralisierung in der Regel darauf, dass Entscheidungen und Kontrolle nicht nur von der obersten Führungsebene getroffen werden, sondern auf verschiedene Abteilungen oder Teams verteilt sind. Dies kann Entwicklungsfähigkeit fördern und die Anpassungsfähigkeit der Organisation verbessern.

Entscheidungs(de)zentralisation beschreibt die vertikale Verteilung von Entscheidungen in der Hierarchie am oberen oder unteren „Ende" und adressiert damit Führungseffizienz (vgl. hier Bach et al. 2017, S. 274; Klimmer 2020, S. 71–74). Mit Entscheidungsdezentralisation wird eine generelle Tendenz zur Verteilung von Entscheidungsaufgaben – sowie entsprechender Kompetenzen und Verantwortung – auf untere Hierarchieebenen bezeichnet. Im Sinne des **Subsidiaritätsprinzips** gilt, dass Entscheidungen immer möglichst tief in der Hierarchie, d. h. möglichst nahe am Problem oder Geschäft gefällt werden sollten. Dies betrifft das gesamte Stellengefüge. **Entscheidungszentralisation** beinhaltet die Tendenz zur Bündelung von Entscheidungsbefugnissen auf oberen Hierarchieebenen. Grundgedanke ist hier, dass Entscheidungen aufgrund des besseren Gesamtblicks auf das Unternehmen qualitativ am besten sind, wenn sie möglichst weit oben gefällt werden. Nur was auf einer Hierarchieebene wegen fehlender Kapazitäten nicht zu entscheiden ist, wird an die nächsttiefere Ebene abgegeben. Völlige Zentralisation bzw. Dezentralisation sind nur analytisch denkbar, denn auch bei weitestgehender Entscheidungszentralisation werden Routineentscheidungen bei den Ausführungsstellen liegen (vgl. Grochla 1972, S. 58 f.). Umgekehrt gibt es selbst bei weitreichender Entscheidungsdezentralisation immer noch Steuerungsentscheidungen, die nur von der Unternehmens- oder Bereichsleitung gefällt werden sollten.

Bürokratie ist eine Errungenschaft

Untrennbar mit der „Bürokratie" verbunden in der Organisationswissenschaft ist der Name Max Weber. In seinem erst posthum veröffentlichten Werk „Wirtschaft und Gesellschaft" (1922, 1980) beschreibt der deutsche Soziologe und Nationalökonom **Max Weber** (1864–1920) die von ihm untersuchte preußische Staatsverwaltung anhand einzelner Strukturmerkmale. Das klassische Kernproblem der Organisationslehre sah er auch vor über 100 Jahren schon: jede arbeitsteilige Aufgabenerfüllung ist darauf angewiesen, dass die beteiligten Personen die zur effizienten Erfüllung aufgestellten Regelungen auch einhalten. Die Bürokratie ist für ihn eine Form der Herrschaft, deren Regelungen sich die Mitglieder rational aus Effizienzgründen „unterwerfen". Herrschaft ist daher nach Weber „die Chance für spezifische Befehle bei einer angebbaren Gruppe von Menschen Gehorsam zu finden" (Weber 1980, S. 122). Durch das Aufstellen bürokratischer Regelungen entsteht eine berechenbare und beherrschbare organisatorische Einheit, sowohl für die Führer und Mitarbeiter als auch für alle anderen Anspruchsgruppen. Auch wenn heute im umgangssprachlichen Gebrauch das Wort Bürokratie für ein schwerfälliges und ineffizientes Gebilde steht, so ist im Verständnis Webers **Bürokratie** eine leistungsfähige Herrschaftsform. Diese basiert auf den fünf Prinzipien: Regelgebundenheit der Amtsführung, amtsspezifische Schulung, Arbeitsteilung und Befehlsgewalt, Amtshierarchie und Aktenmäßigkeit der Verwaltung (vgl. auch Bollmann 2023).

2.2.1.2 Grundmodelle der Aufbauorganisation

In der Praxis zeigen sich eine Vielzahl von sehr unterschiedlichen realtypischen Formen der Aufbauorganisation, die den jeweiligen spezifischen Umwelt- und auch Unternehmensspezifika entsprechen müssen (vgl. Kieser und Ebers 2019, S. 169), damit sie zur Zielerreichung des Unternehmens beitragen können. Da sich diese zahlreichen Unterschiedlichkeiten in einem Lehrbuch nicht abbilden lassen, arbeitet man mit **idealtypischen Strukturmodellen** der Aufbauorganisation. Diese basieren auf denen oben vorgestellten vier Gestaltungsparametern (ähnlich Krüger 1994, S. 95; Bach et al. 2017, S. 278; Wenger und Thom 2021, S. 29; Schmidt und Konz 2019, S. 143–217 u. v. m.):

- dominante Dimension der **Aufgabenteilung** bzw. **Spezialisierung** als verrichtungs-, objekt- oder prozessorientiert: Grundmodelle sind Ausdruck der unterschiedlichen Spezialisierung auf der Ebene unmittelbar unterhalb der Leitungsebene, die sich wiederum aus der strategischen Ausrichtung ergibt („structure follows strategy"). Dabei können eine oder mehrere Dimensionen (s. u. Matrix-Organisation) zum Tragen kommen
- als Teil der **Konfiguration** die Struktur und Form der Weisungsbefugnisse als **Einlinien- oder Mehrliniensystem**: So erfolgt die Festlegung von wie vielen Leitungsstellen die untergeordneten Organisationseinheiten Weisungen erhalten
- Verteilung der Entscheidungsaufgaben durch **Entscheidungszentralisation** oder **-dezentralisation**: Sie ergibt sich aus der Gesamtschau anderer Gestaltungsparameter und ist faktisch nicht zu erkennen, aber dennoch tendenziell zu unterstellen. In Abhängigkeit von Aufgabenteilung und Weisungsbeziehungen in Kombination mit Instrumenten der Koordination ist eben stärkere Zentralisation notwendig oder sinnvoll
- **Koordination** mit den jeweiligen zur zielorientierten Abstimmung zur Verfügung stehenden direkten und indirekten Koordinationsinstrumenten

Daraus ergeben sich die in der nachfolgenden Abb. 2.8 dargestellten Grundmodelle, die dann in ihren Grundzügen dargestellt werden (vgl. hierzu und im Folgenden wesentlich

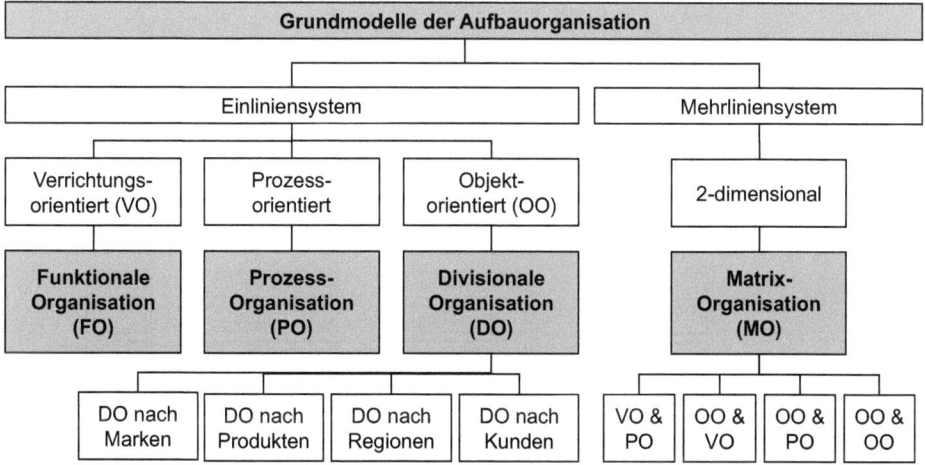

Abb. 2.8 Überblick Grundmodelle der Aufbauorganisation. (Vgl. Bach et al. 2017, S. 279)

Bach et al. 2017, S. 278–304 aufbauend auf Krüger 1994, S. 95; Schreyögg und Geiger 2024, S. 39–55; Vahs 2023; Bea und Göbel 2019; Klimmer 2020; Nicolai 2023 u. v. m.). Dabei werden in diesem Abschnitt die Grundmodelle immer der folgenden Logik nach vorgestellt: a) begriffliche Einordnung, b) die wesentlichen Voraussetzungen, c) eine konzeptionelle Darstellung und ein d) ergänzendes Praxisbeispiel, e) Stärken und Schwächen sowie f) die Modifikationen.

Funktionale Organisation
Werden auf der maßgeblichen zweiten Hierarchieebene direkt unterhalb der Unternehmensleitung die Organisationseinheiten nach Verrichtungen gebündelt bzw. gegliedert, spricht man von einer Funktionalen Organisation (FO). Diese Verrichtungen werden in der Betriebswirtschaft auch Funktionen genannt und nehmen Bezug auf den Prozess der Leistungserstellung und -verwertung (Beschaffung, Produktion, Vertrieb usw.) oder Führungsfunktionen (Personal, Investitionen und Finanzen, usw.). Die Funktionale Organisation ist damit die originäre Form eines Industrieunternehmens mit Funktionsbereichen (Abb. 2.9 und 2.10).

▶ Die **Funktionale Organisation** ist eine verrichtungsorientierte Einlinienorganisation mit einer Tendenz zur Entscheidungszentralisation und vertikaler, direkter Koordination.

Jede der Unternehmensleitung nachgelagerte Einheit erhält Weisungen nur von einer höheren Einheit, die Weisungsbefugnisse sind also ungeteilt. Da zahlreiche produkt- oder markbezogene Schnittstellen über die Funktionen hinweg bestehen, führt das **Einliniensystem** dazu, dass zur Erreichung der Unternehmensziele der Koordinationsbedarf an der Spitze steigt. Folglich kann man von einem stärkeren Eingriff der Leitung ausgehen, der zu **Entscheidungszentralisation** führt. Daraus ergibt sich, dass die **Koordination** eher vertikal und direkt erfolgt.

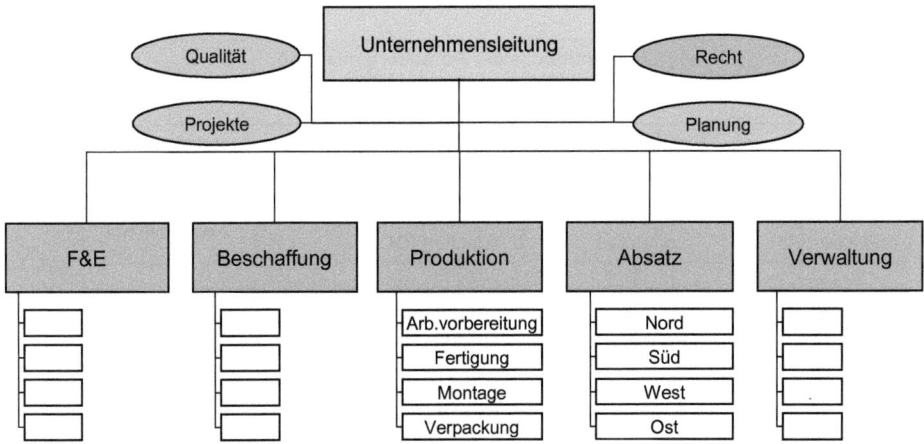

Abb. 2.9 Darstellung der Funktionalen Organisation (FO) – ergänzt um Stabsfunktionen. (Ergänzt nach Bach et al. 2017, S. 280)

Bezüglich der typischen **Voraussetzungen** kann man sagen, dass die Funktionale Organisation eher für kleine und mittelständische Unternehmen geeignet ist, die ein noch überschaubares und relativ homogenes Produkt- und/oder Dienstleistungsprogramm haben. Werden bei weiterem Wachstum des Unternehmens weitere Ebenen eingezogen, so können diese auch nach Verrichtungen gegliedert sein oder nach Objekten, es bleibt aber eine Funktionale Organisation. Aber es gibt auch sehr große Unternehmen mit homogener Produktstruktur mit einer Funktionale Organisation. Des Weiteren ist die Funktionale Organisation bei eher stabilen Umweltbedingungen und geringen Unterschieden in den Marktbedingungen und Kundengruppen von Vorteil.

Die Besonderheiten der Organisation von Adidas sind (Abb. 2.10), dass sie zwar mit dem relativ homogenen Produktprogramm aus Sportartikeln (Kleidung, Schuhe, Accessoires) zur funktionalen Gliederung passen, aber die Unternehmensgröße und die globale Verbreitung eher dagegen sprechen. Einen Produktionsbereich gibt es nicht, denn die „Operations" von Adidas sind letztlich nur Forschung & Entwicklung sowie Supply Chain Aktivitäten (Tab. 2.7).

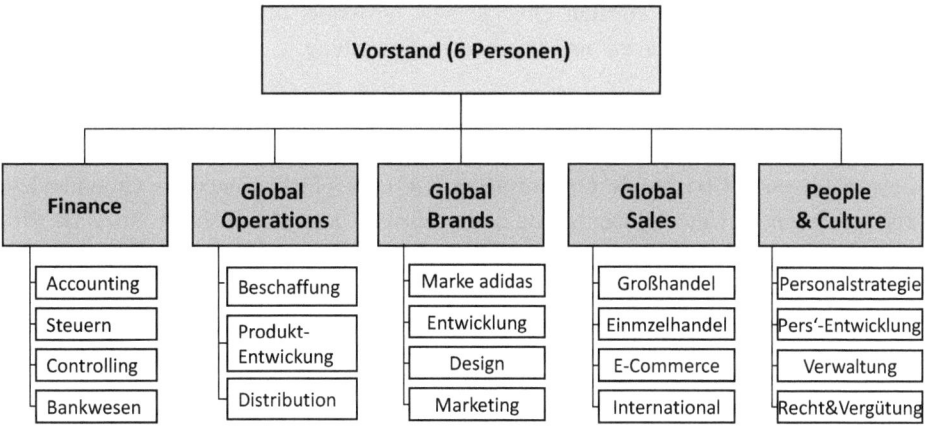

Abb. 2.10 Beispiel einer Funktionalen Organisation: Adidas AG. (In Anlehnung an Geschäftsbericht 2023, Satzung des Vorstandes)

Tab. 2.7 Stärken und Schwächen der Funktionalen Organisation

+ Ressourceneffizienz der Funktionen durch Standardisierung und Größenvorteile	- wenig ausgeprägte Markt- oder Kundenorientierung – außer ggf. die Funktionen Marketing und Vertrieb
+ wegen Einliniensystem keine Kompetenzkonflikte in den Funktionen (Führungseffizienz)	- geringe Anpassungsfähigkeit an Marktveränderungen (Entwicklungsorientierung)
+ bei quantitativen Veränderungen in den Funktionen schnellere Anpassung	- Bereichsegoismen erschweren Führung
+ hohe Spezialisierung der Mitarbeitenden in den Funktionen (Human Ressourcen Orientierung)	- mitunter viele Schnittstellen und hoher Koordinationsbedarf an der Spitze
	- geringe Prozesseffizienz („Abteilungen teilen ab")
	- kein unternehmerisches Denken

[eigene Darstellung, Quellen: Bach et al. 2017, S. 281 f.; Klimmer 2020, S. 80; Nicolai 2023, S. 126]

Die einfachste Modifikation ist die Ergänzung um geeignete Stabsstellen zur Führungs-unterstützung. Damit bleibt die Funktionale Organisation eine solche, aber in Form einer **Stab-Linienorganisation**. Um die Schwächen des beschriebenen Strukturmusters zu redu-zieren, können die Grundmodelle jeweils um weitere Bausteine der Primär- oder Sekundär-organisation ergänzt werden. Bei der Funktionalen Organisation wird die Marktorientierung herausfordernd, wenn heterogene Produktprogramme, unterschiedliche Marktsegmente und differenzierte Kundenbedürfnisse zu bearbeiten sind. Hier können dann **objektorientierte Teilbereiche** auf nachgelagerten Hierarchieebenen Verbesserungen zeigen. So kann z. B. für die Vertriebseinheit eine marktnahe Untergliederung nach Objekten wie Produkten, Kunden-gruppen oder Regionen erfolgen oder die Produktion nach Baureihen gegliedert werden.

Die Etablierung von **kunden-, produkt- oder prozessorientierten Querschnitts-managern** durch neue Stellen (vgl. Abschn. 2.3.1) kann eine weitere Modifikation sein. Diese haben die Aufgabe, die sich auf ein z. B. funktionsübergreifendes Produkt, Kunden oder einen Prozess beziehenden Aktivitäten zu koordinieren (Marktorientierung). Als Ko-ordinatoren haben die Querschnittsmanager zwar umfassende Informationsrechte hin-sichtlich der ihnen zugeordneten Objekte bzw. Prozesse, aber kaum Entscheidungs-kompetenzen oder Ressourcen- und Ergebnisverantwortung.

Divisionale Organisation

Im Gegensatz zur Funktionalen Organisation als verrichtungsorientiertes Grundmodell ist die nachfolgende **Divisionale Organisation** (DO) ein objektorientiertes Grundmodell. Bei zunehmender Unternehmensgröße und größerer Unterschiedlichkeit einzelner Pro-dukte oder -bereiche gehen die Spezialisierungsvorteile der Funktionen verloren. Dann kann es sinnvoll sein, auf der zweiten Ebene unterhalb der Unternehmensleitung nach Ob-jekten zu untergliedern. Dadurch entsteht eine Divisionale Organisation, synonym auch **Geschäftsbereichs-** oder **Spartenorganisation** (Abb. 2.11).

▶ Die **Divisionale Organisation** ist eine objektorientierte Einlinienorganisation mit Ten-denz zur Entscheidungsdezentralisation, die neben der vertikalen im Besonderen auch in-direkte und horizontale Koordination zulässt.

Die Gliederung kann nach vier unterschiedlichen Arten von **Objekten** erfolgen. Für die Divisionale Organisation gilt im Besonderen das Paradigma des „structure follows stra-tegy", was bedeutet, dass die Objektorientierung aus der Unternehmensstrategie abgeleitet werden sollte:

a. **Produkte bzw. Produktgruppen:** Bestehen hinsichtlich der bearbeiteten (Teil-)Märkte, der Vertriebswege und der zugrunde liegenden Produkttechnologien ausreichend Unter-schiede, ist eine solche Gliederung passend (Automobilhersteller, Pharma oder Chemie)

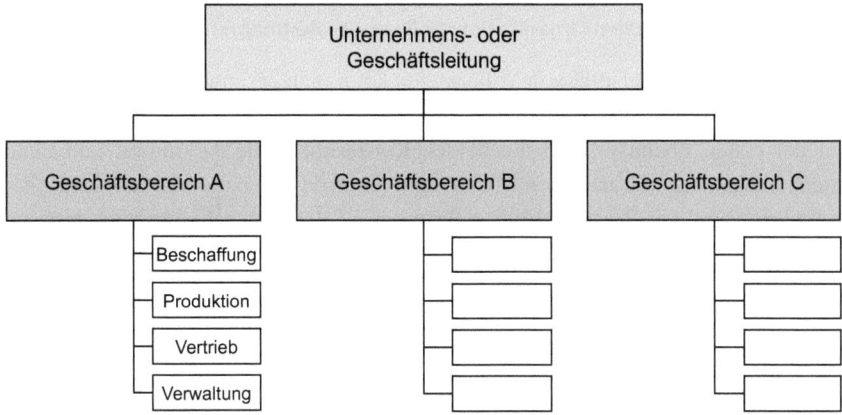

Abb. 2.11 Divisionale Organisation. (Eigene Darstellung)

b. **Länder bzw. Regionen**: Wenn in bestimmten Länder oder Regionen bzgl. Nachfrage nach Produkten oder Dienstleistungen kulturelle Unterschiede im Besonderen relevant sind (Lebensmittelhersteller, Hotelketten)
c. **Kundengruppen**: Existieren unterschiedliche Kundengruppen mit jeweils sehr spezifischen Bedürfnissen (z. B. Privatkunden, Industriekunden bei Bsp. Banken und Versicherungen oder andere professionelle Dienstleistungen)
d. **Marken**: Sind spezifische Kombinationen aus Produkt und Kundengruppen in einer stark markengeprägten Branche relevant, dann kann auch nach Marken untergliedert werden (Konsumgüter, Hotelketten, aber auch Volkswagen)

Auf Unternehmensebene werden diese Einheiten in der Regel als **Sparten** oder **Geschäftsbereiche** bezeichnet (engl.: Divisions oder Business Units). Ihnen sind zumindest auf der dritten Ebene die Kernfunktionen Absatz und Produktion zuzuordnen. Die anderen Funktionen können auch als Zentralabteilung oder -bereich bzw. Corporate Function oder Corporate Service organisiert werden.

Im Grundmodell der Divisionalen Organisation sind die Weisungsbefugnisse ungeteilt, d. h. es existiert ein **Einliniensystem**. In den Geschäftsbereichen ist ein relativ hoher Grad an Entscheidungsfreiheit möglich und erforderlich, um spartenspezifische Führung zu ermöglichen. Folglich tendiert die Divisionale Organisation stark zur **Entscheidungsdezentralisation**. Die Koordination kann damit in gleichem Maße über direkte Instrumente wie Pläne und Programme aber eben auch indirekte Instrumente wie Ziele, Purpose oder interne Märkte realisiert werden.

Voraussetzung sind ein heterogenes Produktprogramm (aber auch Länder, Marken, Kunden sind denkbar). Dies sollte zum einen für den Erfolg des Unternehmens strategisch relevant sein, was sich in der Regel in entsprechenden abgrenzbaren Absatzmärkten zeigt und damit eine eigenständige Führung der einzelnen Geschäftsbereiche zulässt bzw. ermöglicht. Die einzelnen Produkte oder -gruppen sollten zum anderen möglichst heterogen sein, damit sich eine spezifische Unterscheidung in den Geschäftsbereichen bei den Funktionen Beschaffung, Produktion oder Vertrieb auch lohnt (vgl. hierzu Klimmer 2020 86; Nicolai 2023, S. 129).

Beispiel einer Divisionalen Organisation: *Volkswagen AG* **(mehrstufig)**

Bei dem gezeigten Beispiel von Volkswagen kann man erkennen (Abb. 2.12), dass die Objektorientierung im Konzern auch über mehrere Ebenen umgesetzt werden kann. Auf der ersten Ebene werden die beiden Konzernbereiche Automobil und Finanzen unterschieden. Auf der nächsten Ebene dann die Produkte bzw. Marken des Konzerns. Funktionen sind am Beispiele dieser Struktur auf der ersten Ebene noch nicht zu erkennen. Aber natürlich gibt es Produktionsstandorte, die für verschiedene Marken im Konzern produzieren (Tab. 2.8). ◄

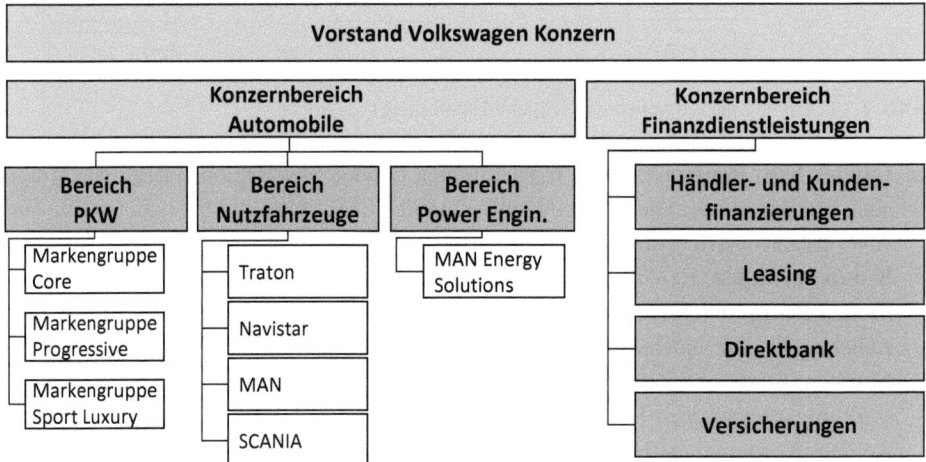

Abb. 2.12 Divisionale Organisation am Beispiel Volkswagen. (Vereinfacht nach Volkswagen Geschäftsbericht 2023, S. 18, S. 102–105)

Tab. 2.8 Stärken und Schwächen der Divisionalen Organisation

+ hohe Marktorientierung durch Produkt- oder Regionalbezug der Sparten	- Gesamtmarktauftritt (je nach Markenstrategie) evtl. schwieriger
+ Entwicklungsorientierung durch Konzentration der Leitung auf strategische Aufgaben und in den Sparten selbst	- geringe Ressourceneffizienz aufgrund spartenspezifischer Ressourcen oder Funktionsdopplungen
+ geringerer Koordinationsbedarf aufgrund relativ selbstständig agierender Sparten	- Zentralisierung übergreifender Stabsaufgaben oder Dienstleistungsbereiche erfordern Koordination
+ Motivation von Führungskräften und Mitarbeitern in der Regel stärker aufgrund Erfolgsbezug und Marktorientierung	- Zielkonflikte und Eigenleben der Sparten
+ hohe Prozesseffizienz in den Sparten	- Ressourcenverteilung mit Konfliktpotenzial zwischen den Sparten

[eigene Darstellung, Quellen: Bach et al. 2017, S. 292 f.; Klimmer 2020, S. 80; Nicolai 2023, S. 131]

Modifikationen

Häufig spricht man bei den Sparten wegen ihrer Autonomie von Unternehmen im Unternehmen, was in Mittel- und Großkonzernen tatsächlich aufgrund der rechtlichen Selbstständigkeit der Fall ist. Wie aus der Darstellung und der Bewertung ersichtlich wird, ist die Ressourceneffizienz eine zentrale Herausforderung einer Divisionalen Organisation. Erstens kommt es aufgrund der Objektorientierung in den Sparten zu Dopplungen von verrichtungsorientierten Funktionsbereichen. Zweitens ist zu überlegen, welche Unterstützungsfunktionen der Leitung zentral gebündelt werden sollten.

So können Aufgaben, die an verschiedenen Stellen im Unternehmen relativ gleichartig benötigt werden, aus den objektorientierten Sparten herausgezogen und in gemeinsamen Organisationseinheiten gebündelt werden. Durch die unternehmensweite Zusammenfassung entstehen so genannte **Zentralbereiche** (vgl. Grundei 2024, S. 176–178; Bea und Göbel 2019, S. 346–350). Dies betrifft sowohl Service-/Dienstleistungsaufgaben als auch Steuerungsaufgaben. Wenn es sich um Serviceaufgaben handelt, wird von **Zentralen Servicebereichen** gesprochen, in der Praxis häufig Corporate (Shared) Services, die organisatorisch in Shared Service Centern (SSC) gebündelt werden. Bei Steuerungsaufgaben wird von **Zentralen Stabsabteilungen** gesprochen, in der Praxis auch **Corporate Functions**. Das organisatorische Pendant für die zentralen Stäbe inklusive der Spitzeninstanz hierzu ist das Corporate Center (vgl. im Detail Abschn. 2.2.1.3).

Zentralbereiche bei *Deutsche Post DHL Group*

Der Konzern Deutsche Post DHL Group in Bonn umfasst zwei Markenbereiche: **DHL** bietet ein umfangreiches Serviceportfolio aus Paketversand, internationalem Expressversand, Frachttransport, Supply-Chain Management und E-Commerce-Lösungen und **Deutsche Post** ist Europas führender Post- und Paketdienstleister. Gegliedert ist das Unternehmen aber in die dargestellten fünf operativen Unternehmensbereiche (Abb. 2.13). Diese werden durch **eigene Zentralen gesteuert** und sind für die Berichtsstruktur in Funktionen, Geschäftsfelder oder Regionen gegliedert. Aufgaben der Konzernführung im Sinne der Corporate Functions werden im **Corporate Center** wahrgenommen. Interne Dienstleistungen sind konzernweit im Bereich Global Business Services gebündelt, der wiederum eine Vielzahl von Shared Service Centern umfasst. (Quelle: https://group.dhl.com/de/ueber-uns.html, 03.01.2024, Geschäftsbericht 2023, S. 18–20) ◄

Die immer wieder in der Praxis zu findende Trennung von Steuerungs-, operativen- und Serviceaufgaben kann dazu führen, dass bestimmte Aufgaben bzw. Verrichtungen getrennt und zum Teil in operativen Einheiten, zum Teil in **Zentralen Servicebereichen** bzw. Shared Service Center und zum Teil in **Zentralabteilungen** im Corporate Center erledigt werden. Das heißt, so kann z. B. Beschaffung, IT oder Personal in einem Unternehmen eine Aufgabe im Corporate Center sein, in einem anderen Unternehmen dezentral in den operativen Einheiten oder als **Shared Service**. Eine Divisionale Organisation in der Reinform

Abb. 2.13 Modifikation der Divisionalen Organisation am Beispiel Deutsche Post. (https://group. dhl.com/de/ueber-uns.html, 03.01.2024)

besitzen auf der obersten Hierarchieebene nur sehr wenige Unternehmen (vorstellbar z. B. bei einer Finanzholding, vgl. Abschn. 2.2.1.3). Aus diesem Grund enthält das Organigramm auch in einer Divisionalen Organisation oft funktionsorientierte Organisationseinheiten (z. B. Finanzen oder Personal), die an eine zentrale Leitungseinheit angebunden sind. Oder wenn z. B. Zentralbereiche über fachliche Weisungsbefugnisse verfügen, reduziert dies die Autonomie der Sparten in dem jeweiligen Funktionsbereich. Bea und Göbel (2019, S. 349) sehen in der Überschneidung von disziplinarischer „Linie" von der Unternehmensleitung und fachlicher Linie vom Zentralbereich ein einfaches Mehrliniensystem. Wenn sich gleichberechtigte Weisungsbefugnisse kreuzen, liegt die nachfolgend beschriebene Matrix-Organisation vor.

Matrix-Organisation
In den Grundmodellen der Funktionalen und Divisionalen Organisation sind jeweils eine Dimension, „Funktion" oder „Objekt", charakteristisch, und sie sind damit eindimensional. Namensgebend für die **Matrix-Organisation** ist, dass es sich um ein zweidimensionales Grundmodell handelt (Abb. 2.14). Das heißt, dass die Ebene unterhalb der Leitung auf Basis von zwei Dimensionen der Arbeitsteilung gleichzeitig gebildet wird. In der Matrix führt eine gleichberechtigte Aufgabenspezialisierung nach mehr als einem Kriterium zu sich kreuzenden Weisungsbefugnissen, einer sogenannten **Mehrfachunterstellung** als Mehrliniensystem (vgl. Wolf 2020, S. 3 f. und des Weiteren Davis und Lawrence 1977; Galbraith 2009, S. 25–34; Thommen und Richter 2004). Es bedeutet weiterhin, dass die nachgelagerte Ebene von doppelt unterstellten Führungskräften besetzt ist,

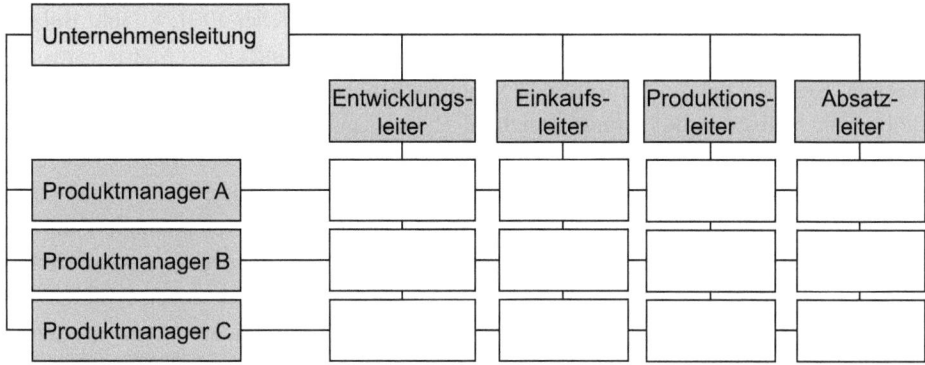

Abb. 2.14 Matrix-Organisation. (In Anlehnung an Bach et al. 2017, S. 296)

ein so genanntes „Two-Hat-Model" (Galbraith 2009, S. 41–43). Dies impliziert, dass diese Führungskräfte mit der größeren Verantwortung auch die damit verbundenen Herausforderungen ausbalancieren müssen.

▶ Die **Matrix-Organisation** ist eine mehrdimensionale Mehrlinienorganisation mit einer gleichzeitigen Aufgabenspezialisierung nach zwei unterschiedlichen Kriterien, mit sich kreuzenden Weisungsbefugnissen gegenüber den nachgelagerten Ebenen und einer Tendenz zur Entscheidungsdezentralisation.

Auf der zweiten Hierarchieebene kommen in diesem **Mehrliniensystem** (Abschn. 2.2.1.1) die durch folgende auch in der Praxis zu beobachtende Kombinationen der **Mehrdimensionalität** in Frage:

- Verrichtung – Regionsmatrix
- Verrichtung – Produktmatrix
- Produkt – Regionsmatrix
- Produkt – Kundenmatrix
- Produkt – Prozessmatrix

Vielfach bildet eine Verrichtungsorientierung die Grunddimension, über die eine z. B. nach Regionen oder Produkten gegliederte Objektdimension gelegt wird (vgl. Bach et al. 2017, S. 295 f.). Es kann aber auch eine Kombination von zwei objektorientierten Kriterien (z. B. Produkte und Regionen) vorliegen. Gerade vor dem Hintergrund der zunehmenden Bedeutung von Prozessen kann schließlich auch eine Kombination von Verrichtungs- oder Objekt- mit einer Prozessorientierung stattfinden.

Die auf der zweiten Ebene von den „Two-Hat-Managern" geleiteten Einheiten werden als Matrixstellen oder Matrixteams bezeichnet. Dies können, müssen aber nicht, schon eigene Organisationseinheiten sein. Im einfachsten Fall handelt es an den Schnittstellen lediglich um Abstimmungs- oder Problemlösungsstellen (Bleicher 1991, S. 568; Bühner 2009, S. 163 f.). Handelt es sich um Mehrpersoneneinheiten sind sie als Matrixteams anzusehen. Sie sind für die sie treffende Schnittstellenbereiche bzw. Kompetenzbereiche weitgehend selbstständig verantwortlich, d. h. es zeigt sich die Tendenz zur **Entscheidungsdezentralisation**. Sie sind dann kooperative, weitgehend hierarchiearme Einheiten zur Aufgabenerfüllung mit den entsprechenden Ausführungsstellen.

Die Matrix-Organisation wurde bereits in den frühen 1980er-Jahren propagiert, um der schon damals wahrgenommen Umweltdynamik mit angemessener innerer dynamischer Organisationsstruktur begegnen zu können. Die **Voraussetzungen** für eine Matrix ergeben sich nach Wolf (2020, S. 6–17): Wenn eine starke Ausrichtung auf effizienz-, produktprogramm- und kundenorientierten Ziele und Strategien gefordert ist; es gute Möglichkeiten gibt, zwischen den Bereichen oder Teileinheiten bestehende Synergiepotenziale durch inhaltliche Ergänzung zu heben oder sich eher schnell ändernde Markterfordernisse vorliegen. Hervorgehoben sollen hier ergänzend v. a. die personellen, sozialen Voraussetzungen wie z. B. kommunikations- und konfliktfähige Führungskräfte, qualifizierte Mitarbeiter auf den nachgelagerten Ebenen, die selbstständig Denken und Priorisieren können (vgl. z. B. Nicolai 2023, S. 134) (Tab. 2.9).

Modifikationen

Die wesentliche und breit diskutierte Schwäche der Matrix-Organisation ist ihre Konfliktanfälligkeit (vgl. hierzu und im Folgenden Wolf 2020, S. 49–68; Davis und Lawrence 1977, S. 104; Ghemawat und Nueno 2004; Galbraith 2009). Dazu zählen insbesondere Ziel-, Ressourcen-, Finanz- und Kompetenzkonflikte. Dies begründet sich zum einen in dem höheren Koordinations- und Kommunikationsbedarf im Führungsprozess und zum anderen in der mit der gleichberechtigten Zweifachunterstellung einhergehenden unklaren Zuständigkeit. Wolf (2020, S. 50) hat in seiner Interview-Studie festgestellt, dass aus Sicht von Matrix-Managern das Problem der Konflikte nicht so dramatisch gesehen wird. Aufgrund der größeren Zielheterogenität stehen wenn überhaupt vor allem die funktionale

Tab. 2.9 Stärken und Schwächen der Matrix-Organisation

+ höhere Entwicklungsorientierung und Anpassungsfähigkeit	- höherer Führungs- und Koordinationsbedarf
+ kürzere Kommunikationswege und schnellere Abstimmung durch Mehrlinien (Führungseffizienz)	- Konfliktpotenziale und Machtkämpfe (geringere Führungseffizienz)
+ ausgewogene Problemlösungen durch mehr Expertenwissen, Perspektiven und Gruppenentscheidungen	- höhere Anforderungen an Motivation und Qualifikation auf allen Ebenen
+ höhere Marktorientierung, wenn Produkt, Kunde und/oder Markt berücksichtigt wird	- ggf. Neigung zu Kompromisslösungen
+ Ressourceneffizienz kann durch Verrichtungsorientierung gesichert werden	- Ressourcenverteilung mit Konfliktpotenzial

[eigene Darstellung, Quellen: Bach et al. 2017, S. 297 f.; Klimmer 2020, S. 91; Nicolai 2023, S. 135; Bea und Göbel 2019, S. 359 f.]

und regionale Dimension in einem besonderen Spannungsfeld (S. 55). Zwischen ihnen sind dann Produktgestaltung, Kapazitätsauslastung und Standardisierung von Prozessen zentrale Konfliktthemen.

Diese lassen sich durch folgende Modifikationen heilen. Wie bei allen anderen Grundmodellen ist die Einrichtung von **Stabsabteilungen** oder allgemein **Zentralbereichen** eine Möglichkeit der Entlastung der Schnittstellen und der Unterstützung der Matrixleitung bei ihren anspruchsvolleren Steuerungs- und Koordinationsaufgaben (**Corporate Functions** für die Führungseffizienz). Zur Verbesserung der Ressourceneffizienz sind ergänzende **Zentrale Services** einzurichten. Dies ist z. B. bei Procter & Gamble der Fall, wo die produkt- und regionalorientierten Matrixeinheiten durch Global Business Services und Corporate Functions unterstützt werden (vgl. Abb. 2.15 und https://us.pg.com/structure-and-governance/corporate-structure/). Weitere Maßnahmen sind Abstimmung- und Diskussionsgremien zur Konfliktlösung oder die Eskalation auf die nächsthöhere Ebene. Dies erfolgt zumeist schon auf Vorstandsebene, sodass dies für die Verantwortlichen ein schmaler Grat ist, um nicht selbst als Matrixmanager als lösungs- oder kompromissunfähig angesehen zu werden.

Die Matrix-Organisation ist also ein relativ kompliziertes Strukturmuster. Soll aber nicht ganz auf die Vorteile verzichtet werden, bieten sich im Weiteren zwei strukturelle Modifikationen an, um unproduktive Pattsituationen zu vermeiden (vgl. Abb. 2.14).

Zum einen können „Vorfahrtsregeln" definiert werden, was eine Abkehr vom Prinzip gleichgewichtiger Weisungsbefugnisse bedeutet. Es entsteht eine **kompetenzreduzierte Matrix** oder auch **regelbasierte Matrix** (Egelhoff und Wolf 2017, S. 131 f.). Im Gegen-

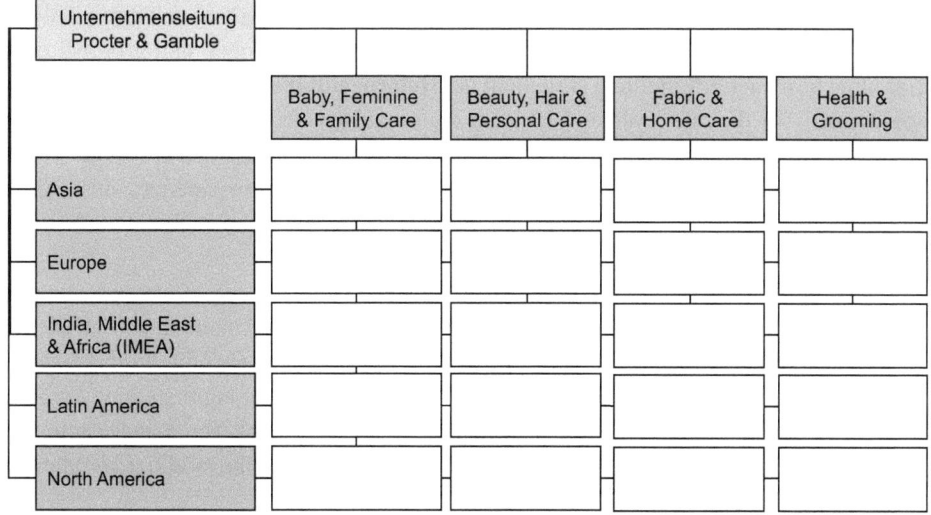

Abb. 2.15 Beispiel Matrix-Organisation Procter & Gamble. (In Anlehnung an https://us.pg.com/annualreport2023/empowered-agile-accountable-organization/)

satz zum objekt- oder prozessorientierten Querschnittsmanager als Modifikation der Funktionalen Organisation hat die zweite Dimension aber prinzipiell noch Weisungsrechte. Wie der Begriff schon sagt, wird eine Matrixdimension bzw. der entsprechende Matrixmanager in seinen Kompetenzen reduziert. Zum Beispiel besteht in einer Funktions-Produktmatrix ein Kunden-Lieferanten-Verhältnis. Die Ergebnisverantwortung für die Erreichung der Produktion- und Prozessziele liegt bei den Produktverantwortlichen. Sie besitzen gegenüber den Funktionen prozessrelevante Koordinierungskompetenzen. Die Aufgabe der funktionalen Einheiten ist es, die für die Durchführung der Prozesse notwendigen Ressourcen bzw. Leistungen zur Verfügung zu stellen. Sie haben dementsprechend die Ressourcenverantwortung und handeln im Auftrag der Produktverantwortlichen. Idealerweise ist dieser Austausch und die Kompetenzregelung in einem Service Level Agreement abgebildet.

Als zweite Modifikationsoption kann die Matrix auf ausgewählte Funktionen oder Objekte beschränkt werden. Es entsteht eine **objekt- bzw. funktionsreduzierte Matrix** (vgl. Abb. 2.14) oder auch selektive Matrix. Hierbei muss sich die zweite Dimension aber auf mindestens zwei Teilbereiche beziehen. Selektiv also deshalb, weil einzelne Funktionen auf Basis strategischer Marktorientierung und/oder Ressourceneffizienz aus- bzw. abgewählt werden, um eine funktionsfähige Matrix-Organisation zu realisieren.

Zusammenfassung und Auswahl

Die Auswahl eines geeigneten Grundmodells ist weder in der Theorie noch in der Praxis einfach (vgl zum Folgenden Bach et al. 2017). Die oben behandelten sechs Gestaltungsziele dienen als Grundlage beim analytisch-konzeptionellen Durchdenken der Alternativen. Denn es ist in der Regel eine organisatorische Struktur vorhanden, geprägt durch die Unternehmensgeschichte, die Kultur und die Strategie. Bei der Entscheidung für ein organisatorisches Grundmodell ist die erste Frage aus der **Strategie abgeleitet**: nämlich, ob das Produkt-, Kunden- und/oder Regionenspektrum so heterogen und groß ist, dass eine objektorientierte Aufteilung vorteilhaft ist (**Heterogenität und Größe des Leistungsspektrums**). Ist dies der Fall und könnten die einzelnen Teilbereiche auch als eigene (Quasi-)Unternehmen agieren, ist eine Divisionale Organisation aufgrund der dargestellten Vorteile zumindest überlegenswert. Vor diesem Hintergrund verwundert es nicht, dass viele bzw. die meisten Großunternehmen eine Divisionale Organisation mit Zentralbereichen aufweisen.

Die sich anschließende zweite Frage wäre bei entsprechender Unternehmensgröße, ob eine **zweite Dimension** so bedeutend ist, dass eine Matrix-Organisation (zumindest) in Betracht kommt. Dies erscheint nur dann sinnvoll, wenn die Leistungserstellung tatsächlich das Zusammenspiel von zwei Dimensionen erfordert. Wenn aus Kundensicht die Leistung von einer Dimension erbracht wird, ist meist maximal eine modifizierte Matrix-Organisation passend.

Verfügt das Unternehmen über ein relativ homogenes Produktprogramm, sodass eine Untergliederung nach Objekten nicht zu ausreichend großen Einheiten führt, stellt sich die

Frage, ob auf Basis der verfolgten Strategie die **Ressourcen- oder Prozesseffizienz** wichtiger ist (Spezialisierungsvorteile vs. Abstimmungskosten). Die Ressourceneffizienz spricht dann in der Regel für eine Funktionale Organisation, verbunden mit der Notwendigkeit der Prozesseffizienz und Koordination größere Aufmerksamkeit zu schenken. Dementsprechend verwundert es nicht, dass bei kleinen und mittleren Unternehmen die Funktionale Organisation das am häufigsten zu findende Grundmodell ist (vgl. Roghe et al. 2009).

Der Organisator findet in der Regel nicht nur eine Organisation schon vor, sondern darüber hinaus verändert sich das gewählte Grundmodell auch im Laufe der Jahre mit der **Unternehmensentwicklung**. Es wird zwar grundsätzlich „auf Dauer" organisiert, aber eben nicht für immer. Dazu gibt es zahlreiche Beispiele in der Unternehmens- und Organisationsentwicklung wie z. B. Daimler, Bayer, Höchst, TUI, Metro/Ceconomy u. v. m., die ihr strategisches und folglich auch organisatorisches „Aussehen" im Laufe der Jahre massiv verändert haben.

Wichtig ist die Erkenntnis, dass innerhalb eines gewählten Grundmodells unterschiedliche Formen der **Aufgabenspezialisierung** auf verschiedenen Unternehmensebenen existieren können. Je nachdem wie groß die einzelnen Sparten einer Divisionalen Organisation sind, können diese ggf. auch wieder eine differenzierte Objektorientierung aufweisen (z. B. dritte Hierarchieebene; Geschäftsbereiche, Bsp. Zeiss AG), d. h. es finden sich Kombinationen von Produkten, Marken und/oder Regionen (beispielhaft dargestellt in Abb. 2.16). Auf einer niederen Hierarchieebene gibt es eine Aufgabenspezialisierung nach Verrichtungen oder Prozessen, denn irgendwo muss in jedem Unternehmen beschafft, produziert und verkauft werden.

2.2.1.3 Konzernorganisation
Governance als Grundlage
In den folgenden beiden Kapiteln zu Konzernorganisation und Führungsorganisation (Abschn. 2.2.1.4) geht es um die Frage, wie die Gesamtorganisation aus Sicht der Unternehmensleitung bezüglich ihrer rechtlichen Selbstständigkeit organisatorischer Einheiten und der Ausgestaltung ihrer Spitzeninstanz zu organisieren und zu führen ist. Beide Ge-

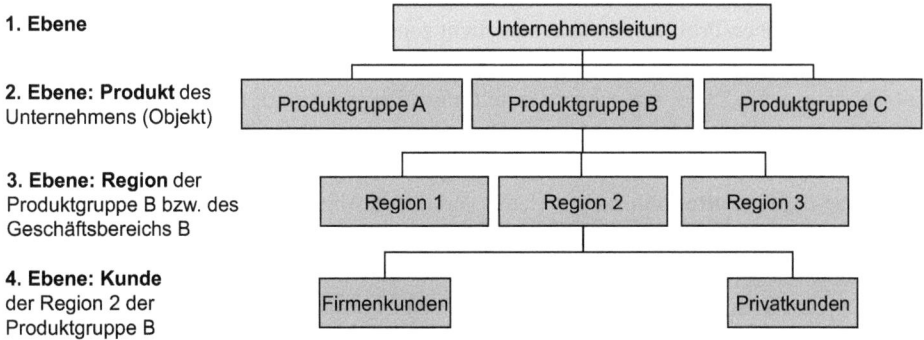

Abb. 2.16 Varianten der Aufgabenspezialisierung auf verschiedenen Ebenen (beispielhaft). (Eigene Darstellung)

staltungsfragen sind aufgrund von Unternehmensskandalen des letzten Jahrzehnts zentrale Themen der internen Corporate Governance, um eine **ordnungsgemäße und verantwortungsvolle Führung** eines Unternehmens organisatorisch abzusichern. Dies zielt im Wesentlichen darauf ab, inwieweit die für das Unternehmen und seine gesamte Organisation geltenden und geregelten **Entscheidungs- und Kontrollstrukturen** beeinflussen, **ob** und **wie** ein Unternehmen überhaupt zu steuern ist (vgl. Bach 2008, S. 100–105. und v. Werder 2015, S. 2–5; Welge und Eulerich 2014; Hilb 2016).

Generell sind Governance-Probleme eine Folge eigennützigen oder fachwissenschaftlich **opportunistischen Verhaltens** auf Basis unvollständiger Verträge. Durch die Verträge und deren Ausgestaltung verpflichten sich die Stakeholder grundsätzlich zurLeistung eines regulären Beitrags an ein Unternehmen. Diese Verträge lassen aber Handlungsspielräume und können kriminelles oder abweichendes Verhalten nicht verhindern (Abschn. 1.2.4). Regelungen zur Corporate Governance haben zum Ziel, die Möglichkeiten der Maximierung des Eigeninteresses durch die einzelnen Stakeholder durch **organisatorische Regelungen zu begrenzen**.

▶ **Corporate Governance** bezeichnet den rechtlichen und faktischen Ordnungsrahmen für die ordnungsgemäße Leitung und Überwachung eines Unternehmens (v. Werder 2015, S. 3; Welge und Eulerich 2014, S. 7), der im Wesentlichen auf Transparenz, Gewaltenteilung und Vermeidung von Interessenkonflikten basiert.

Die Gestaltung der Führungsorganisation ist ein Teil der internen Governance, denn die grundlegende Auftraggeber-Auftragnehmer-Beziehung (Prinzipal-Agenten-Problematik) existiert nicht nur zwischen Eigentümern und Vorstand, sondern in jeder Führungsbeziehung. Insbesondere besteht sie auch zwischen Vorstand (der von den Eigentümern den Auftrag zur Führung des Gesamtunternehmens hat) und den vom Vorstand mit der Führung einzelner Bereiche oder Funktionen betrauten Managern. Ziel der internen Corporate Governance ist es daher, die Interessen der beauftragten Führungskräfte mit den Unternehmensgesamtinteressen in Einklang zu bringen bzw. Spielräume für und die Motivation zu opportunistischem Verhalten einzuschränken.

Die Governance-Problematik lässt sich nicht generell vermeiden, sie kann jedoch durch Einhaltung von **Governance-Prinzipien** hinsichtlich der organisatorischen Regelungen entschärft werden. Die typischen Gestaltungsprinzipien sind (vgl. v. Werder 2015, S. 18–20; Bach 2008, S. 102–105):

- Prinzip der **Gewaltenteilung** und damit verbunden Abbau von Machtmonopolen.
  Beispiel: Hauptversammlung legt die Satzung fest, Vorstand führt das Unternehmen, Aufsichtsrat berät mit und kontrolliert den Vorstand
- Prinzip der **Transparenz** und damit Abbau von Informationsasymmetrien.
  Beispiel: „Comply or Explain"-Prinzip beim Deutschen Corporate Governance Kodex oder ein eindeutiges Einliniensystem mit klarer Verantwortlichkeit

- Prinzip der **Minimierung von Interessenkonflikten** durch interessenwahrende Aufgabenbündelung und Zuweisung von Kompetenzen, v. a. in Zusammenhang mit Führungs- und Überwachungsaufgaben.
  Beispiel: Verfügungsrechte über erwirtschafteten Gewinn für die Teilbereichsleiter
- Prinzip der **Qualifikation** und **Motivation** der Verantwortlichen in den Organen, z. B. alle Regelungen zur Vergütung des Vorstandes oder die zu dokumentierende Qualifikation der Aufsichtsrat-Mitglieder z. B. bzgl. Finanzen oder Rechnungslegung.

Rechtliche Selbstständigkeit und Steuerung (Konzernorganisation)
Eine für die Governance relevante Gestaltungsaufgabe ist auch, ob die Führung und/oder die operativen Einheiten rechtlich selbstständig sein sollen und mit welchem Führungsanspruch diese von der Spitzeninstanz gesteuert werden. Diese Fragen werden typischerweise unter dem Begriff **Konzernorganisation** behandelt (vgl. Wenger 1999, S. 134; Theisen 2000). Existieren in einem Unternehmen **rechtlich selbstständige Organisationseinheiten**, wie dies bei einem sehr großen Teil der zumeist divisional organisierten Großunternehmen der Fall ist, handelt es sich um einen Konzern.

▶ Ein **Konzern** ist die Zusammenfassung von mehreren, rechtlich selbstständigen aber beherrschten Unternehmen unter **einheitlicher Leitung** des herrschenden Unternehmens (vgl. § 18 Abs. 1 Satz 1 AktG).

Der aktienrechtliche Begriff der „einheitlichen Leitung" lässt ein breites Spektrum möglicher Ausgestaltungsformen des **Anspruchs der Unternehmensleitung hinsichtlich der Steuerung** des Gesamtunternehmens zu. Relevant ist vor allem der Grad der Zentralisierung der Leitung bzw. das Ausmaß hierarchischer Weisung von Seiten der Konzernleitung an die Konzerntöchter (vgl. hierzu Krüger 2005, S. 207 und Abb. 2.17).

Abb. 2.17 Konzernformen und Ausmaß hierarchischer Weisung. (Vgl. Bach et al. 2017, S. 325)

Noch kein Konzern ist das **Einheitsunternehmen** als eine einzige gesamthafte Rechtsform (eine „legal entity"), und es hat keine rechtlich selbstständigen Tochtergesellschaften, sondern unselbstständige Abteilungen und Bereiche. Der **Stammhauskonzern** hingegen ist eine spezifische Ausgestaltungsform eines Konzerns. Dementsprechend besitzt der Stammhauskonzern rechtlich unselbstständige (Abteilungen) und selbstständige Teilbereiche (Tochtergesellschaften). Von einer **Holding** unterscheidet er sich dadurch, dass die Konzernleitung organisatorisch und rechtlich identisch mit der Leitung des wichtigsten und meist größten Geschäftsbereichs, des sogenannten Stammhauses, ist.

▶ Ein **Stammhauskonzern** ist ein Konzern, bei dem die Spitzengesellschaft in eigener Rechtsform operatives Geschäft betreibt. Die Konzernleitung ist organisatorisch und rechtlich identisch mit der Leitung des Stammhauses.

Der Stammhauskonzern zeichnet sich dadurch aus, dass operative Produktions- und Absatzaktivitäten des Unternehmens auch und oft sogar überwiegend in der Muttergesellschaft, also dem Stammhaus, stattfinden und den Tochtergesellschaften mehr oder minder Satellitencharakter zukommt (vgl. v. Werder 2015, S. 71). Es findet somit keine rechtliche Trennung von Konzernleitungsgesellschaft und (zumindest Teilen des) operativem Geschäft statt. Die hier vorgenommene Unterscheidung wird aber in der Selbstdarstellung von Konzernen und anderen Veröffentlichungen nicht geteilt. Dort wird der Stammhauskonzern abweichend mit einer operativen Managementholding gleichgesetzt (z. B. bei Vahs 2023, S. 215 oder Klimmer 2020, S. 95). Dies spiegelt zwar den in beiden Konzernformen vorhandenen operativen Führungsanspruch der Konzernspitze wider, blendet jedoch die rechtliche Frage der Teilbereichsselbstständigkeit aus (vgl. z. B. Mellewigt und Matiaske 2000, S. 611 ff. und Abb. 2.18).

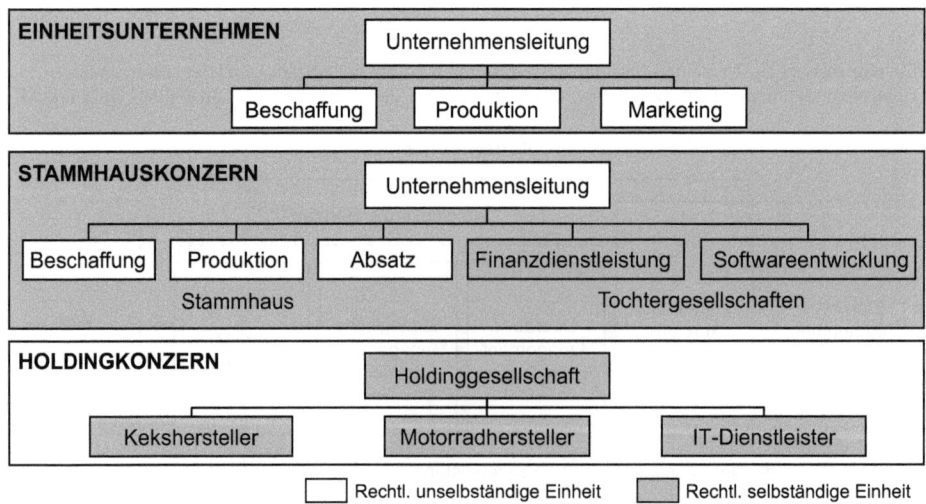

Abb. 2.18 Einheitsunternehmen vs. Stammhauskonzern vs. Holding. (In Anlehnung an Bach et al. 2017, S. 326)

Ein Stammhauskonzern ist in der Regel historisch gewachsen. Im angestammten Geschäft oder auch zwecks Diversifikation in andere Geschäftsfelder werden im Zeitablauf Beteiligungen erworben, ohne dass die übernommenen Einheiten rechtlich aufgelöst und vollständig integriert werden. So stehen die rechtlich selbstständigen Tochtergesellschaften neben dem eigentlichen Kerngeschäft (vgl. Abb. 2.18). Sinnvoll ist eine solche Organisationslösung, wenn die operativen Synergien zwischen Stammhaus und Tochtergesellschaft(en) limitiert sind und das angestammte Geschäft das klare strategische Übergewicht hat und behalten soll.

Konzernorganisation *Volkswagen*

Der Volkswagen Konzern ist einer der führenden Mehrmarkenkonzerne der Automobilindustrie. Die Geschäftätigkeit des Unternehmens umfasst die Konzernbereiche Automobile und Finanzdienstleistungen. Die Kernmarken im Konzernbereich Automobile sind – **mit Ausnahme der Marken Volkswagen Pkw und Volkswagen Nutzfahrzeuge** – in eigenen Gesellschaften rechtlich verselbstständigt. Das heißt aber im Umkehrschluss, dass VW PKW und Nutzfahrzeuge nicht rechtlich selbstständig sind, sondern Teil der Volkswagen AG und **damit Teil des Stammhauses**. Was auch strategisch nachvollziehbar ist, da dies die Stammmarke des Konzerns ist. (Geschäftsbericht Volkswagen AG 2023, S. 102) ◄

Wenn das angestammte Geschäft (Stammhaus) nur noch einer von mehreren vergleichbaren Geschäftsbereichen ist und die Leitungskapazität der Konzernspitze nicht mehr ausreicht, alle Geschäfte zu führen, kann der Übergang zu einer Holding sinnvoll sein, d. h. die vollständige rechtliche Verselbstständigung aller Geschäftsbereiche und der Konzernleitung selbst (vgl. Krüger 2005, S. 207 f.).

► Eine Holdinggesellschaft bzw. synonym einfach **Holding** ist eine rechtlich eigenständige Gesellschaft, deren Gesellschaftszweck alleine im Halten („to hold") und Führen mehrerer rechtlich selbstständiger Unternehmen bzw. von deren Anteilen besteht und die selbst keine eigenen operativen Geschäfte ausführt. Ein **Holdingkonzern** besteht aus einer Holdinggesellschaft (Mutter) und einer Anzahl rechtlich selbstständiger Unternehmen (Tochtergesellschaften). Es ist eine spezifische Ausgestaltungsform eines Konzerns.

Hierbei gibt es, wie in Abb. 2.17 dargestellt, prinzipiell drei unterschiedliche Ausgestaltungsformen als Ausdruck des Steuerungsanspruchs der Holdinggesellschaft (vgl. Lutter und Bayer 2020; Hungenberg 1992, S. 349 ff. und grundlegend Goold und Campbell 1987): finanziell, strategisch und operativ (vgl. Petry 2014, S. 741 ff.).

Bei einer reinen Finanzsteuerung bzw. einem **Finanzholding-Konzern** hat die Spitzeneinheit als Holdinggesellschaft ausschließlich finanzielle Interessen. Die Geschäftseinheiten und Beteiligungen werden als Investitionen angesehen, die eine bestimmte Zielrendite zu erwirtschaften haben, sei es durch günstiges Kaufen und Verkaufen von Geschäften bzw. Unternehmen, Veränderungen in der Finanzierungsstruktur (sogenanntes

Financial Engineering) oder im operativen Geschäft. Steuerungsgrößen sind demnach wertorientierte Kennzahlen (z. B. Return on Investment (ROI), Discounted Cash Flow (DCF), Economic Value Added (EVA)). Die Erzielung von Synergien spielt kaum eine Rolle. Aus diesem Grund haben die einzelnen Geschäftseinheiten häufig auch relativ wenige Gemeinsamkeiten, fachwissenschaftlich ein Konglomerat.

Konzernorganisation *Kohlberg Kravis Roberts & Co. (KKR)*

Beispiele für Finanzholding-Konzerne finden sich u. a. bei Private-Equity-Unternehmen wie z. B. Kohlberg Kravis Roberts & Co. (KKR). Die Holdinggesellschaft KKR besitzt eine große Anzahl an Beteiligungen bzw. rechtlich selbstständigen Tochtergesellschaften. Die Auswahl im Folgenden macht deutlich, dass die Geschäfte der einzelnen Töchter zum Teil kaum oder gar keine inhaltlichen Gemeinsamkeiten aufweisen. Zum Teil sind die einzelnen Beteiligungen selbst wieder Konzerne, die ihrerseits diversifizierte Geschäfte betreiben. Aktuell im Portfolio befinden sich z. B. das Medienhauses Axel Springer, das Marktforschungsunternehmen GFK, oder Schönheits- und Pflegeunternehmen Wella und viele mehr (vgl. Stand Januar 2024, https://www.kkr.com/invest/portfolio). ◀

Im Gegensatz zu einer Finanzholding hat eine **Managementholding** auch inhaltliche Interessen an der Geschäftstätigkeit der Tochtergesellschaften. Diese Konzernorganisationsform wird in der Regel gewählt, wenn es Möglichkeiten zur Erzielung geschäftsübergreifender Synergien gibt (so genannter Parenting Advantage, vgl. Goold et al. 1994, S. 12–15; Müller-Stewens und Brauer 2021, S. 242–254). Da dies normalerweise bei verwandten Geschäften der Fall ist, ist die Nähe der von der Holding geführten Geschäfte zueinander meist deutlich größer. Aber auch hier ist eine konglomerate Diversifikation nicht grundsätzlich auszuschließen. Dann ist das Motiv mitunter aber eher in der Risikostreuung als der Synergienutzung zu suchen.

Strategische Managementholding *Dr. August Oetker KG*

Nach der Trennung des gesamten Unternehmens der Familien Oetker 2021 entstanden zwei unabhängig voneinander tätige Gruppen: zum einen die Dr. August Oetker KG und zum anderen die Geschwister Oetker Beteiligungen KG. Zur Geschwister Oetker Beteiligungen KG gehören u. a. die Martin Braun-Gruppe, Henkell Freixenet sowie die Chemische Fabrik Budenheim. Die restlichen Firmen aus der ursprünglichen Gruppe bleiben bei der Dr. August Oetker KG.

Unter dem Dach der Dr. August Oetker KG sind rund 350 Unternehmen weltweit mit über 40 Tsd. Mitarbeitern und über 7 Mrd. € Umsatz zusammengefasst. Gegliedert in drei Geschäftsbereiche produzieren die Gruppenunternehmen Konsumgüter und sind zudem in der Luxushotellerie und der Daten- und Informationsverarbeitung tätig. Viele weitere Unternehmen ergänzen das diversifizierte Portfolio der Gruppe. Die Dr. August Oetker-Gruppe wird nach eigenen Angaben im Sinne einer Management-Holding zentral gesteuert, aber dezentral geführt: Verantwortlich für Strategie und Ausrichtung der Gruppe ist als Holding die Gruppenleitung der Dr. August Oetker KG. Die Unternehmen dieser Gruppe arbeiten auf der Basis eines effektiven Berichtswesens mit hoher Selbstständigkeit im Markt. In diesem Rahmen zeigen sich die Gestaltungsmöglichkeiten und Freiräume für die rund 200 Führungskräfte der Oetker-Gruppe in den verschiedenen Unternehmen (Quelle: https://www.oetker-gruppe.de/de/portraet/portraet, Stand Januar 2024) ◄

Anhand des Ausmaßes an Steuerungseinfluss durch oberste Holdinggesellschaft lassen sich strategische und operative Steuerungsansätze unterscheiden. Bei einer **Strategischen Managementholding** hat die Spitzeneinheit zwar auch inhaltliche sowie geschäftspolitische Interessen, greift aber nicht ins Tagesgeschäft ein (vgl. Beispiel Oetker). Die Steuerung erfolgt neben Renditezielen über geschäftsbereichsorientierte Ziele, wie z. B. Umsatz, Marktpositionierung/-anteil oder Sortiment. Greift die Spitzeneinheit auch in das Tagesgeschäft ein und gibt konkrete Ziele für die einzelnen Funktionsbereiche (z. B. Mengen, Zeiten, Budgets, Kosten) vor, handelt es sich um einen operativen Steuerungseinfluss und dementsprechend eine **Operative Managementholding**.

Operative Management-Holding *Deutsche Bahn*

Die DB AG ist die Muttergesellschaft des DB-Konzerns. Sie ist seit ihrer Gründung 1994 eine deutsche Aktiengesellschaft und verfügt dementsprechend über eine duale Führungs- und Kontrollstruktur mit Vorstand und Aufsichtsrat. Alleiniger Eigentümer ist die Bundesrepublik Deutschland. Im DB-Konzern führt die DB AG alle Geschäftsfelder in der Funktion einer **operativen Managementholding** und unterstützt die Geschäftsfelder durch diverse zentrale Gruppenfunktionen (u. a. Recht, Konzernentwicklung, Bilanzen, Steuern, Versicherungen sowie Finanzen und Treasury) sowie administrative Serviceeinheiten. Zudem erbringen operative Serviceeinheiten als rechtlich selbstständige Beteiligungen der DB AG primär Leistungen für interne Kunden (z. B. DB Sicherheit GmbH, die DB Services GmbH und die DB Kommunikationstechnik GmbH). Die Eisenbahnverkehrsunternehmen (EVU) des DB-Konzerns sind rechtlich selbstständige Gesellschaften mit separaten Bilanzen und Gewinn- und Verlustrechnungen. (vgl. https://ibir. deutschebahn.com/2022/de/konzernlagebericht/der-db-konzern/organisationsstruktur/; gekürzt und angepasst, Stand: Januar 2024) (Tab. 2.10). ◄

Zur Absicherung des Führungsanspruchs ist auch die **Koordination in der Holding** relevant (vgl. Bea und Haas 2024, S. 417–424; Müller-Stewens und Brauer 2021, S. 232–255). Um die unterstellten Vorteile bei der Schaffung von Synergien, dem effizienten Ressourceneinsatz und/oder der Abstimmung funktionaler Aktivitäten (z. B. F&E oder IT) sicher zu stellen, ist eine intensive Abstimmung aller Holdinggesellschaften notwendig, wobei der Koordinationsaspekt bei allen Aufgaben der Mutterholdinggesellschaft zentrale Bedeutung hat. Drei Koordinationsansätze können unterschieden werden (vgl. Bea und Haas 2024, S. 421 f.):

Tab. 2.10 Unterschiedliche Formen der Konzernorganisation

	Stammhauskonzern	Operative Managementholding	Strategische Managementholding	Finanzholding
Führungsanspruch der Leitung	umfassend und operativ geschäftstätig	operativ und strategisch und finanziell	strategisch und finanziell	finanziell, reines Investment
Zielvorgaben/-größen	operative Größen wie ROI, EBIT, Preis, Mengen, Märkte	ROI, EBIT, Absatz- und Umsatz (-wachstum), Marktanteile	ROI, EBIT, Unternehmenswert	ROI, Unternehmenswert, Cashflow, Dividende
Art der Führung	stark und unmittelbar, Kernfunktionen wie Beschaffung, Produktion oder Vertrieb sind häufig im Stammhaus angesiedelt	starker Einfluss: steuert übergreifende Business- und Corporate Funktionen wie Personal, Controlling, Steuern, trifft aber auch operative Entscheidung	mittlerer Einfluss: strategische Gemeinsamkeiten um Ressourceneinsatz auf Synergiesuche oder bewusste Risikostreuung zu richten	geringer, eher mittelbarer Einfluss: wenige Rahmenvorgaben (evtl. zum Kapiteleinsatz, ESG-kriterien, CRG-Systeme o. ä.), Führungspersonal
Typische Zusammensetzung der Geschäftsbereiche	horizontal oder vertikal verbundene Unternehmen, eher homogen	abhängige, verbundene, ähnliche Unternehmen	verwandte, ähnliche Unternehmen (horizontal, vertikal)	unverbundene, unähnliche Unternehmen (eher konglomerat)

[eigene Darstellung, Quellen: in Anlehung an Klimmer 2020, S. 96; Bach et al. 2017, S. 325–330; Vahs 2023, S. 214–219]

- Koordination durch **Unternehmensverträge**: Ein Konzern entsteht durch Verträge (Beherrschung, Eingliederung, Gewinnabführung). Durch den Abschluss eines Beherrschungsvertrages erhält die Muttergesellschaft ihre weitgehende Leitungs- und Weisungsbefugnisse gegenüber den abhängigen Gesellschaften. Damit einher geht auch der Nachteilsausgleich, wenn die Weisung zwar der Holding dient, aber nicht dem Unternehmen (§ 308 Abs. 1 AktG).
- Koordination durch **Finanzressourcen**: Die Zuweisung (Allokation) der finanziellen Mittel und damit die Ausübung der Finanzhoheit ist der zentrale Koordinationsansatz, um die Ziele der Holding gegenüber den Einzelinteressen der Unternehmen durchzusetzen.
- Koordination durch **personelle Verflechtungen**: Eine Personalverflechtung liegt dann vor (vgl. Welge und Eulerich 2014, S. 51), wenn ein Vorstands- oder Aufsichtsratsmitglied eines Unternehmens parallel mindestens ein weiteres Mandat in einem Geschäftsführungs- oder Überwachungsorgan eines anderen Unternehmens besetzt und somit als Multimandatsträger charakterisiert werden kann. Die personenidentische Besetzung in Aufsichts- und Geschäftsführungsorganen von Konzerngesellschaften unterstützt ebenfalls die Abstimmung über die Konzernebenen hinweg.

Ob und wie die genannten Koordinationsansätze genutzt werden können, um damit den Führungsanspruch durchzusetzen, hängt entscheidend von der rechtlichen Ausgestaltung der Regelungen zwischen diesen Gesellschaften ab.

Eine weitere Möglichkeit der Steuerung und Koordination sind die schon mehrfach angedeuteten **Zentralbereiche** oder „**Corporate**"-**Einheiten**. Diese kommt insbesondere zum Tragen, wenn die Geschäftsbereiche rechtlich selbstständig sind.

Unabhängig davon, wie operative Einheiten organisiert sind (verrichtungs- oder objektorientiert), müssen sie aus Gesamtunternehmenssicht koordiniert werden. Hierfür bedarf es neben entsprechender Steuerungs-/Managementprozesse (Abschn. 3.1.2) auch spezieller Einheiten, welche die Steuerungs- und Koordinationsaufgaben wahrnehmen.

▶ **Steuerungseinheiten** sind Stellenmehrheiten als Spitzeninstanz(en), in denen Steuerungsaufgaben und vertikale Weisungsrechte gebündelt werden. Hierzu zählen Vorstände und Geschäfts(bereichs)führungseinheiten, aber auch Stellenmehrheiten, welche die zuvor genannten Einheiten entlasten. Solche zentralen Organisationseinheiten, die die Spitzeninstanz bei der (vertikalen) Steuerung entlasten, sind **Zentralabteilungen** oder **Corporate Functions**.

Die Gesamtheit aller Einheiten der Unternehmensleitung und der führungsunterstützenden Zentralabteilungen (Corporate Functions) wird als **Corporate Center** bezeichnet.

Das Ziel der Bildung solcher Einheiten ist es, die Aufgabenausführung in den operativen Einheiten so zu koordinieren, dass nicht nur jede einzelne Einheit optimiert wird, sondern die **Leistung des Gesamtunternehmens** durch Sicherung von Einheitlichkeit und

Standardisierung in der Unternehmensführung. Beispiele sind dann Steuerungsprozesse wie die strategische Planung, das Unternehmenscontrolling und die Führungskräfteentwicklung, Revision und Steuern (vgl. Bach 2008; Bach und Petry 2004, S. 2 f.; Krüger 1994, S. 104–109 und Goold et al. 1994, S. 187). Aus Sicht der operativen Einheiten werden Steuerungseinheiten meist als **„verlängerter Arm" der Unternehmensleitung** gesehen, da sie in Ausführung ihrer Funktion zumeist direktiv durch die Vorgabe von Richtlinien und Standards in Entscheidungen der operativen Einheiten eingreifen.

Zur Vermeidung von Redundanzen, Doppelarbeiten und Inkonsistenzen werden unterstützende Aufgaben, die in mehreren operativen Einheiten in ähnlicher Art und Weise anfallen, häufig organisatorisch herausgezogen und in übergreifenden **Zentralen Serviceeinheiten** gebündelt (vgl. hierzu Bach et al. 2017, S. 315 unter Bezugnahme auf Bach 2008; Bach und Petry 2004).

▶ Allgemein sind **Serviceeinheiten** bzw. Dienstleistungsabteilungen Stellenmehrheiten, in denen Unterstützungsaufgaben bereichsübergreifend gebündelt werden. Bezogen auf das gesamte Unternehmen handelt es sich um **Zentrale Servicebereiche** oder **Corporate Services**.

Ziel der Konzentration ist die **Steigerung der Effizienz des Gesamtunternehmens** (z. B. Kostenreduzierung, Standardisierung). Häufig werden Serviceeinheiten für Personalverwaltung und Informationstechnologie gebildet (vgl. Bach und Petry 2004). Die in Serviceeinheiten gebündelten Aufgaben sind in der Regel kein Kerngeschäft des Unternehmens. Die Bündelung von Serviceaufgaben erfolgt demnach zur **horizontalen Koordination** und **Entlastung der operativen Einheiten**. Deshalb wird bei der Bündelung von Serviceaufgaben – in Abgrenzung zur Zentralisation (vertikale Koordination) – von Konzentration gesprochen.

2.2.1.4 Führungsorganisation

Der Führungsorganisation kommt als Ergänzung der Konzernorganisation (Abschn. 2.2.1.3) als Instrument der internen Corporate Governance eine besondere Bedeutung zu (vgl. im Folgenden v. Werder 2015; Bach 2008 und Becker 2007). Die zentralen Aufgaben der obersten Spitzeninstanz lassen sich unabhängig von dem gewählten Grundmodell der Organisation betrachten, d. h. gleichgültig ob Funktionale, Divisionale, Prozess- oder Matrix-Organisation. Bei der im Folgenden aufgezeigten Aufgabenfülle in einer Spitzeninstanz bedarf es ebenfalls der horizontalen und vertikalen Arbeitsteilung, um unter anderem die Führungseffizienz und die Entwicklungsorientierung zu gewährleisten. Wesentliche Aufgaben, die üblicherweise einer Spitzeninstanz zugerechnet werden, sind (vgl. Vahs 2023, S. 196):

- zentrale Entscheidungen der normativen Unternehmensführung, z. B. Purpose, Vision, Mission
- Etablierung von ordnungsgemäßen Corporate Governance-Regelungen inkl. geforderter Risikomanagementsysteme

- strategische Entscheidungen zur Positionierung und Ausgestaltung der Leistungser-stellung und -verwertung durch In- und Outsourcing
- zentrale Ergebnis- und Finanzplanung
- Besetzung der obersten Instanzen und Leitungsfunktionen nachgelagerter Konzern-ebenen und Zentralbereiche/-abteilungen
- Verteilung der finanziellen und personellen Ressourcen

Diese Aufgaben schließen Übernahme der Gesamtverantwortung als Kollegialorgan und der Ressortverantwortung aus einem Geschäftsverteilungsplan immer mit ein. Damit einher gehen folglich die Fragen, wie die Organisation der Spitzeninstanz aussehen sollte.

▶ **Führungsorganisation** (bzw. synonym Organisation der Unternehmensführung) um-fasst die Gestaltung von Führungs- bzw. Steuerungseinheiten (Instanzen) und die Rege-lung der Interaktion zwischen diesen Steuerungseinheiten bzw. den Leitungsinstanzen der operativen Einheiten und Serviceeinheiten.

Dazu zählen insbesondere die folgenden Gestaltungsfragen (vgl. Bach et al. 2017, S. 322–324; Bach 2008 und Bach und Petry 2006 aufbauend auf Krüger 1994, S. 258 f. und v. Werder 1987, S. 333 f.):

- Anzahl der Mitglieder
- horizontale Arbeitsteilung in der Spitzeninstanz (Ressortierung)
- vertikale Arbeitsteilung in der Spitzeninstanz
- Anzahl und Anbindung nachgelagerter operativer oder unterstützender Einheiten
- Beschlussfassung in der Spitzeninstanz

Die Anzahl der **Vorstands- bzw. Geschäftsführungsmitgliedern** ist zur Gestaltung der Spitzeninstanz in der Regel in einer Geschäftsordnung geregelt. Je größer das Unter-nehmen, umso größer normalerweise die Spitzeninstanz (vgl. Bach 2008, S. 135 f. und 179). Existieren mehrere Vorstände bzw. Geschäftsführer (Pluralinstanz), wie dies z. B. nach deutschem Aktienrecht vorgeschrieben ist, resultieren hieraus Fragen nach der horizonta-len und vertikalen Arbeitsteilung.

Die Gestaltung von Führungs- bzw. Steuerungseinheiten beinhaltet insbesondere die Verteilung der Aufgaben der Unternehmensführung auf Aufgabenträger, d. h., es ist zu re-geln, welche organisatorischen Einheiten (Vorstand, Aufsichtsrat, Geschäfts(bereichs)lei-tung, Zentralabteilung) welche Aufgaben wahrnehmen (vgl. Bach et al. 2017, S. 322–325).

Unter der **horizontalen Arbeitsteilung** wird die Verteilung der Vorstandsaufgaben auf einzelne Mitglieder verstanden. Bezüglich dieser fachwissenschaftlich genannten **Ressor-tierung** bestehen verschiedene Ausgestaltungsmöglichkeiten (Abb. 2.19). Üblich sind Spezialisierungen auf einzelne Funktionen, Produkte, Kunden oder Regionen. Eine Auf-gabenspezialisierung kann nach nur einem dieser Kriterien (**eindimensionale Ressortie-rung**) oder gleichzeitig nach mehreren Kriterien (**mehrdimensionale Ressortierung**) er-

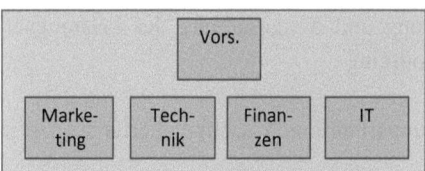

■ **eindimensionale Einfachressortierung**

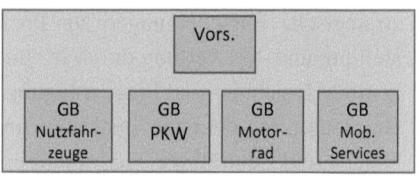

■ **eindimensionale Einfachressortierung**

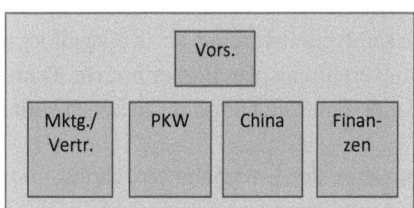

■ **mehrdimensionale Einfachressortierung**

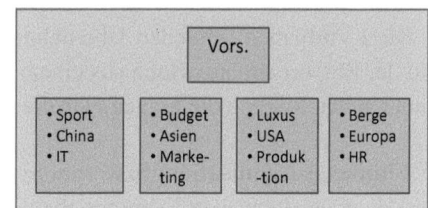

■ **mehrdimensionale Mehrfachressortierung**

Abb. 2.19 Formen der Ressortierung. (Eigene Darstellung)

folgen. Einen Sonderfall der Mehrdimensionalität bildet die Mehrfachressortierung, bei der einzelne Vorstandsmitglieder Ressorts aus mehreren Dimensionen verantworten (vgl. die folgenden Beispiele von thyssenkrupp und Volkswagen).

Größe und Ressortierung in der Spitzeninstanz als Gestaltungsfrage bei *thyssenkrupp AG*

Der Aufsichtsrat der thyssenkrupp AG hatte am 29. November 2023 die Neubestellung von drei Personen zu ordentlichen Mitgliedern des Vorstands der thyssenkrupp AG beschlossen. Abzüglich einer Nachbesetzung führt dies zu einer Erweiterung des Vorstandes von drei auf fünf Mitglieder. Nach Einschätzung der Presse musste sich thyssenkrupp AG wiederholt strategisch neu ausrichten. Der Aufsichtsrat hatte in einer Sondersitzung die Weichen für eine stärkere zentrale Kontrolle über die Geschäftsbereiche gestellt. Als Treiber galt dabei der seit Juni 2023 amtierende Vorstandschef Miguel Lopez, der sich von der Neuordnung eine bessere Steuerung des Konzerns erhoffte. Zum ersten Mal in der Geschichte des Unternehmens sind Vorstände trotz der geschlossenen Ablehnung der Arbeitnehmervertreter bestellt worden. Diese sprachen deshalb bei der Berufung von zwei weiteren Vorständen gegen ihre Stimmen von einem „Kulturbruch in der Mitbestimmung".

Mit der Bestellung soll der Vorstand stärker auf die operative Leistung sowie auf die Weiterentwicklung des Portfolios ausgerichtet werden. Bislang hatte der Vorstand die drei Querschnittsfunktionen Strategie, Personal und Finanzen abgedeckt. Die Neuausrichtung beinhalte auch, dass die Sparten der thyssenkrupp AG künftig einzelnen Vorstandsmitgliedern zugeordnet werden. Damit erfolgt dort dann eine mehrdimensionale Mehrfachressortierung. (Quellen: thyssenkrupp.com, Manager Magazin 30.11.2023, Handelsblatt 29.11.2023) ◄

Die **vertikale Arbeitsteilung** behandelt die Ausgestaltung der Entscheidungsbefugnisse innerhalb des Vorstands. Werden keinerlei Weisungsbefugnisse geteilt und alle Entscheidungen gemeinsam getroffen, wird vom **Teamprinzip** gesprochen. Demgegenüber werden beim **Hierarchieprinzip** definierte Entscheidungs- und Weisungsrechte für Einzelfragen vom Vorstandsgremium in einem Geschäftsverteilungsplan (vgl. exemplarisch Geschäftsordnung adidas AG §§ 1–3 vom 15.12.2022 unter www.adidas-group.com) an einzelne Vorstandsmitglieder delegiert. Die Weisungsrechte gelten jedoch nur für den vordefinierten Entscheidungsraum. Grundsatzentscheidungen und Koordinationsfragen werden weiterhin vom Vorstandsgremium bzw. der Geschäftsführung entschieden.

Entwicklung der Vorstandsressortierung bei *Volkswagen* in Zuschnitt und Benennung

Dementsprechend werden die Aufgaben ab 1. Januar 2022 auf elf Vorstandsressorts aufgeteilt. Die Ressorts werden dort als Geschäftsbereiche im Sinne der Geschäftsordnung des Vorstandes bezeichnet. Diese sind aber nur zum Teil deckungsgleich mit dem operativen Geschäft. Neben dem Geschäftsbereich „Vorsitzender des Vorstands", zu dem unter anderem die Markengruppe „Volumen" gehörte, waren die weiteren Geschäftsbereiche: „Einkauf", „Technik", „Finanzen", „Personal und Truck & Bus", „Integrität und Recht", „Premium", „Sport & Luxury", „IT", „China" sowie „Volkswagen Pkw". Mit Wirkung zum 1. Februar 2022 wurde darüber hinaus ein weiterer Geschäftsbereich „Konzernvertrieb" geschaffen.

Zum 1. September 2022 entwickelte der Volkswagen Konzern seine Konzernsteuerung weiter. Der Vorstand wurde verschlankt und erhielt einen neuen Aufgabenzuschnitt: Die Geschäftsbereiche „Einkauf" und „Konzernvertrieb" wurden (wieder) aufgelöst. Ferner wurde der Geschäftsbereich „Volkswagen Pkw" in „Volumen" umbenannt. Seitdem sind die Aufgaben auf zehn Vorstandsressorts aufgeteilt, die bis zur Veröffentlichung des Geschäftsberichts 2023 weitere Namensänderungen erfahren haben. Neben dem Geschäftsbereich „Vorsitzender des Vorstands" sind das: „Technik", „Finanz und Operative Steuerung" (vormals „Finanzen"), „Personal und Markengruppe Trucks" (vormals „Personal und Truck & Bus"), „Integrität und Recht", „Markengruppe Progressive" (vormals „Premium"), „Markengruppe Sport Luxury" (vormals „Sport & Luxury"), „IT", „China" sowie „Markengruppe Core" (vormals „Volumen"). Dabei wird der Geschäftsbereich „Markengruppe Sport Luxury" vom Vorsitzenden des Vorstands in Personalunion geführt. Es handelt sich also um eine ausdifferenzierte Form der Ressortierung, eine **mehrdimensionale Mehrfachressortierung**: a) Unterschiedliche Dimensionen wie Marke, Region oder Funktion abgedeckt sind und b) jeder Vorstand mehrere Ressorts umfasst.

(Quellen: Geschäftsberichte 2022 und 2023, S. 103 (November 2023, März 2024)) ◄

Aus der Tatsache, dass zumindest Grundsatz- und Koordinationsfragen auch beim Hierarchieprinzip als Gremienentscheidung beim Vorstand verbleiben, resultiert organisatorisch die Frage nach der **Beschlussfassung in der Spitzeninstanz**. Im Mehrpersonenvorstand nach deutschem Aktienrecht ist das Kollegialprinzip vorgesehen (§ 77 Abs. 1 AktG), bei dem verschiedene Ausprägungsformen möglich sind (vgl. exemplarisch Geschäftsordnung adidas AG §§ 5 (9)-(11) vom 15.12.2022). Das bedeute, dass es eine hierarchiefreie Beschlussfassung der Mitglieder gibt, die im besten Fall einstimmig oder mit einfacher Mehrheit entscheidet.

2.2.2 Verhaltenswissenschaftliche Implikationen der Primärorganisation

2.2.2.1 Mikropolitik in Organisationen

Unternehmen verfolgen ökonomische Ziele und geben sich eine Organisation, um diese Ziele zu erreichen (Abschn. 1.1). Aber nicht nur die Unternehmung verfolgt Ziele, auch die ihr angehörenden Organisationsmitglieder, die Mitarbeiter, verfolgen Ziele. Die **kollektiven Ziele** des Unternehmens können also von den **individuellen Zielen** der Organisationsmitglieder **unterschieden werden**. Und: Die Ziele der Mitarbeiter müssen nicht mit den Zielen des Unternehmens übereinstimmen. So mögen Mitarbeiter bestimmte Themen oder Trends beispielsweise für besonders zukunftsträchtig erachten und verfolgen wollen. Zugleich möchten sie eventuell verhindern, dass es konkurrierenden Vorschlägen von Kollegen gelingt, die Aufmerksamkeit der Unternehmensleitung zu erhalten. Oder sie möchten neue Arbeitsmethoden in der Organisation etablieren bzw. an etablierten festhalten, eine Kulturveränderung im Unternehmen initiieren bzw. Traditionen wahren, selbst eine Schlüsselposition besetzen oder die Vergabe einer Stelle an einen Kollegen verhindern. Hierbei können die Mitarbeiterziele in Übereinstimmung mit den Unternehmenszielen sein oder aber auch davon abweichen.

Ihre individuellen Ziele können Mitarbeiter oftmals nicht alleine in der Organisation erreichen, sondern sie sind auf die Unterstützung von Kollegen, Unterstellten oder Vorgesetzten angewiesen. Daher verbünden sie sich mit anderen, lassen „Bomben platzen", überrumpeln andere, bieten Tauschgeschäfte an, schmeicheln sich ein, lassen Konflikte eskalieren oder appellieren an höhere Werte. Sämtliche Versuche, andere dafür zu gewinnen, um persönliche Ziele innerhalb der Organisation zu erreichen, werden als **Mikropolitik** bezeichnet. Der Begriff geht auf Burns zurück, der Unternehmen als soziale Systeme charakterisiert hat, in denen Mitarbeiter miteinander um den Aufstieg konkurrieren und dabei stets versuchen, andere für sich zu gewinnen (Burns 1961, S. 257).

▶ Es handelt sich bei **Mikropolitik** um Versuche von Organisationsmitgliedern, zur Durchsetzung eigener Interessen und zur Erreichung persönlicher Ziele andere Organisationsmitglieder zu beeinflussen und für sich zu gewinnen oder die Chancen der Interessendurchsetzung konkurrierender Akteure zu verringern.

Es geht also nicht um die (Makro-)**Politik *der* Organisation**, die dazu dient, externe Akteure (z. B. Verbände, Parteien oder Mandatsträger) für Anliegen der Unternehmung zu gewinnen, sondern um **Politik *in der* Organisation**. Sie findet auf der Mikroebene, also auf der Ebene individueller Organisationsmitglieder statt, die hierbei versuchen, ihren internen Einflussbereich durch die Gewinnung anderer Organisationsmitglieder zu vergrößern.

Vier **Kennzeichen** sind mithin charakteristisch für mikropolitisches Verhalten:

1. Es ist eigennützig
2. Es erfolgt eine Beeinflussung anderer Organisationsmitglieder
3. Es folgt nicht organisationsintern autorisierten Regeln
4. Es ist nicht per se organisationsdienlich oder -schädlich

Es wird also hierbei davon ausgegangen, dass Mitarbeiter in Organisationen immer auch versuchen ihre eigenen Interessen und persönlichen Ziele zu erreichen. Da sie dabei organisationsintern untereinander um Ressourcen konkurrieren und von anderen abhängig sind, versuchen sie Einfluss auf andere auszuüben. Die Beeinflussung erfolgt hierbei **aufwärts**, also mit dem Ziel, Vorgesetzte für sich zu gewinnen, **lateral**, also hinsichtlich der Gewinnung von hierarchisch gleichgestellten Kollegen sowie **abwärts**, also im Hinblick auf unterstellte Mitarbeiter.

Mitarbeiter sind demnach keine selbstlosen Agenten der Unternehmensziele, sondern vielmehr „als Akteure zu betrachten, die ihre Interessen einbringen und verfolgen, dabei Koalitionen bilden und auflösen, Strategien entwerfen und durchziehen, Konflikte eingehen usf., kurzum: politisch handeln" (Sandner 1992, S. 64).

Mikropolitische Taktiken

Verschiedene Systematisierungen von Einflussversuchen, auch mikropolitische Taktiken genannt (Neuberger 2007, S. 85–146), wurden fachwissenschaftlich vorgenommen, wobei insbesondere den ordnenden Gesamtschauen von Kipnis et al. (1989), die acht Verhaltensweisen im Rahmen ihres „Profiles of Organizatioonal Influence Strategies" (POIS) unterscheiden, und von Yukl, der im Rahmen des „Influence Behavior Questionaire" (IBQ) zwischen elf Einflussversuchen differenziert (Yukl und Gardner 2020, S. 174), große Aufmerksamkeit zuteil wurden. Bereinigt man beide Systematisierungen um Dopplungen, ergeben sich insgesamt 15 unterschiedliche mikropolitische Taktiken. Hierbei können diese in **transaktionale Einflussversuche** einerseits und **transformierende Einflussversuche** andererseits unterschieden werden (Tab. 2.11).

Tab. 2.11 Mikropolitische Taktiken

transaktionale Einflusstaktiken	transformierende Einflusstaktiken
mit Bestimmtheit und Selbstsicherheit beeindrucken	rationales Überzeugen
sanktionieren (belohnen oder bestrafen)	inspirierender Appell
Tauschgeschäft anbieten	persönlicher Appell
persönlichen Vorteil für Gegenüber aufzeigen	Sympathie erzeugen (einschmeicheln)
koalieren (Zweckbündnis schließen)	Rat einholen (konsultieren)
blockieren bzw. isolieren	kollaborieren (Gemeinschaftsprojekt)
höhere Instanz einbeziehen (eskalieren)	Legitimität herausstellen
Druck machen bzw. einschüchtern	

[eigene Darstellung]

Im Falle **transaktionaler Einflusstaktiken** verändert das beeinflusste Organisationsmitglied sein Verhalten bzw. seine Einstellung, weil es sich einen persönlichen Vorteil
hiervon verspricht bzw. einen persönlichen Nachteil vermeiden möchte. Aus der Perspektive des Beeinflussten erfolgt die Gefolgschaft also entweder **instrumentell** oder **er-
zwungen**. Die vom Beeinflusser angestrebte Unterstützung wird zwar im Erfolgsfall gewährt, aber seitens des Beeinflussten ohne innere Überzeugung, ohne Enthusiasmus und
lediglich im geforderten Umfang. Im Ergebnis zeigt der Beeinflusste allenfalls „**Compli-
ance**", da sich im Falle einer erfolgreichen Beeinflussung lediglich eine Unterstützung
ohne innere Beteiligung einstellt.

Anders im Fall der **transformierenden Einflusstaktiken**: Sind diese erfolgreich, verändert das beeinflusste Organisationsmitglied sein Verhalten bzw. seine Einstellung, weil
sie die Idee teilt und sich als Teil einer Gemeinschaft sieht. Die Unterstützung wird also
gewährt, um ein als gemeinsam erachtetes Ziel zu erreichen. Aus der Perspektive des Beeinflussten erfolgt die Gefolgschaft also **affektiv** (auf Basis eines positiven Gefühls) oder
normativ (auf Basis gemeinsam geteilter Werte). Im Ergebnis zeigt der Beeinflusste
„**Commitment**", da im Falle einer erfolgreichen Beeinflussung, die Unterstützung aufgrund innerer Überzeugung und mit Enthusiasmus und Begeisterung erfolgt.

Wenn jemand mit großer Selbstsicherheit und Bestimmtheit auftritt, mag das den Beeinflussten **beeindrucken** und daher zur Gefolgschaft bewegen. Kann eine Belohnung in
Aussicht gestellt oder glaubhaft eine Bestrafung angedroht werden, erhöht dies ebenfalls
die Chance auf Unterstützung („**sanktionieren**"). Gleiches gilt, wenn für die gewährte
Gefolgschaft im Gegenzug die eigene Unterstützung in einer anderen, der beeinflussten
Person wichtigen, Angelegenheit in Aussicht gestellt wird („**Tauschgeschäft**"). Eine weitere transaktionale Einflusstaktik besteht darin, dem Beeinflussten die **persönlichen Vorteile** für den Fall der Gefolgschaft **aufzuzeigen**. Auch das pragmatische Schließen eines
Zweckbündnisses, ohne bestehende Differenzen zu leugnen, kann erfolgversprechend sein
(„**koalieren**"). Um einen Widersacher nicht zum Zuge kommen zu lassen, kann man
versuchen, diesen, unter Einbeziehung anderer, zu **blockieren** bzw. sozial zu **isolieren**.
Findet man zunächst nicht die Unterstützung eines Gegenübers, kann die **Einbeziehung
einer höheren Instanz** möglicherweise weiterhelfen („eskalieren"), um ihn zum Ein-
lenken zu bewegen. Auch den Beeinflussten einzuschüchtern bzw. **unter Druck zu setzen,** kann einen transaktionalen Versuch darstellen, Gefolgschaft zu erlangen.

Neben diesen transaktionalen stehen auch transformierende Einflusstaktiken zur Verfügung: Gelingt es, andere durch Argumente oder Daten **rational zu überzeugen**, so stei-
gen die Chancen einer erfolgreichen Beeinflussung. Im Rahmen eines **inspirierenden Appells** wird eine gemeinsam geteilte Wertidee (z. B. Gerechtigkeit, Solidarität oder Fort-
schritt) in den Vordergrund gestellt, um Gefolgschaft zu erlangen, während im Rahmen
eines **persönlichen Appells** eine gemeinsame Verbindung zwischen Beeinflusser und Be-
einflusstem (z. B. gemeinsame Herkunft, Freundschaft oder gemeinsame Erfahrung) in
den Mittelpunkt gestellt wird. Auch das Bekunden von Zuneigung oder Sympathie erhöht
die Chance für Unterstützung („**einschmeicheln**"). Nicht bereits die fertige Lösung präsentieren, sondern den Rat des Gegenübers einzuholen („**konsultieren**"), um ihn für sich

zu gewinnen, steigert ebenfalls die Chance auf Gefolgschaft. Weiterhin kann ein Schulterschluss vorgeschlagen und versucht werden, den Beeinflussten für ein kollaboratives **Gemeinschaftsprojekt** zu gewinnen. Und nicht zuletzt kann die **Legitimität** des eigenen Anliegens herausgestellt werden, um andere für sich zu gewinnen.

2.2.2.2 Organisationskultur

Unternehmen sind nicht nur ökonomische (Abschn. 1.1) und politische (Abschn. 2.2.2.1), sondern immer auch kulturelle Arenen und beeinflussen über ihre Kultur das Verhalten der Organisationsmitglieder.

Bei Kultur handelt es sich, im Unterschied zur Natur, um ein von Menschen geschaffenes Phänomen, das nicht auf einen Einzelnen zurückgeführt werden kann, sondern vielmehr das Produkt kollektiven Handelns ist. Hierbei ist sie nicht in Stein gemeißelt und unveränderlich, sondern wandlungsfähig. Ihre Funktion besteht darin, Kollektive unterscheidbar zu machen und eine Identität zu verleihen. Als überindividuelles Phänomen überdauert es den Einzelnen, der über Sozialisationsprozesse die Kulturinhalte erlernt. Mittels Werte, Symbole und Normen wirkt die erlernte Kultur sich steuernd auf das Verhalten der Kollektivmitglieder aus.

Pettigrew hat als erster darauf aufmerksam gemacht, dass nicht nur Gesellschaften und Nationen über eine Kultur verfügen, sondern auch Organisationen (Pettigrew 1979). In Organisationen arbeiten Menschen nämlich über einen längeren Zeitraum gemeinsam und es bilden sich über die Zeit gemeinsame Auffassungen darüber aus, was intern richtig und falsch, geboten und zu unterlassen ist: „How things are done around here" (Martin 2022, S. 3). Es entwickelten sich „ungeschriebene Gesetze" und unhinterfragte Selbstverständlichkeiten, die das Eigentümliche der Organisation ausmachen, ihr also eine unverwechselbare Identität verleihen und das Verhalten der Organisationsmitglieder steuern. Neue Mitarbeiter erlernen im Rahmen der organisationalen Sozialisation, also der Einarbeitung (Onboarding), diese organisationsinternen „Do's" und „Dont's".

▶ „**Unternehmenskultur** ist die Gesamtheit von im Laufe der Zeit in einer Organisation entstandenen und akzeptierten Werten und Normen, die über bestimmte Wahrnehmungs-, Denk- und Verhaltensmuster das Entscheiden und Handeln der Mitglieder der Organisation prägen" (Bea und Göbel 2019, S. 457).

Kernbestandteile der Unternehmenskultur sind **Werte**, die als Konzeptionen des Wünschenswerten zum Ausdruck bringen, was als richtig, als wichtig und für erstrebenswert erachtet wird (z. B. Selbstbestimmung, Leistung, Tradition oder Sicherheit). Werte sind dadurch charakterisiert, dass sie auf wünschenswerte Ziele verweisen und dadurch Verhalten motivieren. Sie sind mit positiven Gefühlen verknüpft und abstrahieren zugleich von konkreten Situationen. Während Normen als situationsbezogene Verhaltenserwartungen wirken, gelten Werte übersituativ und fungieren als Bewertungsmaßstab für die Auswahl und die Evaluation von Verhalten.

Mit dem von O'Reilly et al. (1991) entwickelten „Organisational Culture Profile" kann beispielsweise ermittelt werden, welche Werte in einer bestimmten Organisation einen hohen und welche einen geringen Stellenwert haben (z. B. Flexibilität oder Stabilität, Anpassung oder Innovation, Schnelligkeit oder Berechenbarkeit, Risikofreude oder Vorsicht, Kollektivorientierung oder Individualismus, Prozesstreue oder Ergebnisorientierung).

Werte manifestieren sich in wahrnehmbaren Repräsentationen, auch Artefakte der Unternehmenskultur genannt (Schein und Schein 2018). Diese Artefakte symbolisieren und transportieren die Kultur und können in verbale, interaktionale und objektivierte Repräsentationen unterschieden werden (Neuberger 1989). Hierin kommen also die Unternehmenswerte zum Ausdruck, hierdurch wird die Unternehmenskultur sicht- und wahrnehmbar (Tab. 2.12).

Hinsichtlich ihrer Kultur können Organisationen dahingehend unterschieden werden, ob sie über eine **homogene Einheitskultur** über die Organisationseinheiten (z. B. Abteilungen, Geschäftsbereiche, Tochter- oder Ländergesellschaften) hinweg verfügen oder eher lokale, einheitenspezifische **Subkulturen** vorherrschend sind. Zum anderen können Organisationen mit einer eher **starken** von solchen mit einer eher **schwachen Kultur** differenziert werden. Die Stärke einer Kultur bemisst sich hierbei nach ihrer Stabilität und Verankerungstiefe (Intensität) (Tab. 2.13).

Tab. 2.12 Repräsentationen der Unternehmenskultur

verbale Repräsentationen	interaktionale Repräsentationen	objektivierte Repräsentationen
Mythen, Legenden, Anekdoten	Rituale, Zeremonien	Statussymbole
Slogans, Mottos, Leitsprüche	Feiern, Jubiläen	Kleiderordnung
Sprachregelungen, Jargon	Sitzungen, Tagungen	Broschüren, Homepage
Tabus	Konventionen	Architektur, Raumgestaltung
Lieder, Hymnen	Führungsstil	Arbeitsplatzgestaltung

[in Anlehnung an Neuberger (1989)]

Tab. 2.13 Wirkungen einer starken Unternehmenskultur

positive Wirkungen	negative Wirkungen
Koordination durch gemeinsame Orientierung	Konformitätsdruck
Integration durch ein starke „Wir-Gefühl"	Selbstüberschätzung
Commitment und Einsatz fürs Unternehmen	Innovationshemmnis
Identität durch Abgrenzung nach außen	Wahrnehmungsfilter

[eigene Darstellung]

2.3 Ausgestaltung der Sekundärorganisation

2.3.1 Konzepte der Sekundärorganisation

2.3.1.1 Abgrenzung sekundärer Stellenmehrheiten

Die vorhergehend diskutierten Stellenmehrheiten und Grundmodelle sind grundsätzlich der so genannten Primärorganisation zuzurechnen. Damit wird traditionell in der Organisationslehre sowohl bei Prozessen sowie bei Strukturen von „**Regelung auf Dauer**" ausgegangen. Aus betriebswirtschaftlicher Sicht ist das Aufstellen organisatorischer Regelungen mit zeitlichem und personellem Aufwand verbunden. Besonders sinnvoll ist die Aufstellung primärorganisatorischer Regelungen folglich bei regelmäßig anfallenden, in gleicher Form auszuführenden, zeitlich unbefristeten Routineaufgaben. Entsprechend liegt der Fokus der organisatorischen Gestaltung auf Regelungen, die das Tagesgeschäft eines Unternehmens mit den jeweiligen Strukturen und Prozessen betreffen.

Darüber hinaus gibt es organisatorische Einheiten, die zeitlich befristet Spezialaufgaben übernehmen. Auch diese werden im Vorhinein eingerichtet. Organisatorische Regelungen zu diesen die Entwicklung und/oder Zukunft des Unternehmens betreffenden Aufgaben werden unter dem Begriff der Sekundärorganisation zusammengefasst (Bach et al. 2017, S. 33 f.; Vahs 2023, S. 118 f.; Bea und Göbel 2019, S. 360–366).

▶ Die **Sekundärorganisation** umfasst alle Stellen und Stellenmehrheiten, die dauerhaft schnittstellen- bzw. funktionsübergreifende Koordinationsaufgaben oder zeitlich befristet innovative Spezialaufgaben in regelmäßiger und/oder andauernder Zusammenarbeit erfüllen.

Diese Zielsetzungen und Aufgaben passen nicht in die Organisation des Tagesgeschäftes, deshalb werden für sie Strukturen geschaffen, die auch nicht im Organigramm zu sehen sind. Sekundärstrukturen bestehen neben und gleichzeitig mit der Primärorganisation und unterstützen diese. Je nach Zielsetzung können Einheiten der Sekundärorganisation dauerhaft (Investitions- oder Marketingausschuss) oder zeitlich befristet („Task Force") sein (vgl. Bach et al. 2017, S. 33 f.; Vahs 2023, S. 119 und 141; Nicolai 2023, S. 142). Immer dienen sie der Erreichung spezieller Zielsetzungen und der Entwicklung wie auch Flexibilisierung der Organisation insgesamt. Die Gesamtheit der in einer Organisation angelegten sekundärorganisatorischen Lösungen zieht sich wie ein Netz über die Primärorganisation mit Ausschüssen, Projektgruppen, Konferenzen, Workshops, Task Forces oder auch nur einfachen Regelmeetings. Gibt es z. B. ein monatliches „Sales & Delivery Meeting" mit einem festgelegten Teilnehmerkreis und festgelegter Agenda, so ist dies auch eine Form der Sekundärorganisation.

Die Teilnehmer kommen aus verschiedenen primären Einheiten und nehmen Problemlösungs- und Koordinationsaufgaben je nach Ausgestaltung in Teilzeit im Nebenamt wahr. Die Form der Zusammenarbeit in der Sekundärorganisation ist zu festgelegten Terminen eher eine Sitzung, Besprechung oder Tagung oder ein speziell angesetzter Workshop. In der Regel geht es um die bereichsübergreifende, ganzheitliche Bearbeitung. In dieser Zeit sind die Mitglieder von ihren hauptamtlichen Tätigkeiten befreit.

2.3.1.2 Produktmanagement

Ein Problem Funktionaler Organisationen ist, dass wegen der Spezialisierung im Grunde niemand übergreifend für die Produkte des Unternehmens oder die Ausrichtung aller Funktionen auf den Kunden zuständig ist. Die organisatorische Stelle des Produktmanagements oder des Key-Account-Managements (Abschn. 2.3.1.3) lassen sich im Rahmen der Sekundärorganisation unter dem Begriff **Querschnittsmanager** zusammenfassen. Dies ist eine Stelle, welche die Aufgaben für einen bestimmten Prozess bzw. ein Objekt funktions- und/oder bereichsübergreifend koordiniert. Querschnittsmanagerstellen haben zwar umfassende Informationsrechte hinsichtlich der ihnen zugeordneten Prozesse bzw. Objekte, aber (im Gegensatz zur Instanz) keine bzw. kaum Entscheidungskompetenzen oder Ressourcen- und Ergebnisverantwortung. Handelt es sich bei dem übergreifend organisierten Objekt um ein Produkt oder eine Produktgruppe, so entsteht eine Produktmanagerstelle (vgl. Buell 1975; Kotler et al. 2023, 53–63; Keite 2022).

▶ Das **Produktmanagement** ist eine Stelle oder Stellenmehrheit, die dauerhaft produkt- oder produktgruppenbezogen funktionsübergreifende Koordinations-, Beratungs- und Informationsaufgaben übernimmt.

Ziel ist es, die Marktorientierung, Ressourcen-, Prozesseffizienz und Entwicklungsorientierung der Organisation zu verbessern. Weiterhin kann dadurch eine bessere Abstimmung auf produktbezogene Entwicklungen und Entscheidungen erreicht werden. Im Zentrum des Produktmanagements stehen die folgenden Aufgaben (vgl. Klimmer 2020, S. 99; Bea und Göbel 2019, S. 362; Krüger 1994, S. 113 f.; Schmidt und Konz 2019, S. 180 f.):

* Koordination aller produktspezifischen strategischen und operativen Marketingaktivitäten über den gesamten Lebenszyklus
* Beratung, Information und Interessenausgleich der Funktionsbereiche: Die Forschung und Entwicklung bei der Verbesserung des Produktes, die Beschaffung beim Einkauf von Rohstoffen, die Produktion zur Sicherstellung und Abstimmung von Kapazitäten usw.
* Erstellen und Überwachen von Absatz-, Umsatz- und Ergebnisplänen mit entsprechender Budgetverantwortung
* Ansprechpartner der Unternehmensleitung für produktspezifische Fragen

Es gibt unterschiedliche Möglichkeiten der organisatorischen Verankerung. Der Produktmanager kann neben der Lösung als Querschnittsmanager auch als reine **Stabsstelle**, als einfache **Ausführungsstelle** in der Marketingabteilung angesiedelt sein oder als Mehrpersoneneinheit im Sinne eines **Produkt-Koordinationsausschusses**.

Ein Anwendungsfall ist die Funktionale Organisation, in der die Instanzen jeweils für eine Funktion verantwortlich sind. Die Produktmanager sollen als „**Produktspezialisten und Funktionsgeneralisten**" (Klimmer 2020, S. 99) die durch die Verrichtungsorientierung entstehenden Nachteile ausgleichen.

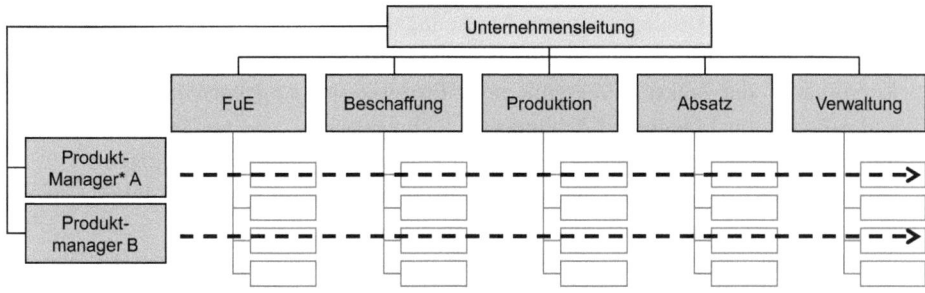

Abb. 2.20 Produkt- bzw. Key Account-Manager als Querschnittmanager in einer Funktionalen Organisation. (Vgl. Bach et al. 2017, S. 267)

Das Grundmodell der Funktionalen Organisation bleibt im Prinzip erhalten (Abb. 2.20). Die Querschnittsmanager sind von der Kooperationsbereitschaft der Linienverantwortlichen und von ihrer eigenen Überzeugungskraft abhängig. In der Rolle eines Moderators bringen sie die übergreifende Sicht in die Entscheidungen der Funktionsverantwortlichen ein. Diese Variante einer stärkeren Produkt- oder Prozessorientierung ist häufig in der Praxis anzutreffen, da sie vergleichsweise schnell einzuführen ist. Je nach legitimiertem Einfluss der Stelle oder persönlichem Stand des Stelleninhabers kann dies als eine Vorstufe zur Matrix-Organisation gesehen werden.

2.3.1.3 Key-Account-Management (Kundenmanagement)

Ergänzend oder auch alternativ zum Produktmanagement ist das Kundenmanagement eine weitere Gestaltungsmöglichkeit, die Marktorientierung der Organisation zu erhöhen und damit dafür zu sorgen, dass Kundenverantwortung organisiert wird (Belz et al. 2021). Üblicherweise sind die dazu gehörigen Aufgaben einer Marketing- und/oder Vertriebsabteilung zugeordnet.

Organisatorische Herausforderungen mit Ausrichtung auf wichtige Kunden, auch Groß- oder Schlüsselkunden genannt, lassen sich mit speziellen Key-Account-Manager-Stellen lösen. Dieses ist eine Querschnittsstelle in der Sekundärorganisation. Sie erfüllt damit zwei wesentliche Zwecke: Zum einen die **funktionsübergreifende Koordination** aller kundenspezifischen Fragen und zum anderen aus Sicht der Marktorientierung die **Schnittstellen zum Kunden** als zentraler Ansprech- und Verhandlungspartner („one face to the customer").

Im Zentrum des Kundenmanagements stehen die folgenden Aufgaben (vgl. Büchel 2023, S. 65 f.; Belz et al. S. 173–200; Bea und Göbel 2019, S. 362; Nicolai 2023, S. 144 f.; Schmidt und Konz 2019, S. 184 f.).

- zentraler, einziger Ansprechpartner für den jeweiligen Großkunden für das gesamte Produkt- und Leistungsprogramm
- Aufbau und Pflege einer nachhaltigen Beziehung zu den relevanten Kunden („Customer Relationship Management" – CRM)

- Koordination aller kundenbezogenen Marketingaktivitäten bzgl. der vom Kunden aktuell und potenziell nachgefragten Produkte und Leistungen
- Koordination der funktionsübergreifenden Prozesse wie Angebotserstellung, Bestell- und Auftragsabwicklung und Zahlungsabwicklung
- Sammlung, Analyse und Aufbereitung aller kundenrelevanten Informationen
- „Stimme des Kunden" im Unternehmen: Beratung, Information und Interessenausgleich der Funktionsbereiche bzw. zwischen diesen
- Erstellen und Überwachen von kundenspezifischen Absatz-, Umsatz- und Ergebnisplänen mit entsprechender Budgetverantwortung in Kooperation mit dem Vertrieb bzw. dem Abschluss der Verträge dazu im Vorlauf
- Ansprechpartner der Unternehmensleitung

Die erste Möglichkeit der organisatorischen Verankerung wäre dann im Vertrieb eine Unterabteilung Kundenmanagement einzurichten als **Ausführungsstelle(n) der Linienorganisation** (vgl. Vahs 2023, S. 224; Klimmer 2020 S. 103–108; Bleicher 1991, S. 266 f.). Ebenso kann Kundenmanagement aber auch wiederum als **Stabsstelle** an die Unternehmens-, Marketing- oder Vertriebsleitung angebunden werden, um die operativen Vertriebseinheiten von strategischen Fragen zu entlasten bzw. diese Aufgaben höher aufzuhängen. Ein **Koordinationsgremium** als Mehrpersoneneinheit kann alle kundenrelevanten Funktionen (Marketing, Vertrieb, Supply Chain, Produktmanagement etc.) zusammenfassen, um die Aufgaben des strategischen Kundenmanagements regelmäßig oder im Bedarfsfall zu erledigen. Auch ein **Matrix-Key-Account Management** ist eine weitere Lösung. Damit die Struktur nicht zu komplex wird, kann mit qualifizierten Personalressourcen auch eine **Personalunion** angedacht werden: In der Praxis kann z. B. eine Vertriebsinnendienstleiterin den Großkunden A betreuen, während der Außendienstleiter den Großkunden B betreut.

Aufgrund der hohen Relevanz der Kundenzufriedenheit und -bindung sollten einige Voraussetzung für ein erfolgreiches Key-Account-Management erfüllt sein: U. a. sinnvolle und überschaubare Auswahl der speziell betreuten Kunden, zentrales Kundeninformationssystem, spezialisierter Fach- und Führungskräfte mit entsprechenden Handlungsspielräumen.

Key-Account-Management bei *Huf* und *Volkswagen*

Das **Key-Account-Management** lässt sich natürlich immer aus zwei Richtungen betrachten. So hat ein Zulieferer wie z. B. die Firma Continental einen Leiter Key Account Management/Senior Account Manager, der für die Volkswagen-Gruppe eine Vielzahl von Baureihen betreut. Ebenso hat die über 100 Jahre alte Firma Huf, ein führender Entwickler und Hersteller mechanischer und elektronischer Schließsysteme sowie Fahrzeugzugangs- und Berechtigungssysteme für die weltweite Automobilindustrie aus Velbert, eine Abteilung „Global Customer Account – VW Group" für die Region Europa, wo mehrere Key-Account-Manager zusammengefasst sind. Bei Volkswagen selbst wiederum gibt dann ein Key-Account-Management, welches sich regional und international um VW-eigene Großkunden wie Großunternehmen, Mietwagenunternehmen oder andere Flottenbetreiber kümmert. ◄

2.3.1.4 Projektorganisation als Teil des Projektmanagements

Unter einem Projekt versteht man in der Regel ein Bündel von für das Unternehmen neuartigen **Spezialaufgaben**, die in einem **befristeten** Zeitraum unter Einsatz **begrenzter Ressourcen** von einer Personenmehrheit aus **verschiedenen Funktionen** oder Disziplinen erfüllt werden sollen. Aufgrund der Besonderheiten und einhergehenden **Komplexität** bedarf es dafür eines spezifischen Projektmanagements und auch einer Projektorganisation, um die Fragen der organisatorischen Gestaltung in Struktur bzw. Aufbau und Prozess adäquat abbilden zu können (vgl. grundlegend Kuster et al. 2023; Litke 2022; Madauss 2020). Die Projektorganisation ist in diesem Sinne eine Teilfunktion des Führungskonzeptes Projektmanagement.

► **Projekte** sind Vorhaben mit definiertem Anfang und Abschluss, die durch die Merkmale zeitliche Befristung, Einmaligkeit, Komplexität und Neuartigkeit gekennzeichnet sind und einen interdisziplinären Querschnittscharakter aufweisen (vgl. Kraus und Westermann 2019, S. 1 f.; Krüger 1993, Sp. 3559; DIN 69901).

Zur Führung und Koordination der in diesem Zusammenhang zu erfüllenden Aufgabenbündel, die sich in jedem Projekt mehr oder weniger ähnlich wiederholen, ist ein Projektmanagement erforderlich.

► **Projektmanagement** bezeichnet hingegen eine dauerhafte Führungskonzeption, also alle willensbildenden und -durchsetzenden Aktivitäten im Zusammenhang mit der Abwicklung von Projekten (vgl. Haberfellner 1992, Sp. 2091; Bea et al. 2020, S. 31–33).

Die **Ziele im Projektmanagement** sind allgemein Ergebnis, Kosten bzw. Budget, Zeit und Akzeptanz, welche projektspezifisch und unter Berücksichtigung möglicher Zielkonflikte zu operationalisieren sind.

Aufgrund der genannten Merkmale verlangen Projektaufgaben eine interdisziplinäre Besetzung des Projektteams im Rahmen einer **Projektorganisation**. Deshalb ist für sie eine Form der Sekundärorganisation vorzusehen, die die Primärorganisation wie ein „Netz" überzieht. Typische Beispiele für Projekte sind die Einführung einer neuen unternehmensweiten Software (z. B. ERP System). Übernahme eines anderen Unternehmens („M&A"), umfangreiche Instandhaltungs- und/oder Investitionsmaßnahmen, Etablierung einer neuen Marke oder Einführung eines neuen Produkts, Implementierung einer Neuorganisation oder eine Restrukturierung u. v. m.

Die Projektorganisation als geordnetes System von Regeln umfasst die Aufbau- und die Ablauforganisation in Form eines Projektprozesses. Innerhalb einer Projektorganisation können der Abgrenzung von **S**teuerungs-, **o**perativen und **S**erviceaufgaben (SOS) folgend

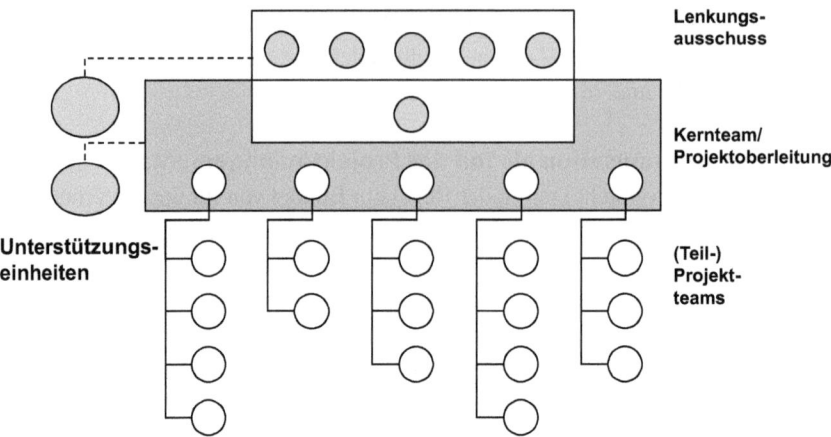

Abb. 2.21 Organisatorische Einheiten einer Projektorganisation. (Bach et al. 2017, S. 386)

verschiedene organisatorische Einheiten oder Prozesse unterschieden werden. Zunächst werden die operativen Einheiten vorgestellt und anschließend die Steuerungseinheiten und ausgewählte spezielle Serviceeinheiten der Projektorganisation (Abb. 2.21).

▶ Das **Projektteam** ist eine Mehrpersoneneinheit, die in ständiger oder nichtständiger, aber regelmäßiger Zusammenarbeit relativ neuartige, komplexe und oftmals einmalige Spezialaufgaben in einem festgelegten Zeitraum erfüllt. Die Teammitglieder können sowohl haupt- als auch nebenamtlich in Voll- oder Teilzeit im Projekt mitarbeiten.

Steuerungseinheiten einer Projektorganisation

Der **Projektleiter als Instanz** des oder der Projektteams erhält wiederum Weisungen vom Lenkungsausschuss, in dem er ggf. selbst Mitglied ist. Dabei trägt er die Führungsverantwortung für sein Projektteam und die Ergebnisverantwortung für die Erreichung der vorgegebenen Projektziele. Er hat für sein Projekt die relevanten Schnittstellen zu identifizieren und abgeleitet aus dem Projektauftrag eine vollständige Projektdefinition mit den wesentlichen Teilzielen zu erarbeiten. Darüber hinaus obliegt ihm die Zusammensetzung und Organisation seines Teams (vgl. Kraus und Westermann 2019, S. 128–138; Stöger 2019, S. 52–56; Patzak und Rattay 2018).

Das Team selbst besitzt im Rahmen des Projektauftrags in der Regel einen weiten Handlungsspielraum, der zur Entwicklung innovativer und zugleich anwendernaher, akzeptierbarer Lösungen genutzt werden soll. Dafür müssen im Team die entsprechenden Spezialisten und/oder Generalisten vertreten sein, die sich durch selbstständiges, unternehmerisches Denken und Handeln auszeichnen.

Ein Erfolgsfaktor in Projekten ist die Aufmerksamkeit und Unterstützung des **obersten Managements** („Management Attention"). Diese umfasst mehr als die Genehmigung des Projektauftrags, sondern erfordert eine organisatorische Einbindung des Managements.

Dies geschieht kollektiv über den Lenkungsausschuss und nachgelagert ggf. über das Kernteam sowie individuell über die Verantwortung einzelner Projekte. In moderneren Ansätzen des Projektmanagements mit agil arbeitenden Projektteams beschränkt sich die Aufgabe der Führung auf die Beauftragung und Ressourcenbereitstellung.

▶ Der **Lenkungsausschuss** ist die hierarchisch höchste Instanz der Projektorganisation. Dabei handelt es sich um ein Mehrpersonengremium, welches in nicht ständiger, aber regelmäßiger Zusammenarbeit die Zielplanungs- und Entscheidungs- sowie Kontrollfunktion in der Projektorganisation übernimmt. Die Mitglieder übernehmen diese Aufgabe im Nebenamt.

Der Lenkungsausschuss konstituiert sich in der Regel im Anschluss an die Entscheidung, ein Projekt durchzuführen. Liegt der Projektauftrag noch nicht vor, so ist dessen Erstellung oder Konkretisierung die erste Aufgabe. Wichtige Mitglieder sind je nach strategischer Bedeutung des Projekts insbesondere Kräfte der ersten oder zweiten Führungsebene. In der Regel ist der Lenkungsausschuss als Steuerungs- und Koordinationsgremium als Kollegialinstanz ausgestaltet, d. h., die Entscheidungen fallen einstimmig oder zumindest mit qualifizierter Mehrheit. Weitere **wichtige Aufgaben** sind die Auswahl des Führungspersonals der Projektorganisation, Bereitstellung von Personalressourcen sowie weiterer im Projektauftrag genehmigter Sach- und Finanzressourcen.

Im laufenden Projektgeschäft trifft der Lenkungsausschuss projektrelevante Entscheidungen, vertritt die Projektinteressen nach außen und lässt die Interessen externer und interner Anspruchsgruppen sowie geänderte Rahmenbedingungen einfließen (so genanntes Stakeholder-Management). Des Weiteren überwacht er den Gesamtablauf auf Basis der Informationen des Projektcontrollings und löst im Ausnahmefall etwaige Konflikte (vgl. Patzak und Rattay 2018, S. 199–201; Bea et al. 2020, S. 85). Werden in einem Unternehmen mehrere Projekte durchgeführt und geleitet, so spricht man vom **Multiprojektmanagement**. Haben die Projekte einen gemeinsamen Bezug oder ein Ziel, so nennt man diese Projektmehrheit auch **Programm** (vgl. Patzak und Rattay 2018, S. 489–494).

▶ Das **Kernteam** ist eine Mehrpersoneneinheit, die sich aus Projektleitern oder den Teilprojektleitern zusammensetzt und in regelmäßiger Zusammenarbeit und enger Abstimmung die Koordination mehrerer aufeinander abzustimmender Projekte übernimmt.

Die wesentliche Aufgabe des Kernteams ist das **Management von mehreren Projekten** und die damit verbundenen Koordinationsaufgaben. Die Hauptaufgabe besteht zunächst im Herunterbrechen der strategischen Vorgaben aus dem Projektauftrag in einzelne Projektziele und -unteraufträge für die (Teil)Projekte sowie das Management der Projektprozesse. Außerdem entscheidet das Kernteam, welche externen Stellen (z. B. Berater, ausgewählte Kunden oder Lieferanten) das Projekt unterstützen sollen. Sodann ist es durch Steuerung und Kontrolle für den reibungslosen Ablauf des Projekts verantwortlich.

Unterstützung einer Projektorganisation

Unterstützung in der Projektorganisation für die Projektteams und/oder -leitung kann beispielsweise durch einen **Projektassistenten** oder durch ein **Projektbüro** (Project Office) geleistet werden. Aufgaben sind Projektdokumentation und -administration, Kommunikation und Methodenberatung. Insbesondere die Funktionen Kommunikation und Controlling sind in ihrer Bedeutung so hoch einzuschätzen, dass sie als selbstständige, begleitende Unterstützungseinheiten mit in die Projektorganisation aufgenommen werden sollten, da sie u. a. auch den Lenkungsausschuss unterstützen.

▶ Ein **Projektbüro** ist in größeren Projektorganisationen eine Mehrpersoneneinheit, die in ständiger Zusammenarbeit spezielle Serviceaufgaben für andere Projekteinheiten erbringt. Der Aufgabenschwerpunkt dieser Vollzeit-Tätigen liegt zumeist in der Umsetzungsphase, wenn mehrere Projekte parallel laufen (vgl. Unger 2012; Brehm und Hackmann 2014, 2005).

In Unternehmen, die ein stark projektbasiertes Geschäft haben oder aus anderem Grund regelmäßig eine Vielzahl von Projekten betreuen, kann das Projektbüro zur Dauereinrichtung eines so genannten **Project Management Office (PMO)** werden (vgl. Seidl 2011, S. 152 ff., DIN ISO 69901-5; Patzak und Rattay 2018 S. 502 f.; Bea et al. 2020, S. 424 f.). Das PMO ist dann als Dienstleistungseinheit bzw. Corporate Service Teil des Projektmanagements in der Primärorganisation. Der wesentliche Unterschied: Es erbringt seine Dienstleistungen für viele Projekte und Unternehmensbereiche gleichzeitig und unbefristet. Im Unterschied zu den beschriebenen Aufgaben liegt der Fokus stärker auf der grundsätzlichen Methodik des Projektmanagements und auf Beratungsaufgaben.

Anbindung der Projektorganisation

Die Projektorganisation kann nur dann wirkungsvoll die Änderung in der und für die Primärorganisation unterstützen, wenn die Anbindung und Schnittstellen geklärt sind. Lenkungsausschuss, Kern- und Projektteams stellen quasi Schnittstelleneinheiten dar und sollen zugleich die intensive Anbindung mit der Primärorganisation sichern. Die hierarchische Einordnung und Steuerung der Projektorganisation bestimmt maßgeblich die Bedeutung des Projekts und wie stark die gesamte Organisation auf die Projektziele ausgerichtet ist (vgl. Patzak und Rattay 2018, S. 165–170; Bea et al. 2020, S. 91–98).

Für die oberste Führungsebene ist es eine herausfordernde Aufgabe, immer wieder die richtige Balance zu finden zwischen der auf das Tagesgeschäft ausgerichteten Linienorganisation und den Einheiten der Projektorganisation, die Veränderungen bearbeiten, Spezialthemen abwickeln oder nach Möglichkeiten der Entwicklung bzw. Erneuerung suchen.

Drei Grundformen der Anbindung bzw. Integration von Primär- und Sekundärorganisation können unterschieden werden (vgl. Vahs 2023, S. 229–238; Bea et al. 2020, S. 92–98; Nicolai 2023, S. 154–164):

- Stabs-Projektorganisation,
- Matrix-Projektorganisation,
- Reine Projektorganisation.

Diese Grundmodelle lassen sich nach dem Grad der organisatorischen Verselbstständigung des Projektes, also dem Grad der Unabhängigkeit der Projektorganisation von der Linienorganisation, unterscheiden. Der Projektleiter hat somit mehr oder weniger Verantwortung und Kompetenzen sowie das gesamte Projektteam einen entsprechend ausgeprägten Freiheitsgrad (Abb. 2.22).

Stabs-Projektorganisation
Bei der Stabs-Projektorganisation wird die ursprüngliche Organisation am wenigsten verändert, sie wird lediglich um eine Stelle oder Stellenmehrheit ergänzt. Als **Stabsstelle** übernimmt diese dann alle notwendigen Aufgaben der Information, Koordination und Entscheidungsvorbereitung der Projekte. Sie hat keine direkten Weisungsbefugnisse gegenüber den Linienstellen, sondern muss neben den unter Umständen geltenden formalen Regeln auf die „geliehene Macht" von der Instanz oder den Möglichkeiten der persönlichen Einflussnahmen Gebrauch machen. Dadurch wird es aber schwierig, eine erfolgreiche Projektdurchführung sicher zu stellen.

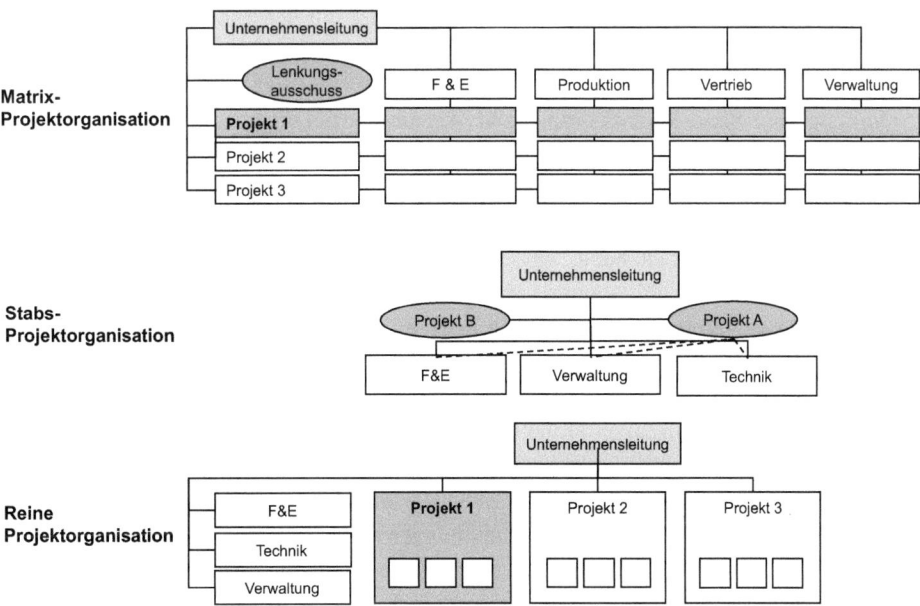

Abb. 2.22 Formen der organisatorischen Anbindung von Projekten. (Eigene Darstellung)

Von Vorteil sind die direkte Anbindung an die Instanz, die minimalinvasive organisatorische Umsetzung sowie die hohe Flexibilität in der personellen und sonstigen Ausstattung. Von Nachteil sind geringere Durchschlagskraft, hoher Koordinationsbedarf, starke Abhängigkeit vom Stelleninhaber und das grundsätzliche Stab-Linie Spannungsverhältnis. Insgesamt eignet sich diese Form eher für kleinere Projekte, die ein nicht so hohes Maß an Professionalisierung erfordern und in denen die Linienverantwortlichen selbst ein großes Interesse an der Umsetzung haben.

Matrix-Projektorganisation
Bei der Matrix-Projektorganisation wird die funktional- oder objektorientierte Primärorganisation durch eine **horizontale Sekundärstruktur** der Projektorganisation überlagert. Eine **Matrix-Organisation** liegt wie oben beschrieben vor, wenn gleichzeitig zwei Gliederungsmerkmale zur Anwendung kommen. Der Projektleiter verfügt über Entscheidungs- und Weisungsbefugnisse bezüglich des Projektes, die Linieninstanz bezüglich der Wahrnehmung von Funktionen oder Objekten, d. h. die Mitarbeiter bekommen Weisungen von zwei Instanzen, dem Projektleiter und dem Linien-/Fachvorgesetzten. Der Projektleiter übernimmt somit die Koordination sämtlicher projektbezogener Aktivitäten. Er wird dabei durch Projektmitarbeiter aus der Linie unterstützt, die in Voll- oder Teilzeit für das Projekt arbeiten bzw. in dieses wechseln. Ihre Linienvorgesetzten tragen die Verantwortung für die fachlichen Aufgaben im Projekt, da diese über die tatsächliche Expertise zur Problemlösung verfügen. Das heißt, als Instanz sind Projekt und Linie auf Augenhöhe, aber die tatsächliche Arbeit müssen am Ende die Mitarbeitenden aus den Unternehmensbereichen übernehmen, die vom Projektleiter auf Basis seiner Weisungsbefugnisse gegenüber den Linienabteilungen zugewiesen und koordiniert werden. Hier entsteht dann zumeist ein für die Matrix-Organisation typischer Ressourcenkonflikt. Eine Abstimmung mit den Linieninstanzen, welcher Mitarbeiter was, wann, wo und wie bearbeitet, ist also in beiderseitigem Interesse.

Vorteile sind klare Verantwortung und Weisungsbeziehungen, flexible Nutzung der Humanressourcen im Projekt und die Nutzung des Fachwissens direkt aus den Bereichen. Die Nachteile sind in der Matrixidee selbst angelegt: Konfliktpotenziale und damit die Notwendigkeit von Vorfahrtsregelungen, unter Umständen Mehrfach- oder Überbelastungen der Mitarbeitenden. Um dieses zu vermeiden, können wie in Abschn. 2.2.1.2 beschrieben, Modifikationen vorgesehen werden, die z. B. dem Projektleiter oder der Fachvorgesetzten mehr Kompetenzen gewähren. Eine weitere Möglichkeit die Konflikte zu reduzieren, bieten Unterstützungseinheiten. Da eine Matrix-Projektorganisation nur sinnvoll ist, wenn es mehrere Projekte im Unternehmen gibt, schließt sich die Notwendigkeit eines gemeinsamen Projektbüros an. Als zentrale Projektadministration kann es dann als Stabsstelle eingerichtet werden und u. a. zur Konfliktbewältigung beitragen.
Die Projektmatrix eignet sich dann, wenn die Projekte von Beginn an auf die übergreifende Kooperation mit anderen Fachabteilungen angewiesen sind, wie z. B. bei großen IT- oder F&E-Projekten und damit auch schon mehr Mitarbeitende eingebunden sind und ein deutlich größerer Ressourcenbedarf erforderlich ist.

Reine Projektorganisation

Die größte organisatorische Veränderung ist mit der **reinen Projektorganisation** verbunden, die projektorientierte Sekundärorganisation wird hierbei zur Primärorganisation. Dies kommt dann zum Tragen, wenn das eigentliche **Tagesgeschäft im Grunde als Projektgeschäft** zu organisieren ist (vgl. Bea et al. 2020, S. 653–690). Das heißt, jeder Kundenauftrag ist im Grunde so umfassend, dass dies jeweils ein eigenes Projekt begründet. Solche Formen finden sich im Anlagen- und Maschinenbau, Luft- und Raumfahrtindustrie, bei Automobilzulieferern, wo jeder neue Vertrag über eine Serie beim Automobilhersteller ein Projekt ist oder in der IT- bzw. Unternehmensberatung.

Hierzu wird der Projektleiter für die im Projekt häufig in Vollzeit tätigen Mitarbeitenden zum fachlichen Vorgesetzten auf Zeit und hat damit für die Projekterfüllung weitgehenden Zugriff auf die benötigten Ressourcen und die vom Lenkungsausschuss zugewiesene Verantwortung für die Zielerreichung. Die disziplinarische Weisungsbefugnis kann bei der Instanz der jeweiligen Heimatabteilung verbleiben.

Vorteilhaft sind die höhere Motivation und Identifikation der Mitarbeiter, die eindeutige Weisungsbefugnis und Verantwortung des Projektleiters zur Beschleunigung der Lösung von Problemen, durchgängige Arbeit an den und in den Projekten sowie geringere Konfliktpotenziale. Wesentliche Nachteile sind evtl. die geringere Akzeptanz der Projektergebnisse in den Funktions- oder Unternehmensbereichen, es kann zu Ablösungserscheinungen der Projekte kommen mit entsprechenden Problemen bei der „Wiedereingliederung" der Mitarbeiter zurück in ihre ursprünglichen Arbeitsbereiche.

Auf Mitarbeiterebene besteht ein Spannungsfeld bei der Gestaltung der Anbindung zum einen darin, dass den Mitarbeitern in der Primärorganisation zur Bewältigung ihrer Tages- und ggfs. Projekt- oder Spezialaufgaben ein hohes Maß an **Autonomie** zugestanden werden muss, um eine Arbeit möglichst entfernt vom Tagesgeschäft zu ermöglichen. Zum anderen können die Mitarbeiter in der Projektorganisation nicht im luftleeren Raum agieren. Sie sind **strukturell mit in die Projektprozesse einzubinden**, die aber auch wieder Anschluss an die Primärorganisation brauchen. Erläutert am Beispiel einer hier unterstellten matrixähnlichen Lösung, sind die Projektmitglieder zumindest teilweise sowohl in der Projektorganisation als auch im Tagesgeschäft aktiv. Im Projektgeschäft wird ihnen möglichst weitgehende Autonomie zugestanden. Sie unterstehen dem Kernteam. Im Tagesgeschäft sind sie (z. B. zwei Tage in der Woche) in die Linie integriert. Dies führt zwar zu Reibungsverlusten durch den häufigen Jobwechsel, hat aber unter Umständen den weitaus größeren Vorteil, dass dadurch die Erfahrungen und Ergebnisse der Projektarbeit in die Primärorganisation einfließen. Im Gegenzug nehmen die Mitarbeiter Bedenken und Ängste ihrer Kollegen aus dem Tagesgeschäft mit in das Projekt und können von dort aushelfen, Barrieren abzubauen.

Projektprozess

Ein wesentlicher Baustein in der dauerhaften Führungskonzeption ist neben der Aufbauorganisation ein geordneter und vom konkreten Inhalt unabhängiger Ablauf eines Projekts

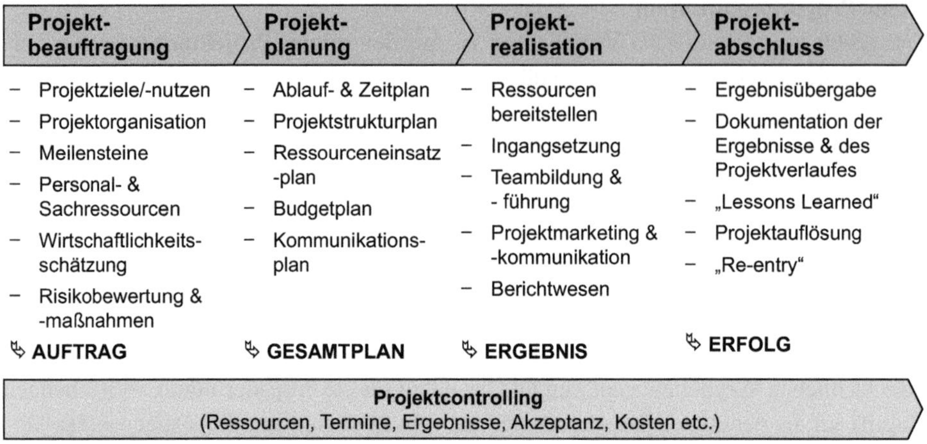

Projekt-beauftragung	Projekt-planung	Projekt-realisation	Projekt-abschluss
– Projektziele/-nutzen – Projektorganisation – Meilensteine – Personal- & Sachressourcen – Wirtschaftlichkeits-schätzung – Risikobewertung & -maßnahmen	– Ablauf- & Zeitplan – Projektstrukturplan – Ressourceneinsatz-plan – Budgetplan – Kommunikations-plan	– Ressourcen bereitstellen – Ingangsetzung – Teambildung & -führung – Projektmarketing & -kommunikation – Berichtwesen	– Ergebnisübergabe – Dokumentation der Ergebnisse & des Projektverlaufes – „Lessons Learned" – Projektauflösung – „Re-entry"
✎ AUFTRAG	✎ GESAMTPLAN	✎ ERGEBNIS	✎ ERFOLG

Projektcontrolling (Ressourcen, Termine, Ergebnisse, Akzeptanz, Kosten etc.)

Abb. 2.23 Phasen und Aufgaben im Projektmanagement. (Eigene Darstellung)

(vgl. Bea et al. 2020, S. 61–66; Litke 2022, S. 25 und Abb. 2.23 basierend auf Bach et al. 2017, S. 384 f.). Der als typisch angenommene Projektprozess ist eine Folge von Aktivitäten und Aufgaben in der wiederkehrenden Projektbearbeitung und wird hier in vier Phasen unterteilt (vgl. zu einzelnen Aspekten Kraus und Westermann 2019, S. 34; Patzak und Rattay 2018, S. 116; Kuster et al. 2023; Stöger 2019, DIN-Norm 69901-2). Dies gilt relativ unabhängig vom konkreten Inhalt, die Unterschiede sind dann eher in der Dauer der einzelnen Phasen zu erkennen, der Anzahl der notwendigen Rückkopplungen zwischen den Phasen (auf die hier aber nicht eingegangen wird) und dem Übergang in den tatsächlichen Realbetrieb („going live"), abhängig davon, oder es sich beispielsweise um ein Bauprojekt, IT-Projekt oder Vertriebsprojekt handelt.

Projektbeauftragung: Basierend auf einer Situationsanalyse werden im Projektauftrag die wesentlichen Ziele des Projekts hinsichtlich Ergebnistyp und -qualität, Zeit und Budget festgelegt. Im Rahmen des Projektauftrags müssen weiterhin die Aufgaben, Kompetenzen und Verantwortlichkeiten der Projektorganisation definiert werden. Die benötigten Sach- und Humanressourcen sind abzuschätzen und mit der Beauftragung von den Entscheidern zu genehmigen. Basierend darauf kann auch der Nutzen eingeschätzt werden, als monetäre Beschreibung aller Projektziele abzüglich des Aufwandes. Im besten Fall kann trotz aller Bewertungsprobleme in Euro festgelegt werden, ob es sich „lohnt". Der grobe Ablauf des Projekts wird üblicherweise über zeitliche und inhaltliche Meilensteine fixiert. Ergänzend werden die relevanten Projektrisiken identifiziert und deren Gegenmaßnahmen festgelegt. Am Ende steht dann der vom Entscheider oder Lenkungsausschuss **abgezeichnete Projektauftrag** (vgl. Kraus und Westermann 2019, S. 30–34; Weiand 2011).

Projektplanung: Die Projektplanung umfasst die gedankliche Vorwegnahme des Projektgeschehens. Hier sind die Vorgaben aus dem Projektauftrag in konkrete Pläne zu überführen. Der Projektstrukturplan als „Mutter aller Pläne" bricht das Projekt in wesentliche Teilprojekte und diese wiederum in Arbeitspakete herunter. In der Ablaufplanung werden diese Arbeitspakete z. B. unter Zuhilfenahme der Netzplantechnik in eine zeitlich und inhaltlich durchführbare Reihenfolge gebracht. So entsteht dann auch ein Zeitplan. Ergänzend müssen Ressourcen und Budgets eingeplant werden oder auch ein Kommunikationsplan zur Sicherung der Information und Akzeptanz aller Betroffenen und Beteiligten. Am Ende dieser Phase steht ein im besten Fall **integrierter Gesamtplan**, der wie der Projektauftrag wichtige Soll-Informationen für das begleitende Projektcontrolling bereitstellt.

Projektrealisation: Die konkrete Veranlassung der Durchführung wird als Realisation bezeichnet, die als Teil des Projektmanagements im Wesentlichen Steuerungs- sowie Koordinationsaufgaben für die Verantwortlichen umfasst. Gesteuert werden müssen Projektmitarbeiter im Rahmen der Teamführung, Ressourcen, Projektmarketingaktivtäten etc. Ein regelmäßiges, formales Reporting über den Ergebnisfortschritt bildet die Basis und Schnittstelle für das bzw. zum Projektcontrolling.

In dieser Phase erfolgt auch die eigentliche inhaltliche Projektarbeit. Das heißt, Projektteams bearbeiten eigenständig ihnen zugewiesene Arbeitspakete und erarbeiten Problemlösungen. Das bedeutet im konkreten Fall eines auch hier unten im Buch beschriebenen Veränderungsprojektes werden in dieser Phase von den Projektteams wieder konkrete Phasen der Organisationsarbeit wie z. B. der Aufnahme, Analyse, Konzeption und Umsetzung durchlaufen, oder in einem IT-Projekt die Schritte Konzeption, Modellierung, Entwicklung, Test und Veröffentlichung. Am Ende der Realisation steht also immer ein **konkretes (Teil-)Ergebnis**, welches einen **Projekt(lösungs)beitrag** liefert.

Projektabschluss: Die erfolgreiche Ergebnisübergabe an den oder die Inbetriebnahme mit dem Auftraggeber (z. B. im Rahmen eines „going live", „Launch" oder einer Ergebnispräsentation) ist Teil des Projektabschlusses. Damit ist am Ende der inhaltliche **Erfolg des Projektes** gemeint. Im Zusammenhang mit der **Dokumentation der Ergebnisse** im Projektverlauf aus Sicht eines erfolgreichen Projektmanagements sollten für zukünftige Projekte die wesentlichen „Lessons learned" festgehalten werden. Insbesondere für Mitarbeiter, die lange und vor allem Vollzeit im Projekt tätig waren, ist nach der formalen Projektauflösung der Wiedereinstieg in das Tagesgeschäft („Re-entry") zu organisieren. Das wäre dann der zweite Teil des Erfolges im Sinne des Projektmanagements selbst.

Unter Umständen ist auch eine Vielzahl von aufeinander abgestimmten Projekten notwendig, um Veränderungen oder umfangreiche Spezialaufgaben zu bewältigen, dies wird dann Programm genannt. Die Projektprozesse brauchen wiederum Strukturen, in denen sie ablaufen können, die oben beschriebene Projektorganisation.

In den letzten Jahren wurde das Projektmanagement stark geprägt durch den Einsatz **agiler Methoden** und Techniken (Abschn. 5.3.2), um die vermeintlich als erfolglos angesehenen planungsorientierten Projektansätze zu überwinden. Dies veränderte sowohl die Projektorganisation als auch noch stärker die Zusammenarbeit der Projektmitarbeiter im Projektprozess (Schwaber 2008; Gloger 2016; Scheller 2017).

Agiles Projektmanagement selbst ist keine eigene Methodik, sondern ein Sammel-
begriff für verschiedene agile Methoden, die auch im Projektmanagement eingesetzt werden. Diese folgen einem iterativen Ansatz, bei dem in kurzen Abständen unter Einbeziehung des Kunden und Stakeholdern (Teil-)Ergebnisse geliefert werden. Durch überschaubare Bearbeitungsabschnitte kann flexibel auf sich ändernde Anforderungen
eingegangen werden. Die wesentlichen Grundprinzipien sind unter anderem:

- Kundenorientierung: Integrierte regelmäßige Abstimmung mit den Kunden und spezielle Rollen für die Kundensicht (Product Owner)
- Methodik: Unterstütztes Vorgehen durch die Anwendung spezieller Methoden wie beispielsweise Scrum oder KANBAN
- Transparenz und Kommunikation: Alle Beteiligten und Betroffenen werden über
  Informationstafeln und regelmäßige Kommunikation „ständig" auf dem Laufenden ge-
  halten und eingebunden
- Iterationen: Iteratives Vorgehen in kürzeren Bearbeitungszyklen (Time Boxing in so
  gennannten Sprints)
- kleine Arbeitspakete: Inkrementelles Vorgehen durch auch inhaltlich kleinere Arbeits-
  einheiten
- Selbstorganisation und -führung: vgl. dazu die Abschn. 3.2.2 und 5.2.1
- Regelmäßige Feedbackschleifen: So genannte Reviews zur Beurteilung der erreichten
  Ergebnisse und Retrospektiven zur Verbesserung des Arbeitsprozesses selbst

2.3.2 Verhaltenswissenschaftliche Implikationen der Sekundärorganisation

2.3.2.1 Konflikte in Organisationen

Da die Formen der Sekundärorganisation die Einheiten der Primärorganisation ergänzen
und teilweise überlagern, handelt es sich häufig um konfliktträchtige Arrangements. Wenn
Mitarbeiter beispielsweise sowohl mit Routineaufgaben betraut und hierbei ihrem Linienvorgesetzten unterstellt sind sowie gleichzeitig in Projekten tätig sind, wo sie Weisungen
von Projektleitern erhalten, sind Konflikte vorprogrammiert.

Überhaupt sind Organisationen, wie andere soziale Einheiten (z. B. Familien oder
Freundschaftsgruppen) auch, nicht als konfliktfreie Gebilde denkbar. Immer wenn es zu
wechselseitigen Abhängigkeiten kommt, sind Konflikte vielmehr unvermeidlich. In Organisationen beispielsweise zwischen Personen, Abteilungen oder Bereichen. Während die
unitarische Perspektive davon ausgeht, das Unternehmen durch ein, die Organisation
überwölbendes, Dach übergeordneter Ziele geeint ist und sich die Unternehmensmit-
glieder als integrierte Gesamtheit zur gemeinsamen Zielerreichung zusammengeschlossen
haben (Organisation als „glückliche Familie" (Weinert 2004, S. 677)), nimmt die **plura-
listische Perspektive** eine realistischere Betrachtung vor (Barry und Wilkinson 2021).

Diese betont die Unterschiedlichkeit von Interessen innerhalb der Organisation und erkennt zudem an, dass die Ziele der Organisationsmitglieder nicht stets mit den Unternehmenszielen übereinstimmen müssen. Konflikte sind demnach keine Ausnahmeerscheinung, sondern ein alltägliches, organisationsinhärentes Phänomen, welches auch längst nicht immer die soziale Ordnung gefährdet, sondern funktionale ebenso wie dysfunktionale Folgen haben kann (Simmel 1908).

▶ Gemäß Solga ist das „aversive Erleben von Unvereinbarkeit im Miteinander zweier Parteien" kennzeichnend für **Konflikte** (Solga 2019, S. 136).

Konflikte kommen also in Interaktionen zustande, wobei es ausreichend ist, dass zumindest einer der beteiligten Akteure eine Unvereinbarkeit wahrnimmt. Hierbei wird das Verhalten des Gegenübers als Einschränkung bzw. als Beeinträchtigung erlebt. Die andere Partei wird also dafür verantwortlich gemacht, dass eigene Intentionen nicht verwirklicht werden können. Im Rahmen eines Konflikts fühlt sich also mindestens eine Partei durch das Verhalten der Gegenseite gestört (Glasl 2020). Somit können Konflikte auch von bloßen Meinungsverschiedenheiten unterschieden werden, da die Meinung des anderen in der Regel nicht mit einer erlebten Beeinträchtigung verbunden ist.

Hierbei können Konflikte dysfunktionale bis hin zu zerstörerische Effekte haben, aber es insbesondere das Verdienst Cosers auch auf die funktionalen Aspekte aufmerksam gemacht zu haben (Coser 2009). Vom Einzelnen mögen Konflikte überwiegend negativ und als belastend erlebt werden, aber auf überindividueller Ebene (z. B. für Gruppen, Abteilungen, Bereiche oder Organisationen) können Konflikte auch positive Funktionen haben (Tab. 2.14).

Arten von Konflikten

Während des bei **Aufgabenkonflikten** um eine erlebte Unvereinbarkeit bei der gemeinsamen Bearbeitung von Aufgaben handelt, sind die Differenzen bei **Beziehungskonflikten** persönlicher Natur. Es handelt sich um zwischenmenschliche Unstimmigkeiten – man erlebt beispielsweise den Stil oder die Persönlichkeit des anderen als beeinträchtigend. **Verteilungskonflikte** sind hingegen die Folge von Ressourcenknappheit. Werden einer anderen Partei

Tab. 2.14 Funktionale und dysfunktionale Aspekte von Konflikten

dysfunktionale Aspekte	funktionale Aspekte
stören Harmonie	fördern sozialen Wandel und Innovation
verhindern Kooperation	legen Probleme offen
verursachen Kosten	stimulieren Ursachenanalysen
machen unzufrieden	fordern Entscheidung heraus
erhöhen Stresserleben	fördern Wettbewerb
erhöhen Frustration	
reduzieren Teamleistung	

[eigene Darstellung]

Mittel zugeteilt (z. B. Budgets), fürchtet man um die eigene Ressourcenausstattung. Bei **Ziel-konflikten** erachten die Konfliktparteien andere Soll-Zustände in der Zukunft für erstrebens-wert, während bei **Mittelkonflikten** Uneinigkeit hinsichtlich des einzuschlagenden Weges (Methode) zur Zielerreichung besteht. **Institutionalisierte Konflikte** folgen in der Aus-tragung präsituativ festgelegten Regeln, wie beispielsweise im Rahmen von Tarifkonflikten zwischen Gewerkschaften und Arbeitgeberverbänden, während für **nicht-institutionalisierte Konflikte** vorab keine Austragungsregeln festgelegt sind. Ferner finden **symmetrische Kon-flikte** zwischen machtgleichen Akteuren statt, während im Falle von **asymmetrischen Kon-flikten** ein Machtungleichgewicht (Abschn. 2.1.2.6) besteht. Im Rahmen **manifester Kon-flikte** sind sich schließlich die Parteien des Spannungsverhältnisses bewusst, während **latente Konflikte** noch nicht ausgebrochen und sich die Konfliktparteien ihrer Gegnerschaft noch nicht bewusst sind. Beim latenten Konflikt ist die Unvereinbarkeit also noch nicht offen-gelegt worden.

Konfliktverhalten

Das Konfliktverhalten im Rahmen manifester Konflikte hängt gemäß dem „Dual Concern-Modell" nach Thomas (1992) davon ab, wie stark sich die beteiligten Parteien primär an ihren eigenen Zielen oder/und Interessen bzw. vorrangig an den Zielen und Interessen der Gegenpartei orientieren (Abb. 2.24) Ist für die Parteien also das Selbstbehauptungs-(„self-concern") oder das Kooperationsmotiv („other-concern") bestimmend.

Folgt man ausschließlich dem Selbstbehauptungsmotiv, ohne Rücksicht auf die Interes-sen der Gegenseite, versucht man sich **durchzusetzen**. Orientiert man sich hingegen primär an den Interessen der Gegenseite und kommt den Forderungen der Gegenseite nach, erfolgt ein **Nachgeben**. Wird ein Treffen in der Mitte der Positionen angestrebt, sodass eigene For-

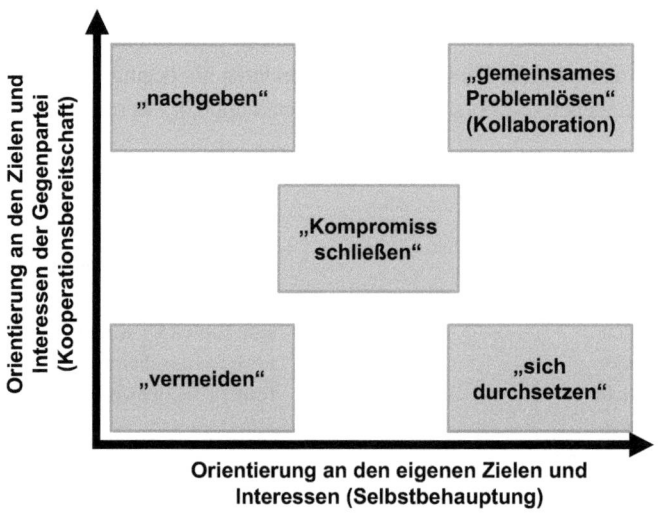

Abb. 2.24 Taxonomie des Konfliktverhaltens. (In Anlehnung an Thomas 1992, S. 266)

derungen reduziert und von der Gegenseite gefordert wird, dasselbe zu tun, sucht man einen **Kompromiss.** Und versucht man, die Divergenz erst gar nicht sichtbar werden zu lassen oder herunterzuspielen, bemüht man sich um eine **Konfliktvermeidung**. Beim **gemeinsamen Problemlösen** hingegen wird durch eine Kollaboration eine Lösung angestrebt, bei der die Interessen beider Konfliktparteien Berücksichtigung finden („Win-Win Lösung").

Konfliktverläufe

Konflikte sind kein statisches, sondern vielmehr ein dynamisches Phänomen. Sie durchlaufen häufig verschiedene Stadien, auch Konfliktepisoden genannt. Pondy unterscheidet beispielsweise die Episoden latenter Konflikt, wahrgenommener Konflikt, erlebter Konflikt, manifester Konflikt und schließlich die nachkonfliktäre Phase (Pondy 1967). Hierbei können Konflikte *erstens* über die Zeit verebben, *zweitens* z. B. durch eine Verhandlungslösung oder Mediation beigelegt werden, aber *drittens* auch an Intensität gewinnen und dabei auch schließlich in einer offenen, destruktiven Aggression enden. Wenn sich der Konflikt über die Zeit intensiviert und sich die Parteien gegenseitig „hochschaukeln", liegt eine **Konflikteskalation** vor. Diesbezüglich unterscheidet Glasl neun Phasen der Eskalation (Glasl 2020, S. 243–317):

1. „Verhärtung"
2. „Polarisation und Polemik"
3. „Taten statt Worte"
4. „Koalitionen"
5. „Demontage und Gesichtsverlust"
6. „Drohung und Erpressung"
7. „Begrenzte Vernichtungsschläge"
8. „Zersplitterung"
9. „Gemeinsamer Abgrund"

Konfliktbewältigung

Die Bewältigung von Konflikten kann durch eine Verringerung des Konfliktpotenzials (Konfliktprophylaxe), ein kooperatives Aushandeln des Konflikts zwischen den Konfliktparteien oder durch das Einwirken einer dritten Partei (z. B. im Rahmen einer Schlichtung oder Mediation) erfolgen (Berkel 2009, S. 354–358). Letzteres ist insbesondere dann angezeigt, wenn Konflikte einen bestimmten Eskalationsgrad erreicht haben, sodass sie von den Konfliktparteien selbst nicht mehr gelöst werden können.

2.3.2.2 Teamprozesse in Organisationen

Wenn Aufgaben zu groß oder zu komplex sind, um von einzelnen Mitarbeitern übernommen werden zu können, betrauen Organisationen Gruppen, synonym auch Teams genannt, hiermit. Die Zugehörigkeit zu einem Team beeinflusst hierbei das Verhalten des Gruppenmitglieds. M.a.W.: Menschen verhalten sich als Individuen anders, denn als Mitglied von Gruppen.

Nicht nur im Rahmen ihrer Organisationszugehörigkeit sind Individuen Mitglieder von Gruppen, sondern auch in der privaten Lebenswelt gehören Menschen Gruppen, z. B. Familien oder Freundschaftsgruppen, an. Im Unterschied hierzu weisen Arbeitsgruppen jedoch einen höheren Formalisierungsgrad auf, sind in einen organisatorischen Kontext eingebunden und sind angehalten, die Gruppenziele möglichst effizient zu erreichen.

▶ **Arbeitsgruppen** (oder Teams) bestehen aus mindestens zwei Mitgliedern, die regelmäßig miteinander interagieren und eingesetzt werden, um organisationsrelevante Aufgaben zu erfüllen. Hierzu übernehmen die Gruppenmitglieder unterschiedliche Rollen und müssen miteinander kooperieren, um die Gruppenziele zu erreichen (Kozlowski und Ilgen 2006, S. 79).

Mithin sind lediglich von der Organisation eingesetzte und von der Organisation mit einer Aufgabe betraute Gruppen, also die **formellen Gruppen**, Gegenstand der Betrachtung (z. B. Abteilungen, Projektgruppen oder Komitees). Kennzeichnend ist hierbei, dass ihre Entstehung, Zusammensetzung, Aufgabenzuweisung und Auflösung auf einer formalen Entscheidung der Organisation beruht. Daneben bestehen in Organisationen immer auch **informelle Gruppen**, die sich auf Basis von Sympathie zum Erleben von Gemeinschaft aufgrund der Eigeninitiative der Gruppenmitglieder bilden und die keinen von der Organisation übertragenen Zweck verfolgen.

Praxisbeispiel: Optimale Gruppengröße bei *Amazon*

Hinsichtlich der optimalen Größe von Gruppen, kann keine generell gültige Aussage getroffen werden. Sicherlich ist die angeblich bei Amazon praktizierte „**Zwei Pizza-Regel**" jedenfalls allzu schlicht und nicht auf sämtliche Aufgaben und Kontexte übertragbar. Wenn es darum geht, eine neue Aufgabe zu bewältigen, sollte ein Team demnach maximal so groß sein, dass es von zwei Familienpizzen satt wird. Reichen zwei Pizzen nicht, sollte, nach Überzeugung des Unternehmensgründers Jeff Bezos, die Aufgabe eher auf zwei Teams übertragen werden (Quelle: www.handelsblatt.com (Zugriff am 05.07.2021)). Welche Gruppengröße sinnvoll ist, hängt jedoch von einer Vielzahl von Faktoren ab, wie beispielsweise der Art der Aufgabe, der Gruppenzusammensetzung, der Qualifikation der Gruppenmitglieder, der Ressourcenausstattung, dem Handlungsdruck u. v. m., weshalb solchermaßen pauschale Regeln nicht sinnvoll sind. ◀

Die Vielzahl an Erscheinungsformen von Gruppen in Organisationen kann anhand von fünf Merkmalen systematisiert werden (Hertel und Hüffmeier 2014, S. 223). Hinsichtlich der **Autonomie** können eher geführte von sich eher selbst steuernden Teams unterschieden werden. Bezüglich der **Aufgabenstruktur** gibt es Teams mit einer hohen Interdependenz der zu bearbeitenden Teilaufgaben und Gruppen, bei denen die Teilaufgaben eine größere Unabhängigkeit aufweisen. Im Hinblick auf die **Dauer der Zusammenarbeit**, können Teams zeitlich befristet (z. B. Projektgruppen oder Task Forces) oder unbefristet (z. B. Abteilung) eingesetzt werden. Hinsichtlich der **Unmittelbarkeit der Interaktion** kann zwi-

schen virtuellen Teams sowie Präsenzgruppen („face-to-face-Teams") unterschieden werden. Und schließlich unterscheiden sich Arbeitsgruppen hinsichtlich ihrer **Heterogenität**,
wobei die soziodemografischen Merkmale der Teammitglieder ähnliche Ausprägungen in
homogenen Teams aufweisen, während heterogene Teams durch eine große Unterschiedlichkeit (Diversität) gekennzeichnet sind.

Leistung von Gruppen

Es kann nicht pauschal behauptet werden, Teams seien Einzelarbeit hinsichtlich der
Arbeitsleistung stets überlegen (Torka et al. 2021). Die Teamleistung vermag zwar einerseits höher als die Leistung eines Einzelnen ausfallen, weil Teams mehr Informationen
verarbeiten können als Einzelne. Zudem sind in Teams komplexere Aufgaben bearbeitbar,
die die Kapazität eines Einzelnen übersteigen würden. Auch kann sich die Zugehörigkeit
zu einer Gruppe positiv auf die Motivation und die Zufriedenheit der Mitglieder auswirken
und dadurch leistungsfördernd wirken. Die Teammitglieder können zudem durch die Zusammenarbeit mit anderen Neues erlernen, hilfreiches Feedback erhalten und sich somit
weiterentwickeln. Andererseits bringt Gruppenarbeit immer auch ein Koordinations-
erfordernis mit sich und es beansprucht Ressourcen (z. B. Zeit und psychische Energie),
diesem Erfordernis gerecht zu werden. Weiterhin kann die Zusammenarbeit mit anderen
auch als konfliktär und psychisch beanspruchend erlebt werden. Und nicht zuletzt können
die Phänomene des erlebten Konformitätsdrucks (Mitarbeiter meinen sich einer gruppen-
internen Mehrheitsmeinung anschließen zu müssen) sowie des Risikoschubs (Gruppen
neigen dazu, riskantere Entscheidungen als Einzelne zu treffen) zudem dazu führen, dass
die Entscheidungsqualität in Gruppen geringer ausfällt, als wenn Entscheidungen von
Einzelnen getroffen werden.

Das Leistungsverhalten einzelner Teammitglieder kann durch die Teammitgliedschaft
einerseits positiv beeinflusst werden, wenn diese durch die Gruppenarbeit ihre Anstrengungen steigern, um schwächere Leistungen anderer Mitglieder auszugleichen („soziale Kompensation") bzw. um schwächere Mitarbeiter nicht im Stich zu lassen („soziale
Unentbehrlichkeit"). Zudem mag die Wahrnehmung moderater Leistungsunterschiede einige Teammitglieder zu höheren Leistungen anspornen („sozialer Wettbewerb"). Andererseits kann sich die Gruppenmitgliedschaft jedoch auch negativ auf die Leistungsbereitschaft auswirken, wenn Mitglieder zur Überzeugung gelangen, ihr persönlicher Leistungsbeitrag sei nicht identifizierbar („soziales Faulenzen") oder ihnen ihr persönlicher
Leistungsbeitrag für das Gruppenergebnis nicht bedeutsam erscheint („Trittbrettfahren")
(Hertel und Hüffmeier 2014, S. 237–240).

Phasen der Teamentwicklung

Teams sind in der Regel nicht sofort nach ihrer Zusammenstellung arbeits- und leistungs-
fähig, sondern benötigen nach der Zusammenstellung zunächst eine gewisse Zeit und
durchlaufen diverse Entwicklungsstadien, bevor sie sich ihrer eigentlichen Arbeitsaufgabe
zuwenden können.

Praxisbeispiel: Teamentwicklung im Profifußball

Der Fußballtrainer Jürgen Klopp hat die Notwendigkeit der Teamentwicklung im Leistungssport wie folgt auf den Punkt gebracht: „Du kannst nicht die besten elf Spieler der Welt holen und hoffen, dass sie eine Woche später den besten Fußball spielen" (Quelle: www.sueddeutsche.de/sport/klopp-liverpool-premier-league-1.5027611-2 (Zugriff am 11.09.2023)) ◄

Gemäß Tuckman (1965) durchlaufen Teams zunächst drei Phasen bevor sie in die **Leistungsphase** („performing") kommen. Am Anfang steht die **Kontaktphase** („forming"), in der zunächst ein Kennenlernen und vorsichtiges gegenseitiges „Abtasten" der Mitglieder erfolgt. In der sich anschließenden **Konfliktphase** („storming") werden die unterschiedlichen Positionen und Haltungen innerhalb des Teams deutlich (Abschn. 2.3.2.1) bevor in der **Kontraktphase** („norming") jedes Teammitglied seinen Platz und seine Rolle im Team findet (Tuckman und Jensen 1977). Ziel des Teambuildings ist es also, den sozialen Bedürfnissen der Mitglieder gerecht zu werden und eine hohe Gruppenkohäsion (Gruppenzusammenhalt, „Wir-Gefühl", „Teamspirit") auszubilden.

▶ **Gruppenkohäsion** bezeichnet das Ausmaß, in dem sich die Gruppenmitglieder zur Gruppe hingezogen fühlen und motiviert sind, Teil der Gruppe zu bleiben.

Hierbei ist es zweifellos leichter in kleinen und homogenen Teams eine hohe Kohäsion zu erzeugen als in großen und heterogenen Gruppen. Je klarer die Mitglieder das übergeordnete Gruppenziel vor Augen haben und sich hiermit identifizieren können, desto eher stellt sich zudem eine hohe Kohäsion ein. Positiv wirkt sich diesbezüglich auch die Interaktionshäufigkeit der Gruppenmitglieder aus. Gleiches gilt für die Dauer der Zusammenarbeit: Wenn das Team nur für eine begrenzte Zeit zusammenarbeitet, ist es schwieriger einen hohen Zusammenhalt auszubilden als im Rahmen einer unbefristeten Zusammenarbeit. Auch wenn Gruppen sich im Wettbewerb mit anderen Teams befinden, erhöht dies die Gruppenkohäsion. Und nicht zuletzt wirkt sich eine teambasierte Belohnung im Falle einer Erreichung der Gruppenziele positiv auf die Kohäsion aus (Schermerhorn et al. 2012, S. 180; Hertel und Hüffmeier 2014, S. 246–255).

2.4 Zusammenfassung und Lernkontrolle (Wiederholungsfragen und Reflexionsfragen)

Die **Organisationsstruktur** bezeichnet alle dauerhaften Regelungen, die Organisationeinheiten Aufgaben, Kompetenzen und Verantwortung zuweisen und sie in einem geordneten, verbundenen Gefüge zusammenfassen (auch Aufbauorganisation genannt; Abschn. 2.2.1.2). Stellen und Stellenmehrheiten sind die Bausteine der Aufbauorganisation.

Stellen sind eine personenbezogene Aufgaben- bzw. Aktivitätenbündelung, die vom Personenwechsel unabhängig ist. Stellen basieren auf dem Kongruenzprinzip und können Instanzen, Ausführungsstellen, Assistenz-, Stabs- oder Dienstleistungsstellen sein. Die klassische Stellenmehrheit ist die Abteilung: Eine **Abteilung** ist eine hierarchisch gegliederte Stellenmehrheit (aus mindestens einer Leitungsstelle und sonstigen Stelle) zur arbeitsteiligen Erfüllung von bereichsbezogenen Daueraufgaben in ständiger Zusammenarbeit (Abschn. 2.1.1).

Die Anordnung von Stellen und -mehrheiten in oben und unten führt zur Hierarchie. **Hierarchie** beschreibt das Ausmaß der vertikalen Arbeitsteilung durch die Anzahl der Leitungsebenen in Form von Über- und Unterordnungsbeziehungen in einem Leitungssystem. Ihre Kernfunktion ist **die Koordination**. Beschrieben wird die Hierarchie über die Leitungsspanne und -tiefe sowie die Art der Weisungsbeziehungen (Abschn. 2.1.1.4).

Wie und welche Aufgaben zu Stellen gebündelt werden, hat auch Einfluss auf die **Arbeitszufriedenheit** der Stelleninhaber. Hierbei handelt es sich bei Arbeitszufriedenheit um eine individuelle Einstellung von Mitarbeitern gegenüber ihrer Arbeit und bringt zum Ausdruck, wie Mitarbeiter ihre berufliche Tätigkeit erleben (Abschn. 2.1.2.1).

Arbeit vermag jedoch nicht nur Zufriedenheit zu stiften, sondern kann auch Quelle von **Stress** sein und sich negativ auf das Wohlbefinden auswirken. Hierbei handelt es sich bei Stress um eine als aversiv erlebte, von negativen Emotionen begleitete Beanspruchung, die als Bedrohung des eigenen Wohlbefindens erlebt wird (Abschn. 2.1.2.2).

Welche und wie Aufgaben zu Stellen gebündelt werden, hat auch Konsequenzen für die **Mitarbeitermotivation**. Das Job-Characteristics-Modell legt hierbei offen, wie Stellen leistungssteigernd und motivationsförderlich ausgestaltet werden können (Abschn. 2.1.2.3).

Mitarbeiter übernehmen jedoch nicht einfach nur die vom Unternehmen gebildeten Stellen, sondern nehmen eigenmächtig Veränderungen am Stellenprofil vor. Sie sind nicht nur passive Stelleninhaber oder eingesetzte Aufgabenträger, sondern formen vielmehr Stellen eigeninitiativ selbst aus: Sie betreiben **Job Crafting**. Durch diese proaktive Gestaltung kreieren Mitarbeiter mithin Stellenprofile innerhalb des unternehmensseitig vordefinierten Stellenkontexts, damit die Stelle besser zu ihnen passt (Abschn. 2.1.2.4).

Im Laufe des Erwerbslebens nehmen Arbeitnehmer üblicherweise nicht nur eine, sondern mehrere Stellen ein. Diese Stellenfolge wird als **Karriere** bezeichnet. Der berufliche Positionenwechsel kann hierbei mit einem Aufstieg verbunden sein, aber auch einen Abstieg darstellen oder schließlich in Form eines horizontalen Wechsels, also innerhalb einer hierarchischen Ebene, stattfinden. Hierbei entstehen Karrieren als Resultat von Aushandlungsprozessen zwischen Mitarbeitern und Unternehmen. In regelmäßigen Abständen treffen die mitarbeiter- und arbeitgeberseitigen Karriereinteressen aufeinander und die konkrete Stellenfolge ist sodann das Ergebnis von Aushandlungsprozessen (Abschn. 2.1.2.5).

Organisationen sind immer auch hierarchische Gebilde, also ein Gefüge der Über- und Unterordnung – auch wenn in der betrieblichen Praxis seit Jahrzehnten das Bestreben zu beobachten ist, Hierarchien durch eine Vergrößerung der Leitungspannen abzuflachen.

Hierbei ist im Stellengefüge der Organisation die Stellenart der Instanz dadurch gekennzeichnet, dass sie leitungs- und weisungsbefugt ist. Sie verfügen also über **Macht**. Hierbei verfügt man dann über Macht, wenn man andere zu Verhaltensweisen veranlassen kann, die diese aus freien Stücken nicht an den Tag legen würden – wenn man seinen eigenen Willen, auch gegen Widerstand, durchzusetzen vermag (Abschn. 2.1.2.6).

Das am Ende als Ergebnis des organisatorischen Gestaltungsprozesses resultierende organisatorische Grundmodell (Primärorganisation) wird jeweils durch eine spezifische Kombination von vier sogenannten **Gestaltungsparametern** bestimmt: Arbeitsteilung, Koordination, Konfiguration, De-/Zentralisation (Abschn. 2.2.1.1). Da sich die zahlreichen Unterschiedlichkeiten der daraus resultierenden Formen der Aufbauorganisationen nicht abbilden lassen, arbeitet man mit **idealtypischen Strukturmodellen** der Aufbauorganisation (Abschn. 2.2.1.2): Unterschieden werden Funktionale, Divisionale und Matrix-Organisation sowie im Abschn. 3.1 die Prozess-Organisation. Jedes dieser Grundmodelle hat spezifische Stärken und Schwächen, die teilweise durch Modifikationen behoben werden können.

Die Corporate Governance ist die Grundlage der Konzern- und Führungsorganisation. Ein **Konzern** ist die Zusammenfassung von mehreren, rechtlich selbstständigen aber beherrschten Unternehmen unter **einheitlicher Leitung** des herrschenden Unternehmens. Er kann als Stammhauskonzern oder Holding organisiert sein. Bei der Holding werden abhängig vom Führungsanspruch der Muttergesellschaft drei Formen unterschieden: Operative-, strategische- oder Finanzholding. Geleitet wird ein Konzern aus einer Corporate Center genannten Spitzeninstanz, welche dann die Stabsfunktionen miteinschließt. Neben den Stabsfunktionen können auch weitere Zentralbereiche als Zentrale Serviceeinheiten die Leitung entlasten und die Gesamteffizienz erhöhen (Abschn. 2.2.1.3).

Führungsorganisation (bzw. synonym Organisation der Unternehmensführung) umfasst die Gestaltung von Führungs- bzw. Steuerungseinheiten (Instanzen) und die Regelung der Interaktion zwischen diesen Steuerungseinheiten bzw. zu den Leitungsinstanzen der operativen Einheiten und Serviceeinheiten. Die horizontale Arbeitsteilung in der Spitzeninstanz wird **Ressortierung** genannt und gestaltet damit die Anbindung der nachgelagerten Einheiten der zweiten Ebene (Abschn. 2.2.1.4).

Nicht nur das Unternehmen verfolgt Ziele, auch die ihr angehörenden Organisationsmitglieder, die Mitarbeiter, verfolgen Ziele. Die kollektiven Ziele des Unternehmens können also von den individuellen Zielen der Organisationsmitglieder unterschieden werden. Und: Die Ziele der Mitarbeiter müssen nicht mit den Zielen des Unternehmens übereinstimmen. Ihre individuellen Ziele können Mitarbeiter oftmals nicht alleine in der Organisation erreichen, sondern sie sind auf die Unterstützung von Kollegen, Unterstellten oder Vorgesetzten angewiesen. Sämtliche Versuche, andere dafür zu gewinnen, um persönliche Ziele innerhalb der Organisation zu erreichen, werden als **Mikropolitik** bezeichnet. Hierbei handelt sich um Versuche von Organisationsmitgliedern zur Durchsetzung eigener Interessen und zur Erreichung persönlicher Ziele andere Organisationsmitglieder zu beeinflussen und für sich zu gewinnen oder die Chancen der Interessendurchsetzung konkurrierender Akteure zu verringern (Abschn. 2.2.2.1).

Unternehmen sind nicht nur ökonomische und politische, sondern immer auch kulturelle Arenen und beeinflussen über ihre **Kultur** das Verhalten der Organisationsmitglieder. In Organisationen arbeiten Menschen nämlich über einen längeren Zeitraum gemeinsam und es bilden sich über die Zeit gemeinsame Auffassungen darüber aus, was intern richtig und falsch, geboten und zu unterlassen ist. Es entwickeln sich „ungeschriebene Gesetze" und unhinterfragte Selbstverständlichkeiten, die das Eigentümliche der Organisation ausmachen, ihr also eine unverwechselbare Identität verleihen, das Verhalten der Organisationsmitglieder steuern (Abschn. 2.2.2.2).

Die **Sekundärorganisation** umfasst alle Stellen und Stellenmehrheiten, die dauerhaft schnittstellen- bzw. funktionsübergreifende Koordinationsaufgaben oder zeitlich befristet innovative Spezialaufgaben in regelmäßiger und/oder andauernder Zusammenarbeit erfüllen. Produktmanagement, Key-Account-Management und die Projektorganisation als Teil des Projektmanagements sind wesentliche Formen der Sekundärorganisation (Abschn. 2.3.1). In der **Projektorganisation** kann wiederum der organisatorische Aufbau eines Projektes mit Lenkungsausschuss, Projektleitung und -team vom Projektprozess abgrenzt werden.

Organisationen sind nicht als konfliktfreie Gebilde denkbar. **Konflikte** sind keine Ausnahmeerscheinung, sondern ein alltägliches, organisationsinhärentes Phänomen, welches auch längst nicht immer die soziale Ordnung gefährdet, sondern funktionale ebenso wie dysfunktionale Folgen haben kann (Abschn. 2.3.2.1).

Wenn Aufgaben zu groß oder zu komplex sind, um von einzelnen Mitarbeitern übernommen werden zu können, betrauen Organisationen Gruppen, synonym auch Teams genannt, hiermit. Die Zugehörigkeit zu einem **Team** beeinflusst hierbei das Verhalten des Gruppenmitglieds. Menschen verhalten sich als Individuen anders, denn als Mitglied von Gruppen (Abschn. 2.3.2.2), weshalb Teamprozesse zu berücksichtigen sind.

Wiederholungsfragen zur Lernkontrolle
 1. Definieren Sie den Begriff der Stelle nach Kosiol und erläutern die drei Merkmale.
 2. Erläutern Sie den Unterschied zwischen Aufbau-/Strukturorganisation und Prozess-/Ablauforganisation.
 3. Erläutern Sie den Unterschied zwischen Primär- und Sekundärorganisation.
 4. Nennen und erläutern Sie die Möglichkeiten der Stellenbildung.
 5. Stellen Sie das Kongruenzprinzip der Organisation dar.
 6. Erläutern Sie ausgewählte Stellenarten und grenzen sie diese voneinander ab.
 7. Was verstehen Sie unter einer Instanz und welche Merkmale charakterisiert eine Instanz?
 8. Was ist eine Stellenmehrheit? Erläutern Sie in diesem Zusammenhang eine „Abteilung".
 9. Was ist ein Key Account- oder Produkt-Manager und warum kann ein solcher auch als Querschnittsmanager verstanden werden?
10. Was verstehen Sie unter Hierarchie? Was ist der Unterschied zwischen der Konfiguration und den Inhaltsmustern?
11. Stellen Sie die Ihnen bekannten Grundformen der Aufbauorganisation mit den relevanten Gestaltungsparametern dar.
12. Was sind die Anwendungsvoraussetzungen einer Funktionalen (Divisionalen, Matrix-)Organisation und welche wesentlichen Stärken und Schwächen weisen diese auf?

13. Grenzen Sie Konzern- und Führungsorganisation voneinander ab.
14. Was verstehen Sie unter einem Konzern und welche organisatorischen Gestaltungs-möglichkeiten gibt es?
15. Erläutern Sie horizontale Arbeitsteilung in einer Spitzeninstanz und zeigen Sie bei-spielhaft mögliche Formen der Strukturierung.
16. Nennen und erläutern Sie Konzepte der Sekundärorganisation.
17. Zeigen Sie am Beispiel des Key Account Managements auf, wie eine Querschnitt-stelle oder -mehrheit „funktioniert".
18. Inwiefern handelt es sich bei Arbeitszufriedenheit um eine Einstellung?
19. Inwiefern wird in der Stressforschung zwischen psychischer Belastung und psychi-scher Beanspruchung unterschieden?
20. Wie hängt intrinsische Motivation mit der Stellengestaltung zusammen?
21. Was ist charakteristisch für Job Crafting?
22. Wodurch konstituiert sich das betriebliche Karrieresystem?
23. Wann haben in sozialen Beziehung Akteure Macht über andere?
24. Warum betreiben Mitarbeiter Mikropolitik?
25. Inwiefern beeinflusst die Unternehmenskultur das Verhalten der Organisations-mitglieder?
26. Inwiefern unterscheiden sich Konflikte von Meinungsverschiedenheiten?
27. Worin unterscheiden sich formelle von informellen Gruppen in Unternehmen?

Reflexionsfragen zur Lernkontrolle
1. Skizzieren Sie ein Organigramm Ihres Unternehmens oder eines Beispielunter-nehmens und diskutieren Sie ausgewählte Stärken und Schwächen.
2. Nennen Sie begründet Stellen- oder Stellenmehrheiten, die eher der Sekundär-organisation zuzuordnen sind.
3. Machen Sie sich den Unterschied zwischen Assistenz-, Stabs- und Dienstleistungs-stelle nochmals klar und erläutern Sie geeignete Beispiele.
4. Überlegen Sie, unter welchen Rahmenbedingungen eine flache Hierarchie oder eine steile Hierarchie besser geeignet erscheint.
5. Was sind mögliche Einflussgrößen auf eine sinnvolle Leitungsspanne?
6. Unterstellt, Sie könnten eine Entscheidung über eine Aufbauorganisation frei treffen: Welche Kriterien bzw. Gestaltungsziele würden Sie wie in die Entscheidung mit ein-fließen lassen?
7. In einem Konzern kann die Muttergesellschaft unterschiedlich stark auf die „Töchter" einwirken. Beschreiben Sie das Ausmaß des steuernden Einflusses und welche Konzernformen sich daraus ableiten lassen.
8. Machen Sie sich nochmals die Abgrenzung zwischen Primär- und Sekundär-organisation klar. Welche Regelungen werden für eine funktionierende Abstimmung benötigt?
9. Überlegen Sie bitte, zu welchen praktischen Problemen eine unklare Arbeitsteilung in einer Spitzeninstanz (Geschäftsführung, Vorstand) führen könnte.

10. Inwiefern unterscheidet sich das bedürfnistheoretische Verständnis der Arbeitszufriedenheit vom anreiztheoretischen Verständnis?

11. Wie erklärt das Ressourcenerhaltungsmodell (nach Hobfoll) das Erleben von Stress?

12. Welche Merkmale müssen Stellen aufweisen, um die intrinsische Motivation der Mitarbeiter zu erhöhen?

13. Inwiefern unterscheidet sich die rollenbasierte Perspektive von der ressourcenbasierten Perspektive auf das Phänomen des Job Craftings?

14. Inwiefern entstehen Karrieren als Ergebnis von Aushandlungsprozessen?

15. Wie können Organisationen Machtmissbrauch im Rahmen destruktiver Führung verhindern?

16. Worin unterscheiden sich transaktionale von transformierenden mikropolitischen Einflusstaktiken?

17. Anhand welcher Merkmale können Unternehmen mit einer starken und einer schwachen Unternehmenskultur unterschieden werden?

18. Inwiefern können Konflikte auch funktionale Effekte in Organisationen haben?

19. Wie kann die Kohäsion von Arbeitsgruppen erhöht werden?

Literatur

Arthur MB (2014) The boundaryless career at 20: where do we stand, and where can we go? Career Dev Int 19(6):627–640

Bach N (2008) Effizienz der Führungsorganisation deutscher Konzerne. DUV, Wiesbaden

Bach N, Petry T (2004) Corporate Functions und Corporate Services als Führungsinstrumente im Konzern: Ergebnisse einer Untersuchung der DAX 30 Unternehmen. Arbeitspapier Nr. 2/2004, Lehrstuhl für Betriebswirtschaftslehre II. Justus-Liebig-Universität, Gießen

Bach N, Petry T (2006) Effizienz der Führungsorganisation der DAX 30 Unternehmen. Arbeitspapier Nr. 3/2006. Lehrstuhl für Betriebswirtschaftslehre II. Justus-Liebig-Universität, Gießen

Bach N, Brehm C, Buchholz W, Petry T (2017) Organisation: Gestaltung wertschöpfungsorientierter Architekturen, Prozesse und Strukturen, 2. Aufl. Gabler, Wiesbaden

Bakker AB, Demerouti E (2007) The job demands-resources model: state of the art. J Manag Psychol 22(3):309–328

Barnard CI (1938) The functions of the executive. Harvard University Press, Cambridge

Barry M, Wilkinson A (2021) Old frames and new lenses: frames of reference revisited. J Ind Relat 63(2):114–125

Bea FX, Göbel E (2019) Organisation. Theorie und Gestaltung, 5. Aufl. UVK, München

Bea FX, Haas J (2024) Strategisches Management, 11. Aufl. UVK, München

Bea FX, Scheurer S, Hesselmann S (2020) Projektmanagement, 3. Aufl. UVK, München

Becker FG (2007) Organisation der Unternehmensleitung: Stellgrößen der Leitungsorganisation. Kohlhammer, Stuttgart

Belz C, Müllner, M, Zupancic, D (2021) Spitzenleistungen im Key Account Management. Das St. Galler KAM-Konzept. Vahlen, München

Berkel K (2009) Konflikte in und zwischen Gruppen. In: Rosenstiel L et al (Hrsg) Führung von Mitarbeitern. Handbuch für ein erfolgreiches Personalmanagement, 6. Aufl. Schäffer-Poeschel, Stuttgart, 344–359

Bleicher K (1991) Organisation. Strategien-Strukturen-Kulturen. Gabler, Wiesbaden

Bollmann R (2023) Ein Hoch auf die Bürokratie – warum Demokratie und Kapitalismus ohne Beamtenherrschaft undenkbar sind. FAS 05.11.2023: 20

Brehm C, Hackmann S (2005) Organisatorische Gestaltung von Unternehmensintegrationen. Arbeitspapier Nr. 1/2005. Lehrstuhl für Betriebswirtschaftslehre II. Justus-Liebig-Universität, Gießen

Brehm C, Hackmann S (2014) Projekt- und Programm-Management. In: Krüger W, Bach N (Hrsg) Excellence, in Change – Wege zur Strategischen Erneuerung, 5. Aufl. Gabler, Wiesbaden, S 163–198

Bruning PF, Campion MA (2018) A role-resource approach-avoidance model of job crafting: a multimethod integration and extension of job crafting theory. Acad Manag J 61(2):499–522

Büchel O (2023) Neue Wege im Key Account Management – Schlüsselkunden fokussiert gewinnen und entwickeln. Springer Gabler, Wiesbaden

Buell VP (1975) The changing role of the product manager in consumer goods companies. J Mark 39(7):3–11

Bühner R (2009) Betriebswirtschaftliche Organisationslehre, 10. Aufl. Oldenbourg, München

Burns T (1961) Micropolitics. Mechanism of institutional change. Adm Sci Q 6:257–281

Clark KB, Fujimoto T (1991) Product development performance: strategy, organization, and management in the world auto industry. HBS Press, Boston

Coser LA (2009) Theorie sozialer Konflikte. VS Verlag für Sozialwissenschaften, Wiesbaden

Dahl RA (1957) The concept of power. Behav Sci 2(3):201–215

Davis SM, Lawrence PR (1977) Matrix. Addison-Wesley, Reading

Demerouti E et al (2001) The job demands-resources model of burnout. J Appl Psychol 86:499–512

Egelhoff WG, Wolf J (2017) Understanding matrix structures and their alternatives – the key to designing and managing large, complex organizations. Palgrave Macmillan, London

Fayol H (1916) Administration industrielle et générale. Dunod, Paris

Field E, Hancock B, Schaninger B (2023) Don't eliminate your middle managers. Harv Bus Rev 101(4):48–52

French JRP, Raven B (1959) The bases of social power. In: Cartwright D (Hrsg) Studies in social power. University of Michigan, Ann Arbor, S 151–157

Gagné M, Deci EL (2005) Self-determination theory and work motivation. J Organ Behav 26:331–362

Galbraith JR (2009) Designing matrix organizations that actually work. Jossey-Bass, San Francisco

Ghemawat P, Nueno P (2004) Revitalizing Philips. Harvard Business School Case 9-703-501, Boston

Glasl F (2020) Konfliktmanagement, 12. Aufl. Haupt, Bern

Gloger B (2016) Scrum: Produkte zuverlässig und schnell entwickeln, 5. Aufl. Hanser, München

Goold M, Campbell A (1987) Strategies and styles. Blackwell, Oxford

Goold M, Campbell A, Alexander M (1994) Corporate-level strategy. Wiley, New York

Grochla E (1972) Unternehmungsorganisation: Neue Ansätze und Konzeptionen. Rowohlt, Hamburg

Grochla E (1978) Einführung in die Organisationstheorie. Poeschel, Stuttgart

Grochla E (1982) Grundlagen der organisatorischen Gestaltung. Poeschel, Stuttgart

Grundei J (2024) Organization Design. Systematische Gestaltung der Unternehmensorganisation. Springer Gabler, Wiesbaden

Haberfellner R (1992) Projektmanagement. In: Frese E (Hrsg) Handwörterbuch der Organisation, 3. Aufl. Poeschel, Stuttgart, S 2090–2102

Hackman JR, Oldham GR (1976) Motivation through the design of work: test of a theory. Organ Behav Hum Perform 16:250–279

Hall DT (1996) Protean careers of the 21st century. Acad Manag Exec 10(4):8–16

Hall DT (2002) Careers in and out of organizations. Sage, Thousand Oaks

Hall DT (2004) The protean career: a quarter-century journey. J Vocat Behav 65:1–13

Hamel G (2011) First, lets fire all the managers. Harv Bus Rev 89(12):48–60

Hamel W (1978) Diskrepanz zwischen Kompetenz und Verantwortung: organisatorisches Übel der Führungsinstrumente? In: Jakob H (Hrsg) Schriften zur Unternehmensführung, Bd 25. Gabler, Wiesbaden, S 103–128

Hauschildt J (1969) Verantwortung. In: Grochla E (Hrsg) Handwörterbuch der Organisation. Poeschel, Stuttgart, S 1693–1702

Hertel G, Hüffmeier J (2014) Teamarbeit: Wirkmechanismen und Rahmenbedingungen. In: Schuler H, Moser K (Hrsg) Lehrbuch Organisationspsychologie, 5. Aufl. Huber, Bern, S 219–262

Herzberg F, Mausner B, Snyderman BB (1959) The motivation to work. Wiley, New York

Hilb M (2016) Integrierte Corporate Governance: ein neues Konzept zur wirksamen Führung und Aufsicht von Unternehmen. Springer Gabler, Berlin

Hobfoll SE (1989) Conservation of resources: a new attempt at conceptualizing stress. Am Psychol 44(3):513–524

Hobfoll SE (2018) Conservation of resources in the organizational context: the reality of resources and their consequences. Annu Rev Organ Psych Organ Behav 5:103–128

Homburg C, Workman JP Jr, Jensen O (2000) Fundamental changes in marketing organization: the movement toward a customer-focused organizational structure. J Acad Mark Sci 28(4):459–478

Huf S (2020) Job Crafting als Instrument des betrieblichen Personalmanagements. Der Betriebswirt 61(2):91–101

Hungenberg H (1992) Die Aufgaben der Zentrale. Ansatzpunkte für die zeitgemäße Organisation der Unternehmensführung in Konzernen. Z Führ Organ 61(3):341–352

Inkson K, King Z (2011) Contested terrain in careers: a psychological contract model. Hum Relat 64(1):37–57

Katz D (1964) The motivational basis of organizational behavior. Behav Sci 9(2):131–146

Keite L (2022) Produktmanagement im digitalen Zeitalter Leitfaden zur effizienten Steuerung von Produkten und Dienstleistungen während des gesamten Produktlebenszyklus. Haufe, Freiburg

Kieser A, Ebers M (Hrsg) (2019) Organisationstheorien, 8. Aufl. Kohlhammer, Stuttgart

Kieser A, Walgenbach P (2010) Organisation, 6. Aufl. Schaeffer-Poeschel, Stuttgart

Kinicki AJ et al (2002) Assessing the construct validity of the job descriptive index: a review and meta-analysis. J Appl Psychol 87(1):14–32

Kipnis D, Schmidt S, Wilkinson I (1989) Intraorganizational influence tactics: exploration in getting one's way. J Appl Psychol 65:440–452

Klimmer M (2020) Unternehmensorganisation: eine kompakte und praxisnahe Einführung mit Online-Training, 5. Aufl. NWB, Herne

Kluge A (2021) Arbeits- und Organisationspsychologie. Kohlhammer, Stuttgart

Kosiol E (1962) Organisation der Unternehmung, Gabler, Wiesbaden

Kosiol E (1976) Organisation der Unternehmung, 2. Aufl. Gabler, Wiesbaden

Kotler P, Keller KL, Chernev A, Opresni MO (2023) Marketing-Management. Konzepte – Instrumente – Unternehmensfallstudien, 16. Aufl. Pearson, München

Kozlowski SWJ, Ilgen DR (2006) Enhancing the effectiveness of work groups and teams. Psychological Science in the Public Interest 7(3): 77–124

Krasikova DV, Green SG, LeBreton JM (2013) Destructive leadership: a theoretical review, integration, and future research agenda. J Manag 39(5):1308–1338

Kraus G, Reinhold W (2019) Projektmanagement mit System: Organisation, Methoden, Steuerung, 6. Aufl. Springer Gabler, Wiesbaden

Krüger W (1993) Projektmanagement. In: Wittmann W, Kern W, Köhler R, Küpper HU, Wysocki K (Hrsg) Handwörterbuch der Betriebswirtschaft, 5. Aufl. Schäffer-Poeschel, Stuttgart, S 3559–3570

Krüger W (1994) Organisation der Unternehmung, 3. Aufl. Kohlhammer, Stuttgart

Krüger W (2005) Organisation. In: Bea FX, Friedl B, Schweitzer M (Hrsg) Führung, 9. Aufl., Allgemeine Betriebswirtschafslehre. UTB, Stuttgart 140–234

Kühl S (2023) Der ganz formale Wahnsinn. Vahlen, München

Kuster J, Bachmann C, Hubmann M (2023) Project management handbook. Agile – traditional – hybrid. Schneider, Berlin

Lee YL, Lee Y (2018) Job Crafting and Performance. Hum Resour Dev Rev 17(3): 277–313

Levy PE (2020) Industrial/organizational psychology. Understanding the workplace, 6. Aufl. Macmillan, New York

Likert R (1967) The human organization: its management and values. McGraw-Hill, New York

Litke HD (2022) Projektmanagement, 5. Aufl. Haufe, Freiburg

Lutter M, Bayer W (2020) Holding-Handbuch. Konzernrecht, Konzernsteuerrecht, Konzernarbeitsrecht, Betriebswirtschaft. De Gruyter, Berlin

Madauss BJ (2020) Projektmanagement. Theorie und Praxis aus einer Hand. Springer Vieweg, Berlin

Mag W (1992) Ausschüsse. In: Frese E (Hrsg) Handwörterbuch der Organisation. Poeschel, Stuttgart, Sp. 252–262

Mainiero LA, Sullivan SE (2005) Kaleidoscope careers: an alternate explanation for the "opt-out" revolution. Acad Manag Exec 19(1):106–123

March JG, Simon HA (1958) Organizations. Wiley, New York

Martin J (2022) Organizational culture. Mapping the terrain. Sage, Thousand Oaks

Maslow AH (1943) A theory of human motivation. Psychol Rev 50:370–396

Maslow AH (1954) Motivation and personality. Harper & Row, New York

Mathieu J, Maynard MT, Rapp T, Gilson L (2008) Team effectiveness 1997–2007: a review of recent advancements and a glimpse into the future. J Manag 34(3):410–476

Mellewigt T, Matiaske W (2000) Strategische Konzernführung: Stand der empirischen betriebswirtschaftlichen Forschung. Z Betriebswirtsch 70(5):611–631

Mintzberg H (1983) Structure in fives: designing effective organizations, 2. Aufl. Prentice Hall, Englewood Cliffs

Moser M (2017) Hierarchielos führen. Anforderungen an eine moderne Unternehmens- und Mitarbeiterführung. Springer Gabler, Wiesbaden

Müller-Stewens G, Brauer M (2021) Corporate Strategy. Nachhaltige Wertsteigerung in diversifizierten Unternehmen, 2. Aufl., Januar 2021. Schäffer Poeschel, Stuttgart

Neuberger O (1989) Symbolisierung in Organisationen. Augsburger Beiträge zu Organisationspsychologie und Personalwesen (4):24–36

Neuberger O (2007) Mikropolitik und Moral in Organisationen, 2. Aufl. Lucius & Lucius, Stuttgart

Neuwirth S (2004) Stäbe. In: Schreyögg G, v Werder A (Hrsg) Handwörterbuch Unternehmensführung und Organisation. Schäffer-Poeschel, Stuttgart, S 1349–1356

Nicolai C (2023) Betriebliche Organisation, 4. Aufl. UVK, München

Niessen C, Weseler D, Kostova P (2016) When and why do individuals craft their jobs? The role of individual motivation and work characteristics for job crafting. Hum Relat 69(6):1287–1313

O'Reilly CA, Chatman J, Caldwell DF (1991) People and organizational culture. Acad Manag J 34(3):487–516

Oldham GR, Fried Y (2016) Job design research and theory: past, present and future. Organ Behav Hum Decis Process 136:20–35

Parker SK, Morgeson FP, Johns G (2017) One hundred years of work design research: looking back and looking forward. J Appl Psychol 102(3):403–420

Patzak G, Rattay G (2018) Projektmanagement: Projekte, Projektportfolios, Programme und projektorientierte Unternehmen, 7. Aufl. Linde, Wien

Petry T (2014) Führungsorganisation. WISU Das Wirtschaftsstudium 43(6):741–747

Petry T, Konz C (2021) Agile Organisation. Systematischer Überblick des Themenkomplexes. In: Petry T, Konz C (Hrsg) Agile Organisation. Dr. Götz Schmidt, Gießen, S 25–220

Pettigrew AW (1979) On Studying Organizational Cultures. Administrative Science Quartely 24(4): 570–581

Picot A (2005) Organisation. In: Bitz M, et al (Hrsg) Vahlens Kompendium der Betriebswirtschaftslehre, Bd 2, 5. Aufl. Vahlen, München, S 43–121

Pondy LR (1967) Organizational conflict: concepts and models. Adm Sci Q 12:296–320

Raven B (1965) Social influence and power. In: Steiner D, Fishbein M (Hrsg) Current studies in social psychology. Holt, Rinehart and Winston, New York, S 371–382

Roghe F, Frensch F, Strack R, Grün O, Krüger W, Sulzberger M (2009) Organisation 2015: designed to win. Studie Boston Consulting Group, Düsseldorf

Rudolph CW (2017) Job crafting: a meta-analysis of relationships with individual differences, job characteristics, and work outcomes. J Vocat Behav 102:112–138

Sandner K (1992) Prozesse der Macht. Zur Entstehung, Stabilisierung und Veränderung der Macht von Akteuren in Unternehmen, 2. Aufl. Physica-Verlag, Heidellberg

Schaper N (2019) Wirkungen der Arbeit. In: Nerdinger FW, Blickle G, Schaper N (Hrsg) Arbeits- und Organisationspsychologie, 4. Aufl. Springer, Berlin, S 574–600

Schein E, Schein P (2018) Organisationskultur und Leadership, 5. Aufl. Franz Vahlen, München

Scheller T (2017) Auf dem Weg zur agilen Organisation: Wie Sie ihr Unternehmen dynamischer, flexibler und leistungsfähiger gestalten. Vahlen, München

Schermerhorn JR et al (2012) Organizational behavior, 12. Aufl. Wiley, Hoboken

Schermuly CC (2021) New Work – Gute Arbeit gestalten, 3. Aufl. Haufe, Freiburg

Schmidt G, Konz C (2019) Organisation gestalten: Stabile und dynamische Unternehmensstrukturen, 6. Aufl. Dr. Götz Schmidt, Gießen

Schreyögg G (2016) Grundlagen der Organisation. Basiswissen für Studium und Praxis. Springer Gabler, Wiesbaden

Schreyögg G, Geiger D (2024) Organisation: Grundlagen moderner Organisationsgestaltung, 7. Aufl. Springer Gabler, Wiesbaden

Schuhmacher T, Wimmer R (2015) Der Trend zur hierarchiearmen Organisation. Organisationsentwicklung 38(2):12–18

Schwaber K (2008) Agiles Projektmanagement mit Scrum. Microsoft Press, Unterschleißheim

Schyns B, Schilling J (2013) How bad are the effects of bad leaders? A meta-analysis of destructive leadership and its outcomes. Leadersh Q 24:138–158

Seidl J (2011) Multiprojektmanagement. Übergreifende Steuerung von Mehrprojektsituationen durch Projektportfolio- und Programm-Management. Springer, Berlin

Simmel G (1908) Der Streit. In: Simmel G (Hrsg) Soziologie. Untersuchungen über die Formen der Vergesellschaftung. Duncker & Humblot, Berlin, S 186–255

Smith A (1776) An inquiry into the nature and causes of the wealth of nations. University of Chicago Press, Chicago

Smith PC, Kendall L, Hulin CL (1969) The measurement of satisfaction in work and retirement. Rand McNally, Chicago

Solga M (2019) Konflikte in Organisationen. In: Nerdinger FW, Blickle G, Schaper N (Hrsg) Arbeits- und Organisationspsychologie, 4. Aufl. Springer, Berlin, S 135–150

Sonnenfeld JA, Peiperl MA (1988) Staffing Policy as a Strategic Response: A Typology of Career Systems. Acad Manag Rev 13(4): 588–600

Spector PE (2022) Job satisfaction: from assessment to intervention. Routledge, New York

Stöger R (2019) Wirksames Projektmanagement: mit dem Project Model Canvas zu Resultaten, 4. Aufl. Schäffer-Poeschel, Stuttgart

Taylor FW (1977) Die Grundsätze wissenschaftlicher Betriebsführung. Beltz, Weinheim

Theisen MR (2000) Der Konzern. Betriebswirtschaftliche und rechtliche Grundlagen der Konzernunternehmung. Schäffer-Poeschel, Stuttgart

Thomas KW (1992) Conflict and conflict management. J Organ Behav 13:265–274

Thommen JP, Richter A (2004) Matrix-Organisation. In: Schreyögg G, v. Werder A (Hrsg) Handwörterbuch Unternehmensführung und Organisation, 4. Aufl. Schäffer-Poeschel, Stuttgart, Sp. 828–836

Tims M, Bakker AB (2010) Job crafting: towards a new model of individual job redesign. SA J Ind Psychol 36(2):1–9

Tims M, Bakker AB, Derks D (2015) Examining job crafting from an interpersonal perspective: is employee job crafting related to the well-being of colleagues? Appl Psychol 64(4):727–753

Torka AK, Mazei J, Hüffmeier J (2021) Together, everyone achieves more – or less? An interdisciplinary meta-analysis on effort gains and losses in teams. Psychol Bull 147(5):504–534

Tuckman BW (1965) Developmental sequence in small groups. Psychol Bull 63(6):384–399

Tuckman BW, Jensen MAC (1977) Stages of small-group development. Group Org Stud 2:419–427

Ulich E, Grosskurth P, Bruggemann A (1973) Neue Formen der Arbeitsgestaltung. Möglichkeiten und Probleme einer Verbesserung der Qualität des Arbeitslebens. Neue Verlagsanstalt, Frankfurt am Main

Unger B (2012) Das Project Management Office. Strategische PMOs erfolgreich in komplexen Projektlandschaften einsetzen. Z Führ Organ 80(1):11–16

Vahs D (2023) Organisation. Ein Lehr- und Managementbuch, 11. Aufl. Schäffer-Poeschel, Stuttgart

Weber M (1922) Wirtschaft und Gesellschaft. Grundriss der verstehenden Soziologie, Mohr, Tübingen

Weber M (1972) Wirtschaft und Gesellschaft. Grundriss der verstehenden Soziologie, 5. Aufl. J.C.B. Mohr, Tübingen (erstmals 1921)

Weber M (1980) Wirtschaft und Gesellschaft. Grundriss der verstehenden Soziologie, 5. Aufl. Mohr, Tübingen

Weiand A (2011) Projektauftrag – Das A und O für professionelles Projektmanagement. Z Führ Organ 80(3):196–198

Weinert AB (2004) Organisations- und Personalpsychologie, 5. Aufl. Beltz, Weinheim

Welge MK, Eulerich M (2014) Corporate-Governance-Management. Theorie und Praxis der guten Unternehmensführung, 2. Aufl. Springer Gabler, Wiesbaden

Wenger A, Thom N (2021) Die optimale Organisationsform. Grundlagen und Handlungsanleitung, 2. Aufl. Springer Gabler, Wiesbaden

Wenger AP (1999) Organisation multinationaler Konzerne: Grundlagen, Konzeption und Evaluation. Haupt, Bern

Werder, A v. (1987) Organisation der Unternehmensführung. In: Frese E (Hrsg), Unternehmensführung. Moderne Industrie, Landsberg am Lech, 299–383

Werder A v. (2015) Führungsorganisation: Grundlagen der Corporate Governance, Spitzen- und Leitungsorganisation, 3. Aufl. Gabler, Wiesbaden

Wilk G (2022) Stellenbeschreibungen und Anforderungsprofile Kompetente Unterstützung für erfolgreiche Personalarbeit Freiburg. Haufe, Freiburg

Williamson OE (1985) The economic institutions of capitalism. Firms, markets, relational contracting. Free Press, New York

Wolf J (2020) Die Matrixstruktur erfolgreich einsetzen. Springer Gabler, Wiesbaden

Wrong DH (2017) Power. Its forms, bases and uses. Taylor & Francis Ltd, London

Wrzesniewski A, Dutton JE (2001) Crafting a job: revisioning employees as active crafters of their job. Acad Manag Rev 26(2):179–201

Wrzesniewski A, Berg JM, Dutton JE (2010) Turn the job you have into the job you want. Harv Bus Rev 6:114–117

Yukl G, Gardner WL (2020) Leadership in organizations, 9. Aufl. Pearson, Harlow

Zapf D, Semmer NK (2004) Stress und Gesundheit in Organisationen. In: Schuler H (Hrsg) Organisationspsychologie – Grundlagen und Personalpsychologie. Hogrefe, Göttingen, 1007–1112

Zeiss H (2006) Die Management-Holding. Anspruch, Wirklichkeit und Weiterentwicklung. Shaker, Aachen

Prozessuale Ausgestaltung der Unternehmensorganisation

3.1 Strukturelle Dimension der Prozess-Organisation

3.1.1 Bedeutung und Ziele der Prozessgestaltung

Die Betrachtung von Kästchen und Linien in der Aufbauorganisation bzw. der Strukturgestaltung gibt nur einen eingeschränkten Blick auf die Unternehmensorganisation. Unter Wissenschaftlern, Beratern und Praktikern besteht schon lange Klarheit, dass die organisatorische Realität nur mit der Prozessbetrachtung vollständig abgedeckt ist.

Die Relevanz dafür ergibt sich exemplarisch aus der Kundenperspektive: Die Kunden interessiert doch im Wesentlichen, ob die Unternehmensprozesse aus ihren Bestellungen, Anfragen, Aufträgen, Beschwerden etc. ein für sie brauchbares Ergebnis erzeugen. Bei Prozessen geht es folglich um die raumzeitliche und sachlogische Strukturierung der Arbeitsvorgänge. Eine wesentliche Frage ist, wo die organisatorische Gestaltung beginnt: Bei den für den Kunden relevanten Prozessen zu beginnen und dann dafür die richtigen „Kästchen" zu definieren (**structure follows process**) oder anders herum, mit den Strukturfragen beginnen und dann überlegen, wie darin und dazwischen dann die Prozesse ablaufen sollen (**process follows structure**). Als Gestaltungsergebnis haben Strukturen großen Einfluss auf die Erzeugung der Leistung, sie geben den Prozessen „Halt". Ohne klare Zuständigkeiten und Verantwortungszuordnung können Prozesse nicht funktionieren, Prozesse wiederum verbinden Strukturen sinnvoll zeitlich, räumlich und logisch miteinander.

In der Literatur erzielte die Prozessorganisation zu Beginn der 1990er-Jahre große Aufmerksamkeit (vgl. Hammer und Champy 1994). Unter **Business Process Reengineering** (BPR) wurde die radikale, top-down initiierte Ausrichtung der Unternehmen in Richtung der Prozesse propagiert. Zwar haben sich diese Verbesserungen in der Form selten

C. Brehm, S. Huf, *Unternehmensorganisation*, https://doi.org/10.1007/978-3-658-45522-4_3

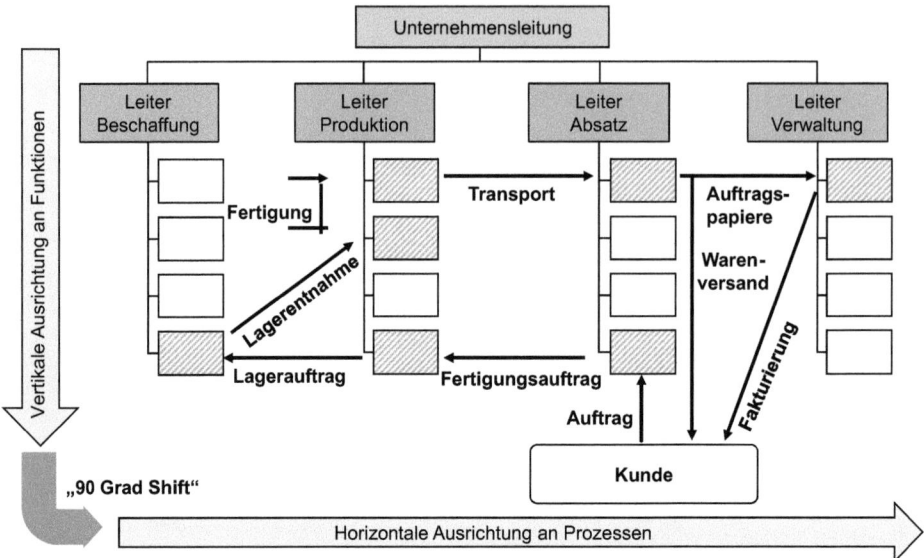

Abb. 3.1 Funktionale Organisation und ihre „Prozessprobleme". (Bach et al. 2017, S. 285)

bewahrheitet, nachhaltig geblieben ist aber der Gedanke der Prozessorientierung. Diese wurde dann auch **horizontale Organisation** genannt (Ostroff 1998), um auch in der Visualisierung eine Neuerung abzubilden. Prozesse werden üblicherweise von links nach rechts visualisiert. Unter der Überschrift **Geschäftsprozessmanagement** hat sich in Deutschland seit Ende der 1990er-Jahre ein umfassendes Konzept zur Ausrichtung der Unternehmensführung auf der Basis von Prozessen entwickelt (vgl. zur Historie und zum aktuellen Status der Prozessorientierung in Unternehmen Gaitanides 1983; Schmelzer und Sesselmann 2020; Dumas et al. 2021).

Maßgeblichen Einfluss hatte und hat die Informationstechnologie, die mit der Einführung von ERP-Systemen mit ihren Möglichkeiten der bereichsübergreifenden Informationsversorgung ein wesentlicher Treiber der Prozessdenke war. Technologische Entwicklungen, wie z. B. Digitalisierung, Künstliche Intelligenz, Big Data oder Internet der Dinge sowie agile Managementmethoden leisten einen weiteren Beitrag zu einer höheren Relevanz der Prozessorientierung (Abb. 3.1).

Gestaltungsziele von Prozessen

Abgeleitet aus der Unternehmensstrategie und den allgemeinen Gestaltungszielen der Organisation (vgl. Abschn. 1.1.4) ergeben sich auch Ziele für die Prozessgestaltung (vgl. Bach et al. 2017, Kap. 4; Klimmer 2020, S. 142–147; Fischermanns 2013). Selbstverständlich sollen die zu gestaltenden Prozesse der Effektivität des Unternehmens dienen: Geschäftsprozesse sind **effektiv** zu gestalten, indem sie die Erwartungen der Kunden erfüllen und dazu beitragen, die Unternehmensziele zu erreichen. Gleichzeitig sollten sie **effizient** ablaufen, indem die Kundenleistungen mit möglichst geringem Ressourceneinsatz erzeugt werden.

- Damit ist hier also **Ressourceneffizienz**, z. B. geringe Durchlaufzeiten und Kosten und die **Prozesseffizienz** angesprochen. Die Art und Weise, wie Prozesse organisiert sind, wie viele Beteiligte daran mitwirken, wie viele Schnittstellen oder Bearbeitungsschritte sie haben, hat Einfluss auf Zeit und Kosten. Situativ kann entweder eine hohe Prozessstandardisierung nötig sein oder eine hohe Prozessvariabilität.
- Am Anfang des Prozesses bzw. seiner Gestaltung stehen die Kundenanforderungen, denn im Verlauf des Prozesses wird die Kundenanforderung umgesetzt. Am Ende steht die Bereitstellung der gewünschten Leistung, man spricht von sogenannten **End-to-End-Prozessen**: Vom Kunden zum Kunden organisiert (**Marktorientierung**). Die schnelle Reaktion auf Marktveränderungen, die bessere Kommunikation mit Kunden oder Lieferanten sowie das schnellere und passendere Angebot von neuen Produkten oder Dienstleistungen sind mögliche Subziele der Marktorientierung.
- Weiterhin soll die Prozessgestaltung aber auch die **Flexibilität** (Gestaltungsziel **Entwicklungsorientierung**) stärken. Die Reaktionsfähigkeit bezüglich der Kunden- und/ oder Marktanforderungen und die folgende interne Anpassung der Kapazitäten und Ressourcen wird dadurch verbessert.
- Hinsichtlich der **Führungseffizienz** geht es primär darum, dass Aufgabe, Kompetenz und Verantwortung für einen Prozess in der Hand eines Prozessverantwortlichen liegen.
- Die **Humanressourcen-Orientierung** schließlich zielt ab auf die Motivation, die sozialen Bedürfnisse und die Know-how-Entwicklung bei den Mitarbeitern. Wachsender Aufgabenumfang, mehr Verantwortung und die Notwendigkeit einer umfassenderen Kommunikation sind veränderte Bedingungen für die Mitarbeiter in einer prozessgetriebenen Organisation.

Insgesamt wird der Prozess-Organisation zugeschrieben, bisherige Zielkonflikte aufzulösen und die Gestaltungsziele besser vereinbar erreichen zu können.

3.1.2 Charakteristika von Unternehmensprozessen

Grundsätzlich versteht man unter einem Prozess einen isoliert zu betrachtenden Vorgang aus dem Unternehmensgeschehen. Das heißt, eine Folge von logisch zusammenhängenden Aktivitäten, die aus einem definierten Input ein definiertes Ergebnis (Output) erzeugen (vgl. ähnlich Schmelzer und Sesselmann 2020, S. 63). In Unternehmen wird die Erzeugung von Sach- oder Dienstleistungen häufig in Prozessen dargestellt. Es geht um den Fluss und die Transformation von Materialien, Informationen, Handlungen und Entscheidungen (vgl. Osterloh und Frost 2006, S. 33).

„Die wirkliche Struktur des Betriebes ist die eines Stromes." (Nordsieck 1972, Sp. 9)

▶ Ein **Prozess** ist eine inhaltlich abgeschlossene Aktivitätenfolge, die durch eine Folge logisch zusammenhängender, regelbasierter Aktivitäten Eingangsgrößen in Ausgangsgrößen transformiert.

Im betriebswirtschaftlichen Kontext spricht man häufig von **Geschäftsprozessen**. Im Folgenden werden vier wesentliche Besonderheiten des betriebswirtschaftlichen Verständnisses herausgehoben (vgl. Schmelzer und Sesselmann 2020, S. 64–75; Schulte-Zurhausen 2014, S. 51; vgl. Gadatsch 2023, S. 36). (Geschäfts-)Prozesse

- sind grundsätzlich aus der **Unternehmensstrategie abgeleitet**, nur strategische unoder mittelbar relevante Prozesse verdienen Aufmerksamkeit (process follows strategy)
- erzeugen durch **funktionsüberschreitende Verknüpfung** von Aktivitäten immer Wert für den Kunden
- sind durchweg **kundenorientiert**, intern wie extern: Sie beginnen und enden beim Kunden (end-to-end)
- schaffen **Transparenz** über die Unternehmensaktivitäten, damit werden sie besser steuerbar und organisierbar durch ganzheitliche Verantwortung und Selbstabstimmung

In stark prozessorientierten Managementkonzepten wie Customer- oder Supplier Relationship Management oder Supply Chain Management zeigt sich darüber hinaus, dass es sich auch um **unternehmensübergreifende Prozesse** handeln kann.

Charakterisierung von Prozessen
Prozesse sind durch spezifische Merkmale charakterisiert (vgl. Bach et al. 2017, S. 149–151; ähnlich Vahs 2023, S. 265–267; Schulte-Zurhausen 2014, S. 52–54; Nicolai 2023, S. 196–197; Gadatsch 2023; Schmelzer und Sesselmann 2020; Suter et al. 2019). Ausgehend von Zielen und Besonderheiten der Prozessgestaltung lassen sich nachfolgend weitere Merkmale darstellen (Abb. 3.2):

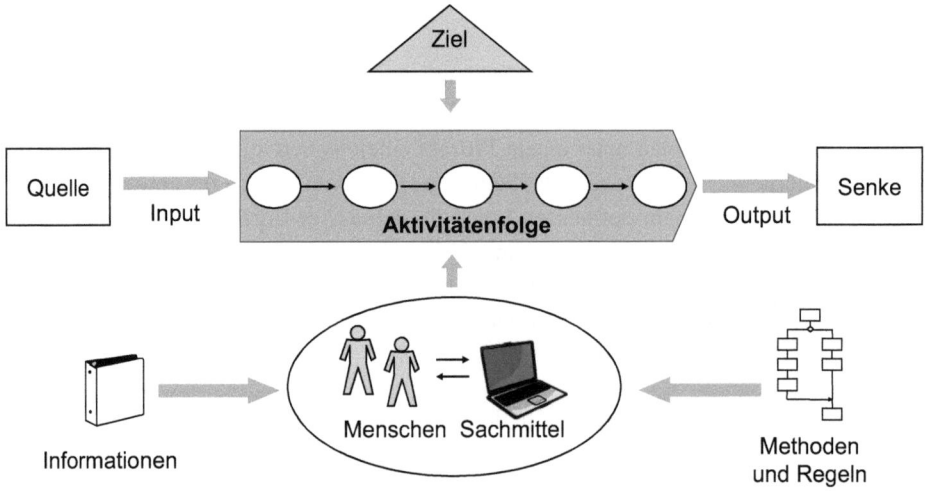

Abb. 3.2 Elemente von Prozessen. (Bach et al. 2017, S. 150)

Prozessaufgabe: Zur Erreichung der Prozessziele müssen zur Erstellung einer Leistung Aufgaben erfüllt werden (Ergebnisorientierung), die hier als Prozessaufgaben bezeichnet werden. Die Prozesse sind dabei auf ein Bearbeitungsobjekt gerichtet: einen Kunden, eine Beschwerde, einen Auftrag.

Prozessaktivitäten: Ein Prozess besteht aus Teilprozessen bzw. Aktivitäten. Prozesse sind zusammenhängende Aktivitätenfolgen. Auf der untersten Ebene spricht man hier von der Einzel-/Verrichtung.

Prozessinput und -output: Die Transformation ist das Kernelement. Prozesse beginnen mit einem Input durch einen Anstoß oder ein Ereignis zu Anfang und enden mit einem Ergebnis. Der Input kommt vom Kunden oder einem vorgelagerten Prozess, das Ergebnis ist Output und ggf. Input für einen neuen Prozess. Input können materielle Leistungen wie z. B. Rohstoffe, Halbzeuge, Vorprodukte oder aber Informationen wie beispielsweise Kundenaufträge, Telefonanrufe oder Entwürfe sein. Der Output eines Prozesses kann ebenfalls aus einer dieser Kategorien bestehen, entweder als materielle, realwirtschaftliche Leistung oder als Information.

Prozessquellen und -senken: Den Input liefert die sogenannte Quelle, z. B. Kunde, Sender, Lieferant, der Prozessoutput wird an die Senke weitergeleitet, z. B. Empfänger, Kunde. Je nach Betrachtungsebene sind Quellen und Senken als unternehmensintern oder als -extern zu klassifizieren. Es wird also von „Lieferanten-Kunden-Beziehung" ausgegangen.

Aufgabenträger: In Prozessen können sowohl Personen als auch Hilfsmittel und kollaborative Roboter als Aufgabenträger fungieren („Cobotics"). In der Regel sind immer noch Menschen in Prozesse involviert. Handelt es sich um vollautomatische oder digitalisierte Prozesse, sind Menschen zumindest bei Störungsfällen in den Prozess einzubeziehen.

Regelungen: Damit Prozesse effektiv und effizient durchgeführt werden können, sind sie regelbasiert. Prozesse sind zeitlich befristet (als der einzelne Durchlauf) und inhaltlich determiniert. Sie dienen der sinnvollen Teilung und Ordnung von Aktivitäten und der Abstimmung einer zielorientierten Aufgabenerfüllung (Koordination). Häufig wird eine standardisierte Aufgabenabwicklung bei den Prozessen angestrebt. Im Idealfall existieren Standards im Sinne von einheitlichen Vorgaben.

Prozessarten nach dem SOS-Prinzip

Hinsichtlich der inhaltlichen Ausgestaltung werden Prozesse in drei Arten unterteilt bzw. systematisiert – dem SOS-Prinzip folgend in **S**teuerung, **O**perative, **S**upport/Service:

Steuerungsprozesse (Managementprozesse, Führungsprozesse) gewährleisten die adäquate Führung und umfassen Planungs- und Kontrollprozesse sowie die Führung von Mitarbeitern. Durch diese Steuerungsprozesse soll das Zusammenspiel der operativen und der Supportprozesse bestmöglich gewährleistet werden. Ausgewählte Beispiele:

- Strategische Positionierung entwickeln
- Finanzielle Ressourcen planen und bereitstellen
- Führungspersonal auswählen, entwickeln und anleiten
- Überwachung/Governance des Unternehmensgeschehens sicherstellen

Operative Prozesse (Leistungsprozesse, Geschäftsprozesse, Kernprozesse) sind wertschöpfend und bilden die eigentliche Geschäftstätigkeit ab. Sie tragen zur Leistungserstellung und -verwertung für den Kunden bei. Ihr Einfluss auf die Wettbewerbsfähigkeit des Unternehmens ist relativ hoch (vgl. Schmelzer und Sesselmann 2020, S. 83 f.). Ausgewählte Beispiele (branchenunabhängig):

- Produkte entwickeln/fertigen/montieren
- Roh-, Hilfs- und Betriebsstoffe beschaffen
- Produkte verkaufen
- Kunden binden

Serviceprozesse (Unterstützungsprozesse, Infrastrukturprozesse, administrative Prozesse) besitzen unterstützenden Charakter für die Steuerungs- und operativen Prozesse und berühren die Leistungserstellung lediglich mittelbar. Dies sagt nichts über ihre Relevanz aus. Sie stellen die benötigten Ressourcen zur Verfügung und sichern die Betriebs- und Leistungsbereitschaft des Unternehmens. Hohe Potenziale zur Effizienzsteigerung bestehen durch Standardisierung und Bündelung. Die Trennung zwischen Serviceprozessen und operativen Prozessen ist abhängig von der Strategie und den Zielen. Auch sind diese Prozesse für den externen Kunden in der Regel nicht sichtbar. Ausgewählte Beispiele:

- Gebäudeinfrastruktur bereitstellen und instandhalten
- IT-Infrastruktur bereitstellen
- Rechnungswesen sicherstellen („Bücher führen")
- Personal gewinnen und binden

Die Gesamtheit der für das Unternehmen maßgeblichen Prozesse werden im Überblick auf einer Prozesslandkarte abgebildet (Abschn. 3.1.3).

3.1.3   Ausgestaltung der Unternehmensprozesse auf Makroebene

Das Management von Prozessen findet auf zwei Ebenen statt (vgl. Schmelzer und Sesselmann 2020, S. 212). Zum einen die übergreifende, unternehmensweite Perspektive (**Makroebene**), die den Überblick über die Gesamtheit der relevanten Prozesse des Unternehmens auch in Beziehung zu anderen Prozessen oder Stakeholdern aufzeigt, zum anderen die Ebene des Prozesses selbst (**Mikroebene** Abschn. 3.1.4). Da geht es darum, wie der einzelne Prozess strukturiert und optimiert werden kann.

Zur übergeordneten Perspektive findet sich eine Vielzahl von Begriffen (vgl. Schmelzer und Sesselmann 2020, S. 92; Bach et al. 2017, S. 100): Prozessarchitektur,

Wertschöpfungsarchitektur, Unternehmens- oder Geschäftsprozessmodell, Prozessland-karte oder Prozesshierarchie. Alle vereint das Ziel, einen prozessorientierten Überblick über das Unternehmensgeschehen zu geben, um dann gestalterisch auf Makro- und Mikro-ebene tätig werden zu können.

> „An enterprise-wide process architecture can offer a high-level yet comprehensive view on how the organization delivers value to its customers and shareholders via its set of core pro-cesses, how these processes are enabled by the support processes, and how they are regulated by the management processes" (Dumas et al. 2018, S. 482)

Zur Herstellung von Transparenz über die relevanten Prozesse ist die grafische Dar-stellung ein wesentliches Mittel. Während ein Organigramm die Aufbauorganisation zeigt, bildet die **Prozesslandkarte** vergleichbar die Prozess-Organisation ab. In der Prozess-landkarte werden zur Sicherung der Übersichtlichkeit nur solche Prozesse aufgenommen, die relevant sind. Das bedeutet zum einen, dass wesentliche Outsourcingentscheidungen von Prozessen schon gefallen sind. Damit ist dann zum anderen auch klar, welche relevan-ten Prozesse intern erhalten bleiben und überhaupt auf der Landkarte sind. Folgende Kri-terien können je nach strategischer Ausrichtung des Unternehmens die Relevanz be-stimmen (vgl. Krüger 2005, S. 180 f.):

- beeinflussen die **Kundenzufriedenheit**
- beeinflussen **Produkt-/Leistungsqualität**
- umfassen eine große **Zeitspanne**
- weisen eine hohe **Kapitalbindung** auf
- weisen eine erheblich Kosten- und/oder **Ressourcenintensität** auf

Mithilfe der Prozesslandkarte entsteht ein Überblick über die Prozesse eines Unter-nehmens. Die Kenntnis der Verbindungen und Wechselbeziehungen ist als Grundlage für das Verständnis, die Steuerung sowie die Verbesserung der Geschäftsprozesse unerlässlich (vgl. Schmelzer und Sesselmann 2020, S. 92–100; Schulte-Zurhausen 2014, S. 90–98; Gadatsch 2023, S. 39 f.; Stöger 2018, S. 64–72; Dumas et al. 2021, S. 42 und S. 53–58).

Prozesslandkarten sind stets unternehmensindividuell zu gestalten. Generische Modelle, sogenannte **Prozess-** bzw. **Referenzmodelle** aus der Literatur oder von Unter-nehmensberatungen bieten zur Orientierung jedoch Hinweise für die unternehmens-individuelle Ableitung (vgl. zu einer Übersicht Schmelzer und Sesselmann 2020, S. 313–349; Gadatsch 2023, S. 56). Das Grundmodell ist die von Porter in die Manage-ment- und Organisationswelt in den 1980er-Jahren eingeführte Wertkette (vgl. Porter 1992, S. 59). Sie erfasst und strukturiert die Unternehmensprozesse in strategisch be-deutsame Aktivitäten. Wertaktivitäten sind physisch und technologisch voneinander unter-scheidbare, wertschöpfende Aktivitäten. Porter unterteilt die Wertaktivitäten in zwei all-gemeine Typen: Die primären und die unterstützenden Aktivitäten. Mittlerweile werden bei solchen Modellen drei verschiedene Aktivitätsarten unterschieden. Ein Prozessmodell, das auf einem solchen SOS-Konzept basiert, findet sich in Abb. 3.3.

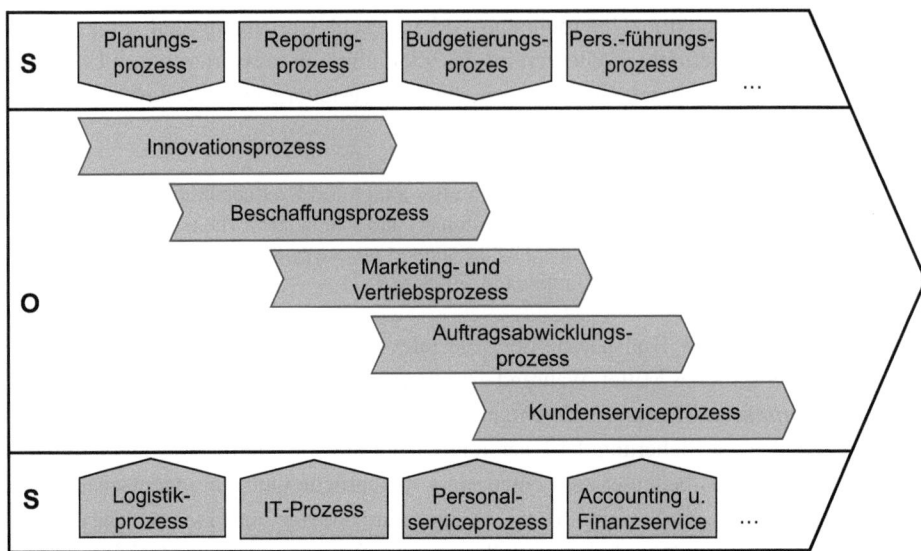

Abb. 3.3 Prozesslandkarte basierend auf dem SOS-Konzept. (Bach et al. 2017, S. 157)

Anzumerken ist, dass die Dynamik von unternehmensübergreifenden Wertketten (so genannten Wertsystemen bei Porter) in heute **Ökosystem** genannten übergreifenden Branchenstrukturen (Jacobides et al. 2018, S. 2256 und Adner 2017, S. 39) eigentlich durch „die eine Wertkette" nicht mehr adäquat abgebildet werden kann. Daher spricht man schon seit langem auch von Wertnetzen oder Wertzyklen (Krüger 2004). Als Analyseraster zum Verständnis der Unternehmensaktivitäten kann die Wertekette und/oder eine Prozesslandkarte dennoch sehr gut funktionieren. Mit der Erstellung einer Prozesslandkarte werden weitere Ziele verfolgt:

- Erfassen relevanter Prozesse (Steuerung, Operative, Support) auf der obersten Aggregationsebene
- Aufzeigen der Zusammenhänge zwischen einzelnen Prozessen
- Darstellung der internen Kunden-Lieferanten-Beziehungen
- ggf. auch Darstellung der externen Kunden-Lieferanten-Beziehungen

Die Komplexität der Darstellung bei einer Vielzahl von abzubildenden Prozessen kann schnell sehr groß werden, sodass nicht alle genannten Ziele in einer Abbildung dargestellt werden können. Nicht zu sehen sind in Abb. 3.3 beispielsweise die Wirkungszusammenhänge und die Kunden-Lieferanten-Beziehungen zwischen den Prozessen. Im Vordergrund steht die Erfassung der relevanten Prozesse.

3.1.4 Prozessgestaltung auf Mikroebene

Um Prozesse identifizieren, analysieren und optimieren zu können, bedarf es einer **Zerlegung und Ordnung der Prozesse** auf der obersten Ebene in Teilprozesse (Prozessstrukturierung, Prozessdekomposition; vgl. Abb. 3.5). Dieses Herunterbrechen der Prozesse ist eine wichtige Voraussetzung, um eine zielführende Prozessoptimierung durchführen zu können. Auf der untersten Ebene der Prozesszerlegung befinden sich die Aktivitäten, die logisch abgeschlossene Vorgänge (Verrichtungen, Arbeitsgänge) darstellen.

Ausgehend von der Identifikation der relevanten Prozesse erfolgt die Prozessgestaltung reduziert auf die beiden Schritte „Aufnahme und Analyse" und „Konzeption und Optimierung" (vgl. dazu ausführlich Bach et al. 2017, S. 213–251; Vahs 2023, S. 288–300; Schmelzer und Sesselmann 2020, S. 211–312; Schulte-Zurhausen 2014, S. 81–128 u.v.m., vgl. Abb. 3.4).

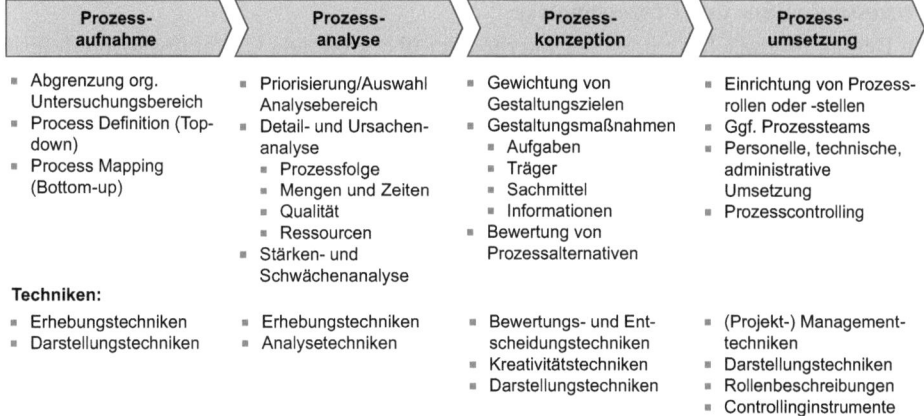

Abb. 3.4 Prozessanalyse und -gestaltung. (Bach et al. 2017, S. 213)

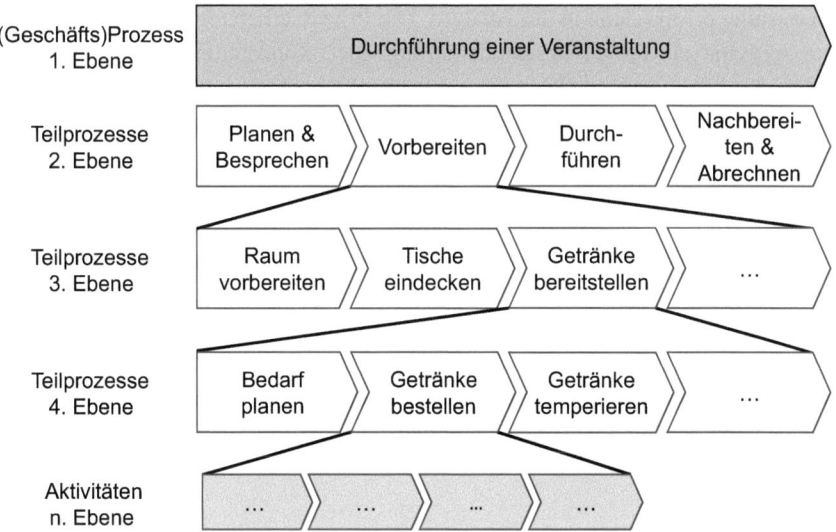

Abb. 3.5 Zerlegung von Wertschöpfungsprozessen am Beispiel einer Veranstaltung. (Eigene Darstellung)

Ebenfalls sollte im Vorfeld geklärt sein, ob eine Top-down- oder eine Bottom-up-Vorgehensweise gewählt wird. Der **Top-down-Ansatz** entwickelt bzw. betrachtet deduktiv zunächst die oben gezeigte Prozesslandkarte. Aus der Strategie abgeleitet werden operative sowie Steuerungs- und Supportprozesse für das betrachtete Unternehmen unter Berücksichtigung der organisatorischen Gestaltungsziele zur Entwicklung eines Idealkonzepts definiert (**Process Definition**).

Der **Bottom-up-Ansatz** beinhaltet die induktive, detaillierte Erhebung und Dokumentation der Ist-Situation der im Unternehmen vorhandenen Prozesse. Ausgangspunkt sind die Aktivitäten auf der untersten Prozessebene (**Process Mapping**). Hier wird die Prozesslandkarte quasi von der Basis her entwickelt (vgl. Vahs 2023, S. 284).

Prozessaufnahme und Prozessanalyse

Zu Beginn ist zunächst einmal der interne oder übergreifende Gestaltungsbereich festzulegen: Welcher Prozess soll untersucht werden? In diesem Fall wird der **Gestaltungsbereich** von vornherein eingegrenzt, und es werden nur die dort relevanten Prozesse betrachtet mit den unterschiedlichen Rahmenbedingungen (vgl. Dumas et al. 2021, S. 39–72).

Die **Prozessaufnahme** setzt an einer schon existierenden Festlegung von Abfolge und Arbeitsteilung bei den Aktivitäten an, d. h., es wird nicht „auf der grünen Wiese" komplett neu organisiert. Prozesse existieren im organisatorischen Gestaltungsbereich, sind aber oft nicht hinreichend dokumentiert. Oft müssen die Prozesse zunächst komplett oder zumindest weitgehend neu erhoben werden (vgl. Dumas et al. 2021, S. 182–224). Unter Prozessaufnahme versteht man das Erheben von Informationen über einen gegebenen Prozess sowie das Strukturieren dieser Informationen in Form eines „Ist-Modells". Es geht also erstmal nur um das unbewertete Erfassen, Messen, Zählen, „Wiegen" von Prozessen. Die Bewertung erfolgt dann in der Analyse. Die Prozesserhebung ist eine viel breiter angelegte Aktivität als die Prozessmodellierung oder Konzeption. Übliche **Erhebungstechniken** sind Dokumentstudium, Fragebögen, Beobachtungen, Zeitaufnahmen, Multimomentstudien, Interviews oder Workshops in denen zumeist direkt mit den Mitarbeitern die relevanten Informationen über die Prozesse erarbeitet werden (vgl. vertiefend u. a. Schmidt und Naumann 2020; Vahs 2023, S. 541–617).

Die Zielsetzung der anschließenden Analyse ist es, die Ist-Leistung der Prozesse zu erfassen. Wenn klar ist, welche Prozesse mit hoher Priorität zu bearbeiten sind, folgt die **Detailanalyse** der priorisierten Prozesse (vgl. Dumas et al. 2021, S. 299–320; Fischermanns 2013, S. 316–340). In dieser Phase werden die zu untersuchenden Prozesse kompakt mit allen wichtigen zu beurteilenden Kenngrößen dargestellt, die Stärken sowie zentralen Schwachstellen und damit Ansatzpunkte für Prozessverbesserungen identifiziert. Hinsichtlich der **Prozess-** und **Ressourceneffizienz** stehen dabei im Fokus:

- Analyse der Prozessfolge: Schnittstellen, Reihenfolge sowie Beziehungen der Teil-prozesse untereinander
- Mengen- und Zeitanalyse (Prozessleistung) wie z. B. Überlastung, Termintreue
- Analyse der Prozessqualität über Ergebnisse wie Kundenzufriedenheit oder „i.O." im ersten Durchlauf (First Pass Yield)
- Ressourcenanalyse über z. B. die Prozesskosten

Die Zusammenführung der verschiedenen Bereiche der Prozessanalyse führt zur Identi-fikation von Stärken und Schwächen bei den untersuchten Prozessen. Im Rahmen der **Stärken- und Schwächenanalyse** sollen die identifizierten organisatorischen Probleme systematisch erfasst und beschrieben werden (vgl. Best und Weth 2009, S. 117–192.; Fischermanns 2013, S. 379 f.; Schulte-Zurhausen 2014, S. 105). Typische Schwachstellen in Prozessen werden in der Folge exemplarisch erläutert und können vereinfachend als Prüfbereiche der Analyse angesehen werden:

- **Häufiger Abteilungswechsel im Prozess**: Rechnungseingang in der Poststelle, an-schließende Weitergabe zur Buchhaltung, nach Bearbeitung in der Buchhaltung Kopien zwecks Prüfung zum Einkauf und zur Fachabteilung.
- **Doppelarbeiten**: Kundendaten werden in den Bereichen Vertrieb und Marketing jeweils separat erfasst.
- **Mangelhafter Informationsfluss**: Änderungswünsche des Kunden werden vom Vertrieb nicht in die Produktion weitergeleitet.
- **Fehlende Prozessstandards**: Bestellprozesse laufen an einzelnen Unternehmens-standorten jeweils anders ab.
- **Medienbrüche im Prozess**: Eingabe von Daten in eine Datenbank, die einer aus-gedruckten IT-Liste entnommen werden.
- **Warte- oder Liegezeiten**: Für die Buchung eines Zahlungsbelegs werden Daten aus der Finanzbuchhaltung benötigt, die nicht zeitgerecht geliefert werden.
- **Geringe Automatisierung**: Der manuelle Aufwand zur Abwicklung einer Bestellung ist unverhältnismäßig hoch.

Konzeption und Optimierung

Im Rahmen der Prozesskonzeption sollen Vorschläge für verbesserte oder ggf. sogar neue Prozesse (Soll-Prozesse) erarbeitet werden. Dazu sind zunächst die durch die Prozessgestaltung zu erreichenden Ziele zu definieren und zu priorisieren (s. o. **Prozess-ziele**). Nur auf Basis bekannter Zielsetzungen bzw. Bewertungskriterien lassen sich Ist-Prozesse bewerten.

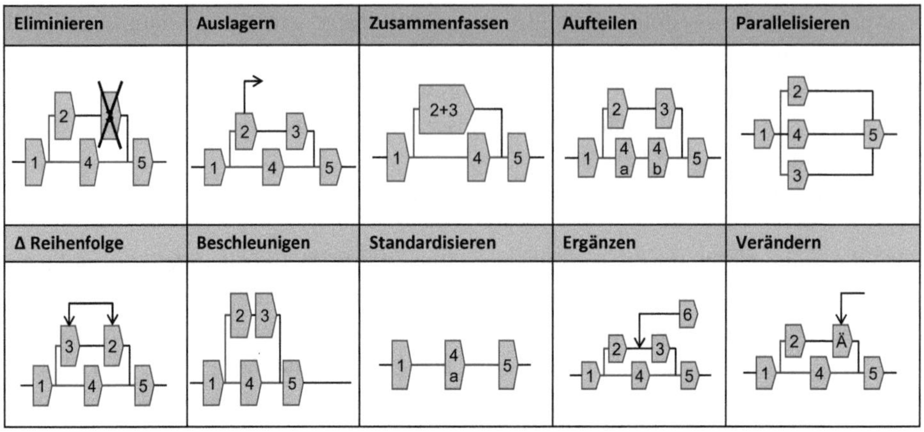

Abb. 3.6 Ansätze der Prozessoptimierung im Überblick. (Bach et al. 2017, S. 237–241)

Nachdem die Festlegung der sachlogischen, räumlichen und zeitlichen Reihenfolge von Aktivitäten als Prozessgestaltung definiert wurde, werden nun weitere grundsätzliche Gestaltungsparameter des **Prozess(re)designs** vorgestellt (Abb. 3.6). Diese Maßnahmen lassen sich innerhalb der folgenden zehn Optionen kategorisieren (vgl. schon Bleicher 1991, S. 196 und viele andere Schmelzer und Sesselmann 2020, S. 222–265; Schulte-Zurhausen 2014, S. 110–115 und S. 125–128; Fischermanns 2013, S. 341–346; Dumas et al. 2021, S. 347–399; Bach et al. 2017, S. 238–241):

- **Eliminieren**: nicht wertschöpfender (überflüssiger) Teilprozesse, Prozess- oder Arbeitsschritte wie z. B. von Doppelarbeiten, Mehrfacherfassungen
- **Auslagern**: Aktivitäten, die nicht den eigenen Kernkompetenzen gehören, werden an Dritte abgegeben, z. B. Dienstleister, Lieferanten oder Kunden
- **Zusammenfassen**: Bündeln von zusammengehörigen (Teil-)Prozessen oder Prozess-aktivitäten (z. B. durch Prozessmodularisierung).
- **Aufteilen**: Trennen von Teilprozessen, Prozess- oder Aktivitäten.
- **Parallelisieren**: Zeitparalleles oder simultanes Ausführen von (Teil-)Prozessen oder Prozessaktivitäten (auch Überlappen).
- **Reihenfolge** verändern von Teilprozessen, Prozess- oder Aktivitäten durch Vorziehen oder Verschieben.
- **Beschleunigen** zur Verkürzung der Durchlaufzeit durch Automatisieren, Qualifizierung oder Eliminieren von Teilschritten
- **Standardisieren** von zielgleichen Teilprozessen, Prozess- oder Aktivitäten über Stand-orte, Betriebe hinweg mit Hilfe von IT-Unterstützung
- **Ergänzen**: Einfügen von zusätzlich erforderlichen Teilprozessen, Prozess- oder Aktiv-täten, um die Qualität, Sicherheit zu erhöhen oder die Governance zu verbessern.
- **Verändern** durch eine angepasste Art und Weise der Durchführung auf Basis neuer Prozessvarianten oder IT bzw. Medien.

Zur Optimierung eines Prozesses lassen sich mehrere potenzielle Maßnahmen ableiten. Da nicht alle Maßnahmen gleichzeitig zu realisieren oder ggf. zu aufwändig sind, ist es notwendig, diese zu priorisieren. In der Praxis ist es üblich, die **Kosten-**, **Zeit-** und **Nutzenwirkungen** zu betrachten. Einen typischen Ansatz liefern z. B. Portfolio-Ansätze bei denen z. B. die strategische Bedeutung und das operative Verbesserungspotenzial auf zwei Achsen gegenübergestellt wird (vgl. Fischermanns 2013, S. 193). Prioritär sind die Maßnahmen mit hoher Bedeutung, hohem Verbesserungspotenzial bei gleichzeitig niedrigem Umsetzungsaufwand abzuarbeiten. Mit den sogenannten „Low hanging fruits" zu starten, erhöht auch die Motivation der Beteiligten. Diese Priorisierung der Gestaltungsmaßnahmen kann natürlich schon begleitend zur Erarbeitung der Maßnahmen erfolgen.

Die organisatorische Umsetzung erfolgt „strukturell" in entsprechenden Stellen oder Einheiten, in und mit denen die Prozesse dann ablaufen. Dies kann entweder als Sekundär- oder als Primärorganisation eingerichtet werden (Abschn. 3.1.5).

3.1.5 Prozess-Organisation als Sekundär- oder Primärorganisation

Damit ein Unternehmen als dynamisches soziales Gebilde überhaupt Stabilität erlangt, werden die Prozesse als über eine Struktur bzw. Aufbauorganisation miteinander verbunden angesehen (vgl. Brehm 2003, S. 70). Strukturen determinieren die Prozesse nicht, sondern sie bieten eine Begrenzung der in der Struktur beobachtbaren Prozesse. Aufbaustrukturen charakterisieren das Dauerhafte und Stabile und Prozesse das Momenthafte, eher Fließende. Damit wird die **Komplementarität von Prozessen und Strukturen** deutlich.

In den Abschn. 2.2.1 und 2.3.1 wurde bereits auf den Unterschied zwischen Primär- und **Sekundärorganisation** eingegangen. Abhängig von der strategischen Relevanz ist dann zu überlegen, ob und wie die relevanten Prozesse auch strukturell bzw. organisatorisch integriert werden sollen. Bzgl. der Gestaltungsziele stehen dabei die Prozesseffizienz, die Marktorientierung und die Flexibilität im Vordergrund. Schnittstellen, Abteilungskonflikte, Medienbrüche etc. sollen vermieden werden. Die Funktionen stehen den Geschäftsprozessen eigentlich völlig entgegen (vgl. Schmelzer und Sesselmann 2020, S. 69). Sie sind auf bestimmte Verrichtungen wie Marketing, Entwicklung und Vertrieb ausgerichtet und haben keinen unmittelbaren Kundenbezug. In Gegensatz verlaufen die Geschäftsprozesse „horizontal". Sie beginnen und enden bei Kunden, wie z. B. „Produkt planen" und „Produkt herstellen".

Prozess-Organisation als Sekundärorganisation
Bei der Gestaltung der Prozesse als Sekundärorganisation überlagern die organisatorisch eigenständig abgegrenzten Prozesse die primäre Organisation. Es entsteht eine Art **prozessergänzte Matrix-Organisation** wie in Abb. 3.7 oben zu sehen (vgl. Vahs 2023, S. 280; Nicolai 2023, S. 194; Schmelzer und Sesselmann 2020, S. 68). In diesem Fall werden die Prozesse von einem **Prozess-Manager**, einem Prozess-Team, einem so genannten

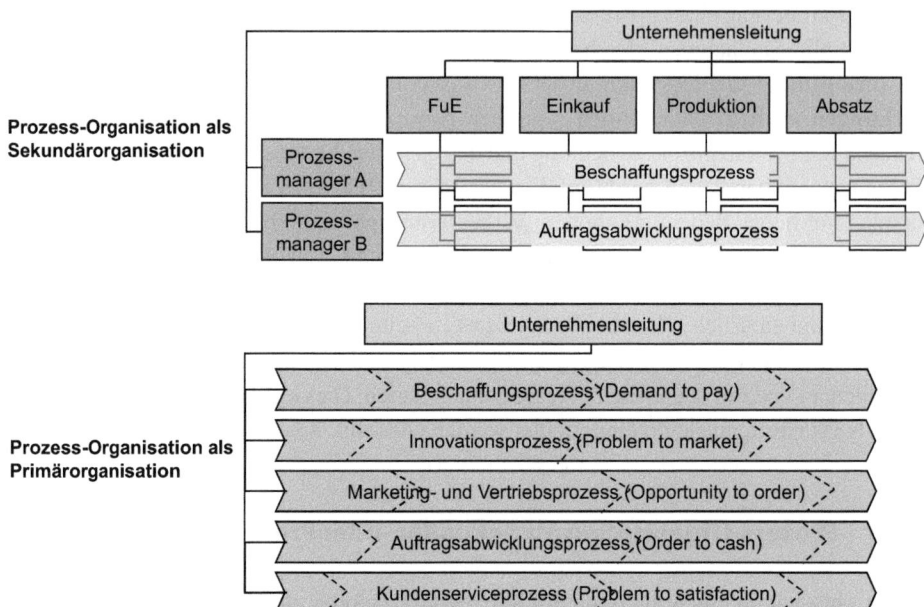

Abb. 3.7 Prozess-Organisation als Sekundär- und als Primärorganisation. (u. a. Bach et al. 2017, S. 285; Vahs 2023, S. 281)

Prozess-Verantwortlichen oder einem unternehmerisch ausgerichteten Case-Manager verantwortet. Deren Aufgabenbereiche umfassen die Gestaltung, Durchführung und Optimierung eines Geschäftsprozesses inklusive dem Erstellen der Kundenleistungen. Wegen seiner durchgängigen unternehmerischen oder Kundenverantwortung „vom Anfang bis zum Ende" für einzelne Fälle (Kunden, Vorgänge, Auslieferungen, Beschwerden o. ä.) wird er auch als Case Manager bezeichnet und sichert das „one face to the customer".

Die Prozesse sind entweder z. B. den **Funktionen untergeordnet** und dienen nur der Überwindung von Schnittstellen und der Koordination. Oder aber die **Prozesse** sind so relevant, dass ihnen die **Vorfahrt gegenüber den Funktionen** gewährt wird, die „Funktionen" erbringen dann im Sinne einer Kunden-Lieferanten-Beziehung Prozessleistungen. Ein solcher „interner Leistungs- und Ressourcenverbund zwischen Geschäftsprozessen und Funktionen" (Schmelzer und Sesselmann 2020, S. 310) ist dann deutlich flexibler gestaltbar und kann über Leistungsvereinbarungen (Service Level Agreements) koordiniert werden.

Prozess-Organisation als Primärorganisation
Bei der Gestaltung der Prozesse als Primärorganisation richtet sich die Aufbauorganisation an den Geschäftsprozessen aus. Das bedeutet, dass es am Ende keine Bereiche oder Abteilungen im klassischen Sinn gibt, sondern das die für den Prozess verantwortlich handelnden Personen eine eigene Organisationseinheit bilden, quasi ein Prozessteam mit einem Prozessverantwortlichen als Instanz. Dies ist dann eine konsequente organisatori-

sche Umsetzung des Prozessdenkens. Insofern wird dann von einer reinen Prozess-Organisation gesprochen (vgl. Schmelzer und Sesselmann 2020, S. 311; Suter et al. 2019, S. 423–432). In Anlehnung an die oben in Abschn. 2.2.1.2 vorgestellten Grundmodelle der Aufbauorganisation lässt sich die Prozess-Organisation wie folgt einordnen:

▶ Die **Prozess-Organisation** ist eine an einer zusammenhängenden Aktivitätenfolge orientierte Einlinienorganisation mit Tendenz zur Entscheidungsdezentralisation und direkter sowie indirekter Koordination.

Bei der Prozess-Organisation handelt sich um ein Grundmodell, bei dem die Gliederung nach **Prozessen** erfolgt. Genau wie bei der Funktionalen Organisation liegt ein **Einliniensystem** zugrunde, bei dem die zentralen Prozesse direkt an die Leitungseinheit angebunden sind. Die Prozesse weisen eine relativ hohe Autonomie auf, sodass die meisten Entscheidungen und die (Prozess-)Ergebnisverantwortung an die Prozessverantwortlichen übertragen werden können. Es herrscht also eine **Tendenz zur Entscheidungsdezentralisation** vor, wobei diese jedoch aufgrund der fehlenden Geschäftsgesamtverantwortung niedriger ist als bei der Divisionalen Organisation. En Prozess läuft natürlich am Tag ggf. mehrmals ab, aber immer nach dem gleichen Muster. Und der gleiche Prozess kann auch parallel auf drei Produktionsstraßen ablaufen. Zur Koordination bieten sich dann Programme und Pläne an, aber auch indirekte Koordinationsinstrumente können die Abstimmung und die Flexibilität sichern.

In der reinen Projektorganisation werden **Organisationseinheiten nach Prozessen gebildet** (Abb. 3.8). Das heißt, alle zur Durchführung benötigten Mitarbeiter werden unter

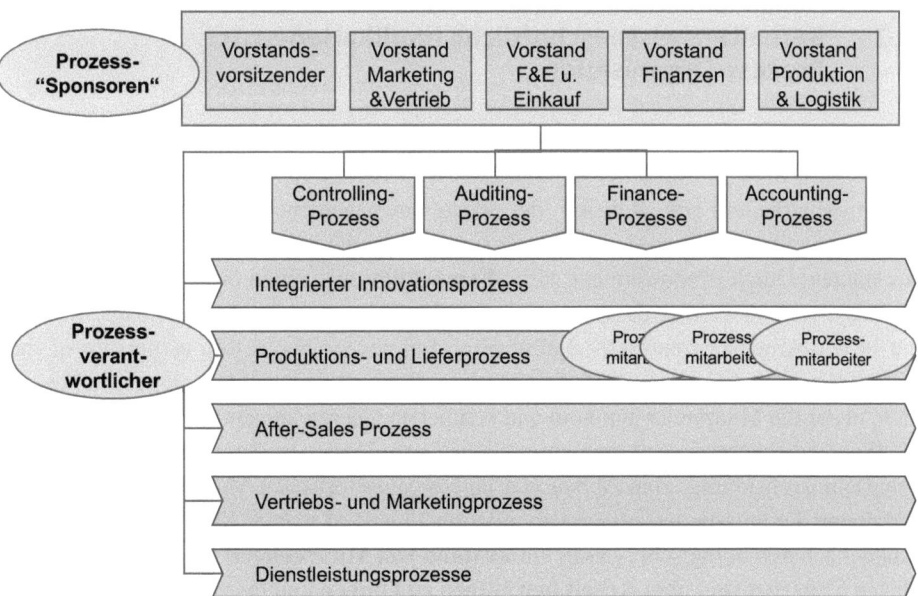

Abb. 3.8 Prozess-Organisation. (In Anlehnung an Bach et al. 2017, S. 287, www.rational-online.de)

Tab. 3.1 Stärken und Schwächen der Prozess-Organisation

+ hohe Marktorientierung kundenorientierte Prozesse (End-to-End)	- Gesamtmarktauftritt evtl. schwieriger
+ bessere Zusammenarbeit durch Reduktion von Abteilungsschnittstellen (Prozesseffizienz)	- geringe Ressourceneffizienz aufgrund prozessspezifischen Ressourcen
+ geringerer Koordinationsbedarf aufgrund relativ selbstständig agierender Prozessteams (Führungseffizienz)	- Zentralisierung übergreifender Stabsaufgaben oder Dienstleistungsbereiche erfordern Koordination
+ Motivation von Führungskräften und Mitarbeitern in der Regel stärkeren Erfolgsbezug und Marktorientierung	- höhere Anforderungen an die Mitarbeiter
+ Flexibilität und Anpassungsfähigkeit bei einzelnen Prozessen	- Ressourcenverteilung mit Konfliktpotenzial zwischen den Prozessen

[eigene Darstellung, Quellen: Bach et al. 2017, S. 288 f.; Schmelzer und Sesselmann 2020, S. 311 f.; Klimmer 2020, S. 80; Vahs 2023, S. 307 f.]

Leitung eines Prozessverantwortlichen oder -managers zusammen in einem Prozessteam gebündelt. So kann es beispielsweise sein, dass für einen Beschaffungsprozess („demand-to-pay") ein klassischer Einkäufer mit Markt- und Lieferantenwissen, ein Techniker für die entsprechenden Spezifikationen der zu beschaffenden Vorprodukte und ein kaufmännischer Mitarbeiter für die Konditionen und Zahlungsabwicklung im Prozessteam „Technische Beschaffung" vereint werden.

Auch für die Prozess-Organisation lassen sich unter Rückgriff auf die Gestaltungsziele folgende Stärken und Schwächen ableiten (Tab. 3.1).

3.2   Verhaltenswissenschaftliche Implikationen der Prozess-Organisation

3.2.1   Empowerment

Wenn Mitarbeitern im Rahmen des Prozessmanagements umfassende Prozessverantwortung übertragen wird, müssen sie sich auch in die Lage fühlen, diese übernehmen zu können. Durch Empowerment, also „**Ermächtigung**", sollen die Mitarbeiter daher in die Lage versetzt werden, dass sie ihr Wissen, ihre Erfahrung, ihre Ideen und ihre Kreativität in den Arbeitsprozess aktiv einbringen: „Employee should take ownership of their work" (Cross und Carbery 2021, S. 177). Es soll eine Arbeitsumgebung geschaffen werden, in der die Mitarbeiter autonom und kompetent agieren können.

Während Empowerment im ursprünglichen soziologischen Verständnis als Instrument zur Demokratisierung, zum Abbau von innerorganisatorischen Machtunterschieden und Erhöhung der mitarbeiterseitigen Partizipation aufgefasst wurde (Kanter 1977), wird hierunter nach psychologischer Lesart ein **Zustand von Mitarbeitern** verstanden, in dem sie davon überzeugt sind, ihre **Arbeit bewältigen zu können** und hierfür gerüstet zu sein.

Die psychologische Empowerment-Sichtweise nimmt also in den Blick, wie die Mitarbeiter ihre Arbeit erleben. Ist Empowerment gegeben, nehmen die Mitarbeiter demnach eine aktive Wahrnehmung ihrer Arbeitsrolle vor. Hierbei ist Empowerment kein situationsinvariantes stabiles Persönlichkeitsmerkmal, sondern stets eine auf eine bestimmte Arbeitsaufgabe bezogene Wahrnehmung. Es handelt sich zudem auch nicht um eine dichotome, sondern eine kontinuierliche Variable (Spreitzer 1995, S. 1444).

▶ Unter **Empowerment** wird das Ausmaß verstanden, in dem Mitarbeiter davon überzeugt sind, ihre Arbeitsaufgaben bewältigen zu können.

Insbesondere Spreitzer ist es gelungen, Empowerment als Konstrukt in der fachwissenschaftlichen Diskussion zu etablieren (Spreitzer 1995). Demnach ist Empowerment durch vier kognitive Bewertungen der Arbeitsrolle gekennzeichnet:

1. **Erleben von Bedeutsamkeit („Meaning")**: Mitarbeiter sind von dem Bedeutungsgehalt ihrer Aufgaben überzeugt
2. **Erleben von Kompetenz („Competence")**: Mitarbeiter sind davon überzeugt, über die Fähigkeiten zum Erledigen der Aufgaben zu verfügen
3. **Erleben von Selbstbestimmung („Self-determination")**: Mitarbeiter sind davon überzeugt, über Handlungsspielräume (Autonomie) zu verfügen, d. h. selbst Entscheidungen treffen und ihr Arbeitsverhalten selbst bestimmen zu können
4. **Erleben von Einfluss („Impact")**: Mitarbeiter sind davon überzeugt, durch ihr Tun etwas bewirken und die Arbeitsergebnisse beeinflussen zu können

Das Gegenteil von Empowerment erleben Mitarbeiter, wenn sie ihre berufliche Tätigkeit als sinnlos erachten, von den Aufgaben überfordert sind sowie sich fremdbestimmt und ohnmächtig fühlen. Hierbei sind sämtliche vier Dimensionen konstitutiv für das mitarbeiterseitige Erleben von Empowerment: „Employees feel psychologically empowered when they experience all four psychological states" (Spreitzer 2008, S. 57).

Hinsichtlich der Konsequenzen zeigt sich, dass Empowerment uneingeschränkt positive Auswirkungen auf die Mitarbeiter und die Organisation zeitigt, da es mit einer höheren Arbeitszufriedenheit (Abschn. 2.1.2.1), höherem organisationalen Commitment (Abschn. 1.2.2), niedrigerem Stresserleben (Abschn. 2.1.2.2) und höherer Arbeitsleistung einhergeht sowie Extra-Rollenverhalten (Abschn. 1.2.3) wahrscheinlicher und organisationsschädigendes Verhalten (Abschn. 1.2.4) unwahrscheinlicher macht (Spreitzer 2008, S. 61–62, Seibert et al. 2011).

3.2.2 Selbstorganisation

Bei der bewussten organisatorischen Gestaltung als Führungsaufgabe wird von formalen, präsituativen Fremdregelungen ausgegangen (Abschn. 1.1.2), um in einem Unternehmen

„Ordnung zu schaffen". Aber die bereits vorzufindende Organisation ist nicht Fremd-regelung von außen: Jedes Unternehmen hat sich seine Organisation selbst(!) gegeben, dennoch wird sie als etwas Vorgegebenes, Künstliches oder Fremdes wahrgenommen (vgl. Kühl 2023, S. 204 f.). Dies umschließt die bisherige Vorstellung, dass es eine (zentrale) Instanz gibt, die die „optimale" Struktur kennt. Da dies erkennbar unwahrscheinlich ist, macht es Sinn, der Fremdorganisation die Selbstorganisation an die Seite zu stellen, um das Wissen aller Betroffenen selbst zu nutzen (vgl. Brehm 2003, S. 169–180).

▶ **Selbstorganisation** ist eine Regelungsform, bei der die von der Regelung Betroffenen diese für sich selbst festlegen. Damit einher geht die gemeinsame Übernahme von Auf-gaben, Kompetenzen und die gemeinsame Verantwortung – also eine Form kollektiven Aufgabe, Kompetenz und Verantwortungs-Prinzips, welches die jeweilige Stellenmehrheit für sich in Anspruch nimmt.

Im Gegensatz zur Fremdorganisation werden bei der Selbstorganisation ordnungs-schaffende Handlungsmuster als Strukturierungsleistungen durch die Personen, die für die Aufgabenerfüllung zuständig sind, erbracht. Weiter heißt organisierte Selbstregelung, dass die Aufgabenträger entweder individuell oder kollektiv vorher zur organisatorischen Ge-staltung in ihrem Aufgaben- und Verantwortungsbereich autorisiert werden müssen. Fest-gelegt wird der Grad der Selbstorganisation durch die fremde Rahmenregelung, welche nur einen Bruchteil der für abgestimmtes Verhalten erforderlichen Regelungen im Vor-hinein kodifizieren kann. So entsteht zwischen den durch Fremdorganisation entstandenen Rahmenregelungen und den zur Zusammenarbeit erforderlichen Regelungen eine Lücke, die durch Selbstorganisation ausgefüllt wird bzw. aufgefüllt werden sollte. Diese Lücke kann das Verhältnis zwischen Fremd- und Selbstregelung auf drei Arten bestimmen (vgl. Bea und Göbel 2019, S. 188, zur brauchbaren Regelabweichung Kühl 2020, S. 105):

- **Komplementär**, wenn eine sinnvolle, zweckorientierte Ergänzung durch die Selbst-organisation erfolgt,
- **korrigierend**, wenn der „Dienstweg" durch eine Anpassung pragmatisch korrigiert zweckdienlich wird,
- **konfliktär** oder ersetzend, wenn die Fremdorganisation eher als Hemmnis oder Stör-faktor wahrgenommen wird und ggf. durch die Betroffenen autonom durch eigene Re-geln ersetzt wird.

Systemtheoretisch betrachtet sind Hierarchie und Strukturen damit gerade die Voraus-setzung dafür, dass Selbstorganisation in abgegrenzten Bereichen tatsächlich auch mög-lich ist. Für Kühl (2023, S. 204) entstehen dadurch „Inseln der Selbstorganisation" in hie-rarchischen Strukturen. Dies führt aber am Ende dennoch dazu, dass die Instanz bzw. die Führungskräfte sich in ihrer Führungsverantwortung nicht von Entscheidungen der sich selbstorganisierten Mitarbeiter freisprechen können.

Selbstorganisation bei _Netflix_

Im relativ einfachen Fall der (nicht vorhandenen) Urlaubsregelung liegt die Rolle und damit Macht der Führungskraft zukünftig darin, dort wo es weniger oder keine Regeln gibt, durch vorbildliches Verhalten positiv Einfluss zu nehmen. Denn in Ermangelung von geschriebenen Regeln suchen Mitarbeitende dennoch Orientierung. Auch bei deutlich anspruchsvolleren Fällen wie Entscheidungen über Großaufträge oder Werbebudgets ist bei Netflix „keine Genehmigung für Entscheidungen erforderlich" in Verbindung mit der Ansage „versuchen Sie nicht, Ihrem Chef zu gefallen." Um dennoch das Interesse des Unternehmens zu wahren, wird vorausgesetzt, dass der Entscheider sich ausreichend von Kollegen beraten lässt, denn gute Entscheidungen setzen die Kenntnis von Kontext, alternativen Optionen und unterschiedlichen Perspektiven voraus: „Wenn jemand die Freiheit, die ihm Netflix einräumt, nutzt, um wichtige Entscheidungen zu fällen, ohne zuvor andere Meinungen einzuholen, betrachtet das Unternehmen dies als Beleg für mangelndes Urteilsvermögen." (Quelle: Hastings und Meyer 2020, S. 193 und 194; hier entnommen aus Brehm 2021, S. 374) ◄

Es handelt sich bei der Selbstorganisation auch um ein bewusstes, ordnungsschaffendes Gestaltungshandeln, welches sich auf den entsprechenden Bereich der Organisation selbst bezieht (vgl. Bleicher 1991, S. 41 ff., und auch Göbel 1998, S. 177 mit weiteren Nachweisen). Anhand der Frage, wer oder was als ordnende Kraft in Erscheinung tritt, lassen sich nach Göbel (1998, S. 103) zwei Arten von Selbstorganisation unterscheiden:

- Die **autonome Selbstorganisation** beschreibt eine Ordnung, die „selbstbestimmt" durch die Organisationsmitglieder entsteht. Das heißt, wenn die Mitglieder über den entsprechenden Spielraum verfügen, können sie absichtsvoll und ausdrücklich an der Ordnung mitwirken.
- Die **autogene Selbstorganisation** erzeugt Ordnung „von selbst" auf Basis der Eigendynamik komplexer, interagierender Systeme, eher zufällig, unabsichtlich und implizit. Hier entstehen ohne bewusste Planung bestimmte Regelmäßigkeiten, also als Ergebnis menschlichen Handelns, aber nicht menschlicher Absicht (vgl. Hayek 1969, S. 97 ff.).

Die hier betrachteten autonomen Gestaltungsmaßnahmen, die die Instanz in die Verantwortung der Gruppe gibt, entlasten sie selbst. Für die Frage, was selbst organisiert werden kann, bleiben nur horizontale und vertikale Arbeitsteilung sowie Koordination.

Selbstgeregelte Arbeitsteilung
Die gruppeninterne **Verteilung der Aufgaben** gehört zu den typischen Rechten eines wenigstens teilautonomen Subsystems (Antoni 1994, S. 36). Der Bereich nimmt sich seine Gesamtaufgabe und zerlegt diese wiederum in Teilaufgaben, die dann auf die Mitglieder zu verteilen sind. Ob dies nach Verrichtungen, Objekten, Zweckbeziehung oder Phasen erfolgt (vgl. Abschn. 1.1.3) und ob eine oder zwei Personen ein Aufgabenbündel über-

nehmen, bleibt dem Team oder der Gruppe überlassen. Autonomie vermeidet Einschränkungen, denn die gewünschte Agilität oder Flexibilität entsteht gerade dadurch, dass versucht wird, auf Detailregelungen soweit vertretbar zu verzichten. Der Bereich soll über den Grad seiner internen Formalisierung selbst entscheiden (Göbel 1998, S. 192).

Selbstgeregelte Koordination

Selbstabstimmung ist der Begriff für eine selbstgeregelte, autonome Koordination. Durch die unmittelbare Interaktion, räumliche Nähe und persönliche Beziehung in der Gruppe wird eine Abstimmung nach eigenem Ermessen zwischen den betroffenen Aufgabenträgern ermöglicht (vgl. Schreyögg und Geiger 2024, S. 69–71; Mintzberg 1979, S. 39). Die Aufgabenträger entscheiden über konkreten Abstimmungsbedarf, Form, Inhalt und Ansprechpartner. Es entsteht eine verbindliche und durch Selbstregelung autorisierte Abstimmungslösung.

Wesentliche Voraussetzungen für Selbstorganisation sind (hier in Anlehnung als Ostrom 1999, S. 115–132; Pukall 2023, S. 16–18):

- Klar abgegrenzter organisatorischer Gestaltungsbereich mit erkennbarer Zugehörigkeit einer Gruppe von Personen.
- Darin geltende Strukturen und Prozesse werden gemeinsam gestaltet, um die gewünschte Akzeptanz und Selbstverantwortung zu gewährleisten.
- Es gibt für das Treffen von Entscheidungen, Sanktionieren von Regelverstößen oder zur neutralen Lösung von Konflikten entsprechende Routinen, die zur Idee der Selbstorganisation passen: Konsent, Einwandintegration oder Konsultation (vgl. Oestereich und Schröder 2020; S. 142–165, Pukall 2023, S. 106–112).
- Es gibt ein hohes Maß an Transparenz als Grundlage für die Verantwortungsübernahme und für den Vertrauensaufbau (Abschn. 5.2.4).
- Diese Regeln werden von dem Umfeld auch respektiert und das selbstorganisierende Team integriert sich entsprechend der Ziele und Gesamtaufgabe des Unternehmens in übergeordnete Prozesse und Strukturen.

So gesehen ist Selbstorganisation in einem Unternehmen eigentlich eine kontraintuitive Idee, denn auch das Unternehmen und das Management hat sich diese existierende Organisation selbst gegeben. Hierarchie, Abstimmungs- und Koordinationsprozesse sind „nicht vom Himmel gefallen". Dennoch geht man davon aus, dass organisierte Selbstorganisation auf Gruppenebene unumgänglich ist (Bea und Göbel 2019, S. 187). Wenn Organisationsmitglieder den Zweck und die Funktion des Unternehmens und ihres Bereiches kennen (vgl. Fink und Moeller 2018, S. 89–107), können auf der Abteilungs- oder Gruppenebene wieder Flexibilität und Anpassungsfähigkeit gesteigert werde. Die Prozesseffizienz und Mitarbeiterorientierung profitieren ebenfalls (Abschn. 5.3).

3.3   Zusammenfassung und Lernkontrolle (Wiederholungsfragen und Reflexionsfragen)

Bei **Prozessen** geht es um die raumzeitliche und sachlogische Strukturierung von **inhaltlich abgeschlossenen Aktivitätenfolgen** mit un- oder mittelbarem Bezug zum Kunden (Abschn. 3.1.2). Die Gestaltung von Prozessen als Teil der Unternehmensorganisation verbindet den Anspruch einer höheren Marktorientierung mit der Erreichung anderer Effizienzziele. Prozesse transformieren immer einen Input in einen Output bzw. ein klares Ergebnis und laufen nach festen Regeln in einer Zeitspanne ab. Prozesse vervollständigen die Unternehmensorganisation durch Steuerungsprozesse, operative (Geschäfts-)Prozesse und Serviceprozesse. Während ein Organigramm die Aufbauorganisation zeigt, bildet die **Prozesslandkarte** vergleichbar die Prozess-Organisation ab (Abschn. 3.1.3). Die richtigen Prozesse zu identifizieren und zu gestalten, fördert die Effektivität des Unternehmens. Die optimierende Gestaltung der einzelnen Prozesse selbst auf Basis erkannter Schwachstellen verbessert dann die Effizienz. Diese basiert auf einem Vorgehen aus **Prozessaufnahme und -analyse** gefolgt von der Neukonzeption und **Optimierung** (Abschn. 3.1.4). Mit Bezug auf die Organisation können Prozesse in der Sekundärorganisation verankert oder sogar als Primärorganisation im Sinne einer Einlinienorganisation ausgestaltet werden (Abschn. 3.1.5).

Durch **Empowerment**, also „Ermächtigung", sollen die Mitarbeiter in die Lage versetzt werden, dass sie ihr Wissen, ihre Erfahrung, ihre Ideen und ihre Kreativität in den Arbeitsprozess aktiv einbringen. Es soll eine Arbeitsumgebung geschaffen werden, in der die Mitarbeiter autonom und kompetent agieren können. Empowerment umfasst das Ausmaß, in dem Mitarbeiter davon überzeugt sind, ihre Arbeitsaufgaben bewältigen zu können (Abschn. 3.2.1).

Im Gegensatz zur Fremdorganisation werden bei der **Selbstorganisation** ordnungsschaffende Handlungsmuster als Strukturierungsleistungen durch die Personen, die für die Aufgabenerfüllung zuständig sind, erbracht: Das gilt für arbeitsteilige Strukturen, Prozesse und deren Koordination. Weiter heißt organisierte Selbstregelung, dass die Aufgabenträger entweder individuell oder kollektiv vorher zur organisatorischen Gestaltung in ihrem Aufgaben- und Verantwortungsbereich autorisiert werden müssen (Abschn. 3.2.2).

Wiederholungsfragen
1. Definieren Sie den Begriff des Prozesses und grenzen Sie Prozesse von Funktionen ab.
2. Welche Besonderheiten weist das betriebswirtschaftliche Prozessverständnis auf?
3. Erläutern Sie vier ausgewählte Merkmale eines Prozesses.
4. Welche Arten von Prozessen werden unterschieden?
5. Erläutern Sie die Darstellung einer Prozesslandkarte. Welchen Zweck erfüllt eine Prozesslandkarte?
6. Wie geht man bei der Gestaltung von Prozessen grundsätzlich vor? Beschreiben Sie das Vorgehen.

7. Erläutern Sie mögliche Gestaltungsziele einer Prozessneugestaltung (oder auch Prozessredesign oder -optimierung).
8. Zeigen Sie vier ausgewählte Ansatzpunkte für eine solche Neugestaltung auf.
9. Was versteht man organisationspsychologisch unter Empowerment?
10. Grenzen Sie Fremdorganisation von Selbstorganisation ab.
11. Nennen Sie ausgewählte Voraussetzungen, die für Selbstorganisation erfüllt sein sollten.

Reflexionsfragen
1. Nennen Sie typische Schwachstellen im täglichen Arbeitsablauf, die es sinnvoll erscheinen lassen, sich mit „Prozessen" etwas gründlicher auseinander zu setzen.
2. Überlegen Sie sich nachvollziehbar die betriebswirtschaftlichen Auswirkungen einer veränderten Prozessgestaltung.
3. Erläutern Sie was mit „End-to-End" im Zusammenhang mit dem Prozessdenken gemeint ist.
4. Anhand welcher Kriterien kann man über die Relevanz von zu optimierenden Prozessen befinden?
5. Wie können Führungskräfte zum Empowerment der Mitarbeiter beitragen?

Literatur

Adner R (2017) Ecosystem as structure. J Manag 43(1):39–58
Antoni C (1994) Gruppenarbeit. Mehr als ein: Konzept, Darstellung und Vergleich unterschiedlicher Formen der Gruppenarbeit. In: Antoni C (Hrsg) Gruppenarbeit in Unternehmen: Konzepte, Erfahrungen, Perspektiven. Beltz, Weinheim, S 115–135
Bach N, Brehm C, Buchholz W, Petry T (2017) Organisation: Gestaltung wertschöpfungsorientierter Architekturen, Prozesse und Strukturen, 2. Aufl. Gabler, Wiesbaden
Bea FX, Göbel E (2019) Organisation. Theorie und Gestaltung, 5. Aufl. UVK, München
Best E, Weth M (2009) Process Excellence. Praxisleitfaden für erfolgreiches Prozessmanagement, 4. Aufl. Gabler, Wiesbaden
Bleicher K (1991) Organisation. Strategien-Strukturen-Kulturen. Gabler, Wiesbaden
Brehm C (2003) Organisatorische Flexibilität der Unternehmung: Bausteine eines erfolgreichen Wandels. DUV, Wiesbaden
Brehm C (2021) Organisatorische Agilität. Ein Blick hinter die Kulissen. In: Petry T, Konz C (Hrsg) Agile Organisation. Dr. Götz Schmidt, Gießen, S 361–382
Cross C, Carbery R (2021) Organisational behaviour. An Introduction, 2. Aufl. Red Globe Press, London
Dumas M, La Rosa M, Mendling J, Reijers HA (2018) Fundamentals of Business Process Management, 2. Aufl. Springer, Berlin
Dumas M, La Rosa M, Mendling J, Reijers HA (2021) Grundlagen des Geschäftsprozessmanagements. Springer, Berlin
Fink F, Moeller M (2018) Purpose Driven Organizations. Sinn – Selbstorganisation – Agilität. Schäffer Poeschel, Stuttgart
Fischermanns G (2013) Praxishandbuch Prozessmanagement, 11. Aufl. Dr. Götz Schmidt, Gießen
Gadatsch A (2023) Grundkurs Geschäftsprozessmanagement. Analyse, Modellierung, Optimierung und Controlling von Prozessen, 10. Aufl. Springer, Wiesbaden

Gaitanides M (1983) Prozessorganisation. Entwicklung, Ansätze und Programme prozessorientierter Organisationsgestaltung. Vahlen, München

Göbel E (1998) Theorie und Gestaltung der Selbstorganisation. Duncker und Humblot, Berlin

Hammer M, Champy J (1994) Business Reengineering. Campus, Frankfurt

Hastings R, Meyer E (2020) Keine Regeln – warum Netflix so erfolgreich ist. Econ, Berlin

Hayek F (1969) Freiburger Studien. Mohr, Tübingen

Jacobides MG, Cennamo C, Gawer A (2018) Towards a theory of ecosystems. Strateg Manag J 39(8):2255–2276

Kanter RM (1977) Men and women of the corporation. Basic Books, New York

Klimmer M (2020) Unternehmensorganisation: eine kompakte und praxisnahe Einführung mit OnlineTraining, 5. Aufl. NWB, Herne

Krüger W (2004) Von der Wertorientierung zur Wertschöpfungsorientierung der Unternehmungsführung. In: Wildemann H (Hrsg) Personal und Organisation. TCW, München, S 57–81

Krüger W (2005) Organisation. In: Bea FX, Friedl B, Schweitzer M (Hrsg), Führung, 9. Aufl. Allgemeine Betriebswirtschafslehre/UTB, Stuttgart, S 140–234

Kühl S (2020) Brauchbare Illegalität. Vom Nutzen des Regelbruchs in Organisationen. Campus, Frankfurt

Kühl S (2023) Der ganz formale Wahnsinn. Vahlen, München

Mintzberg H (1979) The structuring of organizations. A synthesis of the research. Prentice-Hall, Englewood Cliffs

Nicolai C (2023) Betriebliche Organisation, 4. Aufl. UVK, München

Nordsieck F (1972) Betriebsorganisation. Lehre und Technik, 2. Aufl. Poeschel, Stuttgart

Oestereich B, Schröder C (2020) Agile Organisationsentwicklung. Handbuch zum Aufbau anpassungsfähiger Organisationen. Vahlen, München

Osterloh M, Frost J (2006) Prozessmanagement als Kernkompetenz. Wie Sie Business Reengineering strategisch nutzen können, 3. Aufl. Gabler, Wiesbaden

Ostroff F (1998) The Horizontal Organization. Harvard Business School Press, Boston

Ostrom E (1999) Die Verfassung der Allmende jenseits von Staat und Markt. Mohr, Tübingen

Porter M (1992) Wettbewerbsvorteile. Spitzenleistungen erreichen und behaupten. Campus, Frankfurt

Pukall KM (2023) Selbstorganisation im Team. Vahlen, München

Schmelzer HJ, Sesselmann W (2020) Geschäftsprozessmanagement in der Praxis. Kunden zufrieden stellen, Produktivität steigern, Wert erhöhen, 9. Aufl. Hanser, München

Schmidt G, Naumann AB (2020) Organisation und Business Analysis – Methoden und Techniken, 16. Aufl. Dr. Götz Schmidt, Gießen

Schreyögg G, Geiger D (2024) Organisation: Grundlagen moderner Organisationsgestaltung, 7. Aufl. Springer Gabler, Wiesbaden

Schulte-Zurhausen M (2014) Organisation, 6. Aufl. Vahlen, München

Seibert SE, Wang G, Courtright SH (2011) Antecedents and consequences of psychological and team empowerment in organizations: a meta-analytic review. J Appl Psychol 96(5):981–1003

Spreitzer G (1995) Psychological empowerment in the workplace: dimensions, measurement, and validation. Acad Manag J 38(5):1442–1465

Spreitzer G (2008) Taking Stock: A Review of More than Twenty Years of Research on Empowerment at Work. In: Barling J, Cooper CL (Hrsg) The SAGE Handbook of Organizational Behavior, Micro Approaches, Bd I. Sage, Los Angeles, S 54–72

Stöger R (2018) Prozessmanagement: Kundennutzen, Produktivität, Agilität, 4. Aufl. Schäffer-Poeschel, Stuttgart

Suter A, Vorbach S, Wild-Weilaner D (2019) Die Wertschöpfungsmaschine. In: Prozesse und Organisation aus der Strategie ableiten, 2. Aufl. Hanser, München

Vahs D (2023) Organisation. Ein Lehr- und Managementbuch, 11. Aufl. Schäffer-Poeschel, Stuttgart

Ausgestaltung des organisatorischen Wandels

4

4.1 Strukturelle Dimensionen des organisatorischen Wandels

4.1.1 Ursachen des Wandels

Schon immer sind Unternehmen mit Veränderungen konfrontiert. Fast genauso lange befassen sich Theoretiker, Praktiker und Berater mit allen Facetten des Themas Management von Wandlungs- bzw. Veränderungsprozessen Einerseits sind sie etwas verzweifelt aufgrund anhaltend erlebter Wirkungslosigkeit vermeintlicher Erfolgsmodelle und – faktoren. Andererseits sind sie voller Engagement aus der ebenso erlebten Notwendigkeit des Handhabens solcher Veränderungen und den immer wieder aufkommenden Ideen zu besserer Handhabung. Ein Klassiker der deutschsprachigen Change Management-Literatur von Doppler und Lauterburg (2019) hat es seit dem ersten Erscheinen im Jahre 1994 auf mittlerweile 14 Auflagen gebracht. Die Bedeutung von Wandlungs- oder Veränderungsprozessen in der Praxis lässt sich an vielen Beispielen erläutern. Hier sollen exemplarisch nur drei zum Zeitpunkt der Erstellung dieses Lehrbuches aktuelle Beispiele aufgegriffen werden: Bayer, Volkswagen und Miele.

Veränderungsprozesse bei *Bayer, Volkswagen* und *Miele*

Das Handelsblatt titelte mit dem Zitat des CEOs der **Bayer** AG im Rahmen eines Interviews (Handelsblatt Wochenende 8./9./10. Dezember 2023, Nr. 238, S. 11–13): „**Der Wandel bei Bayer wird gewaltig**". Der neue Chef von Bayer, Bill Anderson, nutzte zu dieser Zeit die Wirtschaftsmedien aktiv, um das gesamte Unternehmen auf die Veränderungen vorzubereiten.

Zu den internen Auslösern der Veränderung sagt Anderson in dem Interview u. a.: „Es wird sehr viel kontrolliert und überwacht, wir haben Teams, die sich um die

Effektivität des Marketings selbst in kleinen Ländern kümmern. Überall herrschen ausgeprägte Abstimmungs- und Planungsprozesse. Es gibt so viele feste Bayer-spezifische Regeln und Vorschriften, die zentralen Dokumente dazu haben 1362 Seiten. …Wir haben zwölf Ebenen zwischen dem CEO und dem Kunden. Auf jeder dieser Ebenen gibt es zahlreiche Manager, verbunden mit vielen Abstimmungsschleifen. Das ist ein tradiertes System, in dem Entscheidungen viel zu lange dauern."

Zu den Zielen und dem Vorgehen lässt sich der CEO so zitieren:

> „Wir wollen Wert schaffen. Wenn ein Unternehmen keinen Wert für Kunden, Mitarbeiter, Anteilseigner und auch nicht für die Gesellschaft insgesamt schafft, dann wird es scheitern." … „Ich möchte Bayer zu einem der innovativsten und schnellsten Unternehmen weltweit machen. Dafür müssen wir unsere Strukturen und Prozesse komplett überarbeiten. … Wir treiben den Umbau des Unternehmens zügig voran und prüfen gleichzeitig die Optionen zur Trennung von einzelnen Divisionen." … „Wir haben einen klaren Plan, wie wir die Organisation Schritt für Schritt auf das neue System umstellen werden. Momentan sind über 2500 Kolleginnen und Kollegen involviert, bis Ende 2024 wollen wir jeden Teil des Unternehmens erreicht haben."

Der **Volkswagen-Konzern** steht im Dezember 2023 ebenfalls vor einem **umfassenden Effizienz- und Sparprogramm** (vgl. Christian Müssig in faz.net vom 19.12.2023): Vier Milliarden Euro soll die Stammmarke VW des Konzerns bereits im Jahr 2024 sparen, dazu wird unter anderem Personal abgebaut. Beschlossen wurde das Programm auf der 2-tägigen Führungskräftekonferenz „Group Connect" im Dezember 2023. In den nächsten Jahren bis 2026 sollen 10 Mrd. Euro an Effizienzgewinnen erzielt werden. Diese Informationen sind früher im Jahr 2023 immer wieder verbreitet worden. Unterstützt wird der VW-Markenvorstand durch den Aufsichtsrat, der schon frühere Anstrengungen „für das Programm nicht hart genug fand". Die Marke VW steht für mehr als die Hälfte aller verkauften Fahrzeuge im VW-Konzern, d. h., man hat einen entsprechenden Hebel z. B. bei hohen Personalkosten in der Verwaltung: „Hier will VW die Kosten um 20% senken. Mehr als 4000 Stellen könnte dieser Eingriff kosten, wie die F.A.Z. schon Mitte Oktober berichtete. Quer durch die Büros und Fabriken müsse eine fünfstellige Zahl an Stellen sozialverträglich abgebaut werden, also ohne Entlassungen, hieß es zuletzt in Teilen der Konzernführung. Marke und Betriebsrat weisen die Rechnung zurück und sagen, es gebe nur finanzielle Ziele, nicht aber eine konkrete Zahl an Personen."

Auch **Miele** aus Gütersloh steht im ersten Quartal 2024 vor großen Veränderungen, die aber eher mit der strategischen Positionierung des Premiumherstellers einhergehen (vgl. Susanne Preuss in faz.net vom 06.02.2024). „Während Miele in früheren Krisen eher besser als der Markt abschnitt, weil die Premiummarke Wertbeständigkeit versprach und die gehobene Kundschaft auch nicht so stark betroffen war, ist das diesmal anders". Wenn sich also auf der Nachfrageseite die Rahmenbedingungen ändern, z. B. bei der Akzeptanz der Verkaufspreise und gleichzeitig deutlich höhere Kosten für Material, Energie und Personal aufzuwenden sind, kommt das Unternehmen unter

Margendruck. Daher wird eine **Kosten- und Effizienzinitiative** „Miele Performance Program" auf den Weg gebracht, welche die Strukturen, Prozesse und Kostenpositionen in allen Bereichen verbessern soll. Besonders hart mutet es an, wenn selbst bei einem solchen Traditionsunternehmen Verlagerungen ins benachbarte Ausland beabsichtigt sind und mehr als 10% der Beschäftigten (ca. 2700) das Unternehmen geplant verlassen müssen. ◄

Je nach Situation und konkreten Rahmenbedingungen ist es für die Führung eines Unternehmens aber sinnvoll, **proaktiv Veränderungen** im Unternehmen anzustoßen zu einem Zeitpunkt, wo es auf den ersten Blick noch nicht notwendig erscheint, um spätere krisenhafte Entwicklungen zu vermeiden. Wenn es sich um **reaktive Veränderungsprozesse** handelt, sind diesen eine Kombination von Auslösern vorausgegangen, wobei die Ursachen des Wandels sehr unterschiedlich sein können. Vereinfacht können sie in interne und externe Auslöser unterteilt werden (Tab. 4.1, exemplarisch schon IBM 2012 oder die Cap Gemini Change Management Studien 2019, insb. 2015, S. 12).

In der Regel treten diese Ursachen aber nicht isoliert oder unabhängig voneinander auf. Gerade bei reaktiven Veränderungen zeigen sich gegenseitige Abhängigkeiten und Verstärkungen zwischen internen und externen Auslösern. Aus der Kombination ergibt sich folglich für das Unternehmen der spezifische und konkret zu bestimmende **Wandlungsbedarf** (Krüger 2014a, S. 14–17; Vahs 2023, S. 364–368), der aus Managementsicht den zu bewältigenden und zu handhabenden **Wandlungsprozess** (Abschn. 4.1.3.1) bestimmt.

4.1.2 Formen des Wandels

Die resultierenden Wandlungsprozesse bringen tiefgreifende und umfassende Änderungen des Unternehmens mit sich und sind meist Ausdruck eines über die Zeit entstandenen

Tab. 4.1 Interne und externe Auslöser von Veränderung

– Neues Management oder neue Führungskräfte	– Neue Technologien, digitale Transformation, KI
– Effizienzprobleme in Prozessen und/oder unzureichende Ressourcennutzung	– Regulatorische Änderungen und/oder Governance- bzw. Complianceanforderungen
– Erfolgs-, Rentabilitäts- und/oder Kostenprobleme	– Pandemien oder Naturkatastrophen
– Neue Unternehmensstrategie und/oder Marktausrichtung	– Volkswirtschaftliche Faktoren oder Marktänderungen
– Restrukturierung	– Gesellschaftliche Änderungen und damit ggf. neue Kundenbedürfnisse
– Veränderte Mitarbeiterbedürfnisse und kulturelle Änderungen	

[eigene Darstellung]

Wandlungsbedarfs. Um bedrohliche Unternehmenskrisen zu vermeiden, sollen Unternehmen heutzutage grundsätzlich entwicklungsfähig, flexibel und agil sein, um sich kontinuierlich anpassen zu können. Das Management von Wandlungsprozessen stellt in der Regel eine **besondere Herausforderung für die Unternehmensführung** dar und erfordert ein der Situation entsprechend angepasstes Vorgehen. Das folgende Kapitel nimmt dabei die organisatorischen Fragestellungen in den Fokus.

Management des Wandels und **Change Management** werden etwa gleich gesetzt und entsprechen einem weiteren Verständnis. Damit umfasst es im Grunde nicht nur organisatorischen Wandel, sondern andere führungsrelevanten Bereiche des Unternehmens sind miteingeschlossen: Strategie, Personal, Kultur und damit dann auch Mitarbeiterführung oder Technologie. Dadurch entsteht eine ganzheitliche Perspektive. Davon abzugrenzen ist ein engeres Verständnis, in welchem sich Change Management (i.e.S.) eher auf die Akzeptanz und Umsetzung bei und mit den Mitarbeitern bezieht und damit „nur" den Bereich Kommunikation und Personal abdeckt.

▶ **Definition** **Management des Wandels** (auch Wandlungsmanagement oder Change Management genannt) bedeutet die aktive Handhabung von Prozess, Inhalt und Ergebnis unternehmensbezogener oder -übergreifender Veränderungen und Entwicklungen. Wandlungsmanagement ist eine Querschnittsaufgabe und bewegt sich bildlich in der Schnittmenge der drei Führungsfunktionen: Planung und Kontrolle, Organisation, Personalmanagement (in Anlehnung an Krüger 2014a, S. 3–5).

Change Management ist die zielgerichtete Analyse, Planung, Realisierung, Evaluierung und laufende Weiterentwicklung von ganzheitlichen Veränderungsmaßnahmen in Unternehmen (Vahs 2023, S. 337).

Politische, emotionale und rationale Dimensionen von Veränderungen
Zu den wesentlichen Charakteristika von organisatorischem Wandel zählt, dass er mit Blick auf seine Bewältigung die drei **Dimensionen politisch**, **emotional** und **rational** beachten sollte (vgl. Krüger 2014b, S. 34–38; Bach et al. 2017, S. 379). Den Ausgangspunkt der aktiven Handhabung des Wandels bilden der Wandlungsbedarf und damit die erkannten Sachprobleme des Unternehmens. Dies ist die **rationale** Dimension des Geschehens, sie lässt sich mehr oder weniger gut in Zahlen, Daten und Fakten erfassen. Probleme werden erfasst und in einem zielorientierten Problemlösungsprozess über Meilensteine in einem Projekt Schritt für Schritt bearbeitet. Damit sind der **strategische** und **organisatorische Wandel** angesprochen, da unter Umständen veränderte, erneuerte Unternehmensstrukturen und -prozesse erforderlich werden (zusammengefasst in der Praxis häufig „Business Transformation" genannt).

Aber es darf in dem Zusammenhang nicht vergessen werden, dass die Handelnden und Betroffenen insbesondere im Wandel nicht frei von Emotionen sind: Management des Wandels hat also ebenso eine facettenreiche **emotionale** Dimension (vgl. auch Abschn. 4.2.3). Wandlungsprojekte haben in jedem Fall Auswirkungen auf die immer mitschwingenden Gefühle, Befindlichkeiten, Stimmungen und Erwartungen des Einzelnen bzw. der Mitarbeiterschaft im Ganzen (vgl. Doppler und Vogt 2018; Kotter und Cohen 2002). Diese emotionale Seite des Wandels lässt sich leicht an der Unterscheidung von Gewinnern und Verlierern des Wandels festmachen. Dabei kann man wohl von einem Wechselbad der Gefühle sprechen, welches mit einer Vorahnung beginnt, die entweder Ablehnung oder manchmal auch Hoffnung impliziert. Nach der Konfrontation mit möglichen Veränderungen und dem Absehen der persönlichen Konsequenzen entwickeln sich ganz unterschiedliche emotionale Verarbeitungsmuster zwischen Angst und Freude.

Ebenso wichtig ist die (**mikro-)politische** Dimension: Nicht zuletzt Fragen der Machtverteilung und -nutzung, Einflussmanagement, Konflikthandhabung und das Finden von Kompromissen, ohne dass dies zu stark auf das angestrebte Wandlungsergebnis schlägt, vervollständigen die soziale Komplexität jeder Veränderung. Sie erfordern in der Praxis ein hohes Maß an zeitlichem Einsatz von Führungskräften. Ohne deren kluges politisches Verhalten wird es keinen erfolgreichen Wandel geben.

Charakteristika des Wandels

Je nach Situation oder Rahmenbedingungen können Wandlungsprozesse bewusst in Angriff genommen und gestaltet werden (vgl. im Folgenden Brehm 2003). Es wird also grundsätzlich ein Verständnis eines **geplanten Wandels** zugrunde gelegt (Kirsch et al. bereits 1979; Bennis et al. 1985; Lang und Wagner 2022). Hiermit sind alle absichtsvoll initiierten und gesteuerten, antizipativen und zielgerichteten Aktivitäten der Veränderung gemeint.

Im Gegensatz dazu findet sich die Vorstellung des **ungeplanten Wandels**, wenn Wandlungsprozesse nicht intendiert, zufällig und weitgehend unbemerkt vonstattengehen. In umfangreichen Wandlungsprogrammen werden immer **ungeplante Prozesse** Eingang in das realisierte Vorgehen finden, die genau so nicht intendiert waren (Abb. 4.1).

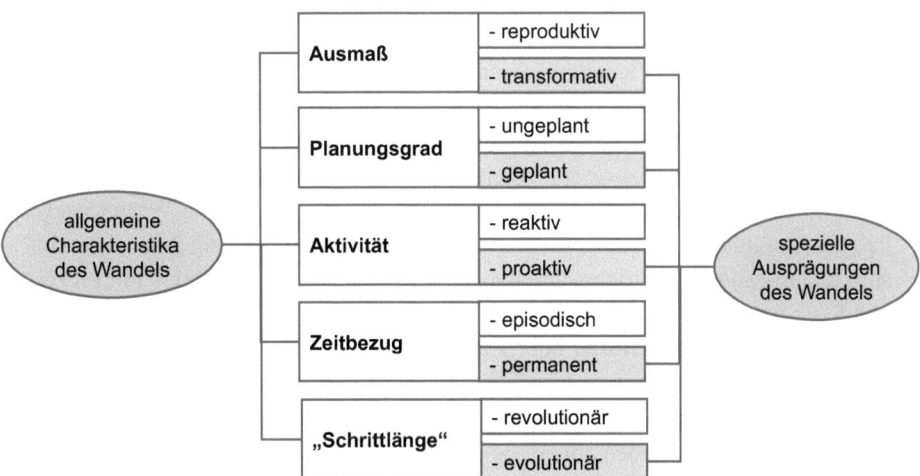

Abb. 4.1 Einordnung und Charakteristika des Wandels. (Brehm 2003, S. 50)

Im Weiteren kann zwischen **proaktivem** und **reaktivem Wandlungsverhalten** unterschieden werden. So ist hier auf proaktives und antizipierendes Wandlungsverhaltens hinzuweisen, so wie es heute in agilen Managementansätzen angelegt ist. **Proaktivität ist ein aktives Verhalten**, welches versucht, Umwelterwartungen an das eigene Verhalten vorwegzunehmen und damit wieder auf das eigene Verhalten zurückzuwirken (vgl. Krüger 2014a, S. 21). Im Idealfall gelingt die Initiierung eines Maßnahmenprogramms zu einem Zeitpunkt, der vor einem bestimmten Ereigniszeitpunkt liegt.

Unabhängig davon, ob der Wandel geplant war oder nicht, kann das Ausmaß der Veränderung sehr unterschiedlich sein. Zur Abgrenzung von operativen Änderungen, die mit dem Tagesgeschäft ständig einhergehen, und nicht-operativen Änderungen soll durch das **Ausmaß des Wandels** weiter zwischen **reproduktivem** (Wandel 1. Ordnung) und **transformativem Wandel** (Wandel 2. Ordnung) unterschieden werden (vgl. Vahs 2023, S. 312–314; grundlegend Levy und Merry 1986, S. 9, Perich 1993, S. 496–500 oder Miller und Friesen 1982).

Laufende und isolierte Veränderungsprozesse in Systemen, Strukturen und Prozessen bei weitgehend unveränderter Strategie des Unternehmens sind Wandlungsprozesse mittlerer Intensität und Komplexität. Dieser Wandel wird als **reproduktiver oder evolutionärer Wandel** bezeichnet. Eine Neubestimmung der Position, die tiefgreifende Änderungen in den weiteren Erfolgsfaktoren des Unternehmens voraussetzt oder nach sich zieht, wird als **transformativer Wandel** bezeichnet. Teilweise wird mit transformativ auch gemeint, dass der Wandel immer „tiefer" in das Unternehmen und seine Mitarbeiter vordringt oder eingreift (vgl. Krüger 1994, S. 359; Vahs 2023, S. 319).

Davon abzugrenzen ist eine Vielzahl von Begriffen, die im Rahmen des Managements von organisatorischem Wandel in der Praxis auch häufig verwendet werden. Exemplarisch sollen hier genannt werden:

- **Reorganisation**: Reorganisation meint im Wesentlichen die Änderung der Prozesse oder der Organisationsstruktur durch Trennung, Zusammenfassen und Umhängen von Stellen und -mehrheiten innerhalb einer bestehenden Organisation. Das ist organisatorischer Wandel im engeren Sinne.
- **Restrukturierung**: Ist der Praktiker- und Beraterbegriff schlechthin und bezeichnet vor allem Wandlungsprozesse mit erheblichen Härten zu Lasten einzelner oder mehrerer Anspruchsgruppen (z. B. Mitarbeiter bei Miele; Abschn. 4.1.1): Veränderung der Personalstruktur, der Vermögens- und/oder Kapitalstrukturen und Potenziale (Infrastrukturanpassungen, Betriebsschließungen), aber auch der Organisation mit Prozessen und Systemen.
- **Strategische Neuausrichtung** oder **Erneuerung:** Mit einer Veränderung der Unternehmensstrategie gewinnen solche Veränderungen durch die Anpassung der strategischen Positionierung an Eingriffstiefe in das Unternehmen. Neue Geschäftsfelder kommen hinzu oder alte werden abgestoßen, neue Märkte erschlossen oder alte verlassen. Transformativer Wandel erreicht damit durch Abbau, Umbau oder Aufbau bezüglich Komplexität und Intensität ein „höheres" Niveau (vgl. Krüger 2014a, S. 8–10).

- **Kulturwandel:** Veränderung der geteilten Werte, Haltungen und Überzeugungen, die das innerste Selbstverständnis des Unternehmens betreffen. Z. B. wenn aus dem Automobilhersteller Volkswagen mit seinen über 600 Tsd. Mitarbeitern ein „software-driven mobility provider" wird bzw. werden soll, ist dies eine Transformation, die über Organisation, Strategie, Fähigkeiten der Mitarbeiter bis hin zum Selbstverständnis des Unternehmens und der Mitarbeiter reicht (Pressemeldung VW Newsroom 05.03.2021).

Die Änderung von geteilten Normen und Werten wird in der Regel auch mehr Zeit benötigen und damit einen längeren Veränderungsprozess erfordern als ein „nur" organisatorischer Wandel im engeren Sinne. Wie umfangreich und tiefgreifend ein Wandlungsprozess auch sein mag, aus Managementsicht folgen auch Wandlungsprozesse einem erkennbaren Muster festgelegter Schritte oder Phasen.

4.1.3 Management von Wandlungsprozessen

4.1.3.1 Phasen des Wandlungsprozesses

Der Wandlungsprozess ist die zentrale Herausforderung des Wandlungsmanagements, um eine Veränderung erfolgreich zu bewältigen (vgl. Bach et al. 2017, S. 380–382; Krüger 2014b, S. 40). Das im Folgenden vorgestellte Prozessmodell beinhaltet fünf Phasen, die durch jeweils zwei Aufgaben gekennzeichnet sind, wie sie in der Abb. 4.2 dargestellt sind. Es richtet seinen Blick insbesondere auf Management- und Organisationsfragen, aber ohne die personellen Aspekte zu vernachlässigen.

Da Veränderungsprozesse in der Regel auch mit Widerständen (Abschn. 4.2.2), Emotionen (Abschn. 4.2.3) und Konflikten (Abschn. 2.3.2.1) verbunden sind, werden in der Fachwissenschaft auch einige Prozessmodelle im Change Management i.e.S. zur Emotions-, Akzeptanzentwicklung oder Trauer diskutiert bzw. verwendet (vgl. Roth 2000; Streich 1997, Kübler-Ross 1969). Die besondere Herausforderung für das Management von Veränderungsprozessen ist es dann, die rationale, emotionale und politische Dimension über den Prozess hinweg auszubalancieren.

Phasen des Wandlungsprozesses				
Initialisierung	Konzipierung	Mobilisierung	Umsetzung	Verstetigung
- Wandlungs-bedarf feststellen - Wandlungs-träger aktivieren	- Wandlungsziele festlegen - Maßnahmen-programme entwickeln	- Wandlungskonzept kommunizieren - Wandlungsbereit-schaft und –fähig-keit schaffen	- Prioritäre Vor-haben durchführen - Folgeprojekte durchführen	- Wandlungsergeb-nisse verankern - Wandlungsbereit-schaft und Wand-lungsfähigkeit sichern
Aufgaben des Wandlungsmanagement				

Abb. 4.2 Wandlungsprozessmodell. (Vgl. Krüger 2014a, S. 40)

Folgende fünf Phasen eines idealtypischen Wandlungsprozesses können nach Krüger (2014b, S. 39–51 aufbauend auf Kotter 1996) unterschieden werden:

Initialisierung: Zur Identifikation und verbindlichen **Feststellung des Wandlungsbedarfs** beginnt ein Wandlungsprozess mit einer Analyse der internen und externen Auslöser. D. h., aus der Vielzahl der potenziellen Auslöser solche zu selektieren, die in ihrer Kombination oder als Bündel für den Erfolg des Unternehmens in Zukunft relevant sind. Dies ist zugleich auch die Basis, um bei Managern und Mitarbeitern ein **Bewusstsein für die Dringlichkeit** zu schaffen. Im nächsten Schritt sind auf der politischen Ebene die Mitwirkenden, sogenannte Wandlungsträger, zu aktivieren, d. h. wandlungsfördernde personelle Kräfte, die den weiteren Veränderungsprozess maßgeblich mittragen. Auch sind bereits vorherzusehende soziale Spannungsfelder und emotionale Barrieren zu diagnostizieren, um sie in weiteren Planungen zu berücksichtigen. Je nachdem, welche konkrete Umsetzung des Veränderungsvorhabens gewünscht ist, kann am Ende der Initialisierung entweder ein offizieller Startschuss durch einen Repräsentanten der Veränderung erfolgen oder die vorbereitende, politische Arbeit im Hintergrund.

Konzipierung: Es sind zunächst die **Ziele des Wandels festzulegen**, die die Stoßrichtung des Wandels (z. B. Abbau, Umbau, Aufbau) bestimmen, und es ist ein **Maßnahmenprogramm zu entwickeln**, welches die finanziellen, institutionellen und personellen Fragen mit berücksichtigt. Für den organisatorischen Teil des Wandels finden in der Praxis die Ansätze aus dem Projektmanagement bzw. der -organisation Anwendung. Aus der Kombination von Zielen und Maßnahmenprogramm entsteht ein umfassendes Konzept, welches einen Vorschlag für geänderte Prozesse und Strukturen enthält. Ergänzend bedarf es aber zur Berücksichtigung von politischen (u. a. auch Mitbestimmung) und emotionalen Themen eines Akzeptanzkonzepts (vgl. Steinhaus und Krüger 2012, S. 35 und Abschn. 4.2.2). Beide fließen als Ergebnis dieser Phase in ein gesamthaftes Wandlungskonzept ein, welches die Basis für die sich anschließenden Durchführungsentscheidungen ist.

Mobilisierung: Das Wandlungskonzept ist eine Orientierungshilfe für das (Projekt-)Managementteam, um den angestrebten Wandel bei und mit den Beteiligten und Betroffenen zur Akzeptanz zu bringen. Dazu ist zur Mobilisierung **kommunikativ** in der Regel viel Überzeugungsarbeit zu leisten, um die **Wandlungsbereitschaft** bei den Mitarbeitern zu erreichen. Neben dieser Überzeugungsarbeit ist von den Führungskräften vorbildhaftes Verhalten gefordert. Überzeugende Argumente zur Dringlichkeit (vgl. Kotter 2008), geeignete Anreize und erkennbar lohnende Ziele können die Wandlungsbereitschaft – auch emotional – erhöhen. Zur Mobilisierung gehört außerdem, die erforderliche **Wandlungsfähigkeit** in der Organisation und bei den Mitarbeitern zu schaffen und zu entwickeln, damit eine Durchführung überhaupt möglich wird.

Umsetzung: Die Phase der Umsetzung wird vom Projektmanagement geprägt. Es sind im Schwerpunkt die zwei Aufgaben **Durchführung prioritärer Vorhaben als Basisprojekte** und **Durchführung der Folgeprojekte**. Im Unternehmen sichtbar und für die Mitarbeiter erlebbar, wird der Wandlungsprozess durch ein Projekt oder eine Vielzahl von

Projekten. Die Projekte folgen dem Prozess vom Projektauftrag bis zum -abschluss (vgl. Abschn. 2.3.1.4). Es laufen mehrere Projektprozesse ab, die der Realisierung der einzelnen Wandlungsphasen dienen. Diese Projektprozesse benötigen wiederum organisatorischen Halt in Strukturen, die als Projektorganisation bezeichnet werden.

Da nicht alle Probleme zu Beginn gelöst werden können, ist der Auswahl der Basisprojekte besondere Aufmerksamkeit zu schenken. Ein vielversprechender Einstieg ist es, die Akzeptanz durch Anfangserfolge für den weiteren Verlauf des Prozesses im Blick zu haben. Die Projektorganisation ist spätestens in dieser Phase zu etablieren und wird zur **Organisation des Wandels**. Parallel dazu wird dann an der Umsetzung in der Organisation selbst gearbeitet, d. h. der Neugestaltung von Strukturen und Prozessen (**Wandel der Organisation**).

Verstetigung: Am Ende der Umsetzungsphase steht die mit Abstand größte Herausforderung, nämlich das „Versanden" des Wandels zu verhindern. Der eigentliche Wandlungsprozess klingt langsam aus, aber die Ergebnisse selbst und die weitere Unternehmensentwicklung eben nicht. Die erste Aufgabe in der Verstetigung entspricht damit gängigen Vorstellungen: Es sind die **Wandlungsergebnisse im Tagesgeschäft zu verankern**. Um die erfolgreichen Wandlungsergebnisse nicht zu gefährden, müssen die Wandlungsbereitschaft und -fähigkeit gesichert werden, gewonnene **Wandlungserfahrungen** sind weiterhin für eine **andauernde Evolution zu nutzen**. Mit Blick in die Zukunft führt diese Vorstellung zu einem anhaltenden Streben nach Flexibilität, Agilität und nachhaltiger Zukunftsfähigkeit in Form geeigneter entwicklungs- und lernfähiger Organisationskonzepte (vgl. Abschn. 4.1.5 und dann Abschn. 5.3).

Der Übergang in eine Verstetigung, die das Management des permanenten Wandels erfordert, führt im Idealfall dazu, dass das Unternehmen weniger umbruchartige, transformative Veränderungen durchlaufen muss. Aus dem Prozess heraus wird ein Übergang in eine kontinuierliche Weiterentwicklung des Unternehmens und damit ein **gesteuerter Evolutionsprozess** eingeleitet (vgl. Perich 1993; Weber 1996 und nachfolgend zur Endogenisierung des Wandels).

Bevor aber dieser vermeintlich wünschenswerte Idealzustand erreicht wird, stellt sich die Frage, wie die Abwicklung des Prozesses der unternehmerischen und organisatorischen Veränderung vonstattengeht. Die zu durchlaufenden Phasen des Prozesses sind immer dieselben, aber ob die Veränderung von oben durch Anordnung (quasi ohne Beteiligung und Mobilisierung direkt in die Umsetzung) erfolgt oder auf Basis breiter Beteiligung von Mitarbeitenden (breite Mobilisierung und damit unter Umständen widerstandsarme Umsetzung), ist eine davon getrennte Frage.

4.1.3.2 Gestaltung von Wandlungsprozessen

Der organisatorische Wandel kann als ein episodenhaftes oder als ein kontinuierliches Phänomen verstanden werden. Nach dem episodenhaften Verständnis handelt es sich bei Veränderungen um Ereignisse oder Phasen, die den organisatorischen Normalfall der Stabilität unterbrechen. Organisatorischer Wandel gilt dann als Ausnahme vom Normalzustand der Stabilität. Versteht man organisatorischen Wandel hingegen als kontinuierliches Phänomen, gilt die Veränderung als Normalzustand. Veränderung wird dann als ein permanenter und niemals endender Prozess verstanden.

Drei Vorgehensweisen können daher hinsichtlich der Vornahme organisatorischer Veränderungen unterschieden werden: **Veränderung durch Anordnung** (Machtstrategie), **Veränderung durch Partizipation** und **Endogenisierung des Wandels** (lernende Organisation). Die Machtstrategie fokussiert die Erarbeitung problemadäquater organisatorischer Lösungen und ordnet die Veränderung an. Von diesem „top-down"-Vorgehen kann die Veränderung durch Partizipation unterschieden werden, bei der „bottom-up" die Mitarbeiter stärker ins Veränderungsgeschehen eingebunden werden. Und erfolgt, drittens, eine Endogenisierung des Wandels, so ist Stabilität nicht mehr länger die Regel, sondern die Ausnahme, und die Organisation verändert sich permanent ohne expliziten Anstoß von innen heraus. Während sowohl in der Macht- wie in der Partizipationsstrategie der Wandel als episodenhafte Ausnahme von der stabilen Normalität erachtet wird, gilt in der lernenden Organisation Veränderung als organisatorischer Basismodus und Normalfall.

Veränderung durch Anordnung
Dem Vorgehen der Veränderung durch Anordnung (Machtstrategie) liegt die Überzeugung zu Grunde, dass Unternehmen beliebig „von oben herab" gestaltet werden können. Schließlich sind Instanzen mit Anordnungsbefugnissen (Direktionsrecht) ausgestattet (Abschn. 2.1.1.2) und die weisungsgebundenen Ausführungsstellen setzen die Anordnungen um. Die Umsetzung einer organisatorischen Veränderung wird daher als unproblematisch erachtet – schließlich, so die Überzeugung, kann sie „top-down" verordnet werden und wird sodann widerstandslos von den Mitarbeitern realisiert. Das Augenmerk richtet sich dann mehr auf die Konzeption und Planung der Veränderung als deren Umsetzung, da diese als unproblematisch gilt.

Es gilt vor allem den als verbesserungsbedürftig wahrgenommenen Status quo der Organisation korrekt zu analysieren und eine organisatorische Lösung zu finden, die geeignet ist, eine Verbesserung herbeizuführen. Die Güte der Problemanalyse und die Güte der Lösungsfindung sind also demnach entscheidend für den Erfolg organisatorischer Veränderungen – die Umsetzung der konzipierten organisatorischen Neuerung wird hingegen „vornehmlich als eine Frage der präzisen Anweisung gesehen. (…) Nach einer gewissen Toleranzzeit wird es allen Mitarbeitern zur Pflicht gemacht, nach den neuen organisatorischen Richtlinien zu handeln – verbunden mit der Annahme, dass von da an auch alles nach Plan läuft" (Schreyögg und Geiger 2024, S. 341).

In der betrieblichen Realität erweist sich dieses Vorgehen häufig als illusorisch. Der Umsetzungsprozess dauert vielmehr oftmals deutlich länger als erwartet, es formiert sich nicht selten offener und verdeckter Widerstand gegen die Veränderung (Abschn. 4.2.2) und es wird teilweise hartnäckig an alten Routinen festgehalten. „Es blieb [daher] der verhaltenswissenschaftlich orientierten Organisationslehre (…) vorbehalten, den organisatorischen Wandel als eigenständiges Problem zu erkennen und spezielle Ansätze zu seiner Lösung zu entwickeln" (Schreyögg und Geiger 2024, S. 341 f.).

Veränderung durch Partizipation

Dem Vorgehen der Veränderung durch Partizipation liegt die Überzeugung zu Grunde, dass die Umsetzung organisatorischer Veränderungen nur gelingen kann, wenn diese von den Organisationsmitgliedern akzeptiert werden. Und diese Akzeptanz kann nicht als selbstverständlich vorausgesetzt werden, sondern muss im Rahmen des „Change Managements" aktiv erzeugt werden.

Durch eine möglichst frühzeitige und umfassende Einbeziehung der Mitarbeiter, als die vom Wandel Betroffenen, soll ebendiese Akzeptanz erreicht und die Wahrscheinlichkeit für das Gelingen der Realisierung der Veränderung erhöht werden. Den Mitarbeitern wird nicht von „oben herab" eine organisatorische Veränderung durch das Management vorgegeben, sondern sie werden an der Entwicklung organisatorischer Neuerungen aktiv beteiligt und können sich ins Veränderungsgeschehen einbringen. „Resistance to methods changes could be overcome by getting the people involved in the change to participate in making it" (Lawrence 1954, S. 50).

Als „goldene Regel" des erfolgreichen organisatorischen Wandels gilt dem Partizipationsansatz daher:

> „Aktive Teilnahme am Veränderungsgeschehen, frühzeitige Information über den anstehenden Wandel und Partizipation an den Veränderungsentscheidungen" (Schreyögg und Geiger 2024, S. 349)

Beim Vorgehen der Veränderung durch Partizipation soll also sichergestellt werden, dass die Organisationsmitglieder von der Notwendigkeit einer Veränderung überzeugt sind, am Veränderungskonzept selbst mitgewirkt haben und an der Entscheidung über die Veränderung beteiligt waren.

Praxisbeispiel: Organisatorischer Wandel bei *Evonik*

Das Handelsblatt berichtete im September 2023, dass dem Vorstandsvorsitzenden des Chemieunternehmens Evonik, Kullmann, eine komplett neue Organisation für das Unternehmen vorschwebt.

„Die Essener haben dazu ein gutes Dutzend erfahrener Mitarbeiter mit einem Projekt namens „Evonik Taylor Made" zusammengezogen. Sie sollen (…) eine moderne Architektur der weltweiten Konzernverwaltung erarbeiten. Auf Beratungsdienste externer Consultingunternehmen verzichtet der Konzern dabei bewusst. „Wenn wir selbst nicht wüssten, wo wir etwas verändern müssen, wäre das in meinen Augen eine strategische Kapitulation", sagt Kullmann."

(Quelle: www.handelsblatt.com (Zugriff am 26.09.2023)) ◄

Endogenisierung des Wandels

So unterschiedlich ihr Vorgehen auch ist, gemeinsam ist den Ansätzen der Veränderung durch Anordnung und der Veränderung durch Partizipation, dass organisationale Stabilität als Normalfall und organisatorischer Wandel als episodenhafte Ausnahme verstanden wird.

Gelingt es hingegen den Wandel zu endogenisieren, wird der Wandel zum Normalfall und die Organisation verändert sich kontinuierlich von innen heraus. Veränderungsprozesse haben dann keinen klar definierten Anfang und kein definiertes Ende. Es entsteht eine „lernende Organisation" (Senge 2017; Argyris und Schön 2008).

> „Es reicht nicht mehr aus, dass eine einzelne Person – ein Ford oder Sloan oder Watson – stellvertretend für die gesamte Organisation lernt. Es wird in Zukunft nicht mehr möglich sein, dass man »die Dinge oben ausknobelt« und dafür sorgt, dass alle anderen den Anweisungen des »großen Strategen« folgen. Die Spitzenorganisationen der Zukunft werden sich dadurch auszeichnen, dass sie wissen, wie man das Engagement und das Lernpotenzial auf allen Ebenen einer Organisation erschließt" (Senge 2017, S. 13).

Organisatorischer Wandel vollzieht sich dann durchgängig und wird von allen Ebenen initiiert und getragen. Demnach verstehen sich Unternehmen als Organisationen, die sich aus Lernenden zusammensetzen, welche in der Lage sind, mentale Modelle (Mindsets) zu hinterfragen und in konstruktiven Austausch untereinander treten können sowie vernetzt Denken und Probleme lösen können. Den Organisationsmitgliedern ist bewusst, dass Wissen kontinuierlich revidiert werden muss und ihre Wissensbasis permanent verbesserungsfähig ist.

> „Der Erfolg einer Organisation wird als abhängig von der Fähigkeit der Organisation betrachtet, die Dinge auf neue Art zu sehen, ein neues Verständnis zu erlangen und neue Verhaltensmuster zu erzeugen – und das auf kontinuierlicher Grundlage und so, dass die Organisation als Ganzes einbezogen wird." (Argyris und Schön 2008, S. 10)

4.1.4 Organisation des Wandels

Die Organisation des Wandels im weiteren Sinne impliziert zwei Fragen: Erstens nach dem **Wandel der Organisation**: So wie in Abschn. 4.1.3.1 dargestellt, verändert sich durch den Wandlungsprozess entweder mit oder ohne strategische Erneuerung auf jeden Fall die Organisation, d. h., es erfolgt eine Neu- oder Reorganisation, die unter Umständen mit Veränderung von Werten, Einstellungen und Kultur einhergeht. Zweitens nach der **Organisation des Wandels**: Welche organisatorischen Strukturen können helfen, solche ggf. auch umfassenden Veränderungsvorhaben (Abschn. 4.1.1: Bayer, Volkswagen, Miele) zu organisieren? Deutlich wird nicht zuletzt an den Beispielen, dass umfassende Transformationsaufgaben regelmäßig nicht durch ein abgegrenztes Projekt allein zu erfüllen sind, sondern sie bedingen die Formulierung eines umfassenden **Programms.** Ein **Programm** ist die Institutionalisierung eines **Prozesses**, der aus mehreren Projekten besteht (vgl. Abschn. 2.3.1.4, Bea et al. 2020, S. 77 f.; Kuster et al. 2023, S. 203–219). Erforderlich ist demnach ein ganzes Bündel technischer, organisatorischer, personeller und finanzieller Maßnahmen bzw. Projekte, die aufeinander abzustimmen sind. Eine solche Gesamtheit abgestimmter Wandlungsprojekte, die der Erreichung eines übergreifenden (Veränderungs-)Ziels dienen,

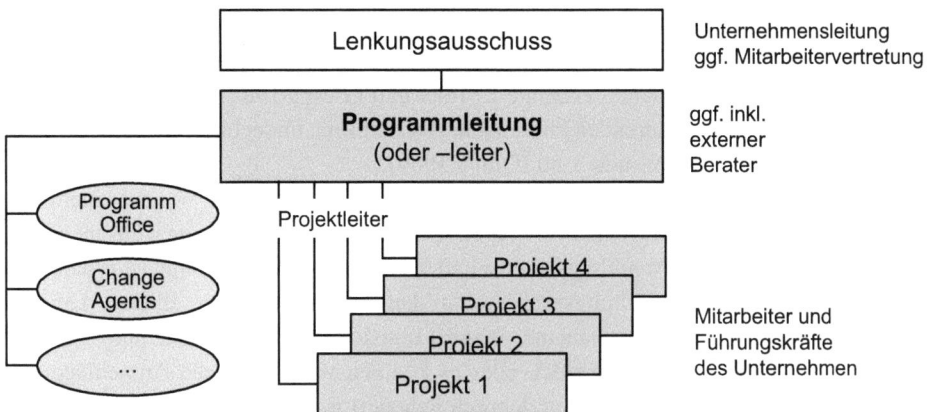

Abb. 4.3 Programmorganisation. (In Anlehnung an Vahs 2023, S. 475)

wird als **Wandlungsprogramm** bezeichnet. In den Projekten werden die einzelnen Wandlungsaufgaben sachlogisch und zeitlich in sinnvoller Weise an Teams oder Personen übertragen und von diesen bearbeitet. Die entsprechende **Programm-Organisation** entspricht einer Projektorganisation, die im Grunde nur eine weitere übergeordnete Ebene hat, und sie ist eingebunden in das Programm-Management (Abb. 4.3).

▶ **Programm-Management** ist eine Führungskonzeption, die die gestaltende Planung, übergreifende Organisation, Steuerung und Kontrolle einer Gesamtheit abgestimmter, zusammengehöriger Projekte umfasst, die einem gemeinsamen Ziel dienen (Brehm und Hackmann 2014, S. 166).

Um die Aufgaben und Besonderheiten des Programm-Managements zu kennzeichnen, wird regelmäßig mit der Beschreibung eines in Phasen eingeteilten Programmablaufs begonnen (Brehm und Hackmann 2014, S. 166–173). Das Programm-Management entscheidet über die Aufgabenverteilung und Koordination der Einzelprojekte. So sind z. B. Projekte der strategischen Neuausrichtung und unterstützende Struktur- und Systemprojekte miteinander zeitlich und inhaltlich zu koordinieren. Entsprechende Projektaufträge und -ziele sind zu formulieren, Budgets sind zuzuweisen, der Projektfortschritt ist zu überwachen und gegebenenfalls muss korrigierend eingegriffen werden (Brehm und Hackmann 2014, S. 166).

4.1.5 Wandel als kontinuierlicher, verstetigter Prozess

Das klassische Verständnis von Veränderungsprozessen ist episodisch, d. h., nach einer Stabilitätsphase in Unternehmen kommt es zu einer Episode des Umbruchs oder der Veränderung. Möchte man sich nun einen verstetigten Prozess des Wandels vorstellen oder eine gesteuerte Evolution, wechseln sich zunächst die Phasen verschiedener Wandlungsintensitäten ab. Dennoch bleibt damit das Problem, dass in mehr oder weniger großen Zeitabständen („quantum change", Miller und Friesen 1982) ein radikalerer Wandel erfolgt. In den konvergierenden Phasen relativer Stabilität findet hingegen reproduktiver oder auch inkrementeller Wandel statt (Quinn 1980).

Die viel diskutierte Frage lautet: Sollte oder kann kontinuierlicher Wandel einem episodischen, umbruchartigen Wandel vorbeugen? Es kann situationsabhängig wünschenswert sein, zur Sicherung der Wandlungsbereitschaft eine Krise herbeizuführen, um dann angemessen reaktiv den Wandlungsprozess auf den Weg zu bringen. Ebenso kann es wünschenswert sein, wenn permanenter Wandel transformative Umbrüche und vor allem unerwünschte Krisen ganz vermeidet, oder es könnten wenigstens die Ausschläge und damit der Stress für die Organisation deutlich reduziert werden. Es käme dann zu einem wesentlich geglätteten Verlauf der Wandlungsepisoden. Dadurch würden Transformationsprozesse weniger aufwändig und umfangreich, sie entlasteten die Ressourcen und führten zu einem Gewohnheitseffekt.

> „In dieser Vorstellung einer *kontinuierlichen, antizipativen* Unternehmungsentwicklung kommt es dann zu einem Verschmelzen von Phasen der Stabilität und des Wandels, womit ein hochdynamischer, aber dennoch gleichmäßiger Verlauf der Unternehmungsentwicklung gewährleistet werden kann." (Naujoks 1998, S. 60)

In der Verstetigung werden quasi Stabilität und Wandel simultan realisiert (Brehm 2003, S. 62). So kann selbstverständlich in einem Unternehmen nicht immer alles im Wandel befindlich sein. Mitarbeitende und Abteilungen brauchen **Konsolidierungs- und Ruhephasen**. Dort braucht es für einen längeren Zeitraum gültige Routinen, die die prozessuale Ordnung und damit die operative Leistungserstellung aufrechterhalten.

In dem Maße, wie die Grenzen zwischen geplantem und ungeplantem Wandel verwischen, nimmt auch die Möglichkeit der strikten Trennung zwischen Stabilitäts- und Wandlungsphasen in der Unternehmensentwicklung ab. Durch die vielfältigen Wandlungsimpulse, mit der das Unternehmen dauerhaft konfrontiert ist, wird auch das Management zu einer Daueraufgabe: **Wandlungsmanagement wird zu einem permanenten Prozess**. Einzelne Wandlungsvorhaben sind natürlich zeitlich befristet und tragen Projekt- bzw. Programmcharakter, aber aus Sicht des Unternehmens insgesamt kommen ständig irgendwo kleinere und größere Veränderungen vor.

Aus **organisatorischer Sicht** ist damit im besten Fall eine dauerhafte flexible Struktur geschaffen, die sich permanent an die Gegebenheiten anpasst und so die Zielerreichung nachhaltig unterstützt (vgl. Brehm 2003, Abschn. 5.3.2). Dies ist aber auch eine Fähigkeit des Managements, die Organisation und die sie konstituierenden Entscheidungs- und Kommunikationsprozesse in einem evolutionären Prozess an sich ändernde Umweltbedingungen anzupassen:

> „When faced with revolutionary changes, management needs great internal structural flexibility or intraorganizational leeway to facilitate the renewal or transformation of current structures and processes." (Volberda 1996, S. 362)

Bei **organisatorischer Flexibilität** handelt es sich dann um eine Eigenschaft der organisatorischen Regelungen eines Unternehmens, welche es diesem ermöglicht bzw. erleichtert, durch permanent verfügbare, organisatorische Potenziale in evolutionärer Art und Weise bei Wandlungsbedarf adäquat zu agieren. Die Ideen dazu sind alles andere als neu (vgl. Lawrence und Lorsch 1969; Burns und Stalker 1961), aber die Fähigkeiten und die notwendige Haltung dazu, diese auch sinnvoll zu kombinieren, setzt sich erst mit der tatsächlichen Verbreitung der „Agilität" im Management seit ca. 2010 durch (vgl. Abschn. 5.3, Brehm 2003; McKinsey 2018; Aghina et al. 2016). Als Ansatzpunkte können zur organisatorischen Wandlungsfähigkeit genannt werden:

- Sinnstiftung und Purpose als Orientierung bietender „Nordstern"
- Frei verfügbare und flexibel einsetzbare Ressourcen („organizational slack")
- Modularisierung der Leistungserstellung und kleinere organisatorische Einheiten
- mehr Selbstorganisation (Abschn. 3.2.2) und Selbstführung (Abschn. 5.2.1)
- lockerere Verbindungen zwischen den organisatorischen Einheiten und Prozessflexibilität
- gesteuerte Lernprozesse und laterale Kommunikation
- wissensbasierte Entscheidungsbefugnisse auf unteren Hierarchieebenen

In jüngerer Zeit kommt Laloux der Verdienst zu, die Idee des Evolutionären im Unternehmen noch weiter zu denken:

> „Evolutionärer Sinn: Was wäre, wenn wir nicht länger versuchen würden, die Zukunft zu erzwingen? Was wäre, wenn wir stattdessen einfach mit dem, was sich zeigen will, tanzen?" (Laloux 2017, S. 111)

Seine Beobachtung ausgewählter besonderer Unternehmen und ihrer Organisationen zeigt (Laloux 2015; hier 2017, S. 128), dass in diesen Unternehmen Veränderungen natürlich und kontinuierlich vor sich gehen. Selbstorganisierende und sich selbst führende „lebendige Systeme" müssen nicht von außen verändert werden, sie haben eine innewohnende Fähigkeit zur Anpassung und Veränderung. Mitarbeitende haben die Freiheiten, so auf externe Einflüsse zu reagieren, wie sie es für richtig halten.

4.2   Verhaltenswissenschaftliche Implikationen des organisatorischen Wandels

4.2.1   Organisationsentwicklung

Unternehmen verändern sich teils geplant und gewollt sowie auch teilweise ungeplant und ungewollt. Eine traditionsreiche, psychologisch fundierte Methode zur Herbeiführung einer gewollten Veränderung ist die **Organisationsentwicklung**. Hierbei handelt es sich um eine längerfristig angelegte, geplante Form des organisatorischen Wandels, die die Organisation insgesamt betrifft sowie die Mitarbeiter in den Veränderungsprozess umfassend einbezieht (Gallos 2006). „**Betroffene zu Beteiligte machen**" ist daher das Leitmotiv der Organisationsentwicklung. Es handelt sich mithin um eine partizipative Form der Gestaltung organisatorischen Wandels (Abschn. 4.1.3.2): Die Mitarbeiter sollen die Veränderung als Betroffene selbst konzipieren und umsetzen, statt ihnen die Veränderung „von oben" (durch das Management) oder „von außen" (z. B. durch Unternehmensberater) vorzugeben. Dem liegt die Überzeugung zugrunde, dass das Wissen für die Lösung organisationsinterner Probleme immer bereits in jeder Organisation vorhanden ist und „lediglich" hervorgeholt werden muss – „**die Lösung liegt im System**". Der „Import" einer Lösung von außen würde zudem intern eher Widerstände auslösen (Abschn. 4.2.2). Die Mitarbeiter fühlen sich einer Veränderung, an deren Konzeption und Implementierung sie mitgewirkt haben, stärker verpflichtet und sind eher bereit, zum Erfolg der Veränderung beizutragen, als wenn diese von außen an sie herangetragen bzw. von oben verordnet wird.

Und dennoch kommen im Rahmen der Organisationsentwicklung häufig auch **externe Berater** zum Einsatz. Allerdings in Form einer sogenannten „**Prozessberatung**" und nicht in Form einer „Inhaltsberatung". Hierbei verzichten die Externen, auch Change Agents genannt, als Prozessberater auf inhaltliche Inputs, sondern moderieren lediglich die Zusammenarbeit der Mitarbeiter und geben Feedback. Sie unterbreiten keine inhaltlichen Ratschläge und geben keine Lösungen vor, sondern leisten „**Hilfe zur Selbsthilfe**": Die Mitarbeiter sollen befähigt werden, selbst praktikable Lösungen zu entwickeln. Die Berater agieren also nicht als Sachverständige oder Fachexperten, sondern als Moderatoren (Kauffeld et al. 2019, S. 77; Nerdinger 2019, S. 184).

Folgt man Kauffeld et al. (2019, S. 80), ist die Organisationsentwicklung (OE) durch **sieben Merkmale** gekennzeichnet:

1. „OE ist eine **geplante** Form des Wandels"
2. „Entwicklungs- und Veränderungsprozesse von Organisationen werden **langfristig** begleitet"
3. „OE geschieht aus dem **Gesamtsystem** der Organisation heraus"
4. „Am OE-Prozess sind die **Betroffenen beteiligt**"
5. „OE hat zum Ziel, die Leistungsfähigkeit der Organisation (**Effektivität**) und die Arbeitsbedingungen ihrer Mitglieder (**Humanität**) zu verbessern"
6. „Durch OE sollen Organisationen in die Lage versetzt werden, langfristig Veränderungen **konstruktiv** zu bewältigen"
7. „**Change Agents** unterstützen den OE-Prozess durch geeignete Maßnahmen und Interventionen"

Grundgelegt wurde die Methode insbesondere in den 1940er- und 50er-Jahren durch Kurt Lewin (Burnes 2004; Cummings et al. 2016) und das von ihm gegründete Research Center of Group Dynamics. Die Feldtheorie, die Aktionsforschung und die Laboratoriums-

Abb. 4.4 Drei-Phasenmodell der Veränderung nach Lewin. (Eigene Darstellung)

methode (auch Sensitivity Training oder T(rainings)-Gruppen-Methode genannt) haben hier ihren Ursprung und bildeten den Nährboden für die Etablierung der Organisationsentwicklung. Aber auch die Studien des britischen Tavistock Instituts in den 1950er-Jahren, an dem die einflussreiche soziotechnische Systemtheorie entwickelt wurde, haben maßgeblich zur Entwicklung der Methode beigetragen (Nerdinger 2019, S. 180–182; Gairing 2017, S. 19–44; Schreyögg und Geiger 2024, S. 351–369).

Auf Lewin geht auch das in der Organisationsentwicklung äußerst populäre **Drei-Phasenmodell** zurück (Burnes 2020), welches die Phasen „**Auftauen**" („unfreezing"), „**Verändern**" („moving") und „**Stabilisieren**" („refreezing") unterscheidet (Abb. 4.4). In der ersten Phase („**Auftauen**") geht es zunächst darum, den Veränderungsbedarf zu identifizieren. Zudem soll bei den Beteiligten ein Problembewusstsein erzeugt werden und sie sollen für die Veränderung motiviert werden. In der zweiten Phase („**Verändern**") werden die Neuerungen gemeinsam konzipiert und umgesetzt. Und schließlich soll in der dritten Phase („**Stabilisieren**") die Veränderung verstetig und verfestigt werden. In dieser Phase der Konsolidierung soll sich zeigen, dass die Veränderungsmaßnahmen greifen und zu einer Verbesserung beigetragen haben.

Gemäß Kluge (2021, S. 108) erfolgt das Vorgehen der Organisationsentwicklung typischerweise in sieben Prozessschritten:

1. **Problemidentifikation**: Wahrnehmung eines Problems (Ist-Soll-Differenz), welches einer organisationalen Veränderung bedarf, durch das Management
2. **Beratung** mit OE-Experten: Auftragsklärung zwischen Management (Auftraggeber) und Berater. Ergebnis ist ein Kontrakt, der eine Rollenklärung und das weitere Vorgehen beinhaltet
3. **Datensammlung**: Gemeinsam mit den betroffenen Organisationseinheiten wird vereinbart, welche Daten mit welchen Instrumenten (z. B. Mitarbeiterbefragung) erhoben werden und es erfolgt die Durchführung die Datenerhebung
4. **Problemdiagnose**: Die erhobenen Daten werden an das Management und die betroffenen Organisationseinheiten zurückgemeldet und in Workshops erfolgt eine gemeinsame Diagnose des Problems sowie eine gemeinsame Analyse der Ursachen
5. **Maßnahmenplanung**: Gemeinsame Verständigung auf die zu ergreifenden (Veränderungs-)Maßnahmen sowie Thematisierung möglicher Umsetzungshindernisse
6. **Intervention**: Umsetzung der vereinbarten Maßnahmen
7. **Evaluation**: Überprüfung, in welchem Ausmaß die mit der Veränderung angestrebten Ziele erreicht wurden

Die unternehmensweite Organisationsentwicklung kann hierbei an unterschiedlichen Stellen begonnen werden: Bei der **Top Down-Strategie** startet der Veränderungsprozess an der Unternehmensspitze (Top Management) und wird dann schrittweise auf den nachgeordneten Ebenen fortgesetzt. Vorteilig ist hierbei insbesondere, dass die Unterstützung des Top Managements für die Veränderung gesichert ist und die Unternehmensleitung mit gutem Beispiel vorangeht. Bei der **Bottom Up-Strategie** nimmt der Veränderungsprozess eine gegensätzliche Entwicklungsrichtung und beginnt auf der untersten Hierarchieebene und wird sodann auf den höheren Ebenen fortgesetzt. Und schließlich wird bei der **Strategie der multiplen Kerne** auf eine übergreifende Gesamtkonzeption verzichtet und stattdessen an mehreren Stellen in der Organisation gleichzeitig begonnen und auf eine sich hieraus ergebende organisationsweite Veränderungsdynamik gesetzt (Kluge 2021, S. 108–110).

4.2.2 Mitarbeiterseitige Reaktionen auf organisatorischen Wandel

Es wäre naiv, im Rahmen eines Veränderungsvorhabens davon auszugehen, dass sämtliche von der Veränderung betroffenen Mitarbeiter diese begrüßen und aktiv unterstützen. Ebenso ist es aber auch nicht richtig, zu behaupten, Menschen seien grundsätzlich veränderungsresistent, weshalb Mitarbeiter stets mit offenem oder verdecktem Widerstand auf Veränderungsinitiativen reagierten. Vielmehr muss mit vielfältigsten Reaktionen gerechnet werden. Diese reichen von euphorischer Begeisterung über opportunistische Zustimmung und unentschiedene Ambivalenz sowie resignativer Gleichgültigkeit bis hin zu erbittertem Widerstand. Einige Mitarbeiter gehen davon aus, vom Wandel zu profitieren, während andere Verluste fürchten. Einige sind von der Veränderungsnotwendigkeit überzeugt, andere sehen den Status quo weniger kritisch. Mögen die Einen die Veränderung als aufregende Abwechslung erachten, erleben andere sie als Bedrohung. Und einige sind von den geplanten Maßnahmen inhaltlich überzeugt, während andere der gefundenen Lösung eine geringe Plausibilität zuschreiben. Zudem erachten einige Mitarbeiter die Veränderung als persönlich für sie selbst als sehr relevant, während andere sich nur wenig davon betroffen fühlen. Und nicht zuletzt sind nicht alle Mitarbeiter gleichermaßen davon überzeugt, über die erforderlichen Ressourcen zu verfügen, um den Wandel erfolgreich bewältigen zu können.

Mit Oreg et al. (2018) können daher insgesamt vier mitarbeiterseitige Reaktionen auf organisatorischen Wandel differenziert werden: **Proaktivität**, **Akzeptanz**, **Rückzug** oder **Widerstand** (Abb. 4.5). Mitarbeiter unterscheiden sich demnach zum einen hinsichtlich ihrer **Aktivierung** und zum anderen hinsichtlich ihrer **Bewertung** des Wandels. Bewertung bezieht sich hierbei darauf, ob Mitarbeiter eher positive oder eher negative Emotionen mit der Veränderung verbinden. M.a.W.: Ob sie eine eher positive oder negative Haltung gegenüber der Wandelinitiative haben. Und Aktivierung als zweite Dimension des Modells bezieht sich auf das Engagement der Mitarbeiter: Bringen sie sich aktiv in das Veränderungsgeschehen ein oder halten sie sich mit eigenen Impulsen eher zurück?

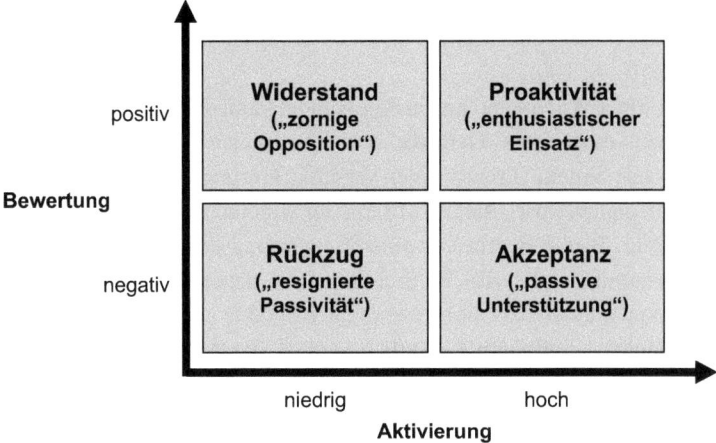

Abb. 4.5 Mitarbeiterseitige Reaktionen auf organisatorischen Wandel. (In Anlehnung an Oreg et al. 2018, S. 69)

Proaktive Enthusiasten sind Mitarbeiter, die dem Wandel positiv gegenüberstehen und sich aktiv einbringen (**Proaktivität**). Auch **passive Unterstützer** haben eine positive Einstellung zur Veränderung, sind aber nicht bereit oder in der Lage, sich für den Erfolg des Wandels persönlich zu engagieren (**Akzeptanz**). Mitarbeiter, die den **Rückzug** praktizieren, haben eine negative Haltung gegenüber der Veränderung, verhalten sich jedoch passiv und halten sich mit eigenen Beiträgen zum Veränderungsgeschehen weitgehend zurück (**resignierte Passivität**). Und schließlich leistet eine vierte Gruppe an Mitarbeitern aktiv **Widerstand**, das heißt, sie machen aus ihrer negativen Haltung keinen Hehl und engagieren sich in der Auflehnung (**zornige Opposition**) (Abb. 4.5).

Von der Vielfalt der Reaktionsweisen hat insbesondere der mitarbeiterseitige Widerstand große Aufmerksamkeit in der Change Management-Forschung erhalten. Dies verwundert nicht, da in der betrieblichen Praxis vielfach zu beobachten ist, dass Change Management-Projekte am mitarbeiterseitigen Widerstand scheitern. Es gehört daher zu den zentralen Aufgaben des Change Managements, die Ursachen für mitarbeiterseitige Widerstände zu ermitteln und geeignete Maßnahmen zu ergreifen, um diese Widerstände zu überwinden. Dass es überhaupt zu Widerstand kommt, ist nicht überraschend (Ford und Ford 2009) – zumal für einige Mitarbeiter viel auf dem Spiel steht und ihnen umfangreiche Anpassungen abverlangt werden.

Daher bietet sich die in der Stressforschung von Hobfoll (1989) entwickelte Theorie der Ressourcenerhaltung (Conservation of Resources Theory) (Abschn. 2.1.2.2) als Erklärung für mitarbeiterseitigen Widerstand an (Hofoll et al. 2018). Demnach streben Menschen nämlich grundsätzlich danach, für sie wertvolle Ressourcen zu akkumulieren und zu bewahren. Die Ursache hierfür liegt darin begründet, dass sie sich durch Ressourcen in der Lage fühlen, Herausforderungen und Belastungen zu meistern. Wenn Mitarbeiter befürchten, durch den organisatorischen Wandel Ressourcen zu verlieren (z. B. durch die Entwertung ihrer Erfahrung oder den Verlust kollegialer Beziehungen), erleben sie den Wandel als Belastung und tragen ihn nicht mit, sondern lehnen sich vielmehr gegen diesen auf. „When their resources are outstretched or exhausted, individuals enter a defensive mode" (Hobfoll et al. 2018, S. 106).

Mitarbeiterseitiger Widerstand gegen den Wandel kann daher unterschiedlich motiviert sein: Es können **materielle Gründe** sein (beispielsweise die Furcht vor einem Einkommensverlust, einem Umzug, einer Verschlechterung der Karriereperspektive oder gar einem Arbeitsplatzverlust), die die Mitarbeiter widerständig werden lassen. Aber auch **soziale Gründe** (z. B. die Furcht vor einer Entwertung der eigenen Erfahrung und der eigenen Fachkenntnisse oder die Befürchtung, mit neuen Kollegen oder Kunden zusammenarbeiten zu müssen bzw. lieb gewordene Kontakte zu verlieren) können ursächlich sein. Ebenso können es **politische Gründe** sein (z. B. die Befürchtung, an Macht und Einfluss zu verlieren oder einen Statusverlust hinnehmen zu müssen) und schließlich können **kulturelle Gründe** (z. B. Furcht vor neuen Werten und Normen) die Mitarbeiter in die Opposition treiben.

Mitarbeiterseitige Widerstand ist also keineswegs immer irrational, sondern es kann gute Gründe hierfür geben. Im Change Management geht es daher auch darum, diese zu identifizieren und ihnen angemessen zu begegnen:

> „Aus diesem Verständnis heraus, sind „Widerstandsäußerungen" eher Symptome bzw. die Information über berechtigte Bedürfnisse der Mitarbeitenden. Doch statt zu versuchen die Sichtweise der Mitarbeitenden zu verstehen, werden in einem Veränderungsprozess häufig Drohungen, sachliche Argumente und Belehrungen für die Überzeugungsarbeit genutzt, was den Widerstand der Mitarbeitenden nur noch weiter verstärkt." (Kauffeld et al. 2019, S. 89)

Im Rahmen des Change Managements muss den Mitarbeitern daher vielmehr vermittelt werden, warum es der Veränderung bedarf, worin die Veränderung besteht und was sich für sie ändert (Kauffeld et al. 2019, S. 92).

4.2.3 Emotionen in Organisationen

Nicht nur der organisatorische Wandel löst Gefühle bei Mitarbeitern aus. Menschen sind vielmehr stets Gefühlswesen. Und auch bei der Arbeit haben sie Gefühle und unterliegen Stimmungen (Wegge 2004). Sie erleben in Unternehmen Ärger, Begeisterung, Zorn, Verlegenheit, Zuneigung, Stolz, Groll, Freude, Wut, Furcht und viele weitere Emotionen. Hierbei unterscheiden sich Menschen dahingehend, inwiefern sie sich *erstens* ihrer eigenen Gefühle und der Gefühle anderer bewusst sind, zudem *zweitens* in der Lage sind, die eigenen Gefühle kontrollieren zu können, weiterhin sich *drittens* in die Gefühlslage anderer hineinversetzen können und schließlich *viertens* in der Lage sind, eine emotionale Verbindung zu anderen aufzubauen.

Mitarbeiter erleben jedoch nicht nur Gefühle, sondern sind als Organisationsmitglieder immer auch aufgefordert, bestimmte Gefühle zu zeigen bzw. unpassende Gefühle zu unterdrücken. Sie sind nicht nur aufgefordert, sich körperlich und geistig in ihre Arbeit einzubringen, sondern auch die Regulierung der eigenen Emotionen ist eine organisationsseitig gestellte Anforderung. M.a.W.: Sie müssen immer auch **Emotionsarbeit** leisten.

Der Begriff „Emotionsarbeit" geht zurück auf Hochschild (1983) und verweist darauf, dass Organisationen Regeln der Darstellung von Gefühlen entwickeln, die von den Mitgliedern zu befolgen sind. Mitarbeiter werden demnach nicht nur dafür vergütet, ihre Arbeit zu tun, sondern auch für die Regulation ihrer Gefühle. Im Rahmen der Emotionsarbeit erfolgt daher eine bewusste Präsentation eines Gefühlsausdrucks in Übereinstimmung mit den normativen Darstellungsregeln der Arbeitssituation (Gabriel et al. 2023, S. 517).

▶ **Emotionsarbeit** kann mithin definiert werden als das mitarbeiterseitige Selbstmanagement des Fühlens zur sichtbaren Darstellung und der bewussten Unterdrückung von Gefühlen, um Stellenanforderungen zu erfüllen.

So wird beispielsweise vom Vertriebsmitarbeiter erwartet, dass er die Sorgen der Kunden teilt, der Vorgesetzte soll sich mit dem Mitarbeiter über dessen Beförderung freuen und der große Schaden, den ein Produktionsmitarbeiter aufgrund einer Unachtsamkeit verursacht hat, sollte diesen verärgern. Schadenfreude über einen entgangenen Auftrag, Neid gegenüber Kollegen oder Wut auf Kunden sollten hingegen unterdrückt werden.

Hierbei unterscheiden sich Stellen erstens hinsichtlich der erwarteten **Häufigkeit** des Zeigens von Emotionen, zweitens hinsichtlich der erwarteten **Intensität** der zu zeigenden Emotionen und drittens schließlich hinsichtlich der **Vielfalt** der zu zeigenden (positiven und/oder negativen) Emotionen. Berufsgruppen, die besonders hohen emotionalen Anforderungen ausgesetzt sind, sind beispielsweise Ärzte, Vertriebsmitarbeiter, Personalreferenten, Pfarrer, Lehrer oder Frisöre, während sich an Buchhalter, Elektriker, Aktuare oder Biochemiker eher geringe emotionale Anforderungen richten (Singh und Glavin 2017).

Erleben Mitarbeiter authentisch und spontan das in der Arbeitssituation gebotene Gefühl, müssen diese keine Emotionsarbeit leisten. Ist dies jedoch nicht der Fall, müssen sie einen Gefühlsausdruck gemäß der normativen, organisationsseitigen Darstellungsregel herstellen und präsentieren, mithin Emotionsarbeit leisten (Abb. 4.6). Im Falle des

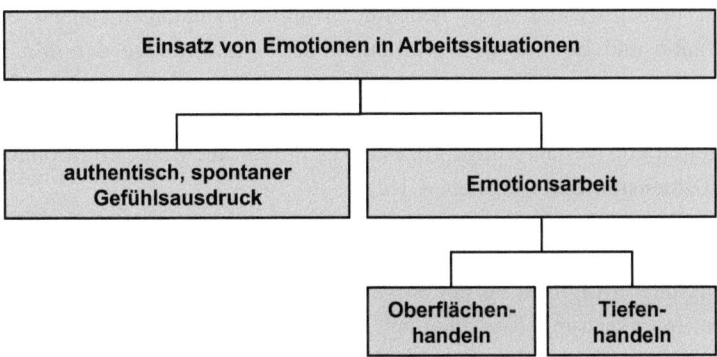

Abb. 4.6 Emotionen im Arbeitsvollzug. (Eigene Darstellung)

Oberflächenhandeln („surface acting") erfolgt hierbei ein unauthentisches Vortäuschen einer Emotion, während die Mitarbeiter beim **Tiefenhandeln** („deep acting") über Methoden verfügen, die gewünschte Emotion aktiv hervorzurufen (Diefendorff et al. 2005; Grandey und Gabriel 2015).

Hinsichtlich der **Konsequenzen von Emotionen im Arbeitsvollzug** zeigt sich, dass das authentische und spontane Erleben der in der Arbeitssituation geforderten Emotionen positiv zur Arbeitszufriedenheit und -leistung beiträgt. Emotionsarbeit in Form des Oberflächenhandelns hingegen zum Erleben einer emotionalen Dissonanz führt und damit eher negative Folgen für die Mitarbeiter zeitigt (z. B. Stresserleben, Entfremdung oder emotionale Erschöpfung). Im Gegensatz dazu führt Emotionsarbeit in Form des Tiefenhandelns eher zu einer höheren Arbeitsleistung und -zufriedenheit (Kammeyer-Müller et al. 2013, S. 47–60).

Als praktische Konsequenz ergibt sich für Hülsheger und Schewe daher, dass Mitarbeiter davon abgehalten werden sollten, Oberflächenhandeln zu praktizieren und stattdessen darin unterstützt werden sollten, Methoden des Tiefenhandelns zu erlernen. Zudem sollte bei der Personalauswahl nicht nur darauf geachtet werden, ob Bewerber für die Aufgaben fachlich, sondern auch, ob sie für diese emotional gewappnet sind (Hülsheger und Schewe 2011, S. 383).

4.3 Zusammenfassung und Lernkontrolle (Wiederholungsfragen und Reflexionsfragen)

Veränderungen können selbstverständlich aus eigenem Antrieb und ohne echten Auslöser auf den Weg gebracht werden, so genannter proaktiver Wandel. Häufig sind es aber interne oder/und externe Auslöser oder diese in Kombination als Wandlungsbedarf, die dann Ursache für einen so genannten reaktiven Wandel sein können.

Damit startet in der Regel das **Management des Wandels** (auch Wandlungsmanagement oder Change Management genannt), was die aktive Handhabung von Prozess, Inhalt und Ergebnis unternehmensbezogener oder -übergreifender Veränderungen und Entwicklungen bedeutet. Wandlungsmanagement ist eine Querschnittsaufgabe und bewegt sich bildlich in der Schnittmenge der drei Führungsfunktionen: Planung und Kontrolle, Organisation, Personalmanagement. Dies impliziert, dass es nicht nur um rationale Sachprobleme geht, sondern dass wegen der Besonderheiten von Veränderungsprozessen es immer auch eine emotionale und eine politische Dimension gibt (Abschn. 4.1.2).

Alle drei Dimensionen sollten sich in einem Wandlungsprozess wiederfinden. Der **Wandlungsprozess** ist die zentrale Herausforderung des Wandlungsmanagements, um eine Veränderung erfolgreich zu bewältigen. Das vorgestellte Prozessmodell beinhaltet fünf Phasen: Initialisierung, Konzipierung, Mobilisierung, Umsetzung und Verstetigung, die jeweils durch zwei Aufgaben gekennzeichnet sind (Abschn. 4.1.3.1).

Umgesetzt wird ein solcher Wandlungsprozess durch ein Projekt- oder Programm-Management mit entsprechender **Organisation des Wandels**: Organisatorischen Strukturen, die geeignet sind, umfassende Veränderungsvorhaben zu regeln. Dies geschieht im Kleinen durch ein abgegrenztes Projekt, im Großen durch die Gestaltung eines **Wandlungsprogramms**. Ein **Programm** ist die Institutionalisierung eines **Prozesses**, der aus mehreren Projekten besteht (Abschn. 4.1.4). Am Ende steht dann der **Wandel der Organisation**.

Drei Vorgehensweisen können hinsichtlich der Vornahme organisatorischer Veränderungen unterschieden werden: **Veränderung durch Anordnung** (Machtstrategie), **Veränderung durch Partizipation** und **Endogenisierung des Wandels** (lernende Organisation). Die Machtstrategie fokussiert die Erarbeitung problemadäquater organisatorischer Lösungen und ordnet die Veränderung an. Von diesem „top-down"-Vorgehen kann die Veränderung durch Partizipation unterschieden werden, bei der „bottom-up" die Mitarbeiter stärker ins Veränderungsgeschehen eingebunden werden. Und erfolgt, drittens, eine Endogenisierung des Wandels, so ist Stabilität nicht mehr länger die Regel, sondern die Ausnahme, und die Organisation verändert sich permanent ohne expliziten Anstoß von innen heraus. Während sowohl in der Macht- wie in der Partizipationsstrategie der Wandel als episodenhafte Ausnahme von der stabilen Normalität erachtet wird, gilt der lernenden Organisation Veränderung als organisatorischer Basismodus und Normalfall (Abschn. 4.1.3.2).

Eine traditionsreiche, psychologisch fundierte Methode zur Herbeiführung einer gewollten Veränderung ist die **Organisationsentwicklung**. Hierbei handelt es sich um eine längerfristig angelegte, geplante Form des organisatorischen Wandels, die die Organisation insgesamt betrifft sowie die Mitarbeiter in den Veränderungsprozess umfassend einbezieht. Dem liegt die Überzeugung zugrunde, dass sich die Mitarbeiter einer Veränderung stärker verpflichtet fühlen, an deren Konzeption und Implementierung sie mitgewirkt haben, und eher bereit sind, zum Erfolg der Veränderung beizutragen (Abschn. 4.2.1).

Im Rahmen des organisatorischen Wandels muss mit vielfältigen **Reaktionen seitens der Organisationsmitglieder** gerechnet werden. Diese reichen von euphorischer Begeisterung über opportunistische Zustimmung und unentschiedene Ambivalenz sowie resignativer Gleichgültigkeit bis hin zu erbittertem Widerstand. Einige Mitarbeiter gehen davon aus, vom Wandel zu profitieren, während andere Verluste fürchten (Abschn. 4.2.2).

Mitarbeiter erleben beim Arbeitsvollzug nicht nur Gefühle und sind Stimmungen unterworfen, sondern sind als Organisationsmitglieder immer auch aufgefordert, bestimmte Gefühle zu zeigen bzw. unpassende Gefühle zu unterdrücken. Organisationen entwickeln Regeln der Darstellung von Gefühlen, die von den Mitgliedern zu befolgen sind. Mitarbeiter werden demnach nicht nur dafür vergütet, ihre Arbeit zu tun, sondern auch für die Regulation ihrer Gefühle: Sie müssen immer auch **Emotionsarbeit** leisten. Im Rahmen der Emotionsarbeit erfolgt daher eine bewusste Präsentation eines Gefühlsausdrucks in Übereinstimmung mit den normativen Darstellungsregeln der Arbeitssituation (Abschn. 4.2.3).

Wiederholungsfragen zur Lernkontrolle

1. Erläutern Sie ausgewählte Ursachen des Wandels.
2. Stellen Sie die drei Dimensionen des Wandlungsmanagements dar und diskutieren Sie mögliche Wechselwirkungen.
3. Was versteht man unter Verstetigung? Welche Idee liegt der Verstetigung zu Grunde?
4. Grenzen Sie „Organisation des Wandels" und „Wandel der Organisation" voneinander ab.
5. Was verstehen Sie unter einem Wandlungsprogramm?
6. Inwiefern unterscheidet sich episodenhafter und kontinuierlicher organisatorischer Wandel?
7. Was ist das Leitmotiv der Organisationsentwicklung?
8. Inwiefern können materielle, soziale, politische und kulturelle Gründe ursächlich für mitarbeiterseitigen Widerstand im Rahmen des organisatorischen Wandels sein?
9. Inwiefern müssen Organisationsmitglieder immer auch Emotionsarbeit leisten?

Reflexionsfragen zur Lernkontrolle

1. Überlegen Sie, welche typischen Ursachen des Wandels sich in einem tatsächlichen Wandlungsbedarf verdichten bzw. gegenseitig verstärken.
2. Erläutern Sie Ihr Verständnis vom Management des Wandels (Change Management).
3. Diskutieren Sie die These: „Ohne Krise keinen Wandel".
4. In welcher der fünf Phasen des idealtypisch dargestellten Wandlungsprozesses nach Krüger hat welche der Dimensionen emotional, politisch, rational einen besonderen Stellenwert? Begründen Sie Ihre Einschätzung.
5. Welche strukturellen Maßnahmen können eventuell dabei helfen, eine dauerhafte, organisatorische Wandlungsfähigkeit zu ermöglichen?
6. Welche Gemeinsamkeit weisen die Vorgehensweisen „Veränderung durch Anordnung" und „Veränderung durch Partizipation" auf?
7. Worin unterscheidet sich Prozess- von Inhaltsberatung im Rahmen der Organisationsentwicklung?
8. Wovon hängt es ab, ob Mitarbeiter im Rahmen des organisatorischen Wandels mit Proaktivität, Akzeptanz, Rückzug oder Widerstand reagieren?
9. Inwiefern unterscheidet sich Oberflächen- von Tiefenhandeln im Rahmen der Emotionsarbeit?

Literatur

Aghina W, De Smet A, Weerda K (2016) Agility: it rhymes with stability. McKinsey Quarterly 1:58–69

Argyris C, Schön DA (2008) Die lernende Organisation. Grundlagen, Methode, Praxis, 3. Aufl. Schaeffer-Poeschel, Stuttgart

Bach N, Brehm C, Buchholz W, Petry T (2017) Organisation: Gestaltung wertschöpfungsorientierter Architekturen, Prozesse und Strukturen, 2. Aufl. Gabler, Wiesbaden

Bea FX, Scheurer S, Hesselmann S (2020) Projektmanagement, 3. Aufl. UVK, München

Bennis W, Benne K, Chin R (Hrsg) (1985) The planning of change, 4. Aufl. Holt. Rinehart, New York

Brehm C (2003) Organisatorische Flexibilität der Unternehmung: Bausteine eines erfolgreichen Wandels. DUV, Wiesbaden

Brehm C, Hackmann S (2014) Projekt- und Programm-Management. In: Krüger W, Bach N (Hrsg) Excellence in change – Wege zur Strategischen Erneuerung, 5. Aufl. Gabler, Wiesbaden, S 163–198

Burnes B (2004) Kurt Lewin and the planned approach to change. A re-appraisal. J Manag Stud 41(6):977–1002

Burnes B (2020) The origins of Lewin's three-step model of change. J Appl Behav Sci 56:32–59

Burns T, Stalker G (1961) Management of Innovation. Tavistock, London

Cap Gemini (2015) Superkräfte oder Superteam? Wie Führungskräfte ihre Welt wirklich verändern können. https://www.capgemini.com/consulting-de/wp-content/uploads/sites/32/2017/08/change-management-studie-2015_5.pdf. Zugegriffen am 02.04.2024

Cap Gemini (2019) Auf dem Sprung – Wege zur Organizational Dexterity. Change Management Studie 2019. https://www.capgemini.com/de-de/wp-content/uploads/sites/8/2022/08/Change-Management-Studie.pdf. Zugegriffen am 02.04.2024

Cummings S et al (2016) Unfreezing change as three steps: rethinking Kurt Lewin's legacy for change management. Hum Relat 69(1):33–60

Diefendorff JM, Croyle MH, Gosserand RH (2005) The Dimensionality and Antecedents of Emotional Labor Strategies. J Vocat Behav 66:339–357

Doppler K, Lauterburg C (2019) Change Management – den Unternehmenswandel gestalten, 14. Aufl. Campus, Frankfurt

Doppler K, Vogt B (2018) Feel the change! Wie erfolgreiche Change Manager Emotionen steuern, 2. A. Campus, Frankfurt

Ford JD, Ford LW (2009) Resistance to change: a reexamination and extension. Res Organ Chang Dev 17:211–239

Gabriel AS, Diefendorff JM, Grandley AA (2023) The acceleration of emotional labor research: navigating the past and steering toward the future. Pers Psychol 76:511–545

Gairing F (2017) Organisationsentwicklung. Geschichte – Konzepte – Praxis. Kohlhammer, Stuttgart

Gallos JV (2006) (Hrsg) Organization development. A Jossey-Bass Reader. Jossey-Bass, San Francisco

Grandy AA, Gabriel AS (2015) Emotional labor at a crossroads: where do we go from here? Annu Rev Organ Psych Organ Behav 2:323–349

Hobfoll SE (1989) Conservation of resources: a new attempt at conceptualizing stress. Am Psychol 44(3):513–524

Hobfoll SE et al (2018) Conservation of resources in the organizational context: the reality of resources and their consequences. Annu Rev Organ Psych Organ Behav 5:103–128

Hochschild AR (1983) The managed heart: commercialization of human feeling. Univ. of California Press, Berkeley

Hülsheger UR, Schewe AF (2011) On the costs and benefits of emotional labor: a meta-analysis of three decades of research. J Occup Health Psychol 16(3):361–389

IBM (Hrsg) (2012) Leading through connections. Portsmouth, Dublin. www.ibm.com/ceostudy

Kammeyer-Mueller JD et al (2013) A meta-analytic structural model of dispositional affectivity and emotional labor. Pers Psychol 66:47–90

Kauffeld S, Endrejat PC, Richter H (2019) Organisationsentwicklung. In: Kauffeld S (Hrsg) Arbeits-, Organisations- und Personalpsychologie für Bachelor, 3. Aufl. Springer, Berlin, S 73–104

Kirsch W, Esser W-M, Gabele E (1979) Das Management des geplanten Wandels von Organisationen. Poeschel, Stuttgart

Kluge A (2021) Arbeits- und Organisationspsychologie. Kohlhammer, Stuttgart

Kotter J (1996) Leading change. Harvard Business School Press, Boston

Kotter JP (2008) A sense of urgency. Harvard Business Press, Boston

Kotter J, Cohen D (2002) The heart of change: real-life stories of how people change their organizations. Harvard Business Press, Boston

Krüger W (1994) Organisation der Unternehmung, 3. Aufl. Kohlhammer, Stuttgart

Krüger W (2014a) Das 3W-Modell: Bezugsrahmen für das Wandlungsmanagement. In: Krüger W, Bach N (Hrsg) Excellence in change: Wege zur strategischen Erneuerung, 5. Aufl. Gabler, Wiesbaden, S 1–30

Krüger W (2014b) Strategische Erneuerung: Programme, Prozesse, Probleme. In: Krüger W, Bach N (Hrsg) Excellence in change: Wege zur strategischen Erneuerung, 5. Aufl. Gabler, Wiesbaden, S 33–59

Kübler-Ross E (1969) On death and dying. Routledge, London

Kuster J, Bachmann C, Hubmann M (2023) Project management handbook. Agile – traditional – hybrid. Schneider, Berlin

Laloux F (2015) Reinventing Organizations. Ein Leitfaden zur Gestaltung sinnstiftender Formen der Zusammenarbeit. Vahlen, München

Laloux F (2017) Reinventing Organizations visuell. Ein illustrierter Leitfaden sinnstiftender Formen der Zusammenarbeit. Vahlen, München

Lang M, Wagner R (2022) Das Change Management Workbook. Veränderungen im Unternehmen erfolgreich gestalten, 2. Aufl. Hanser, München

Lawrence P, Lorsch J (1969) Organization and environment – managing differentiation and integration. Harvard Business School Press, Boston

Lawrence PR (1954) How to deal with resistance to change. Harv Bus Rev 32(3):49–57

Levy A, Merry U (1986) Organizational transformation. Greenwood, New York

McKinsey&Company (2018) Agile Compendium. October 2018. www.mckinsey.com

Miller D, Friesen P (1982) Structural change and performance: quantum vs. piecemeal-incremental approaches. Acad Manag J 25(4):867–892

Naujoks T (1998) Unternehmungsentwicklung im Spannungsfeld von Stabilität und Dynamik. Management von Dualitäten. DUV, Wiesbaden

Nerdinger FW (2019) Organisationsentwicklung. In: Nerdinger FW, Blickle G, Schaper N (Hrsg) Arbeits- und Organisationspsychologie, 4. Aufl. Springer, Berlin, 179–192

Oreg S et al (2018) An affect-based model of recipients' responses to organizational change events. Acad Manag Rev 43(1):65–86

Perich R (1993) Unternehmungsdynamik, 2. Aufl. Haupt, Bern

Quinn J (1980) Strategies for Change. Logical Incrementalism. RD Irwin, Homewood Ill

Roth S (2000) Emotionen im Visier. Neue Wege des Change Managements. OrganisationsEntwicklung 19(2):14–21

Schreyögg G, Geiger D (2024) Organisation. In: Grundlagen moderner Organisationsgestaltung, 7. Aufl. Springer Gabler, Wiesbaden

Senge PM (2017) Die fünfte Disziplin. Kunst und Praxis der lernenden Organisation, 11. Aufl. Schaeffer-Poeschel, Stuttgart

Singh D, Glavin P (2017) An occupational portrait of emotional labor requirements and their health consequences for workers. Work Occup 44(4):424–466

Steinhaus H, Krüger W (2012) Konfliktmanagement bei Betriebsänderungen. Mitbestimmung konstruktiv gestalten. Personal Quarterly 64(4):32–39

Streich RK (1997) Veränderungsprozessmanagement. In: Reiss M, von Rosenstiel L, Lanz A (Hrsg) Change-Management, Programme, Projekte und Prozesse. Schäffer-Poeschel, Stuttgart, 237–254

Vahs D (2023) Organisation. Ein Lehr- und Managementbuch, 11. Aufl. Schäffer-Poeschel. Stuttgart

Volberda H (1996) Toward the flexible form: how to remain vital in hypercompetitive environments. OrganizationScience 7(4):359–374

Weber B (1996) Die fluide Organisation: konzeptionelle Überlegungen für die Gestaltung und das Management von Unternehmen in hochdynamischen Umfeldern. Haupt, Bern

Wegge J (2004) Emotionen in Organisationen. In: Schuler H (Hrsg) Organisationspsychologie – Grundlagen und Personalpsychologie. Hogrefe, Göttingen, S 673–751

Konzepte posttraditioneller Organisation

5

5.1 Einordnung

Nach der Entstehung traditioneller, klassischer Organisationsmodelle (Abschn. 2.2.1.2) gab und gibt es weitere **Entwicklungen in der Organisationsgestaltung** (vgl. im Überblick bei Petry und Konz 2021; Brehm 2021, S. 361). Das folgende Kapitel versucht, einen Kompromiss zu finden zwischen der Auseinandersetzung mit eher unerwünschten, temporären Modeerscheinungen (als „Buzz Stop", Gerpott 2024) und dem, was als wiederkehrende Grundstruktur bemerkenswert ist. Bemerkenswert in diesem Zusammenhang ist die Betonung und Relevanz der mit neuen Ansätzen verbundenen **Haltung** zu Themen an der Schnittstelle zwischen Personal, Führung und Organisation (weitgehend als **Mindsets** bezeichnet, vgl. Scheller 2017, S. 108–112; vgl. Fischer et al. 2017, S. 45–50). Die implizite Annahme ist, dass veränderte organisatorische Gestaltung ein anderes Denken erfordert, welches auf anderen Vorannahmen über Menschen in und mit Strukturen sowie Prozessen basiert. In diesem Sinne handelt es sich um ausgewählte Themen oder Phänomene, die das Funktionieren posttraditioneller Organisationen mit ihren Methoden und Werkzeugen sicherstellen sollen (vgl. Petry und Konz 2021; Scheller 2017; Salo et al. 2017).

Die im Folgenden behandelten Themen oder „Phänomene" Selbstführung, Vertrauen, Gerechtigkeit, Freiheit, Transparenz sind Bestandteile solcher Mindsets zur posttraditionellen Organisation. Und es gibt mittlerweile eine Vielzahl von Unternehmensbeispielen, die sich einer „modernen Organisation" bedienen: u.v.a. Buutzorg, FAVI, Valve, MorningStar, Zappos, Patagonia, Haier, Spotify, W.L. Gore als internationale Klassiker und im deutschsprachigen Raum u.v.a.: TeleHaase, Seibert Media, Einhorn Berlin, Freitag Lab, sipgate, ibo Wettenberg, B. Braun, Haufe-Umantis. Ehrlicherweise muss man ergänzen, dass einige Unternehmen nach einem Ausflug in die „moderne" Organisationswelt, auch wieder zurückgekehrt sind oder einen Mittelweg gefunden haben und der „organisatorische Zauber" zum Teil auch verflogen ist (Foss und Klein 2022, S. 73–76).

C. Brehm, S. Huf, *Unternehmensorganisation*, https://doi.org/10.1007/978-3-658-45522-4_5

5.2 Verhaltenswissenschaftliches Fundament posttraditionaler Organisationsgestaltung

5.2.1 Selbstführung der Mitarbeiter

Nach dem **traditionellen Managementverständnis** ist es die Aufgabe der Führungskräfte, den unterstellten Mitarbeitern Aufgaben zuzuweisen, die hierfür erforderlichen Ressourcen zur Verfügung zu stellen, die Arbeitsdurchführung zu überwachen, die Arbeitsergebnisse zu kontrollieren sowie Mitarbeiter positiv oder negativ zu sanktionieren. Die Mitarbeiter tun demnach das, was die Führungskräfte ihnen auftragen. **Posttraditionale Organisationen** setzen hingegen stärker darauf, die Mitarbeiter zu ermächtigen, autonomer und selbstgesteuerter zu agieren und sich selbst zu kontrollieren. Sie setzen stärker auf die Selbst- statt auf die Fremdführung der Mitarbeiter (Arnold et al. 2000, S. 250). Während im Rahmen der traditionellen Mitarbeiterführung eine zielgerichtete Beeinflussung des Mitarbeiterverhaltens durch eine hierarchisch höhergestellte Führungskraft erfolgt, beeinflusst der Mitarbeiter sein Verhalten im Rahmen der Selbstführung selbst – ohne Einfluss von außen. „Followers (…) become their own leaders" (Stewart et al. 2011, S. 205).

Das Konzept der mitarbeiterseitigen **Selbstführung** wurde von Manz bereits in den 1980ern in die fachwissenschaftliche Diskussion eingebracht (Manz 1986) und genießt zwischenzeitlich nicht nur große Aufmerksamkeit innerhalb der Forschung (Harari 2021), sondern erfreut sich auch großer Popularität in der betrieblichen Praxis, wozu insbesondere der Harvard Business Manager-Beitrag von Hamel (2012) und der Managementbestseller von Laloux (2015, S. 59–135) beigetragen haben.

Synonym wird Selbstführung auch als „ermächtigende Führung" (empowering leadership) (Sharma und Kirkman 2015) oder „Superleadership" bezeichnet (Manz 1995), womit zum Ausdruck kommen soll, dass demnach die wesentliche Aufgabe von Führungskräften darin besteht, die Mitarbeiter zu befähigen, sich selbst zu führen: „Leading others to lead themselves" (Manz 1995: 9).

Selbstführung bei *Bayer*

Für den Vorstandsvorsitzenden der Bayer AG, Bill Anderson, liegen die Vorteile der Selbstführung auf der Hand: „Es macht einen wirklichen Unterschied, ob ein Prozent der Mitarbeiter entscheiden, was die anderen 99 % tun sollen, oder ob 99 % selbst entscheiden, was sie tun."
(aus: www.handelsblatt.com (Zugriff am 18.09.2023)) ◄

Selbstführung ist ein Prozess der Selbstbeeinflussung, durch den die Mitarbeiter sich in die Lage versetzen, ihr Arbeitsverhalten selbst zu steuern. Den Mitarbeitern wird die Möglichkeit eingeräumt und sind in der Lage, arbeitsrelevante Informationen zu beschaffen und Entscheidungen hinsichtlich des Arbeitsvollzugs zu treffen. Selbstführung liegt dann vor, wenn Mitarbeiter selbstgesteuert ihr Arbeitsverhalten bestimmen: Sie entscheiden selbst *was*, *warum* und *wie* sie bei der Arbeit erledigen (Stewart et al. 2011, S. 188).

▶ Im Rahmen der **Selbstführung** nehmen Mitarbeiter selbst Einfluss auf sich, um die Motivation und die Fähigkeiten zu erlangen, die erforderlich für eine hohe Arbeitsleistung und hohe Arbeitszufriedenheit sind.

Hierbei ist Selbstführung keine dichotome, sondern eine stetige Variable. Selbstführung, also die vollständige Eigensteuerung der Mitarbeiter, und Fremdführung, also die vollumfänglich externe Steuerung des Mitarbeiterverhaltens durch Vorgesetzte, sind Endpunkte eines Kontinuums, wobei Mitarbeiter in der betrieblichen Realität niemals weder komplett fremd- noch vollständig selbstgesteuert agieren (Abb. 5.1) (Stewart et al. 2011, S. 190).

Sollen die Mitarbeiter zur Selbstführung befähigt werden, müssen sie, wie die Empowermentforschung zeigt (Abschn. 3.2.1), vom Bedeutungsgehalt ihrer Aufgaben überzeugt sein (**Bedeutsamkeit**), über die Fähigkeiten zur erfolgreichen Bewältigung ihrer Aufgaben verfügen (**Kompetenz**), Handlungsspielräume vorfinden (**Selbstbestimmung**) und davon überzeugt sein, durch ihr Tun etwas zu bewirken und die Arbeitsergebnisse beeinflussen zu können (**Einfluss**) (Spreitzer 1995; Schermuly 2021, S. 55–72). Empowerment kann also als eine Voraussetzung für Selbstführung angesehen werden.

Strategien der Selbstführung
Nimmt man eine Systematisierung der Strategien der Selbstführung vor, also der Mittel, die Mitarbeiter einsetzen, um selbst zielgerichtet Einfluss auf ihr eigenes Arbeitsverhalten zu nehmen, können drei Arten von Strategien unterschieden werden (Tab. 5.1): **Verhaltensorientierte Strategien**, **natürliche Belohnungsstrategien** und **konstruktive Gedankenmusterstrategien** (Houghton und Neck 2002; Andreßen und Konradt 2007).

Zu den Verhaltensweisen mit denen Mitarbeiter versuchen, ihr Arbeitsverhalten zu beeinflussen (**verhaltensorientierte Strategien**), gehören die Selbstbeobachtung, die Selbstzielsetzung, die Selbstbelohnung, die Selbstbestrafung sowie die Selbstorganisation (Houghton und Neck 2002, S. 673; Neck und Houghton 2006, S. 271). **Selbstbeobachtung** betreiben die Mitarbeiter, um das eigene Verhalten zu reflektieren und Verbesserungsmöglichkeiten zu erkennen. **Selbstzielsetzung** dient primär der Fokussierung des eigenen

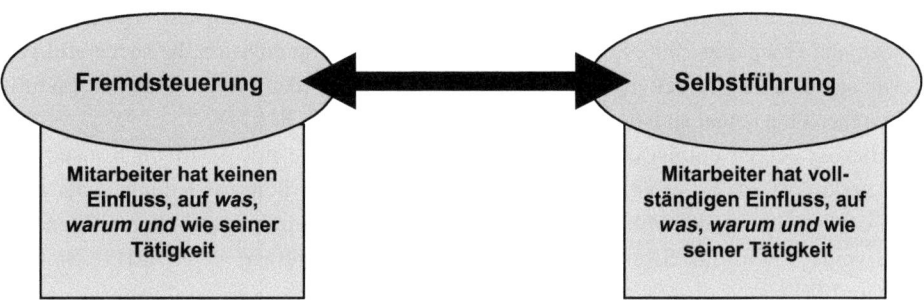

Abb. 5.1 Kontinuum der Selbstführung. (In Anlehnung an Stewart et al. 2011, S. 190)

Tab. 5.1 Strategien der Selbstführung

Verhaltensorientierte Strategien	Natürliche Belohnungsstrategien	Konstruktive Gedankenmusterstrategien
Selbstbeobachtung	Intrinsische Motivierung durch Stellengestaltung	Hinterfragen der eignen Überzeugungen
Selbstzielsetzung		Selbstgespräche
Selbstbelohnung		Imagination von Erfolgen
Selbstbestrafung		
Selbstorganisation		

[in Anlehnung an Houghton und Neck 2002]

Verhaltens durch Festlegung einer in der Zukunft liegenden Sollgröße. Durch **Selbstbelohnung** soll erfolgreiches Verhalten beibehalten werden, während durch **Selbstbestrafung** unerwünschte Verhaltensweisen reduziert werden sollen. Und schließlich soll durch **Selbstorganisation**, wie Erinnerungen, Zeitpläne oder Checklisten, das eigene Verhalten diszipliniert und geplant werden.

Als zweite Strategieart der Selbstführung sollen durch **natürliche Belohnungsstrategien** die angenehmen und erfreulichen Aspekte der eigenen beruflichen Tätigkeit erlebt und verstärkt werden (Neck und Houghton 2006, S. 272). Angestrebt wird eine **intrinsische Motivierung** durch die Tätigkeit selbst (Abschn. 2.1.2.4). Mitarbeiter gestalten daher ihre Stelle derart, dass sie ihr berufliches Tun als inhärent interessant, angenehm und befriedigend empfinden. M.a.W.: Sie betreiben **Job Crafting**, nehmen also Veränderungen vor, um die ihnen übertragene Stelle für sich selbst attraktiver zu machen (Abschn. 2.1.2.4). „Natural reward strategies include efforts to incorporate more pleasant and enjoyable features into a given task" (Houghton und Neck 2002, S. 673).

Konstruktive Gedankenmusterstrategien schließlich sollen eine lösungsorientierte und produktive eigene Denkweise befördern. Dies geschieht, indem Mitarbeiter hinderliche und destruktive eigene Sichtweisen und Überzeugungen identifizieren und überwinden. Irrationale und dysfunktionale **Überzeugungen** werden hierbei **hinterfragt** und durch rationale und funktionale ersetzt. Auch positive und konstruktive **Selbstgespräche** sollen einer negativen und pessimistischen Haltung entgegenwirken. Und nicht zuletzt soll durch die **Imagination von Erfolgen**, also der Vorstellung positiver Handlungsfolgen vor ihrem realen Eintreten, das Vertrauen in die eigene Leistungsfähigkeit erhöht werden (Neck und Houghton 2006, S. 272). „Those individuals who envision the successful performance of a task or activity beforehand are much more likely to perform successfully when faced the actual situation" (Houghton und Neck 2002, S. 674).

Hierbei zeigen empirische Studien, dass Selbstführung mit positiven Konsequenzen verknüpft ist. So erhöht Selbstführung sowohl die Arbeitszufriedenheit als auch die Arbeitsleistung der Mitarbeiter und reduziert zugleich den mitarbeiterseitigen Absentismus sowie das Stresserleben der Mitarbeiter (Stewart et al. 2011, S. 193; Harari 2021).

Das kalifornische Lebensmittelunternehmen Morning Star setzt nach eigenem Bekunden bereits seit der Gründung des Unternehmens 1970 auf die Selbstführung der
Mitarbeiter: „We are organizationally structured through a system we term Mission
Focused Self-Management. Our company is operated by colleagues without titles or
an appointed hierarchy of authority."

(aus: https://www.morningstarco.com/careers (Zugriff am 25.09.2023))

Auch das Hamburger IT-Unternehmen oose setzt auf die Fähigkeit der Mitarbeiter
zur Selbstführung: „Wir schafften das Häuptling-Indianer-Prinzip ab und zogen alle
Mitarbeiter in die Verantwortung mit gleichem Stimmrecht für strategische Entscheidungen. 2012 startete somit auch unsere Reise in die Selbstorganisation. Seither
arbeiten wir in Fach- und Kollegenkreisen statt in Vorgesetzter-Untergebener-Strukturen."

(aus: https://www.oose.de/ueber-oose (Zugriff am 25.09.2023)) ◄

Während es sich bei Selbstführung um ein Phänomen auf der individuellen Ebene handelt, wird Führung im Konzept der **geteilten Führung**, welches von Pearce in die fachwissenschaftliche Diskussion eingebracht wurde (Pearce und Conger 2003), als ein kol-
lektives Phänomen verstanden. Hierbei verzichtet die Organisation auf die Benennung von
Führungskräften, sondern setzt darauf, dass Führung situations- und themenspezifisch von
einzelnen Mitarbeitern oder mehreren Teammitgliedern gleichzeitig übernommen wird.

„Team members exert leadership influence and provide guidance to one another as needed.
For example, team members skilled in a specialized area might engage in leadership behavior
in that domain, while adopting the role of follower in other domains" (Zhu u.a. 2018, S. 835).

Mitarbeiterführung gilt also als eine Aufgabe, die von mehreren Teammitgliedern (auch
gleichzeitig) ausgeübt wird. Im Mittelpunkt steht die Führungskapazität des Teams als
Gesamtheit.

Die Unternehmensberatung metafinanz praktiziert das Konzept der geteilten Führung
und stellt auf ihrer Karriereseite heraus: „Bei uns arbeitest du in autonomen Teams
ohne Vorgesetzte nach dem Prinzip der verteilten Führung."

(aus: https://metafinanz.de/deine-karriere-bei-metafinanz/ (Zugriff am 25.09.2023)) ◄

5.2.2   Vertrauen in Organisationen

Die Auseinandersetzung mit **Vertrauen** ist sowohl in der Organisationstheorie als auch in
den systemtheoretisch begründeten Überlegungen zur Koordination größerer Unternehmen nicht neu (schon Bleicher 1995, S. 2 oder exemplarisch Picot et al 2020b, S. 64–68

und 138, Brehm 2003, S. 191–193). Klassisch spielt Vertrauen grundsätzlich schon eine wichtige Rolle als „Systemvertrauen" (Luhmann 2000, S. 64), hier z. B. Vertrauen in die institutionellen Regelungen oder die Machstrukturen einer Organisation. Weiterhin ist Vertrauen als Koordinationsmechanismus von besonderer Relevanz.

Wird nun davon ausgegangen, dass in posttraditionellen Organisationen eine dauerhafte Zentralinstanz nicht mehr oder bewusst reduziert zur Verfügung steht, dann braucht es zu den klassischen Koordinationsmechanismen Alternativen (Abschn. 1.1.3). Spielen zusätzlich in neuen Organisationen institutionalisierte Kommunikationsroutinen (Stand Ups, Retrospektiven, Reviews, etc.) als Regelungsinstrument eine größere Rolle, dann gilt dies auch für das Vertrauen: Denn die Bildung von Vertrauen erfordert Kommunikation als Voraussetzung ebenso wie spezifische Formen der Kommunikation Vertrauen voraussetzen (vgl. Picot et al. 2020b, S. 67). Kommunikation stärkt oder schwächt das Vertrauen zwischen den Kommunizierenden. Vertrauen wird relevant, wenn es sich bei Unsicherheiten über die Moral und tatsächlichen Handlungsabsichten der Beteiligten „beweisen" muss (in der Institutionenökonomik als „hidden" bezeichnet).

> Vertrauen und Verantwortung sind die Basis aller Zusammenarbeit. Beide bedingen wechselseitig einander – um eines zu bekommen, muss man das andere geben. (Scheller 2017, S. 108)

In dem Maße wie gewohnte oder typische Regeln nun verloren gehen oder sich ändern in einer agilen Organisation, suchen die Mitarbeiter also anderweitig eine Orientierung. Gibt es z. B. keine Urlaubs- oder Budgetregelungen mehr (z. B. bei Netflix), suchen die Mitarbeiter durch Gespräche und Beobachtungen von Kollegen und Vorgesetzten nach dem akzeptierten Rahmen ihrer persönlichen Freiheit. Und dort, wo es weniger (kontrollierte) Regeln gibt, Führungskräfte zahlenmäßig weniger werden oder weniger führen, braucht es umso mehr **Vertrauen** (vgl. grundlegend Picot et al. 2020b, S. 64–68).

▶ Organisatorisch betrachtet ist **Vertrauen** die Erwartung nicht-opportunistischen Verhaltens auf Basis der eigenen Verletzlichkeit, welche eine einseitige sozial riskante Vorleistung gegenüber einem eigentlichen eigennutzorientierten Partner voraussetzt.

Der soziale Kern des Vertrauens ist die Verletzlichkeit:

> Organizational Trust: „… the willingness of a party to be vulnerable to the actions of another party based on the expectation that the other will perform a particular action important to the trustor, irrespective of the ability to monitor or control the other party". (Mayer et al. 1995, S. 712)

Vertrauen ist grundsätzlich ein **sozialer Mechanismus**, der auf positiven Erfahrungen basiert, die im Rahmen wiederholter **Austauschprozesse** zwischen Akteuren entstehen. Vertrauen kann sich nur dort bilden, wo eigentlich opportunistisches Verhalten erwartet wurde. Deshalb ist die Vertrauensbildung immer mit dem Risiko der Enttäuschung verbunden und kommt einer Investition gleich, die es zu kalkulieren gilt (vgl. Bradach und

Eccles 1989, S. 104; Vogt 1997, S. 60). Allerdings besteht durch das „Gesetz des Wieder-sehens" ein integrierter, ebenfalls sozial hochwirksamer Kontrollmechanismus, der Ver-trauensbrüche erheblich erschwert (vgl. Luhmann 2000, S. 39). Als sehr sensibles Kon-strukt kann im Rahmen von Austausch- und Kommunikationsprozessen also Vertrauen auch in gleichem Umfang zerstört werden mit dem Preis, dass die Wiederherstellung auf-wändig und langwierig ist.

Vertrauen setzt in gewissem Maße auch auf Reziprozität, man kann sich nur schwer da-gegen wehren und es bedarf soziale Anstrengung oder Ignoranz, es zu enttäuschen: Ver-trauen erzeugt und verstärkt Vertrauen, Misstrauen verdrängt Vertrauen und wirkt gerade in Gruppen oder Teams zerstörerisch. Folgende Maßnahmen **unterstützen die Ver-trauensbildung** in Teams oder Gruppen (vgl. Pukall 2023, S. 149):

- Die Entstehung von Vertrauen basiert auf an- und abgesprochenen **Erwartungen**, die dann zu erfüllen sind oder auch bewusst abzulehnen, weil sie nicht erfüllt werden kön-nen. Es bedarf also in Teams eines entsprechenden Erwartungsabgleichs.
- Auch wenn es banal klingt: **Zuverlässigkeit und Verbindlichkeit** durch das Einhalten von Zusagen. Ohne Verbindlichkeit sind bereits einfache arbeitsteilige Prozesse schwierig.
- Und darüber hinaus sollte es noch die Möglichkeit geben, über den Erwartungsabgleich und die Zuverlässigkeit selbst zu sprechen, Abweichungen bzw. Enttäuschungen zeit-nah zu klären.

In neueren Organisationsmodellen ergeben sich **Abhängigkeiten** der Phänomene: Auch Transparenz und Freiheit (Abschn. 5.2.4) machen in diesem Sinne in hohem Maße sozial verletzlich, sie benötigen geradezu Vertrauen in ihre positive Funktion, damit die Mitarbeitenden nicht erstarren. Wenn alle darauf vertrauen können, dass jeder im „besten Interesse" des Unternehmens handelt, so reduziert dies die Unsicherheit, erhöht die Bere-chenbarkeit und es entsteht maximaler Handlungsspielraum in einer posttraditionellen Or-ganisation. Insofern können Vertrauen und Transparenz gemeinsam, die mit Freiheit ein-hergehende Komplexität wieder reduzieren und zu einem stabilen Set als Grundlage der agilen Organisation werden (vgl. Mayrhofer und Meyer 2020, S. 155). Mit Vertrauen ist es dann möglich, die Zusammenarbeit und Führungseffizienz zu verbessern, die Mitarbeiter-orientierung zu erhöhen (wenn diese damit umgehen können) und zusätzlich die Prozess-effizienz durch schnellere Abstimmung und leichteres Teilen von Informationen zu ver-bessern (vgl. Robbins und Judge 2022, S. 233–235).

5.2.3   Organisationale Gerechtigkeit

Auch wenn **posttraditionale Organisationen** bestrebt sind, den Mitarbeitern selbst-bestimmtes Arbeiten zu ermöglichen, ihnen größere Verantwortungsbereiche übertragen, Hierarchien abbauen und alles daransetzen, unbürokratischer zu operieren, bleiben organisationsinterne Ungleichheiten bestehen. Und Ungleichheiten rufen bei den Organisationsmitgliedern stets die Frage auf, ob diese angemessen, m. a. W. ob diese fair und gerechtfertigt sind. Erlebte Gerechtigkeit ist eine Voraussetzung dafür, dass die Mitarbeiter sich mit dem Unternehmen identifizieren, sich höchstmöglich für das Erreichen der Unternehmensziele engagieren und eingeräumte Handlungsspielräume sowie geschenktes Vertrauen nicht missbrauchen.

> „Organizational justice – members' sense of the moral propriety of how they are treated – is the "glue" that allows people to work together effectively. Justice defines the very essence of individuals' relationship to employers. In contrast, injustice is like a corrosive solvent that can dissolve bonds within community. Injustice is hurtful to individuals and harmful to organizations" (Cropanzano et al. 2007, S. 34).

Unvermeidbar sind Organisationen im Inneren durch Ungleichheit gekennzeichnet: Weder wird allen Mitarbeitern beispielsweise eine Vergütung in gleicher Höhe zuteil, noch werden allen gleiche Karriereperspektiven offeriert. Auch werden in höchst unterschiedlichem Umfang Entscheidungsbefugnisse gewährt sowie Verantwortung übertragen. Ebenso sind die Mitarbeiter unterschiedlichen Arbeitsbelastungen und -anforderungen ausgesetzt. Sie erhalten ferner in unterschiedlichem Umfang Anerkennung und können in unterschiedlichem Ausmaß Privilegien in Anspruch nehmen. Mithin: Unternehmen konstituieren in ihrem Binnenbereich eine **soziale Ordnung** auf der **Basis von Ungleichheit**.

Die ungleichen organisationsinternen Verhältnisse werden durch die Mitglieder hinsichtlich ihrer Angemessenheit bewertet. Und diese Beurteilung beeinflusst maßgeblich sowohl die Einstellungen der Mitarbeiter gegenüber ihrem Arbeitgeber (Abschn. 1.2.2) als auch ihr Leistungsverhalten.

Organisationale Gerechtigkeit als gedeutete Gerechtigkeit
Während die philosophischen Gerechtigkeitstheorien bestrebt sind, Gerechtigkeitsnormen inhaltlich zu bestimmen und zu begründen, gilt das psychologische Forschungsinteresse vornehmlich den mitarbeiterseitigen Wahrnehmungen und Deutungen des organisationsintern realisierten Ausmaßes an Gerechtigkeit sowie den sich daraus ergebenden Konsequenzen für das Mitarbeiterverhalten (Greenberg 1990, S. 400). Die begriffliche Urheberschaft für den Terminus „organisationale Gerechtigkeit", also die mitarbeiterseitige Wahrnehmung des Ausmaßes organisationsinterner Fairness, kann Greenberg (1987) für sich reklamieren.

Die organisationspsychologische Theoriebildung verzichtet mithin auf die normative Festlegung, wann Gerechtigkeit realisiert ist, sondern rückt die Frage in den Mittelpunkt, woran Mitarbeiter ihre Deutungen von Gerechtigkeit festmachen. Fragt die philosophische Gerechtigkeitsforschung also danach, was gerecht ist, wird im Rahmen psychologischer Untersuchungen gefragt, was Mitarbeiter für gerecht erachten.

▶ **Organisationale Gerechtigkeit** erfasst die individuelle, fairnessbezogene Bewertung der Mitarbeiter von Managemententscheidungen, die zu organisationsinterner Ungleichheit führen.

In seltener Einigkeit bestätigen empirische Untersuchungen den großen Einfluss der Gerechtigkeitswahrnehmung auf die Einstellungen (wie beispielsweise organisationales Commitment (Abschn. 1.2.2) und Arbeitszufriedenheit (Abschn. 2.1.2.1)) sowie das Verhalten der Mitarbeiter (wie beispielsweise Extra-Rollenverhalten (Abschn. 1.2.3), Fluktuation oder Leistungsverhalten) (Behson 2011; Cohen-Charash und Spector 2001, Colquitt et al. 2023; Viswesvaran und Ones 2002). Die Ursachen hierfür liegen zum einen darin, dass Mitarbeiter organisationale Gerechtigkeit als Signal seitens des Unternehmens hinsichtlich dessen Vertrauenswürdigkeit und Verlässlichkeit deuten und zudem organisationale Gerechtigkeit als arbeitgeberseitige Wertschätzung wahrnehmen, weshalb sie reziprok auch selbst ein hohen Verpflichtungsgrad gegenüber ihrem Arbeitgeber an den Tag legen (Cropanzano et al. 2007, S. 34–36).

Um ein hohes Maß an organisationaler Gerechtigkeit realisieren zu können, müssen Unternehmen zunächst wissen, anhand welcher Kriterien Mitarbeiter die Beurteilung des realisierten Gerechtigkeitsausmaßes vornehmen. Diesbezüglich werden drei unterschiedliche Gerechtigkeitsdimensionen unterschieden: **Distributive**, **prozedurale** und **interaktionale Gerechtigkeit** (Cropanzano et al. 2007, S. 36–39; Fortin 2008, S. 94–96).

Mitarbeiter können nämlich zum einen die Gerechtigkeit der Verteilungsergebnisse zum Gegenstand ihrer Deutung machen (z. B. die faktische Entgelthöhe, das Ergebnis der Leistungsbeurteilung oder die vorgenommene Bewerberauswahl) (**distributive Gerechtigkeit**). Zum anderen kann sich die Bewertung der Fairness auf die eingesetzten Verfahren beziehen, die zum Verteilungsergebnis geführt haben (z. B. der Prozess der Stellenbewertung im Rahmen der Entgeltfestlegung oder die verwendeten Instrumente im Rahmen der Personalauswahl) (**prozedurale Gerechtigkeit**). Und schließlich kann sich die Gerechtigkeitsdeutung auf die im Entscheidungsprozess involvierten Personen beziehen, beispielsweise auf die an der Entgeltfindung, Leistungsbeurteilung oder Personalauswahl beteiligten Entscheider (**interaktionale Gerechtigkeit**).

Mit anderen Worten: Organisationsinterne Ungleichheit stellt sich nicht von alleine ein, ist mithin nicht der „organisationale Naturzustand", sondern vielmehr stets auf konkrete Entscheidungen von hierfür autorisierten Führungskräften in Allokationsverfahren zurückzuführen. Diese treffen die ungleichheitkonstituierenden Entscheidungen hinsichtlich Stellenbesetzungen, Aufgabenzuweisungen, Entgelthöhen etc., weshalb sich die mitarbeiterseitige Gerechtigkeitswahrnehmung auf die **Angemessenheit des Entscheidungsergebnisses** (distributive Gerechtigkeit), auf die **Angemessenheit des gewählten Entscheidungsverfahrens** (prozedurale Gerechtigkeit) und die **Angemessenheit der Behandlung durch die Entscheidungsbeteiligten** (interaktionale Gerechtigkeit) beziehen kann.

Dimensionen organisationaler Gerechtigkeit

Das Konstrukt **distributive Gerechtigkeit** wurde in den 1960er-Jahren grundgelegt (Homans 1961; Blau 1964). Im Mittelpunkt steht die Frage, anhand welcher Prinzipien bzw. Regeln Verteilungsergebnisse von den Mitarbeitern als gerecht oder ungerecht beurteilt werden. Diese Gerechtigkeitsdimension wird paradigmatisch durch Adams Gerechtigkeitstheorie (1963) vertreten. Demnach nehmen Mitarbeiter Ungleichheit dann als ungerecht wahr, wenn sie im Rahmen eines interpersonellen Vergleichs zu der Überzeugung gelangen, dass die eigene Anreiz-Beitrags-Relation günstiger oder ungünstiger ausfällt als die Anreiz-Beitrags-Relation der Vergleichsperson (z. B. eines Kollegen):

> „Inequity exists for Person whenever his perceived job inputs and/or outcomes stand psychologically in an obverse relation to what he perceives are the inputs and/or outcomes of Other" (Adams 1963, S. 424).

Die mitarbeiterseitige Beurteilung der distributiven Gerechtigkeit ist hierbei stets eine rein subjektive Bewertung der Organisationsmitglieder. „An act is unfair, when observers judge it to be unfair. (…) If people perceive the act as an injustice, then it is an injustice" (Folger und Cropanzano 1998, S. XV). In der Konsequenz können Unternehmen nicht für sich in Anspruch nehmen, organisationale Gerechtigkeit zu realisieren, sondern alleine ausschlaggebend sind diesbezüglich die mitarbeiterseitigen Wahrnehmungen und Deutungen. Distributive Gerechtigkeit kann also organisationsseitig nicht „hergestellt" werden, sondern es kann unternehmensseitig lediglich offengelegt und begründet werden, anhand welcher Kriterien die Allokationsentscheidung getroffen wurde. Ob diese Kriterien mitarbeiterseitig als gerecht anerkannt werden, bleibt damit offen und muss nicht einhellig ausfallen.

Prozedurale Gerechtigkeit wurde als Kategorie in den 1970er-Jahren in die Fachdiskussion eingebracht (Thibaut und Walker 1975) und wird paradigmatisch durch Leventhals „Prozessregeln" (1980) vertreten:

> „A procedural rule is defined as an individual's belief that allocative procedures (…) are fair and appropriate" (Leventhal 1980, S. 30).

Demnach machen Mitarbeiter die prozedurale Gerechtigkeit an sechs Faktoren fest: Fairness erfordert erstens, dass Mitarbeiter unterschiedslos gleich behandelt werden (**Konsistenz**), zweitens dürfen mögliche Eigeninteressen der Entscheider keinen Einfluss auf das Ergebnis haben (**Neutralität**), drittens sollte auf korrekte Informationen und valide Daten zurückgegriffen werden (**Akkuratheit**), viertens muss die Möglichkeit für die Betroffenen bestehen, gegen die Entscheidung Berufung einzulegen (**Korrigierbarkeit**), fünftens sind die legitimen Bedürfnisse und Interessen sämtlicher Akteure, die von der Entscheidung betroffen sind, zu berücksichtigen (**Repräsentativität**) und schließlich sollten die Verfahren sechstens fundamentalen ethischen Anforderungen der Beteiligten genügen (**Sittlichkeit**). Demgemäß sollten beispielsweise keine Täuschungen erfolgen, keine betrügerischen Absichten vorliegen und die Privatsphäre der Betroffenen unangetastet bleiben (Leventhal 1980, S. 39–47).

Ebensowenig wie Organisationen für sich in Anspruch nehmen können, in distributiver Hinsicht per se gerecht zu sein, können sie davon ausgehen, faire Verfahren einzusetzen und mithin prozedurale Gerechtigkeit zu praktizieren. Entscheidend ist hinsichtlich der Beurteilung des Ausmaßes auch hierbei einzig und allein die mitarbeiterseitig subjektiv gedeutete Gerechtigkeit.

Die kategoriale Etablierung **interaktionaler Gerechtigkeit** erfolgte schließlich Mitte der 1980er-Jahre durch Bies und Moag (1986). Demnach machen Mitarbeiter das Ausmaß an realisierter Gerechtigkeit auch daran fest, wie sie während organisationsinterner Verfahren (z. B. einer Entgeltverhandlung) durch den oder die Entscheider behandelt und informiert werden.

> „By interactional justice we mean that people are sensitive to the quality of interpersonal treatment they receive during the enactment of organizational procedures" (Bies und Moag 1986, S. 44).

Interaktionspartner werden demnach erstens an ihrer Aufrichtigkeit und Wahrhaftigkeit gemessen. Zweitens ob sie das Entscheidungsergebnis adäquat zu begründen vermögen. Drittens wie respektvoll und höflich sie im Umgang sind sowie viertens den Anstand wahren (Bies und Moag 1986).

Entgeltgestaltung als beispielhaftes personalwirtschaftliches Handlungsfeld
In sämtlichen personalwirtschaftlichen Handlungsfeldern (z. B. Personalauswahl, Entgeltgestaltung, Personalentwicklung oder Personalabbau) finden Allokationsprozesse statt, die in Ungleichheit münden und daher hinsichtlich ihrer Ergebnisse (distributiv), ihres Entstehens (prozedural) und der Beteiligten (interaktional) durch die Organisationsmitglieder unter Gerechtigkeitsaspekten wahrgenommen und gedeutet werden. Ein besonders gerechtigkeitssensitives Handlungsfeld ist hierbei zweifellos die Entgeltgestaltung (Huf 2022, S. 69–88), die beispielhaft zur Illustration der drei Gerechtigkeitsdimensionen (distributive, prozedurale und interaktionale Gerechtigkeit) herangezogen werden kann.

Da das Beschäftigungsverhältnis im Kern ein Austauschverhältnis darstellt, in dem Arbeit gegen Entgelt getauscht wird, bildet die betriebliche Entgeltpolitik seit jeher das Gravitationszentrum der Diskussion um organisationale Gerechtigkeit (Weick 1966). Das Entgelt umfasst hierbei sämtliche materiellen Gegenleistungen, die Mitarbeiter aufgrund ihres Arbeitsverhältnisses vom Arbeitgeber erhalten. Im Rahmen der Entgeltgestaltung ist dabei über die Zusammensetzung und Höhe der Vergütung zu entscheiden.

Hinsichtlich der **distributiven Gerechtigkeit** ist festzulegen welche Kriterien die Höhe des Entgelts bestimmen. So können fixe Entgeltkomponenten beispielsweise vom Schwierigkeitsgrad der Stelle (**Anforderungsgerechtigkeit**), von der Qualifikation des Stelleninhabers (**Qualifikationsgerechtigkeit**), von der Knappheitsrelation auf dem externen Arbeitsmarkt (**Marktgerechtigkeit**) oder vom sozialen Status des Mitarbeiters (z. B. Betriebszugehörigkeit, Unterhaltspflichten etc.) (**Sozialgerechtigkeit**) abhängig gemacht werden. Variable Entgeltkomponenten können hingegen durch die individuellen

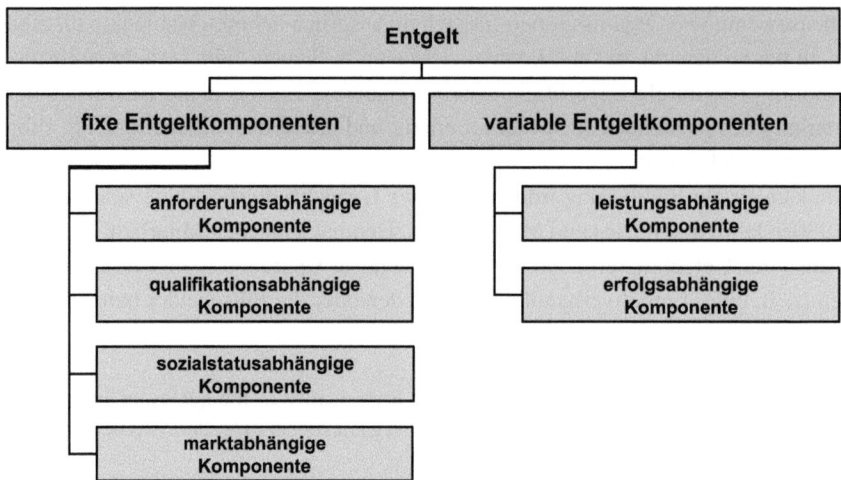

Abb. 5.2 Möglichkeiten der Entgeltdifferenzierung. (Eigene Darstellung)

Leistungen des Mitarbeiters (**Leistungsgerechtigkeit**) und/oder vom betriebswirtschaftlichen Erfolg des Unternehmens bedingt sein (**Erfolgsgerechtigkeit**) (Abb. 5.2) (Huf
2022, S. 75–86). Weiterhin bedarf es der Präzisierung, was organisationsintern unter der
Qualifikation der Mitarbeiter, den Anforderungen einer Stelle, dem sozialen Status des
Mitarbeiters, der Arbeitsmarktlage, der Mitarbeiterleistung sowie ggf. dem Unternehmenserfolg verstanden wird, wie diese möglichen Bemessungsgrundlagen des Entgelts also
operationalisiert werden. So kann beispielsweise die Mitarbeiterleistung mit den vom Mitarbeiter erzielten Arbeitsergebnisse gleichgesetzt werden oder umfassender auch das Verhalten der Mitarbeiter einschließen, das zu den Arbeitsergebnissen geführt hat.

Hinsichtlich der **prozeduralen Gerechtigkeit** steht der Prozess der Ermittlung der Entgeltkomponenten im Mittelpunkt: Wie wird beispielsweise die Höhe der qualifikations-,
markt- oder erfolgsabhängige Entgeltbestandteile ermittelt? Für die Festlegung der
anforderungsabhängigen Entgeltkomponente stehen beispielsweise das Rangfolge-, Ent-
geltgruppen-, Rangreihen- und Stufenwertzahlverfahren als Verfahren der Arbeitsbewertung zur Verfügung (Huf 2022, S. 76–78). Und die Leistungsbeurteilung kann mittels Ranking- oder Ratingverfahren vorgenommen werden (Huf 2022, S. 79–83).

Die **interaktionale Gerechtigkeit** schließlich machen Mitarbeiter insbesondere daran
fest, wie sie während des Prozesses der Entgeltfindung (z. B. Arbeitsbewertung,
Leistungsbeurteilung oder Gehaltsverhandlung) von den organisationsseitig hiermit betrauten Personen (insb. Führungskräfte und Mitarbeiter der Personalabteilung) behandelt
und informiert worden sind.

Fazit

Mitarbeiter beurteilen die organisationsinternen Gegebenheiten immer auch unter Gerechtigkeitsaspekten. Dieses Urteil beeinflusst sowohl ihre Einstellungen gegenüber
ihrem Arbeitgeber als auch ihr Leistungsverhalten. Unternehmen sind daher aufgefordert,

die internen Allokationsentscheidungen zugrunde liegenden Kriterien gegenüber den Betroffenen offen zu legen und zu begründen (**distributive Gerechtigkeit**). Ferner sind die gewählten Verfahren, die zu den Allokationsentscheidungen führen zu erläutern und fair auszugestalten (**prozedurale Gerechtigkeit**). Und nicht zuletzt sind die an den Allokationsprozessen beteiligten Entscheider aufgefordert, respektvoll, aufrichtig, höflich und verbindlich mit den betroffenen Mitarbeitern während des Allokationsprozesses umzugehen (**interaktive Gerechtigkeit**).

5.2.4 Freiheit und Transparenz

Freiheit und Verantwortung sind auch schon immer in der klassischen Organisationslehre diskutierte Phänomene. **Freiheit** ist die Abwesenheit oder Großzügigkeit von organisatorischen Regelungen, also **Handlungsspielraum**, und wird fachwissenschaftliche im Sinne eines Ressourcenüberschusses auch als „organizational slack" bezeichnet (vgl. Cyert und March 1963, S. 36; Scharfenkamp 1987, S. 29). Freiheit in Organisationen bezieht sich auf das Ausmaß, in dem Mitarbeiter den Handlungsraum bekommen, ihre Arbeit selbstständig zu gestalten, Entscheidungen zu treffen, ohne Einschränkungen durch geregelte Strukturen und Prozesse. Insofern kann die gewährte Freiheit eines Organisationsmitgliedes aktiv gestaltet werden, und ist zugleich untrennbar verbunden mit Verantwortung. Jeder Mitarbeiter sollte wissen, wann er für sein Handeln und/oder die Ergebnisse Rechenschaft ablegen muss. Zudem bedeutet Freiheit nicht, dass es keine Kontrolle gibt. Sonst wäre Verantwortung, verstanden als eine Rechenschaftspflicht, nicht möglich. Nur unter der Voraussetzung von Freiheit kann es überhaupt richtiges und falsches Handeln geben und damit eine echte Übernahme von Verantwortung. Mit Blick auf die Gestaltungsziele ermöglicht und unterstützt Freiheit die Entwicklungsorientierung, die Führungseffizienz und im besten Fall dann auch die Mitarbeiterorientierung.

> „Freiheit geben, um Verantwortung zu bekommen." (Hastings (CEO Netflix) in Hastings und Meyer 2020, S. 154)

Die Freiheit für die Organisationsmitglieder gelingt nur in Zusammenhang mit Verantwortung und Transparenz (vgl. Brehm 2021, S. 362–364). Mit **Transparenz** verbindet man Offenheit, Sichtbarkeit und Klarheit. Transparenz in Organisationen bedeutet, dass Informationen, Strukturen und Prozesse offen zugänglich gemacht werden, sodass Mitarbeiter und Stakeholder ein klares Verständnis von „ihrer Organisation" haben (vgl. Toole und Bennis 2009): der Hierarchie, der Aufgabenverteilung, den Sanktionsmechanismen u.v.m. Der Wunsch nach Transparenz und Offenheit auf der organisatorischen Ebene ist weit verbreitet, aber auf der individuellen Ebene sieht die Einschätzung und Bereitschaft dazu mitunter anders bzw. „paradox" aus (vgl. Bernstein 2014, S. 59 f., und auch 2017). Nur wenn der normative, strategische und wirtschaftliche Rahmen sowie die Ursache-Wirkungs-Beziehungen klar erkennbar sind, können sich Einzelne darin mit ihren

Handlungen und Entscheidungen bewegen. Sie müssen wissen, wo Freiheit gewährt wird und ob und welche Kontrollen existieren. Transparenz ist so gesehen Voraussetzung für Freiheit und Verantwortung.

> „Creating Transparency: A culture of candor doesn't just develop on its own – the hoarding of information is far too persistent in organizations of all kinds. That said, leaders can take steps to create and nurture transparency. (…) leaders need to be role models: They must share more information, look for counterarguments, admit their own errors, and behave as they want others to behave." (Toole und Bennis 2009, S. 58)

Transparenz bedeutet in posttraditionellen Organisationen auch erhebliche Änderungen in Themenbereichen, die eher zur Führung und zum Personalmanagement zu rechnen sind:

a. Unternehmens- beziehungsweise Finanzkennzahlen offenlegen und die Mitarbeiter aufwändig in die Lage versetzen, diese in ihren Zusammenhängen zu verstehen,
b. (schonungslose) Offenheit und Klarheit über die eigenen Leistungen auf Basis der Maßgabe organisationaler Gerechtigkeit (Abschn. 5.2.3),
c. auch bei Fehlverhalten von einzelnen Mitarbeitern und dessen Konsequenzen die nötige Offenheit und
d. selbstverständlich Klarheit bei den Standard- und Entscheidungsprozessen im Tagesgeschäft.

Hierbei wird deutlich, dass **Transparenz auch die Freiheit einschränkt**, da über die Verfügbarkeit der Informationen mehr (soziale) Kontrolle möglich wird und diese damit mittelbar Handlungsspielräume reduziert (Bernstein 2014 und 2017; Mayrhofer und Meyer 2020, S. 154).

Transparenz unterstützt Vertrauen, fördert eine Kultur der Offenheit und kann zur Verantwortungsübernahme beitragen. Damit trägt es mittelbar zur Führungseffizienz bei und wenn die Mitarbeiter damit umgehen können, dann verbessert es auch die Mitarbeiterorientierung. Die Wahrnehmung und Beurteilung der organisationalen Gerechtigkeit in Abschn. 5.2.3 wird ebenso durch Transparenz ermöglicht und beeinflusst.

Zusammenhang zwischen Freiheit und Transparenz
Freiheit und Transparenz sind aufeinander bezogene Phänomene in Organisationen, ihr Verhältnis ist nicht ganz einfach und wirkt in beide Richtungen:

- **Transparenz fördert Freiheit**: Wenn Organisationen transparent in ihren Prozessen und Entscheidungsfindungen sind, fühlen sich Mitarbeiter sicherer, eigenständige Entscheidungen zu treffen. Transparenz klärt Hintergründe und den Kontext der Arbeit auf, was wiederum zu einem höheren Grad an Freiheit bei der Ausführung ihrer Aufgaben führt.
- **Freiheit unterstützt Transparenz**: Mitarbeiter, die die Freiheit haben, eigenständig zu handeln und zu entscheiden, sind oft eher bereit, Informationen zu teilen und offen

zu kommunizieren. Ein freieres Arbeitsumfeld fördert eine Unternehmenskultur (Abschn. 2.2.2.2), in der Transparenz als Haltung geschätzt wird.

- **Kulturbasierte gegenseitige Verstärkung**: Eine Unternehmenskultur der Transparenz schafft Vertrauen und fördert die Freiheit, während eine Kultur der Freiheit die Bereitschaft erhöht, Informationen offen zu legen und transparent zu sein. Gemeinsam tragen sie zu einer positiven organisatorischen Dynamik bei, die Entwicklung, Mitarbeiterengagement und Leistung verbessert.

In posttraditionellen Organisationen wird zur Sicherung der Transparenz in der täglichen Umsetzung bzw. Aufgabenerfüllung häufig mit physischen oder **digitalen Taskboards** (oder Kanban Boards) gearbeitet. Diese dienen dazu, orts- und zeitunabhängig Arbeitsprozesse zu visualisieren (vgl. Pukall 2023, S. 74–76; Petry und Konz 2021, S. 91). Dadurch wird die Arbeit insgesamt übersichtlicher, Zusammenarbeit wird flexibler, Abhängigkeit können besser gehandhabt, Aufgabenverteilung und -mengen „fairer" organisiert werden.

5.2.5 Rollen als dynamische Verhaltenserwartungen

Ein weiterer Baustein posttraditioneller Organisationen ist, dass sich das Verständnis von der Arbeit, die Mitarbeitende als Stelleninhaber auf „ihrer" Stelle erledigen, verändert hat. Bildlich gesprochen zeugt der Satz „eine Stelle mit Leben füllen" von einem ganzheitlicheren Verständnis. Es geht nicht nur um Aufgabenbündel, sondern auch um Erwartungen an den Stelleninhaber. Deshalb wird in der Wissenschaft und betrieblichen Praxis von Rollen gesprochen (vgl. auch Abschn. 1.2.3). Drei in diesem Lehrbuch bereits aufgezeigte Anknüpfungspunkte machen dies deutlich:

- Mit dem **Job Crafting** (Abschn. 2.1.2.4) wurde deutlich, dass Mitarbeiter eigeninitiativ Veränderungen am Stellenprofil vornehmen, um die ihnen übertragene Stelle für sich selbst attraktiver zu machen. Dies steht dem klassischen personenunabhängigen Stellenverständnis entgegen. In der rollentheoretischen Perspektive legen Mitarbeiter eigenständig fest, welchen Erwartungen sie (z. B. von Vorgesetzten, Kollegen oder Kunden) in welchem Umfang gerecht werden. Sie entwickeln also ein individuelles Selbstverständnis der ihnen zugewiesenen Stelle.
- Auch in der Auseinandersetzung mit den **Gefühlen der Mitarbeiter** (Abschn. 4.2.3) und insbesondere der **Emotionsarbeit** wird deutlich, dass Organisationen Regeln der Darstellung von Gefühlen entwickeln, die Verhaltenserwartungen an Organisationsmitglieder richten und von diesen zu befolgen sind. Mitarbeiter werden demnach nicht nur dafür vergütet, ihre Arbeit zu tun, sondern auch für die Regulation ihrer Gefühle in Übereinstimmung mit den normativen Darstellungsregeln.
- Und die **Denkhaltungen** Vertrauen, Freiheit, Transparenz und Gerechtigkeit verändern ebenso die Art und Weise wie Stelleninhaber ihre Arbeit machen soll(t)en und stellen damit neue Erwartungen an die Mitarbeiter bzw. machen deutlich, dass diese Grundhaltungen das Rollenverständnis prägen.

Strukturelle und verhaltensbezogene Dimensionen vereinen sich damit in dem **Konstrukt der Rolle**, da Erwartungen aus Aufgaben- wie auch aus sozialer Sicht den Kern der Rolle mitbestimmen. In posttraditionellen Organisationen geht es nicht nur um einzelne Rollen, sondern um ein Rollenkonzept, in dem sowohl das Grundverständnis einer Rolle selbst und die Abstimmung von vielen Rollen untereinander organisatorisch abgebildet werden muss. Alles dies müssen die Rollenbeschreibungen dann abbilden.

Die Unterschiede zwischen Stellen und vermeintlich modernen Rollen in Organisationsstrukturen können tiefgreifende Auswirkungen auf die **Funktionsweise von Organisationen** haben. Traditionelle Organisationsstrukturen, die auf fest definierten Stellen basieren, tendieren dazu, hierarchischer zu sein und legen den Fokus auf feste Verantwortlichkeiten und eine klare Trennung der Aufgabenbereiche. Moderne Organisationsmodelle, wie Holokratie, Soziokratie und Kreismodelle (Abschn. 5.3), verschieben den Fokus von festen Stellen zu dynamischen Rollen, die als flexibler und anpassungsfähiger gelten (Bea und Göbel 2019, S. 256 als „Stellen als dynamische Rollenbündel" oder Schmidt und Konz 2019, S. 65–75).

▶ Eine **soziale Rolle** kann als die Summe der an den Inhaber einer sozialen Position gerichteten Verhaltenserwartungen verstanden werden (vgl. Dahrendorf 2006, S. 38–39).

Eine Rolle ist damit eine soziale Konstruktion, die in Anlehnung an das Job Crafting vom Rolleninhaber ausgestaltet wird („role taking"). Die zentrale Frage ist, wer legitimiert ist, diese Erwartungen zu formulieren: Können und sollen Unternehmen für ihre Organisationsmitglieder Rollenerwartungen ähnlich wie Stellenbeschreibungen vorgeben oder geht damit der vermeintliche Nutzen des Rollenmodells direkt wieder verloren. Zur Verbesserung der Organisation besteht selbstverständlich ein Gestaltungs- und Regelungsinteresse bezüglich der Rollen („role making"), ähnlich dem eines Regisseurs im Schauspiel.

▶ Eine **organisatorische Rolle** ist ein veränderliches Bündel an Aufgaben, Kompetenzen sowie insbesondere Verantwortung in einem bestimmten Bereich und den damit einhergehenden sozialen und emotionalen Verhaltenswartungen, die durch die Organisation und ihre Mitglieder vorgegeben werden.

Eine Rolle ermöglicht es den Rolleninhabern, eigenständig Prioritäten zu setzen und über die Ausübung der Rolle zielorientiert selbst zu entscheiden. Mit einer Rolle ist die Erwartung und das Vertrauen an den jeweiligen Rollenträger verbunden, ein Ergebnis eigenverantwortlich und möglichst effizient zu erbringen (vgl. Petry und Konz 2021, S. 84–86). Tab. 5.2 zeigt die wesentlichen Unterschiede zwischen einer Stelle und einer Rolle.

Bezüglich der **Funktionsweise** und dem **Nutzen** für die Organisationsgestaltung lassen sich aus organisatorischen Rollenkonzepten folgende Aspekte ableiten: Die Mitarbeiterorientierung steigt, da das Mitarbeiterpotenzial besser genutzt wird, die Arbeitszufriedenheit oder die Entwicklungsorientierung bzw. Flexibilität der Organisation können sich erhöhen.

Tab. 5.2 Unterschiede zwischen einer Stelle und Rolle

Merkmale	Stelle	Rolle
Zielorientierung	eher geringer durch Konzentration auf Aufgaben	eher höher, da Ziele wichtiger sind als die Aufgaben
Personenbezug	personenunabhängig definiert, Basis ist ein Stelleninhaber mit „Normaleignung"	Motivation, Fähigkeiten und Qualifikation werden berücksichtigt, eine Person kann mehrere Rollen haben
Umfang	umfassendere Aufgabenbündel, die die Stelle vollständig ausfüllen: eine Stelle = eine Person	eher eng definiert auf konkrete Aufgaben und deren Ergebnisse, eine Person kann mehrere/viele Rollen haben
Aufgabenbearbeitung	strukturell geprägt, repetitive Aufgaben	zusätzlich auch kulturell, sozial geprägt
Dynamik	eher stabile Aufgabenzuweisung	eher flexiblere, pragmatischere Aufgabenzuschreibungen
Kommunikation/ Berichtswege	formal geregelt durch Einordnung in die Hierarchie	eher informal abgestellt auf die Ergebnis- und Zielerreichung
Zeitbezug	eher langfristig mit evtl. veraltenden Stellenbeschreibungen	eher temporär, bedarfsorientierte Einrichtung und Auflösung von Rollen
Entscheidungsfindung bei Stellen- oder Rollenmehrheiten	eher zentralisiert bei einer(!) Instanz	dezentralisiert, basierend auf Konsens, Konsultation oder kollektiver Intelligenz
Hierarchische Einordnung	klare Über- und Unterstellungsverhältnisse in bestehender Hierarchie	klare Zuordnung zu einer Einheit, einem Bereich (z. B. einem Kreis oder Domäne), aber eher vernetzt als hierarchisch

[eigene Darstellung, Quellen: in entfernter Anlehnung an Petry und Konz 2021, S. 85; Bea und Göbel 2019, S. 257; Oestereich und Schröder 2020; Grundei 2024, S. 140–142, eigene Praxiserfahrungen]

Eine geringere Hierarchisierung und mehr Selbstführung verbessert potenziell die Zusammenarbeit und Führungseffizienz, die Vielzahl an Rollen in der Organisation und deren Koordinationsbedarf steht dem aber wieder etwas entgegen (vgl. Griffiths et al. 2022).

5.3 Ansätze der Ausgestaltung posttraditioneller Organisation

5.3.1 Hierarchiefreie Organisation

Die Hierarchie umfasst die **formale Strukturierung** von Aufgaben sowie Kompetenzen und Verantwortlichkeiten als Konsequenz einer **vertikalen Arbeitsteilung**. Sie beschreibt das Ausmaß der vertikalen Arbeitsteilung durch die Anzahl der Leitungsebenen in Form von Über- und Unterordnungsbeziehungen in einem Leitungssystem. In der traditionellen Sichtweise wird Hierarchie assoziiert mit pyramidalen Leitungssystemen, in welchen vermeintlich 1 % der Mitarbeiter darüber entscheiden, was die anderen 99 % zu tun haben (vgl. Bill Anderson in der FAS vom 10.03.2024, S. 19, Kühl 2023, S. 104; Moser 2017, S. 27–35). Auch Macht, Autorität, Rangordnung und Seniorität werden mit Hierarchien in Verbindung gebracht. Wie in Abschn. 2.1.1.4 beschrieben, hat die Hierarchie ihre Berechtigung: Die wesentliche Führungsleistung der Hierarchie ist vertikale und horizontale Koordination. Schon in den 1960er-Jahren (Burns und Stalker 1961; Lawrence und Lorsch 1969) ging man davon aus, dass die Hierarchie insbesondere in stabilen Umweltbedingungen oder in Krisen funktional ist (vgl. Anderson und Brown 2010). Mit vermeintlich zunehmender Veränderung der Umweltbedingungen, der Zunahme der Qualifikation der Mitarbeiter und mehr Wissensarbeitern sowie teilweise dem Streben nach Sinnstiftung gewinnen nicht-hierarchische Organisationsansätze an Relevanz (vgl. Lee und Edmondson 2017, S. 37; Müller 2020, S. 30).

„First, let's fire all the managers" (Gary Hamel 2011)

Eine völlig hierarchiefreie Organisation ist hierbei eine Illusion. Schon aus Compliance-, Haftungs- oder anderen rechtlichen Gründen braucht es jemanden, der formal „Verantwortung" trägt. Wenn von hierarchiefreien Organisationen die Rede ist, so geht dies weiterhin über rein strukturelle Aspekte hinaus und umfasst auch verhaltens- und führungsorientierte Aspekte. Lee und Edmondson (2017, S. 40–47 mit Beispielen von Valve, Morning Star, Zappos) haben drei verschiedene Ansätze zur hierarchiearmen Gestaltung diskutiert:

- Bei der **Strukturdimension** geht es um eine Konfiguration, die auf Leitungsebenen fast vollständig verzichtet. Die vertikale Arbeitsteilung wird zurückgenommen, die Struktur gleicht mehr einem Netzwerk oder einer Gemeinschaft. Selbstorganisation und -führung bestimmen den geringeren organisatorischen Regelungsgrad (vgl. Abschn. 3.2.2 und Abschn. 5.2.1).
- Die **Verhaltensdimension** stellt auf höhere Mitarbeiterorientierung ab: Mehr Einfluss und Autonomie für die Mitarbeiter, Aufgaben wie auch Arbeitsbedingungen sind darauf ausgerichtet, mehr Transparenz und Teamarbeit zu ermöglichen.
- **Koordination** und **Entscheidungsfindung**: Beides findet nicht nur punktuell, sondern umfassend und dezentral statt auf Basis klarer Regelungen, d. h. bei den Mitarbeitern vor Ort, den Wissensträgern. Es soll die richtige Balance zwischen kollektiver Verantwortung und individueller Freiheit gefunden werden.

Auch bei weniger Hierarchieebenen und dem Wegfall von Führungskräften ist **Führungsarbeit** in gleichem Umfang zu erledigen (Oestereich und Schröder 2020, S. 32–39). Es braucht nur keine speziellen Arbeitskräfte mehr für die Führungsarbeit. Die Führung in und von posttraditionellen Organisationseinheiten erfährt somit deutliche Veränderungen. In den Gruppen oder Teams gibt es faktisch keine Führungskräfte mehr, sondern verschiedene Rollen, die die verteilten Führungsaufgaben übernehmen. Dies kann temporär sein, nach einem rollierenden System oder einem Wahlverfahren durch die Mitarbeiter (Oestereich und Schröder 2020, S. 148–151). Wenn Führung als **Führungsarbeit integraler Bestandteil der Arbeit** einiger Rollen oder Stellen wird, ist die Führungsarbeit nur ein kleiner Teil der gesamten Arbeit einer Arbeitskraft.

> „Kollegial verteilte Führung ist die von vielen Kolleg*innen nach dem Sogprinzip (Pull-Prinzip) dynamisch und dezentral übernommene Führungsarbeit anstelle von zentralisierter Führung durch einige exklusive Führungskräfte (…). Stattdessen verwenden wir den Begriff Führungsarbeit, um zu betonen, dass Führung ein selbstverständlicher und integraler Teil der Arbeit einer jeden Kolleg*in sein kann. Entscheidungen zu treffen und Verantwortung zu übernehmen, ist auch eine Form von Arbeit (…). Aber wer wann welche Führungsarbeit übernimmt, hängt eben auch davon ab, wer dafür gerade verfügbar ist, passend ist und über ausreichend Wissen, Können, Vertrauen und Interesse verfügt. … Führung ist zu wichtig, um sie nur Führungskräften zu überlassen." (Oestereich und Schröder 2020, S. 32)

Die zeitliche Dauerhaftigkeit und die Personenabhängigkeit sind zwei der Probleme des hierarchischen Leitungssystems (vgl. Müller 2020, S. 33). Der Verzicht auf Hierarchie bedeutet allerdings nicht, dass alle Entscheidungen gleichberechtigt von allen Mitarbeitern getroffen werden, sondern **vermeidet** zunächst nur einmal, dass mit Führung einhergehende **Entscheidungs- und Weisungsrechte dauerhaft** denselben Organisationsmitgliedern zugeteilt werden. Damit werden zementierte Machtkonstellationen verhindert. Temporäre Hierarchisierung und Machtungleichgewichte werden akzeptiert und sind auch nötig. Denn die Entscheidungs- und Weisungsrechte werden gleich unter den (selbstbestimmten) Mitarbeitern und Kollegen verteilt, was soziale Kontrolle ermöglicht.

> „A formal system for decentralization is important because managerial hierarchy is a dominant and highly institutionalized form of organizing, and cannot easily be altered by simply declaring it absent." (Lee und Edmondson 2017, S. 48)

Bei der Führung von solchen Teams kommt es naheliegenderweise auch zu einer Verschiebung der **Machtbasen der Führung** (Abschn. 2.1.2.6). Geht man davon aus, dass Macht immer ein Bestandteil von Führung ist, so erscheinen in verkürzter Betrachtung zwei Punkte bemerkenswert (Brehm 2021, S. 373). Erstens erfolgt die Neuverteilung und Dezentralisierung von Macht auf die nachgelagerten Ebenen in einem bisher nicht vorhandenen Ausmaß. Zweitens gibt es gute Gründe anzunehmen, dass in solchen Organisationen die personenbezogenen Machtbasen (Expertenmacht, Persönlichkeitsmacht, Überzeugungsmacht) die formalen Machtbasen (Legitimations-/Positionsmacht, Belohnungs- und Bestrafungsmacht) dominieren beziehungsweise teilweise ablösen. Hinzu kommt, dass ganz neue Machtbasen an Bedeutung gewinnen wie z. B. Netzwerk- beziehungsweise Beziehungsmacht und die Ressourcenmacht (Struck et al. 2020, S. 140–142; French und Raven 1959; Pfeffer 1977).

Freitag Lab AG: „Bei uns gibt es keinen Chef mehr" (Johannes Ritter in
FAZ vom 19.02.2024, S. 23)

Freitag ist ein Züricher Upcycling-Unternehmen, welches aus alten Lastwagenplanen
und Sicherheitsgurten teilweise sehr begehrte Taschen, Rucksäcke und Geldbeutel fer-
tigt. Die Gründerbrüder Daniel und Markus Freitag haben nach Versuchen mit einem
externen Geschäftsführer die Führung des Betriebs an die 250 Mitarbeitenden abgegeben. Die Hierarchie wird nun durch das Wissen und die Fähigkeiten der Mitarbeitenden bestimmt. So werden Entscheidungen da gefällt, wo das Fachwissen
vorhanden ist. Mit der Einführung einer Holokratie (Abschn. 5.3.4) wurde das Silo-
und Abteilungsdenken abgeschafft, die Verantwortung bei den Mitarbeitenden angesiedelt, respektive in den Kreisstrukturen der Holokratie. Die Mitarbeitenden sind
zwar nicht Eigentümer, aber am operativen Ergebnis beteiligt. Die Gründer sind noch
Eigentümer, aber nicht mehr im Unternehmen tätig. ◄

5.3.2   Agile Organisationskonzepte

Die Agilität als „Ansatz" ist fester Bestandteil der Diskussionen zur Führung eines Unternehmens. Ursprünglich in der Softwareentwicklung entstanden (vgl. https://agilemani-
festo.org), nehmen agile Management- und Organisationsansätze entsprechenden Raum
ein (McKinsey 2018; Scheller 2017; Petry und Konz 2021). Den von Agilität abzu-
grenzenden Begriff Flexibilität gibt es in der betriebswirtschaftlichen Organisationslehre
schon viel länger (vgl. Meffert 1967). Agilität ist aber in dem hier vertretenen Verständnis
umfassender als die klassische Flexibilität:

▶ **Agilität** ist die strategische und organisatorische Fähigkeit, vorausschauend zu handeln und Erneuerungen einzuleiten sowie flexibel und zügig Veränderungen in dynamischen Umwelten zu bewerkstelligen. Sie hat zudem eine zeitliche Komponente im Sinne
von Handlungsgeschwindigkeit und den Anspruch vorauszusehen, wie Geschäfte, Wettbewerbsvorteile etc. in Zukunft aussehen (Proaktivität), um erfolgreich zu sein.

Eine einhergehende Herausforderung ist die angemessene organisatorische Abstimmung zwischen Stabilität und Flexibilität (vgl. zum Folgenden Brehm 2021, S. 363–365).
Jede Organisation braucht Stabilität in Strukturen, Prozesse, Dokumentation, Verträgen,
Plänen usw. Aber der Schwerpunkt in einer agilen Organisation liegt auf der Zusammenarbeit zwischen Mitarbeitern und Einheiten, der ergebnisorientierten Funktionsfähigkeit
sowie der Kunden- und Marktorientierung. Zusammengefasst lässt sich auf das Begriffs-
verständnis der Unternehmensberatung McKinsey zurückgreifen: „In this way, agile
organizations manage to combine velocity and adaptability with stability and effi-
ciency" (Ebrahim et al. 2018, Vorwort o. S.). Etwas formelhaft kann man den Begriff
Agilität zusammenfassen mit **Agilität = Stabilität + Flexibilität + Geschwindigkeit
und Proaktivität**.

Agilität ist aber mehr als nur Organisationsstrukturen (Abschn. 5.1). Organisationsgestaltung beginnt mit einer Haltung (Mindset) über agile Werte und Prinzipien bis hin zu
Methoden der Zusammenarbeit und organisatorischen Gestaltungselementen, die letztlich
dann der Organisation die Fähigkeit oder Eigenschaft verleihen, **agil zu sein** (vgl. Scheller
2017, S. 107). Für die agile bzw. posttraditionelle Organisationsgestaltung bedeutet dies
eine stärkere Integration bisher analytisch klar getrennter (Teil-)Funktionen der Unternehmensführung wie Personalmanagement, Planung und Kontrolle sowie Organisation
(Abb. 5.3).

Da es die „Agile Organisation" nicht gibt, sollen im Folgenden einige Charakteristika einer solchen Organisation aufgezeigt werden. Petry und Konz (2021, S. 68–98,
ähnlich Aghina et al. 2016; Scheller 2017 u.v.a.) führen 15 Charakteristika zur agilen
Prozess-, Strukturgestaltung und Koordination auf, die hier zusammengefasst vorgestellt werden:

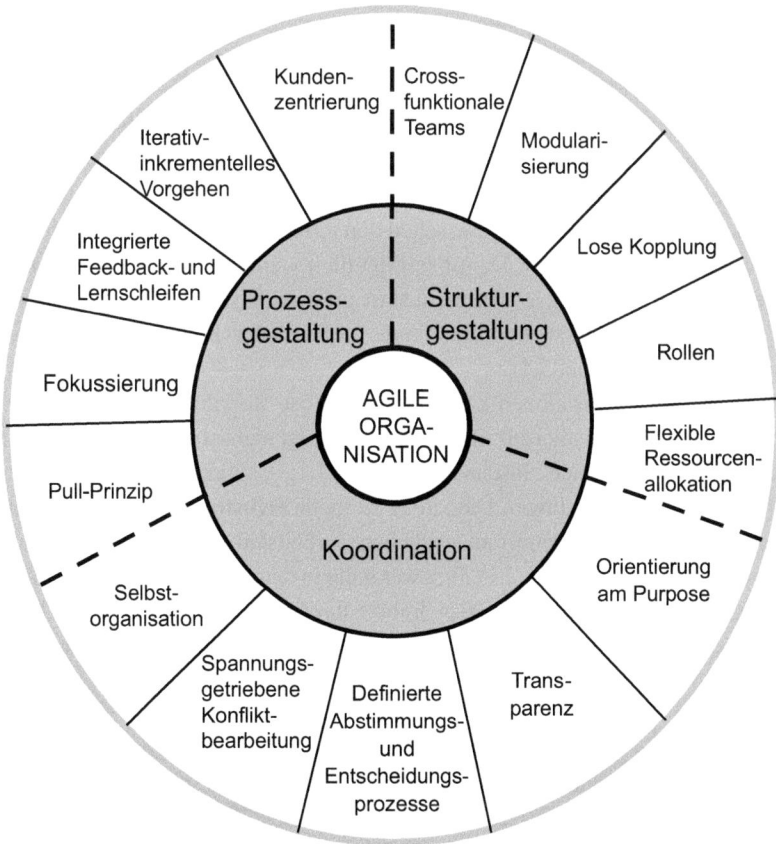

Abb. 5.3 Agile Org Navigator. (Petry und Konz 2021, S. 69)

- Für die Prozessgestaltung (Abschn. 3.1) wird im agilen Kontext die durchgehende **Kundenzentrierung** im Sinne eines schnellen, abgestimmten Agierens maßgeblich. Wichtig ist dabei der institutionalisierte, regelmäßige Informationsaustausch mit dem Kunden, der dann ein **iterativ-inkrementelles Vorgehen** ermöglicht. Kundenbedürfnisse werden nicht einmalig umfassend abgefragt und verarbeitet, sondern in den Prozess immer wieder integriert, um sich so dann schrittweise der Problemlösung zu nähern. Dadurch entsteht auch eine größere **Fokussierung** auf die einzelnen Schritte. Das sogenannte **Pull-Prinzip** im Prozess erhöht wieder die Selbstorganisation der Kreise/Teams, denn sie entscheiden damit selbst, wann sie den nächsten Arbeitsauftrag oder -schritt eigenverantwortlich an sich ziehen. Integrierte **Lern-** und **Feebackschleifen** sind fest im agilen Denken und Handeln verankert. Als zeitlich eng getaktete **Reviews** zu Prozess(teil)ergebnissen oder **Retrospektiven** zur Reflexion des Arbeitsprozesses selbst stellen sie sicher, dass sich eine lernende Organisation etabliert (Abschn. 4.2.1).
- In der Strukturgestaltung (Abschn. 2.2) sind in **cross-funktionalen Teams** Mitarbeiter verschiedener Kompetenzen und Funktionen gewünscht, die ihrerseits aber ein „T-shaped" **Kompetenzprofil** haben sollen. Damit ist gemeint, dass die Mitarbeiter ein breites, interdisziplinäres Wissen haben und gleichzeitig in einem Thema als Fachexperte tief eingearbeitet sind. So können diese Teams dann autonom und möglichst schnittstellenarm zugeschnitten werden, um einen Prozess vom Kunden-zum-Kunden bzw. End-to-End vollständig abzubilden. Es entsteht eine **Modularisierung** der Arbeit, die häufig von den sogenannten **Kreisen** übernommen wird. Ein weiteres Merkmal der Gestaltung sind veränderliche **Rollen** als Erweiterung der traditionellen Stellen (Abschn. 5.2.5). Die Verbindung zwischen den teilautonomen Modulen wird dann über **lose Kopplungen** abgebildet. Damit soll deutlich werden, dass es zwar Schnittstellen und Verbindungen gibt, diese aber nicht starr prozessual sind. Diese erfolgen eher über personelle Verknüpfungen, koordinierende Rollen oder Kreise sowie spezielle Abstimmungsroutinen (Abb. 5.4).
- Koordination in Organisationen kann auch über lose Kopplungen erfolgen, weist aber noch weitere Charakteristika auf. Koordination erfolgt nicht so stark über Pläne, konkrete Prozesse oder „allwissende" Instanzen (Abschn. 1.1.3), sondern eher gleichberechtigt in einem klar geregelten Rahmen. Dies führt zu mehr **Selbstorganisation** im Sinne einer eigenen Zielsetzung, eigenverantwortlichen Arbeitsteilung und Aufgabenerfüllung (Abschn. 3.2.2 und Abschn. 5.2.1). Erst wenn die in dem Modul vertretenen Stellen oder Rollen im Rahmen ihrer Handlungsspielräume ihren Koordinationsbedarf nicht selbst regeln können, kommen definierte **Abstimmungs-** und **Entscheidungsprozesse** zum Tragen. Diese sollen aber auch möglichst „hierarchiearm" sein, damit die Entscheidung nicht wieder an eine Instanz gegeben werden muss. Zur Umsetzung gibt es zahlreiche **Entscheidungswerkzeuge** (Oestereich und Schröder 2020, S. 142–166) vom Konsens mit völliger Zustimmung über die relative oder absolute Mehrheit (eher ein Kompromiss) bis hin zum Konsent, der dann erreicht ist, wenn kein Beteiligter mehr einen begründeten, schwerwiegenden Einwand hat. Eine wichtige Voraussetzung für viele dieser Gestaltungs- und Koordinationscharakteristika ist **Transparenz**, weil nur so Zusammenarbeit und Abstimmung auch tatsächlich möglich wird (Abschn. 5.3.3).

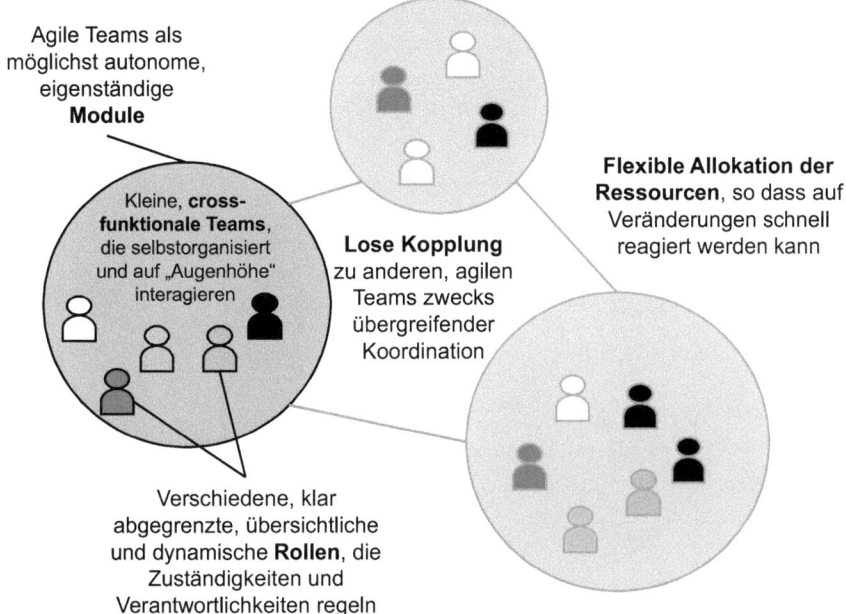

Abb. 5.4 Charakteristika agiler Strukturgestaltung. (Petry und Konz 2021, S. 86)

5.3.3 Kollegiales Kreismodell

Das Kollegiale Kreismodell (oder auch Modell der Kollegialen Führung) ist im Grunde mehr die **Führungsstruktur einer Organisation** als ein reines Organisationsmodell (Schröder und Oestereich 2023, prägend Oestereich und Schröder 2020). Es verbindet wie andere posttraditionelle Ansätze in typischer Weise Organisations-, Führungs- und Personalthemen und verlangt eine integrative Betrachtung. Es geht gerade nicht darum, die operative Arbeit abzubilden oder „zu organisieren". Im Folgenden werden auch als Grundlage für Abschn. 5.3.4 (auch Holo- und Soziokratie) die wesentlichen darin enthaltenen Ansätze vorgestellt. Grundsätzlich sind immer zwei Dinge zu betrachten: Die Struktur mit ihren Strukturelementen einerseits und die Verknüpfung bzw. die Form der Zusammenarbeit andererseits.

Beim Kollegialen Kreismodell ist die Struktur ringförmig organisiert (vgl. Oestereich und Schröder 2020, S. 104 f.), die von innen nach außen betrachtet werden kann, aber von außen nach innen funktioniert, da außen die eigentlichen Geschäftskreise liegen. Wie in Abbildung Abb. 5.5 zu sehen, bilden die Eigentümer bzw. Inhaber des Unternehmens den Kern und definieren den Geschäftszweck. Sie sind damit kein operativer Teil der Organisation. Darum gliedert sich eine Vielzahl unterschiedlicher Kreise in den konzentrischen Ringen.

Im ersten Ring finden sich **Koordinationskreise** und Kollegenkreise. Erstgenannte kümmern sich um die übergreifende und unternehmensweite Entscheidungs- und Ko-

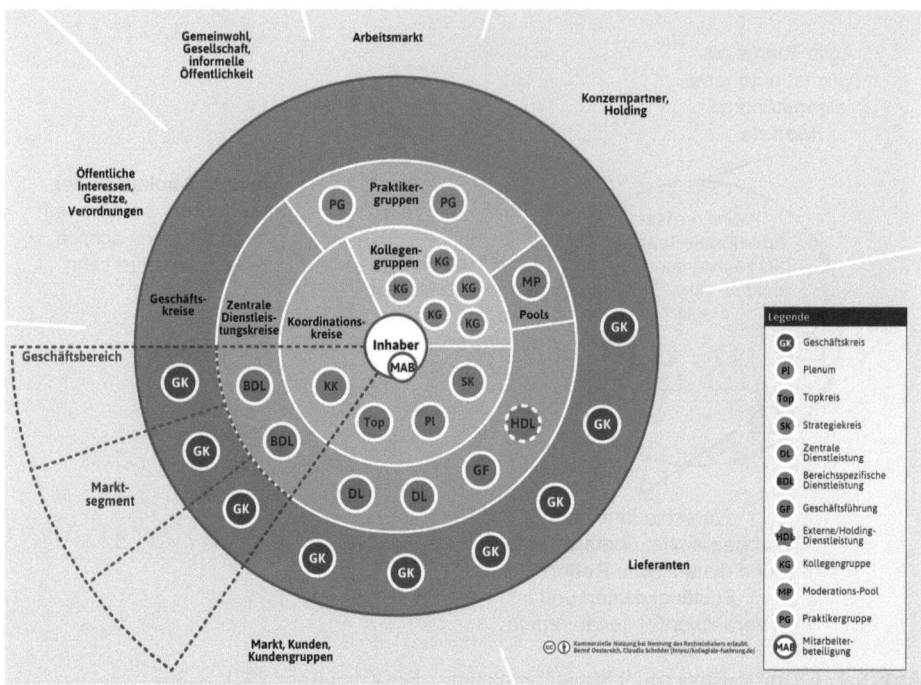

Abb. 5.5 Modell der „Kollegialen Führung". (Bernd Oestereich/Claudia Schröder, http://kollegiale-fuehrung.de)

ordinationsarbeit auf Basis festgelegter Prinzipien in bedarfsweisen oder regelmäßigen Treffen. Ein **Kollegenkreis** ist eine feste, mindestens mittelfristig stabile Gruppe von 3–5 Kollegen, die sich in ihrer persönlichen und fachlichen Weiterentwicklung unterstützen sowie gemeinschaftlich auch Arbeitgeberaufgaben übernehmen. Sie leisten auch einen Beitrag zur strukturellen Organisationsentwicklung und zur persönlichen Weiterentwicklung der Mitarbeiter. Ein hervorzuhebender Koordinationskreis ist der **Selbstorganisationskreis**: Sein Zweck ist die Organisation der Selbstorganisation (vergleichbar den Governance-Meetings in der Holokratie). Die Einführung neuer Organisations- und Führungsprinzipien durch diesen Kreis beseitigt Unsicherheit bei den Mitarbeitern, indem er wichtige Entscheidungen für den Übergang trifft und strukturelle Orientierung bietet.

Im zweiten Ring sind Praktikergruppen und zentrale Dienstleistungskreise enthalten: **Praktikergruppen** (früher schon als Communities of Practice bekannt; Wenger und Snyder 2000) sind regelmäßige selbstorganisierte und informelle Treffen von Spezialisten eines Themengebietes, um Erfahrungen und Wissen auszutauschen und mit- sowie voneinander zu lernen. Die unmittelbare Leistungserstellung findet in den Geschäftskreisen statt, die aber eine Reihe von Unterstützungsleistungen beanspruchen, um entsprechende Synergien zu nutzen (vgl. Abschn. 2.1.1.2). So entstehen **Dienstleistungs-** und **Unterstützungskreise**, wie beispielsweise u.v.a. Buchhaltung, Marketing, Personalwesen.

Im dritten Ring sind die **Geschäftskreise** angeordnet, also die Kreise der Leistungser-stellung (direkte Wertschöpfung). Einen solchen vom Kunden bezahlten Nutzen erzeugen typischerweise Leistungen wie Produktion, Transport, Beratung oder Nutzungsrechte. Diese Kreise werden auch Geschäftsteams oder Geschäftszellen genannt, die ihrerseits weiter untergliedert werden können (vgl. Oestereich und Schröder 2020, S. 107).

Zur **Zusammenarbeit** ist es so (vgl. Oestereich und Schröder 2020, S. 127–132), dass sich jeder Kreis grundsätzlich erst einmal selbst führt und die Koordinationskreise ihre namentliche Aufgabe erfüllen. Um die oben beschriebene Führungsarbeit zu verteilen und Entscheidungen herbeizuführen, gibt es wiederum spezielle Rollen: „Gastgeber", „Doku-mentar", „Ökonom" oder „Lernbegleiter". Für die **Entscheidungsfindung** wird im Wesentlichen mit „Entscheidungswerkzeugen" gearbeitet (Oestereich und Schröder 2020, S. 142–166), die auf ein hohes Maß an systematischer Partizipation setzen, um auf Basis eines Konsentmechanismus Widerstände und Einwände zu integrieren. Während Teams als Kreise noch gut vorstellbar sind im Vergleich zu traditionellen Organisationen, sind die wesentlichsten Unterschiede und mutmaßlich größten Umsetzungshindernisse in der Kon-sentidee zu sehen.

Die meisten Ansätze des Kreismodells werden eher als Angebote oder Ideen angesehen. Oestereich und Schröder (2020, S. 115) unterstellen folgende acht „wirklich verbindlichen Regeln" für die Kreis-organisation und die Entscheidungsprozesse:

1. Kreise: Um den spezifischen Organisationszweck zu erfüllen, gliedert sich die Organisation in eine Reihe von sich nicht überschneidenden Verantwortungsbereichen (Kreise genannt).
2. Hierarchie: Jeder Kreis kann Unterkreise gründen (und wieder auflösen), an die er Teile seines Ver-antwortungsbereiches delegiert. Mindestens eine vom Kreis gewählte Person ist dann in beiden Krei-sen Mitglied.
3. Mitglieder: Ein Kreis besteht aus 1–10 Personen und entscheidet selbst, wer als Mitglied aufgenommen oder ausgeschlossen wird. Jedes Organisationsmitglied ist Mitglied in einem vorrangigen Heimatkreis und beliebig vielen weiteren Kreisen.
4. Entscheidungen: In einem Kreis entstehen Entscheidungen dadurch, dass ein Mitglied einen Vorschlag macht und kein anderes Mitglied schwerwiegende Einwände dazu erklärt. Auf diese Weise kann der Kreis auch andere Entscheidungsverfahren beschließen.
5. Inhaber: Die Inhaber der Organisation konstituieren den obersten Kreis, sind in diesem repräsentiert und legen die Rahmenbedingungen (Grenzen) der kollegialen Selbstorganisation fest.
6. Rolle: Ein Verantwortungsbereich, der bewusst nur von einer einzelnen Person wahrzunehmen ist, wird Rolle genannt.
7. Repräsentant: Ein Mitglied, das von einem Kreis mit einem definierten Anliegen in einen anderen Kreis entsendet wird, wird Repräsentant genannt.
8. Spezifika: Diese Regeln sind durch weitere spezifische Regeln, Prinzipien und Standards zu ergänzen.

5.3.4   „X-kratien" (Holokratie, Soziokratie)

Die Wortendung „kratie" stammt von dem griechischen Wort „kratos" (κράτος), das „Macht", „Stärke" oder „Herrschaft" bedeutet. Neben politischen wird es in organisatori-schen Kontexten verwendet, um verschiedene Formen der Regierung, Verwaltung oder

Governancestrukturen zu beschreiben. Das „X" soll zeigen, dass mittels verschiedener Vorsilben spezifische Formen ausgebildet werden können, die darauf hinweisen, wer oder was die entscheidende Autorität oder Macht innehat (Demokratie, Autokratie etc.). Beide nachfolgend dargestellten „Kratien" betonen die Verteilung der Entscheidungsmacht und die partizipative Natur der Governance im Gegensatz zu hierarchischen Führungsstrukturen.

Soziokratie als der ältere Ansatz adressiert mit „socius" (lat. Partner) eine Machtverteilung, die auf Konsens und Zusammenarbeit vor allem bei der Entscheidungsfindung basiert. **Holokratie** bezeichnet mit „holos" (gr. ganz, vollständig) eine Machtstruktur, die auf Ganzheitlichkeit und dynamische Verteilung der „Macht" über die gesamte Organisation abzielt. Beide Ansätze zielen darauf ab, die Entscheidungsfindung innerhalb von Organisationen zu demokratisieren und zu dezentralisieren, setzen dabei aber auf unterschiedliche Weise an.

Holokratie

Im Gegensatz zu hierarchischen Systemen, die sich auf eine klare Trennung von Rollen und Befehlsketten stützen, zielt die Holokratie darauf ab, eine flexiblere und effizientere Arbeitsumgebung zu schaffen, indem sie den Mitarbeitern mehr Autonomie und Entscheidungskompetenz einräumt. Dieses Modell wurde im Besonderen von Brian Robertson 2007 entwickelt und fortwährend popularisiert, um die Agilität und Anpassungsfähigkeit der Organisation zu verbessern (vgl. www.holacray.org 2024, Robertson 2015).

Die wesentliche Grundlage ist die sogenannte Holokratie-Verfassung („Constitution": https://www.holacracy.org/constitution/5-0/), in der die Regeln und Praktiken in Artikeln als ein Betriebssystem festgelegt sind. Sie bietet einen detaillierten Rahmen für die Implementierung der holokratischen Governance und betrieblichen Abläufe. Wesentliche Charakteristika dieser Führungs- und Organisationsform sind (vgl. Robertson 2015, u.v.a. Petry und Konz 2021, S. 154–160; Vahs 2023, S. 649; Picot et al. 2020a, S. 450–453; Hofert 2018, S. 55–58, Abb. 5.6):

- **Verteilte Autorität**: Im Gegensatz zur zentralisierten Machtstruktur traditioneller Organisationsformen ist die Macht mit eindeutig definierten Rollen über die gesamte Organisation verteilt, die flexibel angepasst werden können.
- **Rollen- statt Stellenbeschreibungen**: Mitarbeiter werden durch Rollen mit spezifischen Zwecken („Purpose" genannt), Verantwortlichkeiten (Domänen) und Aufgaben/Zuständigkeiten definiert, diese können sich ändern (Abschn. 5.2.5).
- **Rollen in einer Kreisstruktur**: Die Organisation ist in Kreise (Gruppen, Teams) gegliedert, die jeweils eigene Ziele und Funktionen haben. Jeder Kreis ist in weitere Unterkreise gegliedert, was eine skalierbare Struktur schafft.

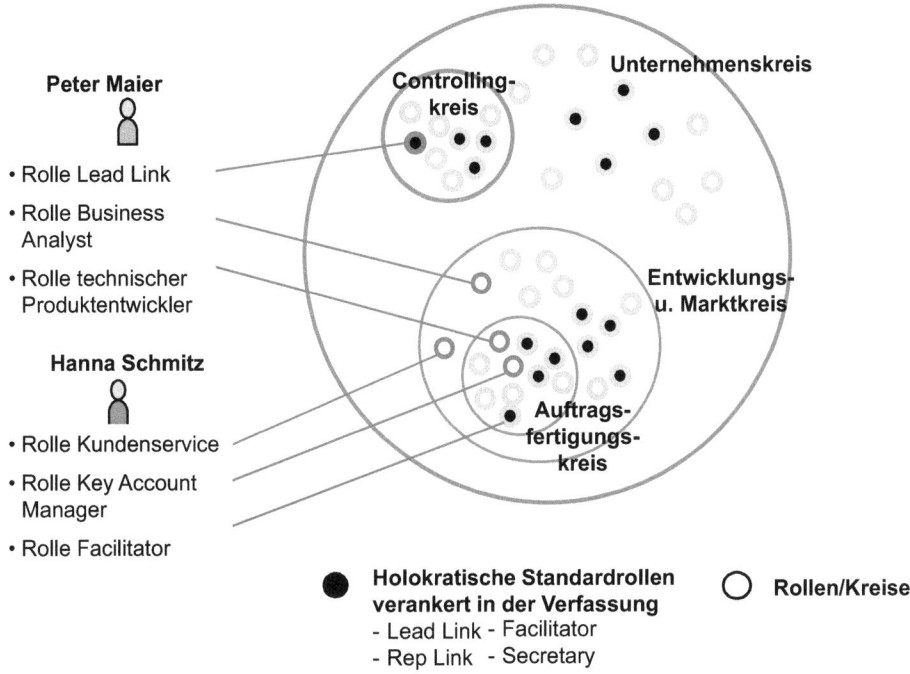

Abb. 5.6 Grundstruktur und Rollen in der Holokratie. (Petry und Konz 2021, S. 155)

- **Governance-Prozesse als Managementstruktur**: Regelmäßige Governance-Meetings dienen dazu, Rollen zu aktualisieren, Entscheidungen zu treffen und die Organisation an Veränderungen anzupassen. Diese Prozesse sind standardisiert und klar strukturiert zur Entscheidungsfindung, transparent und für alle zugänglich.
- **Operative Prozesse**: Ergänzend zu Governance-Meetings gibt im operativen Geschäftsbetrieb Tactical Meetings, die sich auf die Ausführung und Fortschritte von (Geschäfts-)Projekten fokussieren. Diese Meetings sind ebenfalls stark strukturierte Routinen, um Effizienz und Klarheit zu sichern.
- **Integration von Entscheidungen**: Etablierte integrative Entscheidungsprozesse, bei denen alle relevanten Stimmen für eine Einigung gehört werden, die die Organisation voranbringen: Entscheidungen werden durch Konsent (nicht Konsens) getroffen. Durch systematisch integrierte Einwände werden so robuste Lösungen realisiert, da ein Konsent erreicht ist, wenn kein Beteiligter mehr einen begründeten, schwerwiegenden Einwand hat.
- **Doppelte Verknüpfung**: Beschreibt das Prinzip der Verknüpfung zwischen Kreisen durch Rollen, die in mehreren Kreisen vertreten sind, um die Kommunikation und Koordination zu verbessern. Rep-Links repräsentieren die Kreisinteressen im übergeordneten Kreis. Lead-Links richten die untergeordneten Kreise auf den Unternehmenszweck aus und vertreten dort auch die Kreisinteressen „nach unten".

Soziokratie

Auch die Soziokratie ist eine Form der Demokratisierung der Entscheidungsfindung, die aber im Gegensatz zur Holokratie auf grundlegenden **Werten** und **Prinzipien** basiert und weniger auf festen Regeln einer Verfassung (Endenburg 1998; Strauch 2022, S. 33–56; Rüther 2010, S. 21–54; Bockelbrink et al. 2019). Weitere wesentliche Unterschiede zwischen Holokratie und Soziokratie finden sich in der **Struktur**, die weniger strikt als die der Holokratie ist, die Anpassungsfähigkeit der Strukturen und Prozesse wird stärker betont (vgl. auch Oestereich und Rüther 2016). **Kreise** und **Doppelverlinkung** gibt es ebenso, aber mit stärkerem Fokus auf der Doppelverlinkung, d. h., Vertreter eines Kreises nehmen an den Entscheidungsfindungen des über- und untergeordneten Kreises teil, um Transparenz und Kommunikation zu fördern. Die **Entscheidungsfindung** nutzt ebenfalls Konsententscheidungen, legt aber großen Wert auf die Einbindung aller Mitglieder in den Entscheidungsprozess und strebt nach einem Konsens, d. h. der Zustimmung aller Mitglieder, wo möglich.

Nicht eine Verfassung prägt das Vorgehen und die Zusammenarbeit, sondern deutlicher der Partnerschaftsgedanke, der durch die nachfolgenden Werte geprägt wird (vgl. Rüther 2010, S. 51–54):

- **Gleichwertigkeit**: Jedes Mitglied hat eine gleichwertige Stimme in Entscheidungsprozessen, was die Bedeutung jedes Einzelnen unterstreicht.
- **Transparenz**: Offene Kommunikation und Zugänglichkeit von Informationen für alle Mitglieder.
- **Verantwortung**: Fördert persönliche Verantwortung und die Autonomie von Individuen und Teams.

Daraus leiten sich dann die Prinzipien ab, die zum Teil in der Holokratie und den Unterschieden schon angesprochen wurden:

- **Konsententscheidungen**: Das heißt, nach mehreren, moderierten Diskussionsrunden gibt es am Ende keinen schwerwiegenden und begründeten Einwand gegen einen Vorschlag.
- **Kreisorganisation:** Ist in Kreise mit Über- und Unterkreisen gegliedert, die jeweils spezifische Funktionen und Verantwortlichkeiten haben.
- **Doppelverlinkung**: Verbindung zwischen den Kreisen durch die Wahl von Vertretern, die an Entscheidungsfindungsprozessen beider über- oder untergeordneter Kreise teilnehmen.
- **Offene Wahl als Wahl ohne Kandidatenvorschlag**: Positionen und Rollen werden durch einen Prozess besetzt, der offene Diskussionen und die Wahl der geeignetsten Person ohne vorherige Nominierungen ermöglicht.

Relevanz von Macht und Führung in der Soziokratie

In der Soziokratie wird Macht nicht im traditionellen Sinne von hierarchischer Über- oder Unterordnung verstanden, sondern als geteilte Verantwortung und Befähigung aller Organisations- bzw. Kreismitglieder. Führung ist eine Aufgabe bzw. Arbeit, die je nach Kontext und Bedarf innerhalb der Kreise rotieren kann. Jedes Mitglied kann Führungsrollen übernehmen, basierend auf Expertise, Fähigkeiten und Notwendigkeit. Dies fördert eine Kultur der Zusammenarbeit, des gegenseitigen Vertrauens und der kontinuierlichen Entwicklung.

Soziokratie und Holokratie bieten alternative Rahmenkonzepte zur traditionellen Organisation, indem sie Integration, Agilität und effektive Kommunikation in den Vordergrund stellen. Die Wahl zwischen diesen Modellen hängt u. a. von den spezifischen Zielen und der Kultur eines Unternehmens ab.

5.4 Zusammenfassung und Lernkontrolle (Wiederholungsfragen und Reflexionsfragen)

Posttraditionelle Organisationsformen werden nicht nur durch spezielle Strukturbausteine geprägt, sondern auch durch eine dahinterliegende **veränderte Denkhaltung** (Mindsets), welche z. T. die klassische Trennung zwischen Struktur und Verhalten oder zwischen Organisation, Personal und Führung auflöst. Posttraditionelle Ansätze verstehen sich folglich eher als integrierte Führungs- und Organisationsmodelle, denn als reine Organisationsformen (Abschn. 5.3.1).

Dieses Mindset wird durch Themen oder Phänomene geprägt, die in der Organisations- und Führungslehre schon etabliert sind: Organisationale Gerechtigkeit, Selbstführung, Transparenz, Freiheit, Vertrauen. Diese stehen wiederum in Wechselbeziehungen zueinander.

Erlebte organisationsinterne Gerechtigkeit ist eine Voraussetzung dafür, dass die Mitarbeiter sich mit dem Unternehmen identifizieren, sich höchstmöglich für das Erreichen der Unternehmensziele engagieren und eingeräumte Handlungsspielräume sowie geschenktes Vertrauen nicht missbrauchen. Das Konstrukt **organisationale Gerechtigkeit** erfasst die individuelle, fairnessbezogene Bewertung der Mitarbeiter von Managemententscheidungen, die zu organisationsinterner Ungleichheit führen (Abschn. 5.2.3).

Nach dem traditionellen Managementverständnis ist es die Aufgabe der Führungskräfte, den unterstellten Mitarbeitern Aufgaben zuzuweisen, die hierfür erforderlichen Ressourcen zur Verfügung zu stellen, die Arbeitsdurchführung zu überwachen, die Arbeitsergebnisse zu kontrollieren sowie Mitarbeiter positiv oder negativ zu sanktionieren. Posttraditionale Organisationen setzen hingegen stärker darauf, die Mitarbeiter zu ermächtigen, autonomer und selbstgesteuerter zu agieren und sich selbst zu kontrollieren. Sie setzen stärker auf die Selbst- statt auf die Fremdführung der Mitarbeiter. **Selbstführung** ist ein

Prozess der Selbstbeeinflussung, durch den die Mitarbeiter sich in die Lage versetzen, ihr Arbeitsverhalten selbst zu steuern (Abschn. 5.2.1).

Vertrauen ist notwendigerweise ein **sozialer Mechanismus**, der auf positiven Erfahrungen basiert, die im Rahmen wiederholter **Austauschprozesse** zwischen Akteuren entstehen und den Austausch erst ermöglichen. Vertrauen kann sich nur dort bilden, wo eigentlich opportunistisches Verhalten erwartet wurde. Deshalb ist die Vertrauensbildung immer mit dem Risiko der Enttäuschung verbunden und kommt einer Investition gleich, die es zu kalkulieren gilt (Abschn. 5.2.2).

Freiheit ist die Abwesenheit oder Großzügigkeit von organisatorischen Regelungen, also **Handlungsspielraum**. Sie bezieht sich in Organisationen sich auf das Ausmaß, in dem Mitarbeiter den Handlungsraum bekommen, ihre Arbeit selbstständig zu gestalten, Entscheidungen zu treffen, ohne Einschränkungen durch geregelte Strukturen und Prozesse.

Freiheit für die Organisationsmitglieder gelingt nur in Zusammenhang mit **Verantwortung** und **Transparenz**: Damit verbindet man Offenheit und Sichtbarkeit. Transparenz in Organisationen bedeutet, dass Informationen, Strukturen und Prozesse offen zugänglich gemacht werden, sodass Mitarbeiter und Stakeholder ein klares Verständnis von „ihrer Organisation" haben (Abschn. 5.2.4).

Agilität ist die strategische und organisatorische Fähigkeit, vorausschauend zu handeln und Erneuerungen einzuleiten sowie flexibel und zügig Veränderungen in dynamischen Umwelten zu bewerkstelligen. Sie hat zudem eine zeitliche Komponente in Sinne von Handlungsgeschwindigkeit und den Anspruch vorauszusehen, wie Geschäfte, Wettbewerbsvorteile etc. in Zukunft aussehen (Proaktivität), um erfolgreich zu sein. **Organisatorische Agilität** basiert auf bestimmten charakteristischen strukturellen „Kernelementen": Rollen, Kreisen, verlinkte Koordination und partizipativen Entscheidungsroutinen (Abschn. 5.3.2).

Eine **organisatorische Rolle** ist ein veränderliches Bündel an Aufgaben, Kompetenzen sowie insbesondere Verantwortung in einem bestimmten Bereich und den damit einhergehenden sozialen und emotionalen Verhaltenserwartungen, die durch die Organisation und ihre Mitglieder vorgegeben werden. **Rollen in einer Kreisstruktur**: Die Organisation ist in Kreise (Gruppen, Teams) gegliedert, die jeweils eigene Ziele und Funktionen haben. Jeder Kreis ist in weitere Unterkreise gegliedert, was eine skalierbare Struktur schafft. **Koordiniert** werden Kreise über doppelte Verlinkungen, in dem ein auch „Externer" Mitglied des Kreises ist und übergeordnete Informationen einspielt. Und ein anderes Kreismitglied den Kreis wiederum nach außen repräsentiert und notwendige Abstimmung mit anderen Kreisen organisiert. **Entscheidungsprozesse** sind weitestgehend **partizipativ organisiert** und versuchen soweit wie möglich und sinnvoll, Wiederstände zu vermeiden. Das heißt aber nicht, dass alle einer Meinung sein müssen. Entscheidungen werden z. B. durch Konsent (nicht Konsens) getroffen. Durch systematisch integrierte Einwände werden so robuste Lösungen realisiert, da ein Konsent erreicht ist, wenn kein Beteiligter mehr einen begründeten, schwerwiegenden Einwand hat (Abschn. 5.3.4).

Wiederholungsfragen zur Lernkontrolle

1. Inwiefern unterscheidet sich Selbstführung von Fremdführung?
2. Was ist der Gegenstandsbereich der organisationspsychologischen Gerechtigkeitsforschung?
3. Was verstehen Sie unter Vertrauen und welche Rolle spielt Vertrauen?
4. Was verstehen Sie unter Freiheit und welche Rolle spielt Freiheit?
5. Beschreiben Sie die Wechselwirkungen bzw. Zusammenhänge zwischen Freiheit und Vertrauen.
6. Was versteht man unter eine „Rolle" in einer Organisation?
7. Grenzen Sie „Rolle" von „Stelle" auf der Basis geeigneter Merkmale voneinander ab.
8. Was verstehen Sie unter einer hierarchiefreien Organisation?
9. Nennen Sie ausgewählte Charakteristika einer agilen Organisation.
10. Erläutern Sie wesentliche strukturelle Elemente wahlweise des kollegialen Kreismodells/der Holokratie/der Soziokratie.

Reflexionsfragen zur Lernkontrolle

1. Worin unterscheiden sich verhaltensorientierte Strategien, natürliche Belohnungsstrategien und konstruktive Gedankenmusterstrategien als Strategien der Selbstführung?
2. Wann ist organisationale Gerechtigkeit realisiert?
3. Nehmen Sie zu der Abgrenzung zwischen Rollen und Stellen kritisch Stellung.
4. Reflektieren Sie kritisch die unterstellten Wechselwirkungen zwischen Vertrauen, Freiheit und Transparenz.
5. Wie kann Vertrauen in Unternehmen und ihrer Organisation auf welcher Ebene entstehen?
6. Welche positiven oder negativen Wirkungen kann Vertrauen in Bezug auf die Gestaltungsziele zeitigen?
7. Sind hierarchiefrei und führungslos das Gleiche? Begründen Sie Ihre Einschätzung.
8. Welche Herausforderungen sehen Sie bei Umsetzung einer agilen Organisation?

Literatur

Adams JS (1963) Toward an understanding of inequity. J Abnorm Soc Psychol 67(5):432–436

Anderson C, Brown CE (2010) The functions and dysfunctions of hierarchy. Res Organ Behav 30(2010):55–89

Andreßen P, Konradt U (2007) Messung der Selbstführung: Psychometrische Überprüfung der deutschsprachigen Version des Revised Self-Leadership Questionaire. Z Pers 6(3):117–128

Arnold JA et al (2000) The empowering leadership questionnaire: the construction and validation of a new scale for measuring leader behaviors. J Organ Behav 21:249–269

Bea FX, Göbel E (2019) Organisation. Theorie und Gestaltung, 5. Aufl. UVK, München

Behson SJ (2011) The relative importance of organizational justice dimensions on employee outcomes. Organ Manage J 8:205–217

Bernstein E (2014) The transparency trap. Harv Bus Rev 92(10):58–66

Bernstein E (2017) Making transparency transparent: The evolution of observation in management theory. Acad Manag Ann 11(1):217–266

Bies RJ, Moag JS (1986) Interactional justice: communication criteria for fairness. In: Lewicki RJ, Sheppard BH, Bazerman MH (Hrsg) Research on negotiation in organizations. JAI Press, Greenwich, S 43–55

Blau PM (1964) Exchange and power in social life. John Wiley & Sons, New York

Bleicher K (1995) Meilensteine auf dem Weg zur Vertrauensorganisation. Thexis 4:2–7

Bockelbrink B, Priest J, David L (2019) Soziokratie 3.0. Ein Praxisleitfaden. https://sociocracy30.org/_res/practical-guide/S3-Praxisleitfaden.pdf. Zugegriffen am 24.03.2024

Bradach J, Eccles R (1989) Price, authority, and trust. Annu Rev Sociol 15:97–118

Brehm C (2003) Organisatorische Flexibilität der Unternehmung: Bausteine eines erfolgreichen Wandels. DUV, Wiesbaden

Brehm C (2021) Organisatorische Agilität. Ein Blick hinter die Kulissen. In: Petry T, Konz C (Hrsg) Agile Organisation. Dr. Götz Schmidt, Gießen, S 361–382

Burns T, Stalker G (1961) Management of innovation. Tavistock, London

Cohen-Charash Y, Spector PE (2001) The role of justice in organizations: a meta-analysis. Organ Behav Hum Decis Process 86(2):278–321

Colquitt JA et al (2001) Justice at the millennium: a meta-analytic review of 25 years of organizational justice research. J Appl Psychol 86(3):425–445

Colquitt JA, Hill ET, De Cremer D (2023) Forever focused on fairness: 75 years of organizational justice in personnel psycholgy. Pers Psychol 76:413–435

Cropanzano R, Bowen DE, Gilliland SW (2007) The management of organizational justice. Acad Manag Perspect 21(4):34–48

Cyert R, March J (1963) A behavioral theory of the firm. Prentice-Hall, Englewood Cliffs

Dahrendorf R (2006) Homo Sociologicus. Ein Versuch zur Geschichte, Bedeutung und Kritik der Kategorie der sozialen Rolle, Bd 16. VS, Wiesbaden

Ebrahim S, Krishnakanthan K, Thaker S (2018) Introduction. In: McKinsey&Company (Hrsg) Agile Compendium. i–iii

Endenburg G (1996) Soziokratie. Königsweg zwischen Diktatur und Demokratie? In: Fuchs J (Hrsg) Das biokybernetische Modell. Unternehmen als Organismen, 2. Aufl. Gabler, Wiesbaden, S 135–148

Endenburg G (1998) Sociocracy as social design. Eburon, Delft

Fischer S, Weber S, Zimmermann A (2017) Agilität heißt ….. Personalmagazin 4:40–47

Folger R, Cropanzano R (1998) Organizational justice and human resource management. Sage, Thousand Oaks

Fortin M (2008) Perspectives on organizational justice: Concept clarification, social context integration, time and links with morality. Int J Manag Rev 10(2):93–126

Foss NJ, Klein G (2022) Why managers matter. The perils of the bossless company. New York, Public Affairs

French JRP, Raven B (1959) Studies in social power. Michigan, Ann Arbor

Gerpott F (2024) Buzz Stop. https://www.linkedin.com/in/fabiola-h-gerpott-99067125/. Zugegriffen am 30.03.2024

Greenberg J (1987) A taxonomy of organizational justice theories. Acad Manag Rev 12(1):9–22

Greenberg J (1990) Organizational justice: yesterday, today, and tomorrow. J Manag 16(2):399–432

Griffiths M, Cantrell S, Hiipakka J (2022) Moving your organizational strategy from jobs to skill. Unleashing agility and human potential with the skills-based organization. https://www2.deloitte.com/us/en/insights/topics/talent/skills-based-organizational-strategy.html. Zugegriffen am 10.03.2024

Grundei J (2024) Organization Design. Systematische Gestaltung der Unternehmensorganisation. Springer Gabler, Wiesbaden

Hamel G (2011) First, let's fire all the managers. Harv Bus Rev 89(12):48–60

Hamel G (2012) Schafft die Manager ab! Harvard Business Manager 34(1):22–37

Harari MB (2021) Self-leadership: a meta-analysis of over two decades of research. J Occup Organ Psychol 94:890–923

Hastings R, Meyer E (2020) Keine Regeln – warum Netflix so erfolgreich ist. Econ, Berlin

Hofert S (2018) Agiler führen. Einfache Maßnahmen für bessere Teamarbeit, mehr Leistung und höhere Kreativität, 2. Aufl. Springer Gabler, Wiesbaden

Homans GC (1961) Social behavior: its elementary forms. Harcourt, Brace and World, New York

Houghton JD, Neck CP (2002) The revised self-leadership questionnaire. Testing a hierarchical factor structure for self-leadership. J Manag Psychol 17(8):672–691

Huf S (2022) Personalmanagement, 2. Aufl. Springer Gabler, Wiesbaden

Kühl S (2023) Der ganz formale Wahnsinn. Vahlen, München

Laloux F (2015) Reinventing organizations. Ein Leitfaden zur Gestaltung sinnstiftender Formen der Zusammenarbeit. Vahlen, München

Lawrence P, Lorsch J (1969) Organization and environment. Managing differentiation and integration. Harvard Business School Press, Boston

Lee MY, Edmondson AC (2017) Self-managing organizations: exploring the limits of less-hierarchical organizing. Res Organ Behav 37:35–58

Leventhal GS (1980) What should be done with equity theory? In: Gergen KJ, Greenberg MS, Willis RH (Hrsg) Social exchange. Advances in theory and research. Plenum Press, New York, S 27–55

Luhmann N (2000) Vertrauen. Ein Mechanismus der Reduktion sozialer Komplexität, 4. Aufl. Enke, Stuttgart

Manz CC (1986) Self-leadership: toward an expanded theory of self-influence processes in organizations. Acad Manag Rev 11(3):585–600

Manz CC (1995) Helping yourself and others to master self-leadership. Superv Manag 36(11):8–9

Mayer R, Davis JH, Schoorman FD (1995) An integrative model of organizational trust. Acad Manag Rev 20(3):709–734

Mayerhofer W, Meyer M (2020) Zwischen Medizin und Gift. Über dysfunktionale Folgen von Transparenz in Organisationen. Zeitschrift Führung + Organisation 89(2):152–157

McKinsey & Company (2018) Agile Compendium. October 2018. www.mckinsey.com

Meffert H (1967) Zum Problem der betriebswirtschaftlichen Flexibilität. Z Betriebswirt 39:781–800

Moser M (2017) Hierarchielos führen. Anforderungen an eine moderne Unternehmens- und Mitarbeiterführung. Springer Gabler, Wiesbaden

Müller C (2020) Hierarchiefreie Organisationen: Was bei der Umsetzung zu beachten ist. Zeitschrift Führung + Organisation 89(1):30–37

Neck CP, Houghton JD (2006) Two decades of self-leadership theory and research. past developments. present trends, and future possibilities. J Manag Psychol 21(4):270–295

Oestereich B, Rüther C (2016) Unterschiede zwischen Holokratie und Soziokratie. https://oe6.ch/2016/unterschiede-zwischen-holokratie-und-soziokratie/. Zugegriffen am 20.03.2024

Oestereich B, Schröder C (2020) Agile Organisationsentwicklung. Handbuch zum Aufbau anpassungsfähiger Organisationen. Vahlen, München

Pearce CL, Conger JA (2003) Shared leadership: reframing the hows and whys of leadership. Sage, Thousand Oaks

Petry T, Konz C (2021) Agile Organisation. Systematischer Überblick des Themenkomplexes. In: Petry T, Konz C (Hrsg) Agile Organisation. Dr. Götz Schmidt, Gießen, S 25–220

Pfeffer J (1977) Power and resource allocation in organizations. In: Staw BM, Salancik GR (Hrsg) New Directions in Organizational Behavior. St. Clair Press, Chicago, S 235–265

Picot A, Dietl H, Franck H, Fiedler M, Royer S (2020a) Organisation. Theorie und Praxis aus ökonomischer Sicht, 8. Aufl. Schäffer-Poeschel, Stuttgart

Picot A, Reichwald R, Wigand RT, Möslein KM, Neuburger R, Neyer AK (2020b) Die grenzenlose Unternehmung. Information, Organisation & Führung, 6. Aufl. Springer Gabler, Wiesbaden

Pukall KM (2023) Selbstorganisation im Team. Vahlen, München

Robbins SP, Judge TA (2022) Essentials of Organizational Behavior, 15. Aufl. Pearson, Harlow

Robertson BJ (2015) Holacracy: the new management system for a rapidly changing World. Holt, New York

Rüther C (2010) Soziokratie. Ein Organisationsmodell. https://soziokratie.org/wp-content/uploads/2011/06/soziokratie-skript2.7.pdf. Zugegriffen am 20.03.2024

Salo O, Ahlbäck K, Murarka, M (2017) How to create an agile organization. https://www.mckinsey.com/capabilities/people-and-organizational-performance/our-insights/how-to-create-an-agile-organization. Zugegriffen am 10.03.2024

Scharfenkamp N (1987) Organisatorische Gestaltung und wirtschaftlicher Erfolg. Organizational Slack als Ergebnis und Einflußfaktor der formalen Organisationsstruktur. De Gruyter, Berlin

Scheller T (2017) Auf dem Weg zur agilen Organisation: Wie Sie ihr Unternehmen dynamischer, flexibler und leistungsfähiger gestalten. Vahlen, München

Schermuly CC (2021) New Work – Gute Arbeit gestalten, 3. Aufl. Haufe, Freiburg

Schmidt G, Konz C (2019) Organisation gestalten: Stabile und dynamische Unternehmensstrukturen, 6. Aufl. Dr. Götz Schmidt, Gießen

Schröder C, Oestereich B (2023) Essenzen agiler Organisationsentwicklung. Das Wichtigste zu kollegialer Führung. Vahlen, München

Sharma PN, Kirkman BL (2015) Leveraging leaders: a literature review and future lines of inquiry for empowering leadership research. Group Org Manag 40(2):193–237

Spreitzer GM (1995) Psychological empowerment in the workplace: dimensions, measurement, and validation. Acad Manag J 38(5):1442–1463

Stewart GL, Courtright SH, Manz CC (2011) Self-leadership: a multilevel review. J Manag 37(1):185–222

Strauch B (2022) Soziokratie. Organisationsstrukturen zur Stärkung von Beteiligung und Mitverantwortung des Einzelnen in Unternehmen, Politik und Gesellschaft, 2. Aufl. Vahlen, München

Struck S, Böhmer N, Schinnenburg H (2020) Führung und Macht. Auf der Suche nach dem neuen Gleichgewicht. Zeitschrift Führung + Organisation 89(3):140–145

Thibaut J, Walker L (1975) Procedural justice: a psychological analysis. Lawrence Erlbaum Associates, Hillsdale

Toole JO, Bennis W (2009) A culture of candor. Harv Bus Rev 87(6):54–61

Vahs D (2023) Organisation. Ein Lehr- und Managementbuch, 11. Aufl. Schäffer-Poeschel, Stuttgart

Viswesvaran C, Ones DS (2002) Examing the construct of organizational justice: a meta-analytic evaluation of relations with work attitudes and behaviors. J Bus Ethics 38:193–203

Vogt J (1997) Vertrauen und Kontrolle in Transaktionen. Eine institutionenökonomische Analyse. DUV, Wiesbaden

Wegge J (2004) Emotionen in organisationen. In: Schuler H (Hrsg) Organisationspsychologie – Grundlagen und Personalpsychologie. Hogrefe, Göttingen, S 673–751

Weick KE (1966) The concept of equity in the perception of pay. Adm Sci Q 11(3):414–439

Wenger E, Snyder W (2000) Communities of practice: the organizational frontier. Harv Bus Rev 78(1):139–145

Zhu J et al (2018) Shared leadership: a state-of-the-art review and future research agenda. J Organ Behav 39:834–852